최신판 박문각

KB170610

단숨에 끝
SERIES
단끝

단끝
손해평가사

1차 | 기본서

- **2024. 5. 1. 시행예정** 농어업재해보험법(2023. 10. 31. 개정) **완벽 반영**
- **2023. 9. 29. 시행** 농어업재해보험법 시행령(2023. 9. 26. 개정) **완벽 반영**

한용호 편저 | 이영복 감수

1과목 상법(보험편)
2과목 농어업재해보험법령
3과목 재배학 및 원예작물학

최근 개정법령
완벽 반영

기출분석에 따른
핵심이론

제1판

동영상 강의
www.pmg.co.kr

박문각

지금 이 교재를 보고 계시는 독자 여러분 중에서 그 누구도 보험상품과 무관한 사람은 없을 것입니다. 보험은 다수의 동질적 위험을 결합하여 불확실 상황을 확실한 상황으로 전환하는 사회적 제도로, 보험을 통해 보험사고로 인한 경제적 손실을 단기간에 원상회복하거나 최소화할 수 있습니다.

그러한 사고 중 자연재해로 발생하는 사고의 경우에는 그 피해규모가 크기 때문에 농가 등이 감당해야 할 경제적 손실도 막대합니다. 지금까지는 이러한 손해를 자력으로 해결하거나 정부의 계획성 없는 재정지출로 해결했기 때문에 그 손실에 대한 원상회복이 제대로 이루어지지 못했습니다. 그러나 이제는 농작물재해보험 및 가축재해보험제도가 이 같은 문제를 해결하는 데 중요한 역할을 하게 되었습니다.

손해평가사는 농작물재해보험 및 가축재해보험과 관련된 전문적인 업무를 수행합니다. 즉, 농어업재해로 인하여 발생하는 농작물, 임산물, 가축 및 농업용 시설물의 피해사실을 확인하고, 보험가액 및 손해액을 평가하는 전문인입니다. 한편 정부와 지자체는 농작물재해보험 및 가축재해보험에 대한 보험료지원을 통해 농가에게 사실상 재정지원을 하고 있습니다. 이는 WTO체제하에서도 국제적 분쟁 없이 농가를 지원할 수 있는 훌륭한 수단이 되고 있습니다.

앞으로 손해평가사의 전문적인 업무에 대한 수요는 더욱 늘어날 것으로 보입니다. 최근 5년 단위로 발표되는 기본계획에 따르면 보험인수과정에서 손해평가사가 그와 관련된 업무에도 참여하게 될 것으로 보여 현재보다 더 많은 수입도 예상할 수 있습니다. 또한 보다 전문화된 손해평가사의 업무를 위해 수년 내에 손해평가사 자격시험 관련 내용에도 변화가 있을 것으로 예측됩니다.

현재 손해평가사 자격시험 응시자 연령 중 50대와 60대가 가장 많은 것을 보면 손해평가사가 인생 2모작을 위한 자격증이라는 말이 무색하지 않습니다. 늦었다고 생각할 때가 가장 빠를 때라는 말을 되새기면서 오늘이 남은 인생 중에서 가장 젊었을 때라는 사실도 생각해봅니다.

이 교재는 손해평가사 자격시험을 준비하는 수험생 여러분의 인생에서 어쩌면 가장 중요한 미래의 시간이 낭비되지 않을 수 있도록 저자의 오랜 경험과 달관적 판단을 기초로 집필되었습니다. 아무쪼록 이 교재가 수험생들께 합격을 위한 디딤돌이 될 수 있기를 바랍니다.

편저자 한용호

이 책의 **구성과 특징**

Part 01 제1과목 상법(보험편)

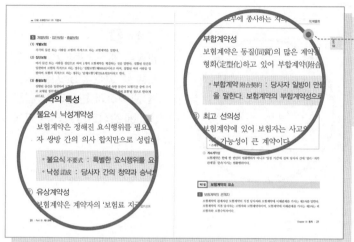

Point ❶

이해하기 어려운 법률용어만 콕 집어서 알기 쉽게 설명하여 정확한 개념 파악 가능

Point ❷

중요한 개념과 내용을 도식화하여 이해와 암기를 한 번에 해결할 수 있어 시험대비에 최적화

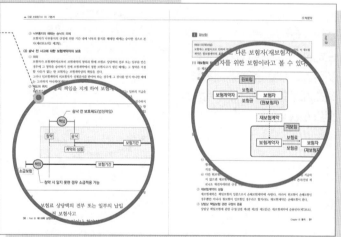

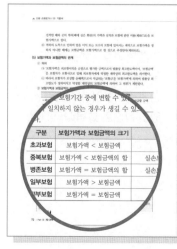

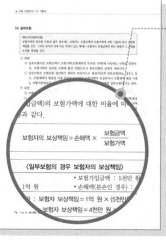

Point ❸

기출분석을 통해 엄선된 꼭 알아야 할 주요핵심만 보기 좋게 정리하여 집중적 학습으로 실전대비의 효율성 극대화

이 책의 구성과 특징

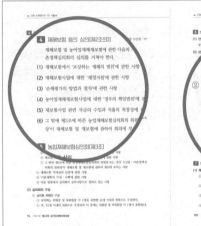
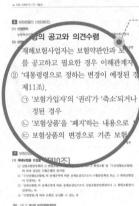

Point ①

개정된 최신 법령(2023. 9. 시행 및 2024. 5. 시행예정)을 완벽하게 반영하여 실전 대비에 최적화된 최신판 교재

Point ②

난해하고 어려운 내용은 물론 헷갈리기 쉬운 용어 및 내용을 이해하기 쉽게 정리하여 학습 편의 도모

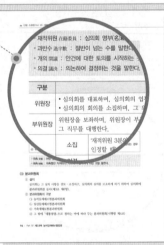
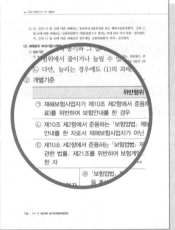

Point ③

기출분석을 통해 엄선된 꼭 알아야 할 핵심들만 일목요연하게 정리하여 집중공략 할 수 있어 학습의 효율성 극대화

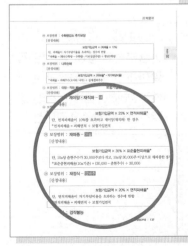
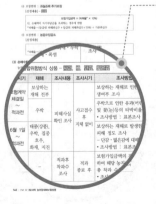

Part 03   제3과목 재배학 및 원예작물학

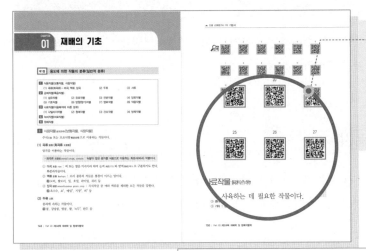

Point ❶

작물별 QR코드를 통해 깊이 있는 심화학습 및 연계학습 가능하여 문제해결력 향상에 도움

Point ❷

문장 속에 개념 및 내용 설명 첨부하여 읽으면서 자연스럽게 용어 이해

Point ❸

<더 알아보기>와 용어설명으로 보충학습을 통한 폭넓은 이해력 향상에 도움

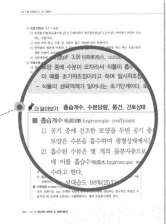

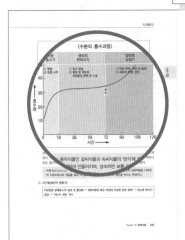

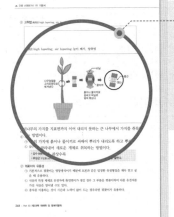

Point ❹

다양한 그림자료로 이해도를 높이고 쉽게 암기할 수 있도록 도와주며 실전에서 고난도 문제까지 해결 가능

이 책의 **시험안내**

1 손해평가사란

농업재해보험의 손해평가를 전문적으로 수행하는 자로서 농어업재해보험법에 따라 신설되는 국가
자격인 국가전문자격을 취득한 자를 말한다.

2 손해평가사의 직무분야

농업재해보험의 손해평가사는 공정하고 객관적인 농업재해보험의 손해평가를 하기 위해 피해사실
의 확인, 보험가액 및 손해액의 평가, 그 밖의 손해평가에 필요한 사항에 대한 업무를 수행한다.

3 시험응시자격

제한 없음

※ 단, 부정한 방법으로 시험에 응시하거나 시험에서 부정한 행위를 하여 시험의 정지·무효 처분이
있은 날부터 2년이 지나지 아니하거나, 손해평가사의 자격이 취소된 날부터 2년이 지나지 아니한
자는 응시할 수 없다(농어업재해보험법 제11조의4 제4항).

4 시험실시기관 및 소관부처

구분	담당기관
시험실시기관	한국산업인력공단(http://www.q-net.or.kr/site/loss)
소관부처	농림축산식품부(재해보험정책과)
운용기관	농업정책보험금융원

5 시험과목 및 시험시간

구분	시험과목	문항 수	시험시간	시험방법
제1차 시험	1. 「상법」 보험편 2. 농어업재해보험법령(「농어업재해보험법」, 「농어업재해보험법 시행령」 및 농림축산식품부 장관이 고시하는 손해평가 요령을 말함) 3. 농학개론 중 재배학 및 원예작물학	과목별 25문항 (총 75문 항)	90분	객관식 (4지 택일형)
제2차 시험	1. 농작물재해보험 및 가축재해보험의 이론과 실무 2. 농작물재해보험 및 가축재해보험 손해평가의 이론과 실무	과목별 10문항	120분	주관식 (단답형, 서술형)

※ 기활용된 문제, 기출문제 등도 변형·활용되어 출제될 수 있음

※ 답안 작성 기준

- 제1차 시험의 답안은 시험시행일에 시행되고 있는 관련 법령 등을 기준으로 작성
- 제2차 시험의 답안은 농업정책보험금융원에서 등재하는 「농업재해보험·손해평가의 이론과 실무」를 기준으로 작성

  「농업재해보험·손해평가의 이론과 실무」는 농업정책보험금융원 홈페이지(자료실−손해평가사 자료실)에서 확인 가능

6 합격기준

구분	합격결정기준
제1차 시험	매 과목 100점을 만점으로 하여 매 과목 40점 이상과 전 과목 평균 60점 이상을 득점한 사람을 합격자로 결정
제2차 시험	매 과목 100점을 만점으로 하여 매 과목 40점 이상과 전 과목 평균 60점 이상을 득점한 사람을 합격자로 결정

CONTENTS
이 책의 **차례**

PART 03 제3과목
재배학 및 원예작물학

제1과목
상법(보험법)

* 상법의 체계와 출제영역

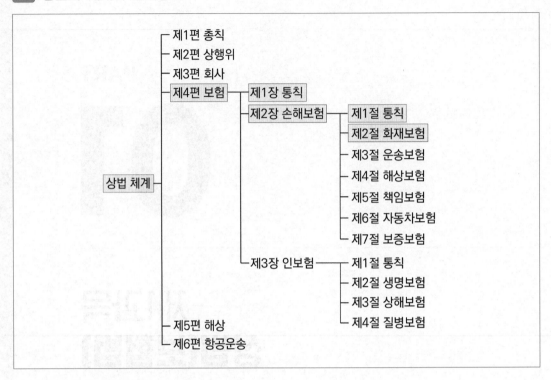

손해평가사 상법(보험편)의 출제영역

손해평가사 1차 1과목은 상법의 영역 중에서 보험편에 국한된다. 그러나 현실적으로 손해평가사는 농작물 등의 손해평가와 관련된 업무를 수행하므로 실제 출제되는 영역은 통칙과 손해보험(통칙과 화재보험)이다. 앞으로 이러한 추세는 계속될 것으로 보인다.

1 보험의 정의와 특성

(1) 보험의 정의

① 보험(保險, insurance)은 위험관리의 한 방법으로 자신의 위험을 제3자에게 전가하는 제도이다.

② 보험이란 위험 결합으로 불확실성을 확실성으로 전환시키는 사회적 시설을 말한다.

　㉠ 보험은 다수의 동질적인 위험을 한 곳에 모으는 결합 행위(pooling)를 통해 가계나 기업이 우연적인 사고 발생으로 입게 되는 실제 손실(actual loss)을 다수의 동질적 위험의 결합으로 얻게 되는 평균손실(average loss)로 대체하는 것이다.

　㉡ 보험은 다수가 모여 보험료를 각출하여 공동재산을 조성하고, 우연적으로 사고가 발생한 경우 손실을 입은 자에게 일정한 방법으로 보험금을 지급하는 제도(수단)라고 정의할 수 있다.

(2) 보험의 목적

① 경제적 관점에서 보험의 목적

재무적 손실에 대한 불확실성, 즉 위험의 감소(reduction of risk)이며, 그것을 달성하기 위하여 위험 전가(transfer of risk) 및 위험 결합(pooling or combination of risk)을 이용한다.

② 사회적 관점에서 보험의 목적

사회의 구성원에게 발생한 손실을 다수인이 부담하는 것을 목적으로 하며, 손실의 분담(sharing of loss)을 가능케 하는 것은 다수인으로부터 기금을 형성하는 것이다.

③ 법적인 관점에서 보험의 목적

보험자와 피보험자 또는 계약자 사이에 맺어진 재무적 손실의 보전(indemnity of financial loss)을 목적으로 하는 법적 계약이다.

④ 수리적 관점에서 보험의 목적

확률이론과 통계적 기법을 바탕으로 미래의 손실을 예측하여 배분하는 수리적 제도이다.

(3) 보험의 특성

① 예기치 못한 손실의 집단화

계약자나 피보험자의 고의적인 손실은 보상하지 않아야 하며 계약자나 피보험자의 입장에서 전혀 예상할 수 없었던 고의적이지 않은 불의의 손실을 모두 보상한다.

　　㉠ 손실의 집단화(the pooling of fortuitous losses)란 손실을 한데 모음으로써 개별위험을
　　　손실집단으로 전환시키는 것을 의미한다.
　　㉡ 위험을 집단화하기 전에는 각자가 개별위험에 대해 책임을 져야 하지만 손실을 집단화함으
　　　로써 개별적 위험의 의미는 퇴색하고 개인이 부담해야 하는 실제 손실은 위험집단의 평균
　　　손실로 대체된다.
　　㉢ 손실을 집단화할 때 중요한 것은 발생 빈도와 평균손실의 규모 면에서 동종의 손실이거나
　　　그와 비슷한 것이어야 한다.
　　㉣ 이질적인 손실을 집단화하게 되면 보험료 책정이나 보상 측면에서 동일한 기준을 적용하는
　　　과정에서 많은 문제가 발생하게 된다.

② 위험 분담

위험의 집단화는 다른 측면에서 보면 위험을 서로 나누어 부담하는 위험 분담(risk sharing)
이 된다. 위험 분담은 개별적으로 부담하기 힘든 손실을 나누어 부담함으로써 손실로부터의
회복을 보다 용이하게 한다. 이러한 상호부조 관계가 당사자 간의 자율적인 시장거래를 통해
달성된다는 점이 보험의 주요한 특징이다.

③ 위험 전가

보험은 계약에 의한 위험 전가(risk transfer)이다. 계약을 통해 재정적으로 능력이 취약한
개인이나 조직이 재정적인 능력이 큰 보험자에게 개인의 위험을 전가하는 것이다. 특히 빈도
는 적지만 규모가 커서 스스로 부담하기 어려운 위험을 보험자에게 전가함으로써 개인이나
기업이 위험에 대해 보다 효과적으로 대응할 수 있게 해주는 장치이다.

④ 실제 손실에 대한 보상

보험자가 보상하는 손실 보상(indemnification)은 실제로 발생한 손실을 원상회복하거나 교
체할 수 있는 금액으로 한정되며 보험 보상을 통해 이익을 보는 경우는 없다. 실제 손실에
대한 보상(實損補償)은 중요한 보험의 원칙 중 하나로 발생손실만큼만 보상을 받게 되면 보험
사기 행위와 같은 도덕적 위태를 줄일 수 있다.

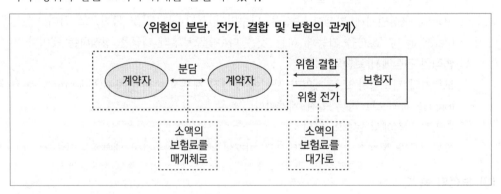

〈위험의 분담, 전가, 결합 및 보험의 관계〉

⑤ 대수의 법칙 또는 평균의 법칙

대수의 법칙(the law of large numbers)은 표본이 클수록 결과가 점점 예측된 확률에 가까워
진다는 통계학적 정리이다. 즉, 표본의 수가 늘어날수록 실험 횟수를 보다 많이 거칠수록 결괏
값은 예측된 값으로 수렴하는 현상을 대수의 법칙 또는 평균의 법칙(the law of averages)이
라고 한다. 계약자가 많아질수록 보험자는 보다 정확하게 손실을 예측할 수 있다.

2 보험의 성립요건

(1) 동질적 위험의 다수 존재

① 동질적 위험

'동질적 위험'이란 발생의 빈도와 피해 규모가 같거나 유사한 위험을 의미한다. 특성이 같거나
유사한 위험끼리 결합되어야 동일한 보험료(체계)가 적용되어도 형평성을 유지할 수 있기 때
문이다.

② 다수

동질적 위험이 '다수' 존재해야 한다는 것은 손실 예측이 정확해지기 위해서는 대수의 법칙이
적용될 수 있을 정도로 사례가 많아야 하는데, 이를 위해서는 계약자가 많을수록 좋다.

③ 독립적

이러한 동질적 위험이 각각 '독립적'이어야 한다. 독립적이라는 것은 하나의 손실 발생이 다른
손실 발생과 무관하다는 것을 의미한다.

(2) 손실의 우연적 발생

① 보험이 가능하려면 손실이 인위적이거나 의도적이지 않고, 누구도 예기치 못하도록 순수하게
우연적으로 발생한 것이어야 한다.

② 계약자의 고의나 사기 의도가 개입될 여지가 없는 통제 불가능한 위험만이 보험화가 가능하다.

(3) 한정적 손실

① 보험이 가능하기 위해서는 피해 원인과 발생 시간, 장소 및 피해 정도 등을 명확하게 판별하고
측정할 수 있는 위험이어야 한다.

② 피해 원인과 피해 장소 및 범위, 그리고 피해 규모 등을 정확하게 판단하기 어려우면 정확한
손실 예측이 어렵고 이에 따라 보험료 계산이 불가능하기 때문에 보험으로 인수하기 어렵다.

(4) 비재난적 손실

① 손실 규모가 지나치게 크지 않아야 한다. 손실이 재난적일 만큼 막대하다면 보험자가 감당하기
어려워 파산하게 되고 결국 대다수 계약자가 보장을 받을 수 없는 상황으로 전개될 수 있다.

② 보험자가 안정적으로 보험을 운영하기 위해서는 감당할 만한 수준의 위험을 인수해야 한다.

(5) 확률적으로 계산 가능한 손실

① 보험으로 가능하기 위해서는 손실 발생 가능성, 즉 손실발생확률을 추정할 수 있는 위험이어야 한다.

② 장차 발생할 손실의 빈도나 규모를 예측할 수 없으면 보험료 계산이 어렵다. 정확하지 않은 예측을 토대로 보험 설계 시 보험을 지속적으로 운영하기 어려우며, 결국 보험을 중단하게 되는 상황도 벌어진다.

(6) 경제적으로 부담 가능한 보험료

① 확률적으로 보험료 계산이 가능하더라도 산출되는 보험료 수준이 너무 높아 보험 가입대상자들에게 부담으로 작용하면 보험을 가입할 수 없어 보험으로 유지되기 어렵다.

② 보험이 가능한 위험이 되기 위해서는 그 위험이 발생하는 빈도와 손실 규모로 인한 손실이 종적(시간적) 및 횡적(계약자 간)으로 분산 가능한 수준이어야 한다.

제2절 | 보험의 기능

1 보험의 순기능

(1) 손실 회복

보험의 일차적 기능은 손실이 발생하였을 경우 계약자에게 보험금을 지급함으로써 단기간에 경제적 손실을 원상회복하거나 최소화한다.

(2) 불안 감소

개인이나 기업은 언제 어떻게 발생할지 불확실한 위험에 보험으로 대비함으로써 불안감을 해소시켜 안심하고 경제활동을 할 수 있다.

(3) 신용력 증대

보험은 예기치 않은 대규모 위험이 닥치더라도 일정 수준까지는 복구할 수 있는 보호 장치이기 때문에 계약자의 신용력을 높여준다.

(4) 투자 재원 마련

다수의 소액 계약자로부터 납부된 보험료로 거액의 자금이 형성되면 자금을 필요로 하는 기업 등에게 제공하여 경제성장에도 기여할 수 있고, 보험자 입장에서는 이에 따른 수익을 통해 보험사업을 보다 안정적으로 운용할 수 있게 된다.

(5) 자원의 효율적 이용 기여

보험을 통해 예상되는 손실 위험을 해소할 수 있다면 투자자 입장에서는 유한한 자원을 보다 효율적으로 활용하게 된다.

(6) 안전(위험 대비) 의식 고양

① 보험에 가입한다는 것은 이미 위험에 대비할 필요성을 인지하고 있다고 볼 수 있다.
② 일정한 요건을 갖추어야 보험 가입이 가능하게 하거나 보험료 부담을 줄이기 위해 각종 위험 발생에 스스로 대비하는 노력을 하도록 한다.

2 보험의 역기능

(1) 사업비용의 발생

보험사업을 유지하기 위해서는 불가피하게 비용이 초래된다. 사회 전체로 보면 기회비용이라고 할 수 있다.

(2) 보험사기의 증가

보험금을 받기 위한 보험사기는 이에 따른 추가적 비용을 다수의 선의의 계약자의 부담으로 전가하며 보험사업의 정상적 운영을 어렵게 하여 극단적인 경우에는 보험 자체가 사라지는 결과를 초래할 수도 있다.

(3) 손실 과장으로 인한 사회적 비용 초래

① 보험에 가입한 손실이 발생할 경우 손실의 크기를 부풀려 보험금 청구 규모를 늘리려는 경향은 보험금이 과잉 지급되는 결과를 초래하기도 한다.
② 보험금 과잉 청구는 보험의 정상적인 운영에 지장을 초래하며, 사회적으로도 불필요한 비용을 발생시킨다.

3 역선택 및 도덕적 위태

보험자가 계약자에 대한 정보를 완전히 파악하지 못하고 계약자는 자신의 정보를 보험자에게 제대로 알려주지 않는 정보 비대칭(asymmetric information)이 발생하면 역선택(adverse selection)과 도덕적 위태(moral hazard)가 발생한다.

(1) 역선택

보험자는 보험에 가입하려는 계약자의 위험을 정확하게 파악하고 측정할 수 있어야 손실을 정확히 예측할 수 있어 적정한 보험료를 책정·부과할 수 있다.
계약자 또는 피보험자가 보험자보다 더 많은 정보를 가지고 있는 상태에서 보험자가 계약자의 위험 특성을 제대로 파악하지 못하면 계약자 측에서 손실 발생 가능성이 커 자신에게 이득이 되는 보험을 선택하여 계약을 하게 되면 이를 '역선택'이라고 한다.

(2) 도덕적 위태

도덕적 위태는 어느 한 쪽이 보험계약을 충실히 이행하지 않아 발생되는 문제로서 계약자 또는 피보험자가 고의나 과실로 보험사고의 발생 가능성을 높이거나 손해액을 확대하려는 성향을 의미한다.

보험에 가입한 후 평소의 관리를 소홀히 한다거나 손실이 발생할 경우 경감하려는 노력을 하지 않으며 심한 경우에는 이를 방치하거나 손실의 규모를 키우는 경우 등이 이에 해당한다.

(3) 역선택과 도덕적 위태의 비교

① 유사점

ㄱ 역선택과 도덕적 위태는 실손을 보상하는 계약의 경우에는 거의 발생하지 않는다.

ㄴ 보험가액에 비해 보험금액의 비율이 클수록 발생 가능성이 높다.

ㄷ 역선택이나 도덕적 위태를 야기한 당사자에게는 이익이 귀착되는 반면, 그 피해는 보험자와 다수의 선의의 계약자들에게 돌아가며 결국 보험사업의 정상적 운영에 악영향을 미친다.

② 차이점

ㄱ 역선택 : 계약 체결 전(前)에 예측한 위험보다 높은 위험(집단)이 가입하여 사고 발생률을 증가시킨다.

ㄴ 도덕적 위태 : 계약 체결 후(後)에 고의나 인위적 행동으로 사고 발생률을 높아지게 한다.

제3절 | 보험의 분류

1 상법상 분류

(1) 손해보험

보험자가 보험계약에서 정한 보험사고가 발생하여 피보험자의 '재산상의 손해'가 발생하면 그 '손해액'을 산정하여 '보험금'을 지급하는 보험이라고 할 수 있다. 상법에서는 화재, 운송, 해상, 책임, 자동차 그리고 보증보험 등으로 구분하고 있다.

(2) 인보험

보험자가 보험계약에서 정한 사람의 '생명과 신체'에 관한 보험사고가 발생하는 경우 '보험금액 또는 기타 급여'를 지급하는 보험이라고 할 수 있다. 이는 생명보험, 상해보험 그리고 질병보험으로 구분할 수 있다.

2 운영목적에 따른 분류

(1) 영리보험

보험의 인수를 영업으로 하는 보험자가 영리를 목적으로 보험을 인수하고 위험단체의 주체가 되는 보험이다. 그 주체는 금융위원회의 허가를 받은 주식회사 등이 된다.

(2) 상호보험

동종의 위험에 관련된 다수인이 스스로 위험단체를 구성하고 이 단체가 보험사업의 주체가 되는 보험이다. 상법에서 보험편의 규정은 그 성질에 반하지 아니하는 범위에서 상호보험(相互保險), 공제(共濟), 그 밖에 이에 준하는 계약에 준용한다(제664조).

3 보험금지급방법에 따른 구분

(1) 부정액보험

보험자가 지급하는 보험금은 보험가입금액의 한도 내에서 실제 발생한 손해액을 산정하여 정하는 보험이다. 손해보험에서 대부분 적용되는 형태이다.

(2) 정액보험

보험자가 지급하는 보험금은 피보험자의 손해액의 크기와 상관없이 보험계약을 통해 정해진 일정 금액을 지급하는 보험이다.

4 원보험과 재보험

(1) 보험은 위험을 분담하는 관계에 따라 원보험과 재보험으로 구분된다. 재보험이란 보험회사를 위한 보험이며 보험회사는 계약자들로부터 인수한 위험을 독자적으로 감당하기 어려울 때 자신이 인수한 보험계약상 책임의 전부 또는 일부를 다른 보험자에게 다시 보험에 가입하는 것을 말한다. 그리고 이러한 재보험의 원인이 된 최초의 보험을 원보험 또는 원수보험이라 한다.

(2) 재보험은 (원보험)계약자와는 무관하게 (원보험)보험자와 재보험자 사이에 체결되는 새로운 계약이므로 원보험의 성질이 무엇이든 상관없이 (원보험)보험자의 보험금지급채무를 담보하는 '책임보험'의 성격을 가지는 '손해보험'이며 '기업보험'에 해당한다.

(3) 재보험은 기업보험이므로 원보험과는 달리 보험계약자 등의 불이익변경금지원칙은 적용되지 않는다.

(4) 한편 재보험은 둘 이상의 보험자가 동일한 보험목적을 함께 인수하는 '공동보험'과는 구별된다.

5 개별보험 · 집단보험 · 총괄보험

(1) 개별보험

각각의 물건 또는 사람을 보험의 목적으로 하는 보험계약을 말한다.

(2) 집단보험

여러 물건 또는 사람을 집단으로 하여 1개의 보험계약을 체결하는 것을 말한다. 집합된 물건을 일괄하여 보험의 목적으로 하는 경우는 '집합보험'(제686조)이라고 하며, 집합된 여러 사람을 일괄하여 보험의 목적으로 하는 경우는 '단체보험'(제735조의3)이라고 한다.

(3) 총괄보험

집합된 물건을 일괄하여 보험의 목적으로 한 때에는 그 목적에 속한 물건이 '보험기간 중에 수시로 교체된 경우'에도 보험사고의 발생 시에 '현존한 물건'은 '보험의 목적에 포함'된 것으로 한다(제687조).

제4절 보험계약의 개요

1 보험계약의 의의

보험계약은 당사자 일방이 약정한 보험료를 지급하고 재산 또는 생명이나 신체에 불확정한 사고가 발생할 경우에 상대방이 일정한 보험금이나 그 밖의 급여를 지급할 것을 약정함으로써 효력이 생긴다(제638조).

2 보험계약의 특성

(1) 불요식 낙성계약성

보험계약은 정해진 요식행위를 필요로 하지 않고 계약자의 청약과 보험자의 승낙이라는 당사자 쌍방 간의 의사 합치만으로 성립하여 불요식 · 낙성계약이다.

> ○ 불요식 不要式 : 특별한 요식행위를 요구하지 않는다.
> ○ 낙성 諾成 : 당사자 간의 청약과 승낙으로 계약이 이루어진다.

(2) 유상계약성

보험계약은 계약자의 '보험료 지급'과 보험자의 '보험금지급'을 약속하는 유상계약(有償契約)이다.

(3) 쌍무계약성

보험자인 보험회사의 '보상 의무'와 계약자의 '보험료 납부 의무'가 대가(對價) 관계에 있으므로 쌍무계약(雙務契約)이다.

(4) 상행위성

보험계약은 상행위이며(상법 제46조) 영업행위이다.

> 영업으로 하는 행위(보험 등)를 상행위라 한다. 그러나 오로지 임금을 받을 목적으로 물건을 제조하거나 노무에 종사하는 자의 행위는 그러하지 아니하다(상법 제46조).

(5) 부합계약성

보험계약은 동질(同質)의 많은 계약을 간편하고 신속하게 처리하기 위해 계약조건을 미리 정형화(定型化)하고 있어 부합계약(附合契約)에 속한다.

> ◦ 부합계약 附合契約 : 당사자 일방이 만들어 놓은 계약조건에 상대방 당사자는 그대로 따르는 계약을 말한다. 보험계약의 부합계약성으로 인해 '약관'이 존재하게 된다.

(6) 최고 선의성

보험계약에 있어 보험자는 사고의 발생 위험을 직접 관리할 수 없기 때문에 '도덕적 위태'의 야기 가능성이 큰 계약이다. 따라서 '신의성실의 원칙'이 무엇보다도 중요시되고 있다.

<보험계약의 선의계약성을 전제로 한 상법의 규정>
① 고지의무위반으로 인한 계약해지(제651조)
② 위험변경증가의 통지와 계약해지(제652조)
③ 보험계약자 등의 고의나 중과실로 인한 위험증가와 계약해지(제653조)
④ 보험자의 면책사유(제659조)
⑤ 보험계약의 목적(제668조)
⑥ 초과보험(제669조)
⑦ 중복보험(제672조)
⑧ 손해방지의무(제680조)

(7) 계속계약성

보험계약은 한때 한 번만의 법률행위가 아니고 '일정 기간'에 걸쳐 당사자 간에 '권리·의무 관계'를 '존속'시키는 법률행위이다.

제5절 보험계약의 요소

1 보험계약의 관계자

보험계약의 관계자란 보험계약의 직접 당사자와 보험계약에 이해관계를 가지는 제3자를 말한다. 보험계약의 직접 당사자는 보험자와 보험계약자이며, 보험계약에 이해관계를 가지는 제3자는 피보험자와 보험수익자이다.

(1) 보험자

① 개념
  ㉠ 보험계약의 대상이 되는 위험을 인수하고 보험사고가 발생할 경우에 보험금을 지급할 의무를 부담하는 자로서 보험회사를 말한다.
  ㉡ 보험의 인수는 상행위에 해당하며 보험의 인수를 영업으로 하는 보험자는 상법상 상인에 해당한다.

② 수인의 보험자
  ㉠ 공동보험
    보험의 목적 등이 고가인 경우 수인의 보험자가 하나의 보험계약에서 공동으로 그 위험을 인수하는 경우를 공동보험이라 한다.
  ㉡ 병존보험과 중복보험
    ⓐ 병존보험 : 보험가액 범위 안에서 보험계약자가 수인의 보험자와 개별적으로 보험계약을 체결하며 각 보험자는 자기가 인수한 부분에 대해서만 보험계약을 체결하고 책임을 진다.
    ⓑ 중복보험 : 동일한 보험계약의 목적과 동일한 사고에 관하여 수개의 보험계약이 동시에 또는 순차로 체결된 경우에 그 보험금액의 총액이 보험가액을 초과한 때에는 보험자는 각자의 보험금액의 한도에서 연대책임을 진다. 이 경우에는 각 보험자의 보상책임은 각자의 보험금액의 비율에 따른다(제672조).

    ◦ 연대책임 連帶責任 : 두 사람 이상이 함께 지는 책임을 말한다.

(2) 보험계약자

① 보험계약자는 보험자의 상대방으로서 자기명의로 보험자와 보험계약을 체결하고 보험료지급의무를 1차적으로 부담하는 자이며, 보험자와는 달리 보험계약자가 되기 위한 자격은 따로 없다.
② 보험계약자는 자기를 위해 보험계약을 체결할 수도 있고 타인을 위해 보험계약을 체결할 수도 있다.
③ 하나의 보험계약에 대해 수인이 보험계약자가 될 수도 있으며 그중 1인, 수인 또는 전원에게 상행위로 되는 때에는 각 보험계약자는 연대하여 보험료납입의무를 부담한다.

④ 대리인에 의해 보험계약을 체결할 수도 있으며 이 경우 본인이 보험계약자가 되며 대리인이 안 사유는 그 본인이 안 것과 동일한 것으로 한다(제646조).

(3) 피보험자

① 손해보험의 피보험자

　㉠ 의의

　　손해보험에서 피보험자는 피보험이익의 귀속주체로서 보험사고 발생 시 보험자에게 보험금을 청구할 수 있는 자이다. 보험계약자와 피보험자가 동일하면 자기를 위한 손해보험, 다르면 타인을 위한 손해보험이라 한다.

　㉡ 지위

　　ⓐ 타인을 위한 손해보험에서 피보험자는 보험계약의 당사자가 아니므로 보험계약의 취소권이나 해지권 등 보험계약의 당사자로서의 권리와 의무가 없으며 원칙적으로 보험료지급의무도 부담하지 않는다.

　　ⓑ 그러나 '고지의무'(제651조)나 '위험변경증가의 통지의무'(제652조)를 부담하며 타인을 위한 보험계약에서 보험계약자가 파산을 하거나 보험료의 지급 지체가 있는 경우에 그 타인으로서 피보험자가 권리를 포기하지 않는 한 피보험자도 보험료를 지급할 의무가 있다(제639조 제3항).

　　ⓒ 그리고 보험계약의 전부 또는 일부가 무효인 경우에 보험계약자와 피보험자가 선의이며 중대한 과실이 없는 경우 보험자에 대해 보험료의 전부 또는 일부의 반환을 청구할 수 있다(제648조).

② 인보험의 피보험자

　㉠ 의의

　　인보험에서 피보험자는 생명과 신체에 관하여 보험에 붙여진 사람으로 그 성질상 자연인에 한한다. 피보험자는 1인일 수도 있고 단체보험과 같이 수인일 수도 있다.

　㉡ 지위

　　ⓐ 인보험에서 피보험자는 '보험의 목적'에 불과하며 보험계약에 의한 권리를 취득하지는 못하지만 고지의무 또는 위험변경증가에 대한 통지의무 등을 부담한다.

　　ⓑ 보험계약의 사행계약적 성격에 따른 도박적 요소를 차단하기 위해 타인의 사망을 보험사고로 하는 보험계약에는 보험계약 체결 시에는 그 타인의 서면에 의한 동의를 사전에 받아야 하고(제731조), 15세 미만자, 심신상실자 또는 심신박약자의 사망을 보험사고로 하는 보험계약은 이들의 서면동의의 유무에 관계없이 절대적으로 무효로 하고 있다(제732조).

(4) 보험수익자

① 보험수익자는 생명보험 등의 인보험계약에서 보험사고가 발생한 경우 또는 만기가 도래한 경우에 보험금지급청구권을 가지는 자이다.

② 보험계약자와 보험수익자가 동일하면 자기를 위한 인보험, 다르면 타인을 위한 인보험이라 한다. 타인을 위한 인보험의 경우 보험계약자는 보험수익자를 지정하거나 변경할 수 있다(제733조). 다만 타인의 사망을 보험사고로 하는 경우 피보험자의 동의를 얻어서 보험수익자를 지정 또는 변경할 수 있다(제731조).

③ 보험수익자는 보험계약의 당사자가 아니므로 원칙적으로 보험료지급의무가 없다. 그러나 타인을 위한 인보험계약에서 보험계약자가 파산을 하거나 보험료의 지급지체가 있는 경우에 그 타인에 해당되는 보험수익자가 권리를 포기하지 않는 한 보험수익자도 보험료지급의무를 부담한다.

- 자기를 위한 보험계약 : 보험계약자 = 피보험자·보험수익자
- 타인을 위한 보험계약 : 보험계약자 ≠ 피보험자·보험수익자

---

(5) 보험자의 보조자

① 보험대리상(보험대리점)

ㄱ '일정한 보험자'를 위하여 상시 계속적으로 그 영업부류에 속하는 보험계약의 체결을 대리(체약대리점)하거나 중개(중개대리점)하는 독립된 상인이다.

ㄴ 보험계약의 체결을 대리하는 것을 영업으로 하는 독립된 상인을 체약대리상이라 하고, 보험계약의 체결을 중개하는 것을 영업으로 하는 독립된 상인을 중개대리상이라 한다. 개인과 법인을 구분하여 금융위원회에 등록하여야 한다.

ㄷ 불특정 다수의 보험자를 위해 보조하는 보험중개사와 구별된다.

〈보험대리상 등의 권한(제646조의2 제1항)〉

ⓐ 보험계약자로부터 보험료를 수령할 수 있는 권한

ⓑ 보험자가 작성한 보험증권을 보험계약자에게 교부할 수 있는 권한

ⓒ 보험계약자로부터 청약, 고지, 통지, 해지, 취소 등 보험계약에 관한 의사표시를 수령할 수 있는 권한

ⓓ 보험계약자에게 보험계약의 체결, 변경, 해지 등 보험계약에 관한 의사표시를 할 수 있는 권한

ㄹ 보험자는 보험대리상의 권한 중 일부를 제한할 수 있다. 다만, 보험자는 그러한 권한 제한을 이유로 선의의 보험계약자에게 대항하지 못한다(제646조의2 제2항).

ㅁ 피보험자나 보험수익자가 보험료를 지급하거나 보험계약에 관한 의사표시를 할 의무가 있는 경우에는 보험대리상의 권한과 그 제한의 내용을 그 피보험자나 보험수익자에게도 적용한다(제646조의2 제4항).

② 보험설계사

ㄱ 보험대리상이 아니면서 특정한 보험자를 위하여 계속적으로 보험계약의 체결을 중개하는 자이다(제646조의2 제3항).

ⓒ 피용자의 신분으로 보험자를 위해 보험계약의 체결을 중개한다는 점에서 독립된 상인으로서 보험계약의 체결을 대리하거나 중개하는 보험대리상(보험대리점)과 다르다.

ⓒ 의사표시권 및 의사표시수령권은 인정되지 않으며, 보험증권교부권 및 보험료수령권은 예외적으로 인정된다.

> ◦ 보험수령권 : 보험자가 작성한 영수증을 보험계약자에게 교부하는 경우에 한해서 인정한다.

③ **보험중개사**

중개대리점이 특정한 보험자를 위해 중개하는 것과 달리 보험중개사는 독립적으로 '불특정 다수의 보험자'와 '보험계약자' 사이의 보험계약의 체결을 중개하는 자이다.

④ **보험의**

인보험의 보조자로서 보험자가 위험의 인수 여부를 결정하는 데 도움을 주기 위해 피보험자에 대한 신체 및 건강상태를 검사하여 위험측정자료를 파악하고 이에 대한 의학적 전문지식을 통해 그 결과를 보험자에게 제공하여 보험자가 위험을 인수할 것인지 결정하는데 도움을 주는 의사를 말한다.

2 보험의 목적

(1) 의의

① 보험의 목적이란 보험사고 발생의 객체가 되는 특정한 재산이나 물건 사람의 생명·신체를 말한다. 손해보험의 경우에는 재산이나 물건을 말하며 인보험의 경우에는 보험에 붙여진 피보험자를 말한다.

② 보험계약 체결 시 보험의 목적을 구체적으로 정함으로써 보험료 산정의 기초로 삼을 수 있으며, 보험사고 발생에 따른 보험자가 보상할 책임을 명확히 하여 분쟁을 예방할 필요가 있다.

③ 이러한 '보험의 목적'은 '보험계약의 목적'(제668조)과는 구별된다.

(2) 구분

① **손해보험**

㉠ 주택, 상가, 운송물, 선박, 기계 등과 같은 구체적인 물건은 물론 무체물(채권)과 피보험자의 책임도 포함된다.

㉡ 집합된 물건을 일괄하여 보험의 목적으로 한 때에는 피보험자의 가족과 사용인의 물건도 보험의 목적에 포함된다(제686조 집합보험).

㉢ 집합된 물건을 일괄하여 보험의 목적으로 한 때에는 그 목적에 속한 물건이 보험기간 중에 수시로 교체된 경우에도 보험사고의 발생 시에 현존한 물건은 보험의 목적에 포함된다(제687조 집합보험 중 총괄보험).

② **인보험**

사람의 생명 또는 신체를 보험의 목적으로 한다.

3 보험사고

(1) 의의

보험사고란 보험계약으로 담보하기로 한 피보험자의 재산 또는 생명이나 신체에 불확정적으로 발생가능한 특정한 사고를 의미한다.

(2) 요건

① 불확정성(우연성)

불확정성은 보험사고 발생여부와 그 시기 및 정도를 확정할 수 없는 경우를 말한다. 발생여부와 그 시기 및 정도 중 어느 하나만이라도 불확정적이면 해당된다. 그 판단의 시기는 '보험계약 당시'를 기준으로 한다.

② 발생가능성

보험계약 당시에 보험사고가 이미 발생하였거나 또는 발생할 수 없는 것인 때에는 그 계약은 무효로 한다. 그러나 당사자 쌍방과 피보험자가 이를 알지 못한 때에는 그러하지 아니하다(제644조). 즉, 보험사고가 객관적으로 계약 전에 이미 확정된 경우라면 그 계약은 무효로 한다.

③ 특정성

보험사고는 그 범위가 특정되어야 한다. 보험계약 체결 시 보험사고의 범위를 구체적으로 특정하여 분쟁을 방지할 필요성이 있다.

(3) 보험사고발생의 통지의무

보험계약자 또는 피보험자나 보험수익자는 보험사고의 발생을 안 때에는 지체 없이 보험자에게 그 통지를 발송하여야 한다(제657조). 보험자는 보험사고의 통지를 받으면 보험금지급책임이 발생한다.

4 보험료

보험계약에 따라 보험자가 보험을 인수하는 대가로서 보험계약자가 보험자에게 지급하는 금액을 말한다.

5 보험기간과 보험계약기간 및 보험료기간

(1) 보험기간(보장기간, 책임기간, 위험기간)

① 보험자의 책임이 시작되어 종료될 때까지의 기간을 말한다.

② 따라서 그 보험기간의 이전이나 이후에 생긴 보험사고에 대하여 보험자는 보험금지급책임을 지지 않는다.

③ 보험자의 책임은 당사자 간에 다른 약정이 없으면 최초의 보험료의 지급을 받은 때로부터 개시한다(제656조).

④ 보험계약은 그 계약 전의 어느 시기를 보험기간의 시기로 할 수 있다(제643조). 즉, 소급보험이 가능하다.

(2) 보험계약기간

보험계약이 성립해서 소멸할 때까지의 기간을 의미하며 보험기간과 같을 수도 있고 다를 수도 있다.

① 예정보험

[보험기간 < 보험계약기간]

암보험 등의 일정한 보험자의 면책기간을 설정하는 질병보험처럼 보험기간이 보험계약 이후 특정 기간이 지난 시점부터 개시되는 경우가 이에 해당한다.

② 소급보험

[보험기간 > 보험계약기간]

과거 대항해시대에 정보통신기술이 발달하지 않아 이미 발생하였을지도 모르는 해상보험사고를 알 수 없는 경우에 이를 보호받기 위해 사용되었으나, 최근에는 거의 사용되지 않는다. 상법에서는 보험계약은 그 계약 전의 어느 시기를 보험기간의 시기로 할 수 있다(제643조)고 정하여 소급보험을 인정하고 있다.

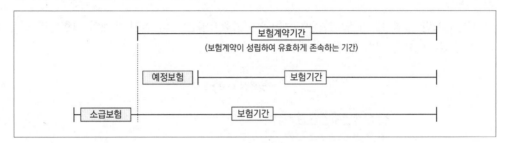

(3) 보험료기간(위험측정기간)

일정한 기간을 단위로 그 기간에 발생하는 보험사고를 통계적으로 조사하여 그 손해율을 측정하여 보험료산출의 기초가 되는 경우 그 단위기간을 말한다. 위험측정기간이라고도 한다.

6 피보험이익(보험계약의 목적)

(1) 의의

피보험이익이란 보험에 붙여진 '보험의 목적'에 대하여 보험사고가 발생함으로써, 피보험자가 손해를 입은 경우 그 피보험자가 지니는 '경제상의 이해관계'를 말한다. 보험목적물에 보험사고가 발생하여 계약자가 '경제적 손실'을 입게 되는 경우 '피보험이익'이 있다고 한다.

(2) 적용

① 상법에서는 보험계약은 금전으로 산정할 수 있는 이익에 한하여 보험계약의 목적으로 할 수 있다(제668조)고 정하고 있으며 '피보험이익'을 '보험계약의 목적'이라고 칭하고 있다.

② 피보험이익이 존재해야 보험에 가입할 수 있으며, 피보험이익이 없으면 보험에 가입할 수 없다.

7 보험가액, 보험금액 및 보험금

(1) 보험가액

보험가액이란 손해보험에서 피보험이익을 금전으로 평가한 가액으로써 보험자가 지급하여야 할 법률상 최고한도액을 말한다.

(2) 보험금액(보험가입금액)

보험금액이란 보험자가 보험사고가 발생한 때 피보험자 등에게 지급할 계약상의 최고한도액을 말한다.

① 손해보험에서 보험금액

계약당사자가 약정한 보험가액의 한도 내에서 손해보상책임의 최고한도액을 말한다.

② 생명보험과 같은 정액보험에서 보험금액

계약당사자 간에 약정한 일정 금액을 말한다.

(3) 보험금

보험금이란 보험사고가 발생한 때 보험금액(보험가입금액)의 범위 내에서 보험자가 현실적으로 지급하는 금액을 말한다.

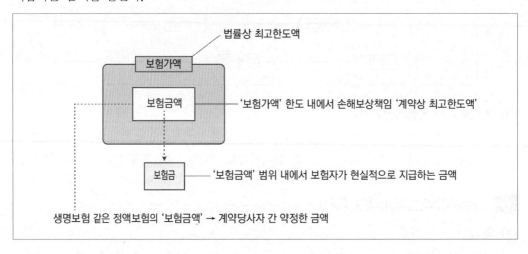

제6절 보험계약의 체결

1 보험계약의 성립

> **제638조(보험계약의 의의)**
> 보험계약은 당사자 일방이 약정한 보험료를 지급하고 재산 또는 생명이나 신체에 불확정한 사고가 발생할 경우에 상대방이 일정한 보험금이나 그 밖의 급여를 지급할 것을 약정함으로써 효력이 생긴다.
>
> **제638조의2(보험계약의 성립)**
> ① 보험자가 보험계약자로부터 보험계약의 청약과 함께 보험료 상당액의 전부 또는 일부의 지급을 받은 때에는 다른 약정이 없으면 30일 내에 그 상대방에 대하여 낙부의 통지를 발송하여야 한다. 그러나 인보험계약의 피보험자가 신체검사를 받아야 하는 경우에는 그 기간은 신체검사를 받은 날부터 기산한다.
> ② 보험자가 제1항의 규정에 의한 기간 내에 낙부의 통지를 해태한 때에는 승낙한 것으로 본다.
> ③ 보험자가 보험계약자로부터 보험계약의 청약과 함께 보험료 상당액의 전부 또는 일부를 받은 경우에 그 청약을 승낙하기 전에 보험계약에서 정한 보험사고가 생긴 때에는 그 청약을 거절할 사유가 없는 한 보험자는 보험계약상의 책임을 진다. 그러나 인보험계약의 피보험자가 신체검사를 받아야 하는 경우에 그 검사를 받지 아니한 때에는 그러하지 아니하다.

보험계약은 보험계약자의 '청약'에 대해 보험자의 '승낙'으로 '성립'한다.

(1) 보험계약의 청약

① 보험계약의 청약은 보험계약의 청약자가 보험자에 대해 일정한 보험계약을 체결할 것을 목적으로 하는 일방적 의사표시이다.

② 보험계약은 불요식 계약으로서 청약의 방법은 구두든 서면이든 무관하지만, 실무상 청약서에 일정한 사항을 기재하여 청약을 하도록 하고 있다. 그리고 청약하였다고 하여 보험계약이 성립된 것은 아니다.

(2) 보험계약의 승낙

① 승낙의 통지

보험자가 보험계약자로부터 보험계약의 청약과 함께 보험료 상당액의 전부 또는 일부의 지급을 받은 때에는 다른 약정이 없으면 30일 내에 그 상대방에 대하여 낙부의 통지를 발송하여야 한다. 그러나 인보험계약의 피보험자가 신체검사를 받아야 하는 경우에는 그 기간은 신체검사를 받은 날부터 기산한다(제638조의2 제1항).

② 승낙의 통지에 대한 발신주의

승낙의 통지에 대해 상법은 '발신주의'를 채택하고 있다. 예를 들어 30일째 되는 날 거절의 통지를 발송하여 31일째 통지가 도달하는 경우에도 그 거절의 통지는 유효하다.

③ 낙부통지의 해태는 승낙의 의제

보험자가 낙부통지의 규정에 의한 기간 내에 낙부의 통지를 해태한 때에는 승낙한 것으로 본다(제638조의2 제2항).

(3) 승낙 전 사고에 대한 보험계약자의 보호

① 의의

보험자가 보험계약자로부터 보험계약의 청약과 함께 보험료 상당액의 전부 또는 일부를 받은 경우에 그 청약을 승낙하기 전에 보험계약에서 정한 보험사고가 생긴 때에는 그 청약을 거절할 사유가 없는 한 보험자는 보험계약상의 책임을 진다.

그러나 인보험계약의 피보험자가 신체검사를 받아야 하는 경우에 그 검사를 받지 아니한 때에는 그러하지 아니하다(제638조의2 제3항).

② 제도의 취지

원칙적으로 보험계약자가 보험계약의 청약과 함께 보험료 상당액의 전부 또는 일부의 지급을 하였으나 30일 내에 낙부통지의 발송이 없는 경우 보험계약은 성립하지 않는다.

그러나 보험계약자는 이미 보험료를 지급하였으므로 승낙일까지 보험자가 위험을 인수하지 않은 기간 동안 보험계약에서 정한 보험사고가 생긴 때에는 그 청약을 거절할 사유가 없는 한 보험자는 보험계약상의 책임을 지게 하여 보험계약자를 보호하기 위한 제도이다(제638조의2 제3항).

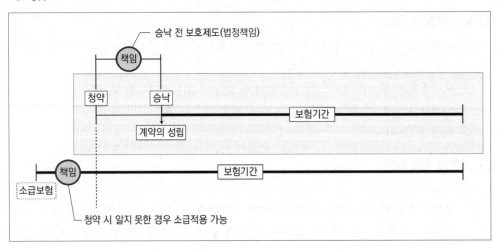

③ 적용요건

㉠ 청약 시 보험료 상당액의 전부 또는 일부의 납입

㉡ 청약 후 승낙 전 보험사고

보험계약자가 청약하기 전이나 청약의 의사를 철회한 이후에 발생한 사고인 경우에는 설령 보험자가 보험료를 반환하기 전이라도 승낙 전 보호제도를 적용하지 아니한다.

ⓒ 청약을 거절할 만한 사유의 부존재

> ※ **청약을 거절할 사유**(대판 2008. 11. 27, 2008다40847)
> ⓐ 청약을 거절할 사유란 보험계약의 청약이 이루어진 바로 그 종류의 보험에 관하여 해당 보험
> 회사가 마련하고 있는 객관적인 보험인수 기준에 의하면 인수할 수 없는 위험상태 또는 사정
> 이 있는 것으로서 통상 피보험자가 보험약관에서 정한 적격 피보험체가 아닌 경우를 말하고,
> 이러한 청약을 거절할 사유의 존재에 대한 증명책임은 보험자에게 있다.
> ⓑ 이른바 승낙 전 보험사고에 대하여 보험계약의 청약을 거절할 사유가 없어서 보험자의 보험
> 계약상의 책임이 인정되면, 그 사고발생사실을 보험자에게 고지하지 아니하였다는 사정은
> 청약을 거절할 사유가 될 수 없고, 보험계약 당시 보험사고가 이미 발생하였다는 이유로 상
> 법 제644조에 의하여 보험계약이 무효로 된다고 볼 수도 없다.

(4) 청약의 철회

> ∘ 철회 撤回 : 법률상에서 의사표시를 한 자가 장차 그 의사표시의 '효력이 발생하기 전'에 소멸시키는 일
> 방적 의사표시를 말한다.

보험계약자는 청약을 한 날 또는 제1회 보험료를 납입한 날로부터 약관에서 정한 기일 내에 아무
런 불이익 없이 보험계약의 청약을 철회할 수 있다.

2 보험약관

> 제638조의3(보험약관의 교부·설명 의무)
> ① 보험자는 보험계약을 체결할 때에 보험계약자에게 보험약관을 교부하고 그 약관의 중요한 내용을 설명하
> 여야 한다.
> ② 보험자가 제1항을 위반한 경우 보험계약자는 보험계약이 성립한 날부터 3개월 이내에 그 계약을 취소할
> 수 있다.

(1) 보험약관

① 보험약관의 의미

ㄱ 보험약관은 보험자와 계약자 또는 피보험자 간에 계약의 무효, 보상을 받을 수 없는 경우
등 여러 가지 보험계약의 권리와 의무에 관한 사항들이 적혀 있다.

ㄴ 보험자가 미리 정한 보험계약의 내용에 반대의 의사표시가 없는 한 계약당사자 쌍방을 구
속하는 보험계약상의 법원으로써 중요한 의미를 가진다.

ㄷ 판례에 따르면 보험약관이 계약당사자에 대하여 구속력을 가지는 것은 보험계약 당사자
사이에서 계약내용에 포함시키기로 합의하였기 때문이다.

② 보험약관의 유형

　　보험약관은 보통보험약관과 특별보험약관으로 구분된다. 보통보험약관은 보험자가 일반적인 보험계약의 내용을 미리 정형적으로 정하여 놓은 약관이다. 보통보험약관을 보충, 변경 또는 배제하기 위한 보험약관을 특별보험약관이라고 한다. 특별보험약관이 보통보험약관에 우선하여 적용되나 특약조항을 이용하여 법에서 금지하는 내용을 가능케 할 수는 없다.

③ 보험약관의 존재 이유

　　보험이라는 금융서비스의 성격상 다수의 계약자를 상대로 보험계약을 체결해야 한다. 따라서 그 내용을 정형화하는 '기술성'과 보험단체 구성원을 개별적으로 다루지 않고 '단체성'을 갖추어 통일성 결여로 발생하는 다양한 법적 시비를 억제할 수 있다.

④ 보통보험약관의 효력

　　㉠ 보험약관의 구속력

　　　　보통보험약관은 반대의 의사표시가 없는 한 당사자가 그 약관의 내용을 이해하고 그 약관에 따를 의사의 유무를 불문하고 약관의 내용이 합리적이라면 보험계약의 체결과 동시에 당사자를 구속하게 된다.

　　㉡ 허가를 받지 않는 보험약관의 사법상의 효력

　　　　금융위원회의 허가를 받지 아니한 보통보험약관에 의하여 보험계약이 체결된 경우라 할지라도 사법상의 효력을 인정하는 것은 타당하다.

　　　　하지만 허가를 받지 않은 약관을 사용한 보험자는 보험업법상의 제재를 받는 것이 당연하고, 금융위원회의 허가를 받지 아니하고 자신의 일방적인 이익을 도모하거나 공익에 어긋나는 약관을 사용한 때에는 그 효력은 인정되지 않는다.

⑤ 보통보험약관의 해석

　　㉠ 기본 원칙

　　　　ⓐ 당사자의 개별적인 해석보다는 용어의 표현이 모호하지 아니한 평이하고 통상적인 일반적인 뜻을 받아들이고 이행되는 용례에 따라 풀이해야 한다.

　　　　ⓑ 법률의 일반 해석 원칙에 따라 보험계약의 '기술성과 단체성'을 고려하여 '합리적'으로 해석해야 한다.

　　　　ⓒ 보험계약의 성질과 관련하여 '신의성실의 원칙'에 따라 공정하게 해석되어야 하며, 계약자에 따라 다르게 해석되어서는 안 된다.

　　　　ⓓ 보험약관상의 인쇄조항(printed)과 수기조항(hand written) 간에 충돌이 발생하는 경우 수기조항이 우선한다.

　　㉡ 작성자 불이익의 원칙

　　　　보험약관의 내용이 모호한 경우 즉, 하나의 규정이 객관적으로 여러 가지 뜻으로 풀이되는 경우나 해석상 의문이 있는 경우에는 보험자에게는 엄격·불리하게, 계약자에게는 유리하게 풀이해야 한다는 원칙을 말한다.

> ※ 보험약관의 해석에 있어 작성자 불이익의 원칙(대판 2018. 7. 24, 2017다256828)
> 보험약관은 신의성실의 원칙에 따라 해당 약관의 목적과 취지를 고려하여 공정하고 합리적으로 해석하되, 개개 계약 당사자가 기도한 목적이나 의사를 참작하지 않고, 평균적 고객의 이해가능성을 기준으로 보험단체 전체의 이해관계를 고려하여 객관적·획일적으로 해석하여야 한다. 위와 같은 해석을 거친 후에도 약관 조항이 객관적으로 다의적으로 해석되고, 그 각각의 해석이 합리성이 있는 등 당해 약관의 뜻이 명백하지 아니한 경우에는 고객에게 유리하게 해석하여야 한다.

(2) 보험약관의 교부·설명의무

① 이행의 주체

보험약관의 교부·설명의무자는 보험자이며, 실거래에서는 보험설계사, 보험대리상(보험대리점) 등을 통해서 보험모집이 이루어지는 경우에는 이들이 보험자를 대신하게 된다.

② 이행의 상대방

그 상대방은 반드시 보험계약자에 국한되는 것은 아니며, 보험계약자의 대리인과 보험계약을 체결하는 경우에는 그 대리인에게 보험약관을 설명함으로써 족하다(대판 2001. 7. 27, 2001다23973).

③ 이행의 시기

보험자는 보험계약을 체결할 때에 보험계약자에게 보험약관을 교부하고 그 약관의 중요한 내용을 설명하여야 한다(제638조의3 제1항).

④ 중요한 내용

보험료와 그 지급방법, 보험금액, 보험기간, 특히 보험자의 책임개시 시기를 정한 경우에는 그 시기, 보험사고의 내용, 보험계약의 해지사유 또는 보험자의 면책사유 등을 들 수 있을 것이다. 그러나 약관에 없는 사항이라면 비록 보험계약상 중요한 내용일지라도 이를 설명할 의무는 없다.

〈보험자의 설명의무가 면제되는 경우〉

㉠ 보험계약을 갱신하는 경우에 보험약관이 기존의 약관과 동일한 경우, 보험계약자나 그 대리인이 보험약관의 내용을 충분히 잘 알고 있는 경우(대판 2014. 7. 24, 2013다217108)

㉡ 보험약관에 정하고 있는 사항이 거래상 일반적이고 공통된 것이어서 보험계약자가 별도의 설명을 듣지 않더라도 충분히 예상할 수 있는 사항(대판 2010. 3. 25, 2009다91316·91323)

㉢ 설명의무의 이행 여부가 보험계약의 체결 여부에 영향을 미치지 않는 경우(대판 2005. 10. 7, 2005다28808)

㉣ 법령에 정하여진 것을 되풀이하거나 부연하는 데 불과한 경우(대판 2014. 7. 24, 2013다217108)

---

⑤ 방법

보험약관을 교부하거나 설명하는 방법에 대해서는 특별히 정한 것은 없으므로 구두나, 전화 우편 등 그 밖의 다른 매체를 이용하는 것도 가능하다.

(3) 교부·설명의무 위반의 효과

① 보험자가 보험계약을 체결할 때에 보험계약자에게 보험약관을 교부하고 그 약관의 중요한 내용을 설명할 의무를 위반한 경우 보험계약자는 보험계약이 성립한 날부터 3개월 이내에 그 계약을 취소할 수 있다(제638조의3 제2항).

② 여기서 3개월의 기간은 어떤 사건이 일어난 후로 기간이 지남으로써 권리가 소멸되는 제척기간이며 이 취소권은 보험계약자에 주어진 권리일 뿐이지 의무는 아니다.

③ 보험계약자가 보험계약을 취소하지 않았다고 하더라도 보험자의 설명의무 위반의 법률효과가 소멸되어 그 하자가 치유되는 것은 아니다(대판 1996. 4. 12, 96다4893). 따라서 3개월이 지나더라도 다시 약관의 규제에 관한 법률을 적용하여 설명되지 않은 약관조항의 효력을 다툴 수 있다.

④ 보험계약자가 그 보험계약을 취소한 때에는 처음부터 그 계약은 무효가 되며(민법 제141조), 보험계약자와 피보험자가 선의이며 중대한 과실이 없는 때에는 보험자에 대하여 보험료의 전부 또는 일부의 반환을 청구할 수 있다(제648조).

3 타인을 위한 보험

> **제639조(타인을 위한 보험)**
> ① 보험계약자는 위임을 받거나 위임을 받지 아니하고 특정 또는 불특정의 타인을 위하여 보험계약을 체결할 수 있다. 그러나 손해보험계약의 경우에 그 타인의 위임이 없는 때에는 보험계약자는 이를 보험자에게 고지하여야 하고, 그 고지가 없는 때에는 타인이 그 보험계약이 체결된 사실을 알지 못하였다는 사유로 보험자에게 대항하지 못한다.
> ② 제1항의 경우에는 그 타인은 당연히 그 계약의 이익을 받는다. 그러나 손해보험계약의 경우에 보험계약자가 그 타인에게 보험사고의 발생으로 생긴 손해의 배상을 한 때에는 보험계약자는 그 타인의 권리를 해하지 아니하는 범위 안에서 보험자에게 보험금액의 지급을 청구할 수 있다.
> ③ 제1항의 경우에는 보험계약자는 보험자에 대하여 보험료를 지급할 의무가 있다. 그러나 보험계약자가 파산선고를 받거나 보험료의 지급을 지체한 때에는 그 타인이 그 권리를 포기하지 아니하는 한 그 타인도 보험료를 지급할 의무가 있다.

(1) 타인을 위한 보험계약의 의의

① 보험계약자가 특정 또는 불특정의 타인의 이익을 위하여 자기명의로 체결한 보험계약을 말한다. 여기서 타인이란 보험계약상의 이익을 받을 자로서 손해보험에서는 피보험자, 인보험에서는 보험수익자를 말한다.

② 보험계약자가 타인의 이익을 위하여 '자기명의'로 체결한 보험계약이므로 '타인의 명의'로 대리인의 자격에서 체결하는 것이 아니다.

(2) 성립요건

① 타인을 위한다는 의사표시
  ㉠ 보험계약의 당사자 사이에 타인을 위한 보험계약이라는 의사표시의 합의가 있어야 한다. 이에 따라 타인은 피보험이익의 주체로서 피보험자가 된다.
  ㉡ 타인을 위한다는 의사표시는 반드시 명시적이어야 하는 것은 아니므로 묵시적인 경우도 인정된다. 만약 타인을 위한 보험계약이라는 의사표시의 합의가 없거나 그 불분명한 경우에는 자기를 위한 보험계약으로 추정한다.
  ㉢ 민법상의 제3자를 위한 계약의 경우 제3자의 수익의 의사표시를 필요로 하지만, 타인을 위한 보험계약의 경우는 그 타인의 수익의 의사표시가 필요하지 않고 그 타인은 당연히 그 계약의 이익을 받는다.
  ㉣ 다만 타인을 위한 보험계약의 당사자는 보험계약자와 보험자이므로 보험계약체결에 대한 다툼이 있는 경우 보험계약자와 보험자를 기준으로 한다.

② 타인의 특정 여부
  타인의 위임 여부와 상관없으며 반드시 타인이 구체적으로 명시되어야 하는 것은 아니다. 보험사고 발생 시에 피보험이익의 주체로 인정되는 자(손해보험) 또는 생명보험계약의 경우 보험계약자나 피보험자의 상속인의 지위에 있게 되는 자를 타인으로 하는 것처럼 불특정 타인을 위한 보험계약도 유효하다(제639조 제1항).

③ 타인의 위임 여부
  보험계약자는 위임을 받거나 위임을 받지 아니하고 특정 또는 불특정의 타인을 위하여 보험계약을 체결할 수 있다(제639조 제1항).
  ㉠ 타인의 위임이 있는 경우
    보험계약자는 피보험자나 보험수익자로 지정되는 자의 위임에 따라 이들을 위한 보험계약을 체결할 수 있다.
  ㉡ 타인의 위임이 없는 경우
    ⓐ '손해보험'계약의 경우에 그 타인의 위임이 없는 때에는 보험계약자는 이를 보험자에게 고지하여야 한다(제639조 제1항 단서).
    ⓑ 이는 보험자의 주의를 환기시켜 도박위험을 방지하게 하거나 피보험자가 자기에게 부과되는 고지의무, 통지의무, 손해방지의무 등을 이행할 수 있도록 하기 위함이다.
    ⓒ 그 고지가 없는 때에는 타인이 그 보험계약이 체결된 사실을 알지 못하였다는 사유로 보험자에게 대항하지 못한다(제639조 제1항 단서). 즉, 손해보험의 피보험자가 보험계약이 체결된 사실을 알지 못하여 고지의무나 통지의무를 이행하지 못하여 보험자가 보험계약을 해지하더라도 이에 대항하지 못한다.

(3) 타인을 위한 보험계약의 효과

① 보험계약자의 지위

㉠ 권리

ⓐ 보험금액 지급청구권(제639조 제2항 단서)

> 타인을 위한 보험계약이므로 원칙적으로 보험계약자는 보험금액 지급청구권을 가지지 못한다. 그러나 손해보험계약의 경우에 보험계약자가 그 타인에게 보험사고의 발생으로 생긴 손해의 배상을 한 때에는 보험계약자는 그 타인의 권리를 해하지 아니하는 범위 안에서 보험자에게 보험금액의 지급을 청구할 수 있다.

ⓑ 보험증권교부청구권(제640조)

ⓒ 보험료감액청구권(제647조)

ⓓ 보험료반환청구권(제648조)

ⓔ 보험계약해지권(제649조 제1항 단서)

> 원칙적으로 보험사고가 발생하기 전에는 보험계약자는 언제든지 계약의 전부 또는 일부를 해지할 수 있다. 그러나 타인을 위한 보험계약의 경우에는 보험계약자는 그 타인의 동의를 얻지 아니하거나 보험증권을 소지하지 아니하면 그 계약을 해지하지 못한다.

㉡ 의무

ⓐ 보험료지급의무(제639조)

ⓑ 고지의무(제651조)

ⓒ 위험변경증가의 통지의무(제652조)

ⓓ 위험유지의무(보험계약자 등의 고의나 중과실로 인한 위험증가 금지)(제653조)

ⓔ 보험사고발생의 통지의무(제657조)

ⓕ 손해보험에서 손해방지경감의무(제680조)

② 피보험자·보험수익자의 지위

㉠ 권리

보험계약자의 타인(피보험자·보험수익자)을 위한 보험이므로 그 타인은 수익의 의사표시가 없더라도 당연히 그 계약의 이익을 받는다(제639조).

㉡ 의무

ⓐ 보험계약자가 파산선고를 받거나 보험료의 지급을 지체한 때에는 그 타인(피보험자·보험수익자)이 그 권리를 포기하지 아니하는 한 그 타인도 보험료를 지급할 의무가 있다(제639조 제3항 단서).

ⓑ 그 타인(피보험자·보험수익자)은 고지의무, 보험사고발생 통지의무, 위험유지의무, 손해방지의무 등을 부담한다.

4 보험증권

> **제640조(보험증권의 교부)**
> ① 보험자는 보험계약이 성립한 때에는 지체 없이 보험증권을 작성하여 보험계약자에게 교부하여야 한다. 그러나 보험계약자가 보험료의 전부 또는 최초의 보험료를 지급하지 아니한 때에는 그러하지 아니하다.
> ② 기존의 보험계약을 연장하거나 변경한 경우에는 보험자는 그 보험증권에 그 사실을 기재함으로써 보험증권의 교부에 갈음할 수 있다.
>
> **제641조(증권에 관한 이의약관의 효력)**
> 보험계약의 당사자는 보험증권의 교부가 있은 날로부터 일정한 기간 내에 한하여 그 증권내용의 정부에 관한 이의를 할 수 있음을 약정할 수 있다. 이 기간은 1월을 내리지 못한다.
>
> **제642조(증권의 재교부청구)**
> 보험증권을 멸실 또는 현저하게 훼손한 때에는 보험계약자는 보험자에 대하여 증권의 재교부를 청구할 수 있다. 그 증권작성의 비용은 보험계약자의 부담으로 한다.

(1) 보험증권의 의미

① 보험계약 체결에 있어서 그 계약이 성립되었음과 그 계약의 내용을 증명하기 위해 보험자가 작성하여 기명날인 후 계약자에게 교부하는 증서이다.

② 보험자는 보험계약이 성립한 때에는 지체 없이 보험증권을 작성하여 보험계약자에게 교부하여야 한다. 그러나 보험계약자가 보험료의 전부 또는 최초의 보험료를 지급하지 아니한 때에는 그러하지 아니하다(제640조).

(2) 보험증권의 특성

보험증권은 보험계약 성립의 증거로서 보험계약이 성립한 때 교부한다. 보험증권은 유가증권이 아니라 단지 증거증권으로서 배서나 인도에 의해 양도된다.

보험증권은 보험자가 사전에 작성해 놓고 보험계약 체결의 사실을 인정하는 것이기 때문에 이를 분실하더라도 보험계약의 효력에는 어떤 영향도 미치지 않는다.

(3) 보험증권(손해보험증권)의 내용

손해보험증권에는 다음의 사항을 기재하고 보험자가 기명날인 또는 서명하여야 한다(제666조).

① 보험의 목적	② 보험사고의 성질
③ 보험금액	④ 보험료와 그 지급방법
⑤ 보험기간을 정한 때에는 그 시기와 종기	⑥ 무효와 실권의 사유
⑦ 보험계약자의 주소와 성명 또는 상호	⑧ 피보험자의 주소, 성명 또는 상호
⑨ 보험계약의 연월일	⑩ 보험증권의 작성지와 그 작성년월일

(4) 보험증권의 법적 성격

① 요식증권성

보험증권에 일정 사항(제666조)을 기재해야 한다는 의미에서 요식증권의 성격을 갖는다.

② 증거증권성

㉠ 보험증권은 보험계약의 성립을 증명하기 위해 보험자가 발행하는 증거(證據)증권이다.

㉡ 계약자가 이의 없이 보험증권을 수령하는 경우 그 기재가 보험관계의 성립 및 내용에 대해 사실상의 추정력을 갖게 되지만, 그러나 그 자체가 계약서는 아니다.

③ 면책증권성

㉠ 보험증권은 보험자가 보험금 등의 급여 지급에 있어 제시자의 자격과 유무를 조사할 권리는 있으나 의무는 없는 면책(免責)증권이다.

㉡ 그 결과 보험자는 보험증권을 제시한 사람에 대해 악의 또는 중대한 과실이 없이 보험금 등을 지급한 때에는 그가 비록 권리자가 아니더라도 그 책임을 면한다.

④ 상환증권성

실무적으로 보험자는 보험증권과 상환(相換)으로 보험금 등을 지급하고 있으므로 일반적으로 상환증권의 성격을 갖는다.

⑤ 유가증권성

㉠ 운송보험, 적하보험 등 일부 보험의 경우에 보험증권은 유가증권의 성격을 지닌다.

㉡ 생명보험과 화재보험 등과 같은 일반손해보험의 경우 보험증권의 유가증권성을 인정하지 않는다. 이를 인정하는 것은 실익이 없으며 이를 인정하면 도덕적 위태와 같은 폐해가 발생할 수 있다.

(5) 보험증권의 교부

① 보험자는 보험계약이 성립한 때에는 지체 없이 보험증권을 작성하여 보험계약자에게 교부하여야 한다. 그러나 보험계약자가 보험료의 전부 또는 최초의 보험료를 지급하지 아니한 때에는 그러하지 아니하다(제640조 제1항).

② 기존의 보험계약을 연장하거나 변경한 경우에는 보험자는 그 보험증권에 그 사실을 기재함으로써 보험증권의 교부에 갈음할 수 있다(제640조 제2항).

③ 보험증권의 교부의무 위반에 대한 규제의 규정이 없으며 증권교부의무를 위반하더라도 보험계약의 성립이나 그 효력에는 영향을 미치지 않는다.

(6) 보험증권의 재교부

보험증권을 멸실 또는 현저하게 훼손한 때에는 보험계약자는 보험자에 대하여 증권의 재교부를 청구할 수 있다. 그 증권작성의 비용은 보험계약자의 부담으로 한다(제642조).

(7) 보험증권에 관한 이의약관의 효력

① 보험계약의 당사자는 보험증권의 교부가 있는 날로부터 일정한 기간 내에 한하여 그 증권내용의 정부에 관한 이의를 할 수 있음을 약정할 수 있다. 이 기간은 1월을 내리지 못한다(제641조).

② 이의제기할 수 있는 기간을 지나치게 짧게 하여 보험계약자에게 불이익이 작용하지 못하도록 이의를 할 수 있는 기간은 '1월을 내리지 못한다'라고 규정하여 이의를 제기할 수 있는 기간을 1개월 미만으로는 정할 수 없도록 하였다.

5 소급보험과 보험사고의 객관적 확정성

제643조(소급보험)
보험계약은 그 계약 전의 어느 시기를 보험기간의 시기로 할 수 있다.

제644조(보험사고의 객관적 확정의 효과)
보험계약 당시에 보험사고가 이미 발생하였거나 또는 발생할 수 없는 것인 때에는 그 계약은 무효로 한다. 그러나 당사자 쌍방과 피보험자가 이를 알지 못한 때에는 그러하지 아니하다.

(1) 의의

계약당사자의 합의에 의하여 보험계약 체결 전의 특정 시점부터 보험자의 책임이 개시되기로 정한 보험을 말한다. 이를 과거보험이라고도 한다. 따라서 보험기간(보장기간)이 보험계약기간보다 보험계약 체결 전부터 시작되는 특징을 갖는다.

(2) 보험사고의 객관적 확정의 효과

① 상법은 보험계약 당시에 보험사고가 이미 발생하였거나 또는 발생할 수 없는 것인 때에는 그 계약은 무효로 한다. 그러나 당사자 쌍방과 피보험자가 이를 알지 못한 때에는 그러하지 아니하다고 정하고 있다(제644조).
② 따라서 당사자 쌍방과 피보험자가 보험사고가 이미 발생하였거나 또는 발생할 수 없는 것임을 알지 못한 주관적 불확정성에 있는 경우에는 그 보험계약은 유효하게 된다.
③ 그러나 당사자 쌍방과 피보험자 누구라도 보험계약의 체결 시 보험사고가 이미 발생하였거나 또는 발생할 수 없는 것임을 안 경우에는 그 계약은 무효라는 규정이다.

〈소급보험과 승낙 전 보험계약자 보호제도의 비교〉

소급보험	승낙 전 보험계약자 보호제도
당사자의 합의에 의하여 보험계약 체결 전의 특정 시점부터 보험자의 책임이 개시되기로 정한 보험(약정책임)	보험자가 보험계약자로부터 보험계약의 청약과 함께 보험료 상당액의 전부 또는 일부를 받은 경우에 그 청약을 승낙하기 전에 보험계약에서 정한 보험사고가 생긴 때에는 그 청약을 거절할 사유가 없는 한 보험자는 보험계약상의 책임을 짐(법정책임)
보험계약이 성립된 후 과거로 소급하여 청약일 이전의 사고에 대한 책임	청약일 이후의 보험계약의 성립(승낙) 전 단계에 사고에 대한 책임
주로 해상보험이나 운송보험 등에서 적용함	모든 보험에서 적용함

6 대리인과 보험대리상

제646조(대리인이 안 것의 효과)
대리인에 의하여 보험계약을 체결한 경우에 대리인이 안 사유는 그 본인이 안 것과 동일한 것으로 한다.

제646조의2(보험대리상 등의 권한)
① 보험대리상은 다음 각 호의 권한이 있다.
  1. 보험계약자로부터 보험료를 수령할 수 있는 권한
  2. 보험자가 작성한 보험증권을 보험계약자에게 교부할 수 있는 권한
  3. 보험계약자로부터 청약, 고지, 통지, 해지, 취소 등 보험계약에 관한 의사표시를 수령할 수 있는 권한
  4. 보험계약자에게 보험계약의 체결, 변경, 해지 등 보험계약에 관한 의사표시를 할 수 있는 권한
② 제1항에도 불구하고 보험자는 보험대리상의 제1항 각 호의 권한 중 일부를 제한할 수 있다. 다만, 보험자는 그러한 권한 제한을 이유로 선의의 보험계약자에게 대항하지 못한다.
③ 보험대리상이 아니면서 특정한 보험자를 위하여 계속적으로 보험계약의 체결을 중개하는 자는 제1항 제1호(보험자가 작성한 영수증을 보험계약자에게 교부하는 경우만 해당한다) 및 제2호의 권한이 있다.
④ 피보험자나 보험수익자가 보험료를 지급하거나 보험계약에 관한 의사표시를 할 의무가 있는 경우에는 제1항부터 제3항까지의 규정을 그 피보험자나 보험수익자에게도 적용한다.

(1) 대리인

① 의의

본인이 부여한 권한을 대리할 수 있는 지위에 있는 자를 대리인이라고 한다.

② 대리행위의 효력

대리인이 그 권한 내에서 본인을 위한 것임을 표시한 의사표시는 직접 본인에게 대하여 효력이 생긴다. 대리인에게 대한 제3자의 의사표시에 준용한다(민법 제114조).

③ 대리인이 안 것의 효과

대리인에 의하여 보험계약을 체결한 경우에 대리인이 안 사유는 그 본인이 안 것과 동일한 것으로 한다(제646조).

④ 대리권의 소멸사유

대리권은 다음의 어느 하나에 해당하는 사유가 있으면 소멸된다(민법 제127조).
  ㉠ 본인의 사망
  ㉡ 대리인의 사망, 성년후견의 개시 또는 파산

(2) 보험대리상(보험대리점)

① 의의

'일정한 보험자'를 위하여 상시 계속적으로 그 영업부류에 속하는 보험계약의 체결을 대리(체약대리점)하거나 중개(중개대리점)하는 독립된 상인이다.

② 보험대리상 등의 권한

보험대리상은 다음의 권한이 있다(제646조의2).

ㄱ 보험계약자로부터 보험료를 수령할 수 있는 권한

ㄴ 보험자가 작성한 보험증권을 보험계약자에게 교부할 수 있는 권한

ㄷ 보험계약자로부터 청약, 고지, 통지, 해지, 취소 등 보험계약에 관한 의사표시를 수령할 수 있는 권한

ㄹ 보험계약자에게 보험계약의 체결, 변경, 해지 등 보험계약에 관한 의사표시를 할 수 있는 권한

③ 보험대리상 등의 권한 제한

보험자는 보험대리상의 권한 중 일부를 제한할 수 있다. 다만, 보험자는 그러한 권한 제한을 이유로 선의의 보험계약자에게 대항하지 못한다(제646조의2 제2항).

제7절 보험료

제647조(특별위험의 소멸로 인한 보험료의 감액청구)
보험계약의 당사자가 특별한 위험을 예기하여 보험료의 액을 정한 경우에 보험기간 중 그 예기한 위험이 소멸한 때에는 보험계약자는 그 후의 보험료의 감액을 청구할 수 있다.

제648조(보험계약의 무효로 인한 보험료반환청구)
보험계약의 전부 또는 일부가 무효인 경우에 보험계약자와 피보험자가 선의이며 중대한 과실이 없는 때에는 보험자에 대하여 보험료의 전부 또는 일부의 반환을 청구할 수 있다. 보험계약자와 보험수익자가 선의이며 중대한 과실이 없는 때에도 같다.

제649조(사고발생 전의 임의해지)
① 보험사고가 발생하기 전에는 보험계약자는 언제든지 계약의 전부 또는 일부를 해지할 수 있다. 그러나 제639조의 보험계약의 경우에는 보험계약자는 그 타인의 동의를 얻지 아니하거나 보험증권을 소지하지 아니하면 그 계약을 해지하지 못한다.
② 보험사고의 발생으로 보험자가 보험금액을 지급한 때에도 보험금액이 감액되지 아니하는 보험의 경우에는 보험계약자는 그 사고발생 후에도 보험계약을 해지할 수 있다.
③ 제1항의 경우에는 보험계약자는 당사자 간에 다른 약정이 없으면 미경과보험료의 반환을 청구할 수 있다.

제650조(보험료의 지급과 지체의 효과)
① 보험계약자는 계약체결 후 지체 없이 보험료의 전부 또는 제1회 보험료를 지급하여야 하며, 보험계약자가 이를 지급하지 아니하는 경우에는 다른 약정이 없는 한 계약성립 후 2월이 경과하면 그 계약은 해제된 것으로 본다.
② 계속보험료가 약정한 시기에 지급되지 아니한 때에는 보험자는 상당한 기간을 정하여 보험계약자에게 최고하고 그 기간 내에 지급되지 아니한 때에는 그 계약을 해지할 수 있다.
③ 특정한 타인을 위한 보험의 경우에 보험계약자가 보험료의 지급을 지체한 때에는 보험자는 그 타인에게도 상당한 기간을 정하여 보험료의 지급을 최고한 후가 아니면 그 계약을 해제 또는 해지하지 못한다.

1 개요

(1) 의의

① 개념

보험계약에 따라 보험자가 보험을 인수하는 대가로서 보험계약자가 보험자에게 지급하는 금액을 말한다.

② 보험료의 구성

영업보험료는 순보험료와 부가보험료를 더하여 산출한다. 순보험료는 지급보험금의 재원이 되는 보험료이며, 부가보험료는 보험회사의 경비 등으로 사용되는 보험료이다.

> 영업보험료 = 순보험료 + 부가보험료

(2) 보험료의 지급

① 지급의무자

㉠ 보험료의 지급 의무는 자기를 위한 보험이거나 타인을 위한 보험의 경우에도 1차적으로 보험계약자가 지게 된다.

㉡ 그러나 타인을 위한 보험계약의 경우에는 보험계약자가 파산선고를 받거나 보험료의 지급을 지체한 때에는 그 타인이 그 권리를 포기하지 아니하는 한 그 타인도 보험료를 지급할 의무가 있다(제639조).

㉢ 만약 하나의 보험계약에 대해 수인이 보험계약자가 될 때는 각 보험계약자는 연대하여 보험료 납부 의무를 부담한다.

② 지급시기

보험계약자는 계약체결 후 지체 없이 보험료의 전부 또는 제1회 보험료를 지급하여야 하며, 보험계약자가 이를 지급하지 아니하는 경우에는 다른 약정이 없는 한 계약성립 후 2월이 경과하면 그 계약은 해제된 것으로 본다(제650조 제1항).

③ 보험료 지급방법

보험료 납입은 보험 가입 시 일시납(1회 납)을 하거나 분할하여 납입할 수 있으며 현금, 즉시이체, 신용카드 결제의 방법으로 납부하며 신용카드 납부 시 할부 납부가 가능하다.

④ 보험료지급 지체의 효과

㉠ 보험계약자는 계약체결 후 지체 없이 보험료의 전부 또는 제1회 보험료를 지급하여야 하며, 보험계약자가 이를 지급하지 아니하는 경우에는 다른 약정이 없는 한 계약성립 후 2월이 경과하면 그 계약은 해제된 것으로 본다(제650조 제1항).

㉡ 계속보험료가 약정한 시기에 지급되지 아니한 때에는 보험자는 상당한 기간을 정하여 보험계약자에게 최고하고 그 기간 내에 지급되지 아니한 때에는 그 계약을 해지할 수 있다(제650조 제2항).

    © 특정한 타인을 위한 보험의 경우에 보험계약자가 보험료의 지급을 지체한 때에는 보험자는 그 타인에게도 상당한 기간을 정하여 보험료의 지급을 최고한 후가 아니면 그 계약을 해제 또는 해지하지 못한다(제650조 제3항).

    © 보험자는 보험계약이 성립한 때에는 지체 없이 보험증권을 작성하여 보험계약자에게 교부하여야 한다. 그러나 보험계약자가 보험료의 전부 또는 최초의 보험료를 지급하지 아니한 때에는 그러하지 아니하다(제640조 제1항).

    © 보험자가 손해를 보상할 경우에 보험료의 지급을 받지 아니한 잔액이 있으면 그 지급기일이 도래하지 아니한 때라도 보상할 금액에서 이를 공제할 수 있다(제677조).

(3) 보험료의 수령

① 보험료는 보험자 또는 그 보험대리상에게 지급하여야 한다.

② 보험대리상은 보험계약자로부터 보험료를 수령할 수 있는 권한이 있다. 하지만 보험대리상이 아니면서 특정한 보험자를 위하여 계속적으로 보험계약의 체결을 중개하는 자에 해당하는 보험설계사는 보험자가 작성한 영수증을 보험계약자에게 교부하는 경우만 보험계약자로부터 보험료를 수령할 수 있는 권한이 있다(제646조의2).

③ 보험자의 보험료청구권은 2년간 행사하지 아니하면 시효의 완성으로 소멸한다(제662조).

2 보험료의 감액청구

(1) 특별위험의 소멸로 인한 보험료의 감액청구

① 보험계약의 당사자가 특별한 위험을 예기하여 보험료의 액을 정한 경우에 보험기간 중 그 예기한 위험이 소멸한 때에는 보험계약자는 그 후의 보험료의 감액을 청구할 수 있다(제647조).

② 특별한 위험 소멸의 예 : 종군기자가 전쟁터에서 직면할 위험을 담보로 하는 생명보험에 가입하였으나 전쟁이 끝나는 등의 사유로 위험이 소멸하는 경우가 이에 해당한다.

(2) 초과보험으로 인한 보험료의 감액청구

보험금액이 보험계약의 목적의 가액(보험가액)을 현저하게 초과한 때에는 보험자 또는 보험계약자는 보험료와 보험금액의 감액을 청구할 수 있다. 그러나 보험료의 감액은 장래에 대하여서만 그 효력이 있다(제669조 제1항).

3 보험료의 반환청구

(1) 보험계약의 무효로 인한 보험료 반환청구

① 보험계약의 전부 또는 일부가 무효인 경우에 보험계약자와 피보험자가 선의이며 중대한 과실이 없는 때에는 보험자에 대하여 보험료의 전부 또는 일부의 반환을 청구할 수 있다. 보험계약자와 보험수익자가 선의이며 중대한 과실이 없는 때에도 같다(제648조).

② 보험계약자와 피보험자 또는 보험수익자가 악의이거나 또는 중대한 과실로 인해 보험계약의 전부 또는 일부가 무효인 경우에는 보험료의 반환을 청구하지 못한다.

(2) 보험사고 발생 전 계약을 임의해지한 경우

① 보험사고가 발생하기 전에는 보험계약자는 언제든지 계약의 전부 또는 일부를 해지할 수 있다. 그러나 타인을 위한 보험계약의 경우에는 보험계약자는 그 타인의 동의를 얻지 아니하거나 보험증권을 소지하지 아니하면 그 계약을 해지하지 못한다(제649조 제1항).

② 보험사고의 발생으로 보험자가 보험금액을 지급한 때에도 보험금액이 감액되지 아니하는 보험(책임보험, 자동차보험)의 경우에는 보험계약자는 그 사고발생 후에도 보험계약을 해지할 수 있다(제649조 제2항).

③ 보험사고가 발생하기 전에는 보험계약자는 언제든지 계약의 전부 또는 일부를 해지할 수 있으며 보험계약자는 당사자 간에 다른 약정이 없으면 미경과보험료의 반환을 청구할 수 있다(제649조 제3항).

(3) 보험료반환 청구권의 소멸시효

보험료 또는 적립금의 반환청구권은 3년간 행사하지 아니하면 시효의 완성으로 소멸한다(제662조).

4 보험계약의 부활

> 제650조의2(보험계약의 부활)
> 제650조 제2항에 따라 보험계약이 해지되고 해지환급금이 지급되지 아니한 경우에 보험계약자는 일정한 기간 내에 연체보험료에 약정이자를 붙여 보험자에게 지급하고 그 계약의 부활을 청구할 수 있다. 제638조의2의 규정은 이 경우에 준용한다.

(1) 의의

① 보험계약의 부활이란 제2회 이후의 계속보험료가 약정한 시기에 지급되지 아니하여 보험자에 의해 해지된 경우 해당 보험계약을 종전과 동일한 내용의 보험계약으로 회복시키는 것을 말한다.

② 계속보험료가 약정한 시기에 지급되지 아니한 때에는 보험자는 상당한 기간을 정하여 보험계약자에게 최고하고 그 기간 내에 지급되지 아니하여 보험계약이 해지되고 해지환급금이 지급되지 아니한 경우에 보험계약자는 일정한 기간 내에 연체보험료에 약정이자를 붙여 보험자에게 지급하고 그 계약의 부활을 청구할 수 있다(제650조의2).

③ 보험계약의 성립(제638조의2)의 규정은 이 경우에 준용한다.

(2) 제도의 취지

보험계약자 입장에서는 해지환급금을 받는 것이 납입한 보험료 총액에 비해 금액면에서 손해가 될 수 있으며, 보험자 입장에서는 기존의 고객을 타 보험회사에 뺏길 염려가 있기 때문이다. 따라서 양 당사자에게 이익을 줄 수 있도록 하는 것이 이 제도의 취지이다.

(3) 보험계약 부활의 요건

① '계속보험료'가 약정한 시기에 지급되지 아니하여 계약이 해지되었어야 한다.

    ㉠ 계속보험료가 아닌 최초 보험료의 지체는 보험자의 책임이 개시되지 않는 것으로서 이에 해당하지 않는다.

    ㉡ 계속보험료의 부지급이 아닌 고지의무 위반 등으로 보험계약이 해지된 경우에는 이에 해당하지 않는다.

② 보험자가 보험계약자에게 '해지환급금'을 지급하지 않았어야 한다.

③ 보험계약자가 일정기간(부활청구기간) 내에 '부활을 청구'해야 한다.

④ 보험계약자가 보험자에게 '연체보험료'와 이에 대한 '약정이자'를 지급해야 한다.

⑤ 보험자가 보험계약자의 부활청구에 대하여 '승낙'을 하여야 한다.

(4) 보험계약 부활의 효과

① 보험계약 부활은 보험계약의 성립(제638조의2)의 규정을 준용한다.

② 보험자가 보험계약자로부터 보험계약의 부활청구와 함께 연체보험료 및 약정이자를 지급받은 때에는 다른 약정이 없으면 30일 내에 그 상대방에 대하여 낙부의 통지를 발송하여야 한다. 그러나 인보험계약의 피보험자가 신체검사를 받아야 하는 경우에는 그 기간은 신체검사를 받은 날부터 기산한다.

③ 보험자가 기간 내에 낙부의 통지를 해태한 때에는 승낙한 것으로 본다.

④ 보험자가 보험계약자로부터 보험계약의 부활청구와 함께 연체보험료 및 약정이자를 지급받은 때에는 그 보험계약의 부활청구를 승낙하기 전에 보험계약에서 정한 보험사고가 생긴 때에는 그 청구를 거절할 사유가 없는 한 보험자는 보험계약상의 책임을 진다. 그러나 인보험계약의 피보험자가 신체검사를 받아야 하는 경우에 그 검사를 받지 아니한 때에는 그러하지 아니하다.

⑤ 보험계약의 부활은 종전과 동일한 내용의 보험계약으로 마치 새로운 계약체결처럼 보험계약자는 부활청구 시 고지의무(제651조)를 이행하여야 하고, 보험자는 연체보험료 및 약정이자를 받은 때로부터 책임이 개시된다(제656조).

⑥ 종전의 계약이 해지된 이후부터 계약이 부활되기 전까지의 기간에 발생한 보험사고는 보험자가 책임을 지지 않는다.

| 제8절 | **보험계약의 무효와 소멸** |

1 보험계약의 무효

> ◦ 무효 無效 : 법률행위가 법률요건을 결하였기 때문에 당사자가 의도한 법률상의 효과가 절대로 발생하지 않는 것을 말한다. 사법상(私法上) 무효는 당사자가 의욕한 법률행위의 효력이 처음부터 전혀 발생하지 않으며, 특정인의 주장을 필요로 하지 않고, 시간의 경과에 의하여도 효력에 변동이 없다.
> ◦ 취소 取消 : 일단 유효하게 성립한 법률행위의 효력을 어떤 일정한 이유에서 소급하여 소멸(무효)시키는 의사표시를 말한다.

(1) 보험사고의 객관적 확정의 효과

보험계약 당시에 보험사고가 이미 발생하였거나 또는 발생할 수 없는 것인 때에는 그 계약은 무효로 한다. 그러나 당사자 쌍방과 피보험자가 이를 알지 못한 때에는 그러하지 아니하다(제644조).

(2) 보험계약자의 사기로 인하여 체결된 보험계약

초과보험과 또는 중복보험에서 보험금액이 보험계약의 목적의 가액을 현저하게 초과한 때에 그 계약이 보험계약자의 사기로 인하여 체결된 때에는 그 계약은 무효로 한다. 그러나 보험자는 그 사실을 안 때까지의 보험료를 청구할 수 있다(제669조 제4항, 제672조 제3항).

(3) 보험약관의 교부 · 설명 의무 위반에 따른 보험계약의 취소

보험자는 보험계약을 체결할 때에 보험계약자에게 보험약관을 교부하고 그 약관의 중요한 내용을 설명하여야 한다. 보험자가 이를 위반한 경우 보험계약자는 보험계약이 성립한 날부터 3개월 이내에 그 계약을 취소할 수 있다(제638조의3 제2항).
계약이 취소되면 소급하여 그 계약은 무효가 된다.

(4) 보험계약자 등에게 불이익한 보험계약 변경금지 위반

① 「상법」 보험편의 규정은 당사자 간의 특약으로 보험계약자 또는 피보험자나 보험수익자의 불이익으로 변경하지 못한다. 그러나 재보험 및 해상보험 기타 이와 유사한 보험의 경우에는 그러하지 아니하다(제663조).
② 「상법」 보험편 규정은 상대적 강행법규의 성질을 가지며 보험계약자 등에게 불이익하게 변경된 계약은 그 범위 내에서 무효가 된다. 다만 가계보험이 아닌 기업 간의 계약인 재보험 및 해상보험 기타 이와 유사한 보험의 경우에는 이를 적용하지 않는다.

2 보험계약의 소멸

> • 소멸 消滅 : 계약 당사자 간의 계약관계가 종료되는 것을 뜻한다. 따라서 보험계약의 소멸은 보험계약자와 보험자 간에 체결되었던 보험계약에 따른 제반의 권리와 의무관계가 종료되는 것을 말하며, 보험사고 발생, 계약의 만료, 목적의 멸실, 보험자의 파산, 해지, 해제 등을 원인으로 한다.

(1) 보험사고의 발생

① 보험계약에서 정한 보험사고가 보험기간 중에 발생하면 보험자는 보험금지급책임을 부담하게 되며 보험계약은 그 목적이 달성되어 소멸하게 된다.

② 다만 일부손해가 발생하여 보험금액의 일부만을 지급한 경우에는 나머지 보험금액의 한도 내에서 보험기간 동안 보험계약의 존속을 인정할 수 있으며, 책임보험이나 상해보험의 경우 보험기간 내에 사고 건수에 대한 제한이 없으므로 보험금이 지급되었다고 할지라도 보험계약은 유지된다.

(2) 보험기간의 만료

보험자는 보험기간 내에 보험계약에서 정한 보험사고에 대해서만 보험금지급책임을 부담하므로 보험기간이 만료되면 보험계약은 당연히 소멸한다.

(3) 보험목적의 멸실

① 절대적 멸실(보험사고 이외의 원인으로 멸실)

보험계약에서 정한 보험사고 이외의 원인으로 멸실되는 경우를 말하며, 화재보험의 목적이 된 건물이 홍수로 멸실되는 경우를 그 예로 들 수 있다.

② 상대적 멸실(보험목적의 양도에 따른 멸실)

피보험자가 보험의 목적을 양도한 때에는 양수인은 보험계약상의 권리와 의무를 승계한 것으로 추정한다(제679조 제1항).

(4) 보험자의 파산

보험자가 파산의 선고를 받은 때에는 보험계약자는 계약을 해지할 수 있다. 그러나 해지하지 아니한 보험계약은 파산선고 후 3월을 경과한 때에는 그 효력을 잃는다(제654조).

(5) 보험계약의 해제

> • 계약의 해제 : 유효하게 성립된 계약을 당사자 일방의 의사표시에 의하여 소급하여 계약을 처음부터 존재하지 않았던 것과 같은 효과를 생기게 하는 것을 말한다.
> • 계약의 해지 : 당사자 일방의 의사표시에 의하여 계약의 효력을 장래에 향하여 소멸케 하는 것을 말한다.

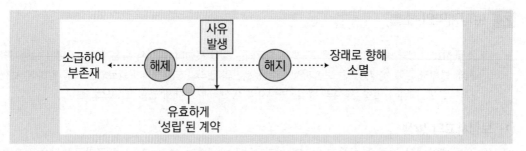

보험계약자는 계약체결 후 지체 없이 보험료의 전부 또는 제1회 보험료를 지급하여야 하며, 보험계약자가 이를 지급하지 아니하는 경우에는 다른 약정이 없는 한 계약성립 후 2월이 경과하면 그 계약은 해제된 것으로 본다(제650조 제1항). 이에 따라 소급하여 이 계약은 존재하지 않은 것으로 보아 소멸한다.

(6) 보험계약의 해지

① 보험계약자의 계약해지

보험사고가 발생하기 전에는 보험계약자는 언제든지 계약의 전부 또는 일부를 해지할 수 있다(제649조 제1항).

② 보험자의 계약해지

보험자는 계약의 임의 해지를 할 수 없다. 하지만 보험계약자의 보험료지급의무의 위반(제639조), 고지의무 위반(제651조), 위험변경증가의 통지의무 위반(제652조), 위험유지의무(보험계약자 등의 고의나 중과실로 인한 위험증가 금지) 위반(제653조) 등을 원인으로 하여 계약을 해지할 수 있다.

제9절 보험계약의 해지

1 보험계약자의 임의해지

제649조(사고발생 전의 임의해지)
① 보험사고가 발생하기 전에는 보험계약자는 언제든지 계약의 전부 또는 일부를 해지할 수 있다. 그러나 제639조의 보험계약(타인을 위한 보험계약)의 경우에는 보험계약자는 그 타인의 동의를 얻지 아니하거나 보험증권을 소지하지 아니하면 그 계약을 해지하지 못한다.
② 보험사고의 발생으로 보험자가 보험금액을 지급한 때에도 보험금액이 감액되지 아니하는 보험의 경우에는 보험계약자는 그 사고발생 후에도 보험계약을 해지할 수 있다.
③ 제1항의 경우에는 보험계약자는 당사자 간에 다른 약정이 없으면 미경과보험료의 반환을 청구할 수 있다.

(1) 보험사고 발생 전의 임의해지

① 해지권자

보험계약의 임의해지는 보험자가 아닌 '보험계약자'에게 주어지는 권리이다.

② 내용

㉠ 보험사고가 발생하기 전에는 보험계약자는 언제든지 계약의 전부 또는 일부를 해지할 수 있다. 그러나 타인을 위한 보험계약의 경우에는 보험계약자는 그 타인의 동의를 얻지 아니하거나 보험증권을 소지하지 아니하면 그 계약을 해지하지 못한다(제649조 제1항).

㉡ 보험사고 발생 전에 보험계약을 해지한 경우 보험계약자는 당사자 간에 다른 약정이 없으면 미경과 보험료의 반환을 청구할 수 있다(제649조 제3항).

(2) 보험사고 발생 후의 임의해지

① 보험사고의 발생으로 보험자가 보험금액을 지급한 때에도 보험금액이 감액되지 아니하는 보험의 경우(책임보험, 자동차보험)에는 보험계약자는 그 사고발생 후에도 보험계약을 해지할 수 있다(제649조 제2항).

② 그러나 이 경우에는 보험사고 발생 전의 임의해지와는 달리 보험사고의 발생으로 보험자가 보험금액을 지급한 적이 있으므로 보험계약자는 미경과보험료의 반환을 청구할 수 없다(제649조 제3항의 반대해석).

2 고지의무 위반으로 인한 계약해지

제651조(고지의무위반으로 인한 계약해지)
보험계약 당시에 보험계약자 또는 피보험자가 고의 또는 중대한 과실로 인하여 중요한 사항을 고지하지 아니하거나 부실의 고지를 한 때에는 보험자는 그 사실을 안 날로부터 1월 내에, 계약을 체결한 날로부터 3년 내에 한하여 계약을 해지할 수 있다. 그러나 보험자가 계약 당시에 그 사실을 알았거나 중대한 과실로 인하여 알지 못한 때에는 그러하지 아니하다.

제651조의2(서면에 의한 질문의 효력)
보험자가 서면으로 질문한 사항은 중요한 사항으로 추정한다.

(1) 의의

① 보험계약 당시에 보험계약자 또는 피보험자가 고의 또는 중대한 과실로 인하여 '중요한 사항'을 고지하지 아니하거나 부실 고지를 하지 아니할 의무를 말한다(제651조).

② 여기서 고지의무는 보험계약 성립 시에 요구되는 의무인 것에 비해, 이후 살펴보게 될 위험변경·증가의 통지의무(제652조), 보험사고발생의 통지의무(제657조) 등은 보험계약 체결 이후에 요구되는 의무라는 점에서 차이가 있다.

(2) 존재이유

보험자는 보험계약자의 협력이 없는 경우 스스로 모든 사항을 조사·수집할 수 없으며, 보험자는 보험단체의 보험사고에 대한 보험금지급에 대한 반대급부인 보험료를 산출하는데 있어서 위험측정을 가급적 정확하게 할 필요가 있기 때문이다. 이는 보험계약상 특유한 제도라고 볼 수 있다.

(3) 법적 성질

① 고지의무는 보험계약의 효력을 발생할 수 있도록 하는 전제조건이며 법정의무이다.
② 그러나 보험계약자 또는 피보험자에게 주어지는 '직접의무'(이행이 강제되거나 불이행에 따른 손해배상을 해야 하는 의무)가 아닌 '간접의무'(의무위반에 따른 법률상의 효과로서 계약해지 등 일정한 불이익을 받게 되는 의무)에 해당한다.
③ 따라서 보험자는 고지의무의 이행을 강제하거나 또 불이행에 대하여 손해배상을 청구할 수 있는 것은 아니며 고지의무 위반에 따른 보험계약을 해지할 수 있을 뿐이다.

(4) 고지의무의 내용

① 고지의무자
    보험계약자와 피보험자, 또는 그 대리인(대리인에 의하여 체결되는 경우)이 고지의 의무를 진다.
② 고지 수령권자
    보험자, 대리인(보험대리상에 의해 체결되는 경우), 보험의(인보험의 경우)가 고지 수령권자가 된다.
③ 고지의 시기
    ㉠ 청약 시부터 청약에 대한 승낙이 이루어져 계약이 성립할 때까지 이행하여야 한다.
    ㉡ 고지의무 위반 여부는 보험계약 성립 시를 기준으로 하여 판단하여야 한다(대판 2012. 8. 23, 2010다78135·78142).
    ㉢ 보험계약이 부활되는 경우에도 보험계약이 실효된 시점부터 새롭게 발생한 중요한 사실이 있는 경우 이를 고지하여야 한다.
④ 고지사항(중요한 사항)
    ㉠ 고지의무에 있어서 '중요한 사항'이란 보험자가 위험을 측정하여 보험의 인수여부 및 보험료 산정의 표준이 되는 사항으로 객관적으로 보험자가 그 사실을 안다면 그 계약을 체결하지 않든가 적어도 동일한 조건으로는 계약을 체결하지 않으리라고 생각되는 사항을 말한다(대판 2011. 4. 14, 2009다103349·103356).
    ㉡ 고지의무자의 고의 또는 중대한 과실로 인하여 중요한 사항을 고지하지 아니하거나 부실의 고지를 한 경우 고지의무자의 고의·중과실에 대한 입증책임은 보험자에게 있다.
⑤ 질문표
    ㉠ 보험자가 서면으로 질문한 사항은 중요한 사항으로 추정한다(제651조의2).
    ㉡ 서면으로 질문한 사항을 불고지하거나 부실고지한 경우 그 질문한 사항이 중요한 사항이 아니라는 것을 보험계약자와 피보험자가 입증하지 못한 경우 고지의무 위반에 해당한다.

ⓒ 서면에 기재되지 않은 사항에 대한 불고지는 원칙적으로 고지의무 위반으로 해석되지 않
지만 보험계약자가 알고 있고 그 사실이 보험사고 발생에 영향을 줄 수 있다고 인식한 경
우에는 고지의무 대상이 될 수 있다.

ⓔ 서면에 기재되지 않은 사항은 일단 중요한 사항으로 추정되지 않으므로 사실상 중요한 사
항이라는 입증책임은 보험자에게 있다.

⑥ 고지 방법

고지의 방법에는 아무런 제한이 없으며 서면, 구두, 이메일, 명시적·묵시적 방법 모두 가능
하다. 실무적으로는 질문표가 널리 이용된다.

(5) 고지의무 위반의 효과

① 보험자의 해지권의 발생

㉠ 보험자는 고지의무 위반의 사실을 안 날로부터 1월 내에, 계약을 체결한 날로부터 3년 내
에 한하여 계약을 해지할 수 있다(제651조).

㉡ 고지의무 위반이 있다고 하여 보험계약이 무효가 되는 것은 아니며, 보험자는 반드시 보험
계약을 해지해야 되는 것은 아니므로 해지할 때까지 보험료를 청구할 수 있으며 이미 수령
한 보험료를 반환할 필요가 없다.

② 보험자의 해지권의 행사

> ◦ 형성권 形成權 : 권리자의 일방적 의사표시에 의하여 법률관계의 발생·변경·소멸 등의 변동을
> 발생시키는 권리를 의미한다.

㉠ 보험자의 보험계약의 해지권은 형성권이므로 보험계약자나 그 대리인에게 일방적 의사표
시로 하면 된다. 보험계약의 당사자가 아닌 피보험자나 보험수익자에게 행한 해지의 의사
표시는 효력이 인정되지 않는다. 만약 보험계약자가 사망한 경우에는 보험계약자의 상속
인에게 하여야 한다.

㉡ 보험사고 발생 대상의 일부에 대해서만 고지의무 위반 등으로 계약의 해지사유가 있는 경
우, 나머지 부분에 대해 보험자가 나머지 부분만으로는 동일한 조건으로 보험계약을 체결
하지 않았으리라는 사정이 없는 경우에만 보험계약의 전부를 해지할 수 있다.

③ 해지의 효과

㉠ 보험사고 발생 전 해지

ⓐ 해지 통지가 도달한 날로부터 장래에 향하여 계약의 효력은 상실된다.

ⓑ 보험자는 보험계약의 해지 이전에 이미 받은 보험료는 반환할 필요가 없고, 해지 때까
지의 미수보험료를 청구할 수 있다.

㉡ 보험사고 발생 후 해지

ⓐ 고지의무를 위반한 사실이 보험사고 발생에 영향을 미치지 아니한 경우 : 이럴 때 보
험자는 보험금을 지급해야 하는데 이에 대한 입증책임은 보험계약자에게 있다.

ⓑ 고지의무를 위반한 사실이 보험사고 발생에 영향을 미친 경우 : 경과한 보험료기간에 대한 보험료를 반환할 필요가 없으며, 또한 보험금액을 지급할 책임이 없고 이미 지급한 보험금의 반환을 청구할 수 있다.

④ 해지권의 제한

㉠ 보험자가 고지의무 위반 사실을 안 날로부터 1월 내에, 계약을 체결한 날로부터 3년 내에 한하여 계약을 해지할 수 있다(제651조).

이는 어떤 사건이 일어난 후로 기간이 지남으로써 권리가 소멸되는 제척기간에 해당하며 안 날로부터 1월이 경과하거나, 계약을 체결한 날로부터 3년이 경과한 경우에는 보험계약의 해지권을 행사할 수 없다.

㉡ 그러나 보험자가 계약 당시에 그 사실을 알았거나 중대한 과실로 인하여 알지 못한 때에는 보험계약의 해지권을 행사할 수 없다(제651조).

3 위험변경증가의 통지와 계약해지

> 제652조(위험변경증가의 통지와 계약해지)
> ① 보험기간 중에 보험계약자 또는 피보험자가 사고발생의 위험이 현저하게 변경 또는 증가된 사실을 안 때에는 지체 없이 보험자에게 통지하여야 한다. 이를 해태한 때에는 보험자는 그 사실을 안 날로부터 1월내에 한하여 계약을 해지할 수 있다.
> ② 보험자가 제1항의 위험변경증가의 통지를 받은 때에는 1월 내에 보험료의 증액을 청구하거나 계약을 해지할 수 있다.

(1) 의의

① 보험기간 중에 보험계약자 또는 피보험자가 사고발생의 위험이 현저하게 변경 또는 증가된 사실을 안 때에는 지체 없이 보험자에게 통지하여야 한다. 이를 해태한 때에는 보험자는 그 사실을 안 날로부터 1월 내에 한하여 계약을 해지할 수 있다(제652조).

② 그러나 보험자가 이러한 사실을 이미 알고 있는 때에는 보험계약자 또는 피보험자는 이를 통지할 필요가 없다.

(2) 존재이유

보험료는 위험을 측정하여 보험사고발생의 개연율에 따라 산정한다. 따라서 보험료를 산출하는 데에 영향을 미치는 위험의 변동을 보험자에게 알림으로써 계약을 유효하게 유지하거나 해지하도록 하고 있다.

(3) 위험변경증가의 통지의무의 발생요건

① 보험기간 중에 생긴 것이어야 한다.
② 위험변경 · 증가가 현저한 것이어야 한다.

> ※ 위험이 현저하게 변경·증가된 사실(대판 1998. 11. 27, 98다32564)
> 사고발생의 위험이 현저하게 변경 또는 증가된 사실이란 그 변경 또는 증가된 위험이 보험계약의
> 체결 당시에 존재하고 있었다면 보험자가 보험계약을 체결하지 않았거나 적어도 그 보험료로는 보
> 험을 인수하지 않았을 것으로 인정되는 사실을 말한다.

③ 객관적 위험의 변경·증가이어야 한다.

보험계약자 또는 피보험자의 행위로 말미암은 것이 아니어야 한다. 화재보험에 가입한 공장
옆에 대형 유류 저장시설 등이 들어선 경우를 예로 들 수 있겠다.

④ 보험계약자 또는 피보험자가 그 위험의 현저한 변경이나 증가의 사실을 알았어야 한다.

(4) 법적 효과

① 통지의무를 이행하지 않은 경우

㉠ 보험자는 그 사실을 안 날로부터 1월 내에 한하여 계약을 '해지'할 수 있다(제652조 제1
항). 그 사실을 안 날로부터 1월이 경과하면 보험자가 증가된 위험을 이전과 동일한 조건
으로 인수한 것으로 본다.

㉡ 보험사고가 발생한 후라도 보험자가 이에 따라 계약을 해지하였을 때에는 보험금을 지급
할 책임이 없고 이미 지급한 보험금의 반환을 청구할 수 있다(제655조).

② 통지의무를 이행한 경우

보험자가 위험변경증가의 통지를 받은 때에는 1월 내에 보험료의 '증액'을 청구하거나 계약을
'해지'할 수 있다(제652조 제2항).

4 보험계약자 등의 고의나 중과실로 인한 위험증가와 계약해지

> 제653조(보험계약자 등의 고의나 중과실로 인한 위험증가와 계약해지)
> 보험기간 중에 보험계약자, 피보험자 또는 보험수익자의 고의 또는 중대한 과실로 인하여 사고발생의 위험이
> 현저하게 변경 또는 증가된 때에는 보험자는 그 사실을 안 날부터 1월 내에 보험료의 증액을 청구하거나
> 계약을 해지할 수 있다.

(1) 의의

① 보험기간 중에 보험계약자, 피보험자 또는 보험수익자의 고의 또는 중대한 과실로 인하여 사고
발생의 위험이 현저하게 변경 또는 증가된 때에는 보험자는 그 사실을 안 날부터 1월 내에 보
험료의 '증액'을 청구하거나 계약을 '해지'할 수 있다(제653조). '위험의 유지의무'라고도 한다.

② 객관적인 위험과 관련된 위험변경증가의 통지의무와 다르게 주관적인 위험과 관련되므로 '보
험수익자'도 이 의무를 부담하게 된다.

③ 객관적인 위험과 관련된 위험변경증가의 통지의무와 다르게 주관적인 위험과 관련되므로 통
지의 의무는 없다.

보험계약자, 피보험자 또는 보험수익자는 고의 또는 중대한 과실로 사고발생의 위험을 현저하게 변경 또는 증가시킨 당사자이므로 이러한 사실을 통지할 것이라고 기대할 수 없기 때문이다.

(2) 위험변경증가의 통지의무의 발생요건

① 보험기간 중에 생긴 것이어야 한다.
② 위험의 변경·증가가 현저한 것이어야 한다.

> ※ 위험이 현저하게 변경·증가된 사실(대판 1998. 11. 27, 98다32564)
> 사고발생의 위험이 현저하게 변경 또는 증가된 사실이란 그 변경 또는 증가된 위험이 보험계약의 체결 당시에 존재하고 있었다면 보험자가 보험계약을 체결하지 않았거나 적어도 그 보험료로는 보험을 인수하지 않았을 것으로 인정되는 사실을 말한다.

③ 주관적 위험의 변경·증가이어야 한다.
보험계약자, 피보험자 또는 보험수익자의 고의 또는 중대한 과실로 인한 것이어야 한다.

(3) 의무위반의 효과

① 보험자는 그 사실을 안 날부터 1월 내에 보험료의 '증액'을 청구하거나 계약을 '해지'할 수 있다(제653조).
② 보험사고가 발생한 후라도 보험자가 이에 따라 계약을 해지하였을 때에는 보험금을 지급할 책임이 없고 이미 지급한 보험금의 반환을 청구할 수 있다(제655조).
③ 위험의 현저한 변경이나 증가된 사실과 보험사고 발생과의 사이에 인과관계가 부존재한다는 점에 관한 주장·입증 책임은 보험계약자 측에 있다(대판 1997. 9. 5, 95다25268).

(4) 위험변경증가의 통지의무와 위험유지의무의 비교

보험계약 체결 후의 의무라는 점과 위험의 변경·증가와 관련이 있다는 점에서 유사하지만 다음과 같은 차이점이 있다.

구분	위험변경증가의 통지의무	위험유지의무
발생원인	• 객관적 위험의 증가 • 보험계약자 또는 피보험자의 책임 없는 사유에 의한 위험의 변경 또는 증가된 경우	• 주관적 위험의 증가 • 보험계약자, 피보험자 또는 보험수익자가 고의 또는 중대한 과실로 사고발생의 위험을 현저하게 변경 또는 증가된 경우
의무	통지의무	유지의무(통지의무 해당 없음)
의무자	보험계약자·피보험자	보험계약자·피보험자·보험수익자
위반효과	• 통지의무 이행 : 1월 내에 보험료의 '증액' 청구 또는 계약해지' 가능 • 통지의무 불이행 : 그 사실을 안 날로부터 1월 내에 계약 '해지' 가능	그 사실을 안 날부터 1월 내에 보험료의 '증액' 청구 또는 계약 '해지' 가능

5 보험자의 파산선고와 계약해지

> 제654조(보험자의 파산선고와 계약해지)
> ① 보험자가 파산의 선고를 받은 때에는 보험계약자는 계약을 해지할 수 있다.
> ② 제1항의 규정에 의하여 해지하지 아니한 보험계약은 파산선고 후 3월을 경과한 때에는 그 효력을 잃는다.

(1) 보험자의 파산

① 보험자가 파산의 선고를 받은 때에는 보험계약자는 계약을 해지할 수 있으며(제654조 제1항), 보험계약자가 계약을 해지하지 않더라도 보험계약은 보험자의 파산선고 후 3월이 경과한 때에는 그 효력을 잃는다(제654조 제2항).

② 그러나 실제에 있어서는 보험자가 파산의 선고를 받은 때 「보험업법」에서 보험계약의 포괄적 이전 등의 제도를 마련하여 보험계약자를 보호하고 있다. 따라서 보험계약자는 계약을 해지할 실익은 없다.

(2) 보험계약자의 파산

① 자기를 위한 보험계약
보험계약자가 파산선고를 받았을 때 대한 「상법」상 규정이 없다.

② 타인을 위한 보험계약
　㉠ 타인을 위한 보험의 경우에는 보험계약자는 보험자에 대하여 보험료를 지급할 의무가 있다. 그러나 보험계약자가 파산선고를 받거나 보험료의 지급을 지체한 때에는 그 타인이 그 권리를 포기하지 아니하는 한 그 타인도 보험료를 지급할 의무가 있다(제639조).
　㉡ 특정한 타인을 위한 보험의 경우에 보험계약자가 보험료의 지급을 지체한 때에는 보험자는 그 타인에게도 상당한 기간을 정하여 보험료의 지급을 최고한 후가 아니면 그 계약을 해제 또는 해지하지 못한다(제650조 제3항).

제10절 보험금 및 보험자의 면책

> 제655조(계약해지와 보험금청구권)
> 보험사고가 발생한 후라도 보험자가 제650조, 제651조, 제652조 및 제653조에 따라 계약을 해지하였을 때에는 보험금을 지급할 책임이 없고 이미 지급한 보험금의 반환을 청구할 수 있다. 다만, 고지의무(告知義務)를 위반한 사실 또는 위험이 현저하게 변경되거나 증가된 사실이 보험사고 발생에 영향을 미치지 아니하였음이 증명된 경우에는 보험금을 지급할 책임이 있다.

제656조(보험료의 지급과 보험자의 책임개시)

보험자의 책임은 당사자 간에 다른 약정이 없으면 최초의 보험료의 지급을 받은 때로부터 개시한다.

제657조(보험사고발생의 통지의무)

① 보험계약자 또는 피보험자나 보험수익자는 보험사고의 발생을 안 때에는 지체 없이 보험자에게 그 통지를 발송하여야 한다.

② 보험계약자 또는 피보험자나 보험수익자가 제1항의 통지의무를 해태함으로 인하여 손해가 증가된 때에는 보험자는 그 증가된 손해를 보상할 책임이 없다.

제658조(보험금액의 지급)

보험자는 보험금액의 지급에 관하여 약정기간이 있는 경우에는 그 기간 내에 약정기간이 없는 경우에는 제657조 제1항의 통지를 받은 후 지체 없이 지급할 보험금액을 정하고 그 정하여진 날부터 10일 내에 피보험자 또는 보험수익자에게 보험금액을 지급하여야 한다.

제659조(보험자의 면책사유)

① 보험사고가 보험계약자 또는 피보험자나 보험수익자의 고의 또는 중대한 과실로 인하여 생긴 때에는 보험자는 보험금액을 지급할 책임이 없다.

② 삭제〈1991.12.31.〉

제660조(전쟁위험 등으로 인한 면책)

보험사고가 전쟁 기타의 변란으로 인하여 생긴 때에는 당사자 간에 다른 약정이 없으면 보험자는 보험금액을 지급할 책임이 없다.

1 보험금

(1) 의의

보험금이란 보험사고 발생한 때 보험금액(보험가입금액)의 범위 내에서 보험자가 현실적으로 지급하는 금액을 말한다.

(2) 청구권자

보험사고가 발생할 경우 보험자에게 보험금을 청구할 수 있는 자는 손해보험의 경우는 피보험자이며 생명보험의 경우는 보험수익자이다(제658조). 만약 피보험자나 보험수익자가 사망하는 경우 그 상속인 청구권자가 된다.

(3) 보험금 지급책임 발생요건

① 보험기간 중에 보험계약에서 정한 보험사고가 발생하고 이로 인한 손해에 대해 피보험자가 보험자에게 보험금을 청구하는 경우 발생한다.

② 보험자의 책임은 당사자 간에 다른 약정이 없으면 최초의 보험료의 지급을 받은 때로부터 개시한다(제656조). 따라서 보험사고가 보험기간 내에 발생하였다고 하더라도 보험료를 지급하기 전이라면 보험자는 보험금을 지급할 책임이 없다.

③ 보험사고가 보험기간 중에 발생하여야 하며, 보험사고는 보험기간 중에 발생하였으나 손해는 보험기간이 지나서 발생하였다고 하더라도 보험자는 보험금을 지급할 책임이 있다.

④ 보험계약 당시에 보험사고가 이미 발생하였거나 또는 발생할 수 없는 것인 때에는 그 계약은 무효로 하지만 당사자 쌍방과 피보험자가 이를 알지 못한 때에는 보험자는 보험금을 지급할 책임이 있다(제644조).

(4) 이행방식

보험사고가 발생할 경우 보험자는 일정한 보험금이나 그 밖의 급여를 지급할 수 있다(제638조)

(5) 지급시기

보험자는 보험금액의 지급에 관하여 약정기간이 있는 경우에는 그 기간 내에 약정기간이 없는 경우에는 보험사고발생 통지를 받은 후 지체 없이 지급할 보험금액을 정하고 그 정하여진 날부터 10일 내에 피보험자 또는 보험수익자에게 보험금액을 지급하여야 한다(제658조).

(6) 보험금청구권의 소멸시효

보험금청구권은 3년간 행사하지 않으면 시효의 완성으로 소멸한다(제662조).

2 보험자의 면책

(1) 계약해지에 따른 면책

보험사고가 발생한 후라도 보험료의 지급의 지체, 고지의무 위반, 위험변경증가의 통지의무 위반 및 보험계약자 등의 고의나 중과실로 인한 위험증가에 따라 보험자가 계약을 해지하였을 때에는 보험금을 지급할 책임이 없고 이미 지급한 보험금의 반환을 청구할 수 있다(제655조).

(2) 전쟁위험 등으로 인한 면책

① 보험사고가 전쟁 기타의 변란으로 인하여 생긴 때에는 당사자 간에 다른 약정이 없으면 보험자는 보험금액을 지급할 책임이 없다(제660조).

② 그러나 당사자 간에 다른 약정을 통해 전쟁 기타의 변란의 위험을 인수하는 경우 그 계약에 따라 보험금액을 지급할 책임이 있을 수 있다.

(3) 보험사고발생 통지의무 해태로 증가된 손해의 면책

① 보험계약자 또는 피보험자(손해보험)나 보험수익자(인보험)는 보험사고의 발생을 안 때에는 지체 없이 보험자에게 그 통지를 발송하여야 한다. 통지의무를 해태함으로 인하여 손해가 증가된 때에는 보험자는 그 증가된 손해를 보상할 책임이 없다(제657조).

② 통지의 방법에는 제한이 없다.

③ 보험계약자 또는 피보험자(손해보험)나 보험수익자(인보험)가 보험사고의 발생을 알지 못한 때에는 통지의무를 부담하지 않는다. 또한 보험자가 이미 보험사고를 안 때에도 통지의무가 없다.

④ 그러나 통지의무자가 보험사고 발생에 대한 통지를 하지 않았다고 하여 보험자가 보험금지급 책임을 전부 면하는 것은 아니며 계약의 해지권도 인정되지 않는다.

(4) 보험의 목적에 따른 면책

① 보험의 목적의 성질, 하자 또는 자연소모로 인한 손해는 보험자가 이를 보상할 책임이 없다(제 678조).

② 보험의 목적의 성질(차량의 녹이나 부식, 농산물의 부패, 자연발화 등), 하자(적하나 운송보험에서 포장의 불비나 결함) 또는 자연소모(통상적인 사용 또는 시간의 경과에 따라 자연적으로 생기는 손해)로 인하여 생긴 손해는 보험사고로 인한 것이 아니라, 그 목적물에 필연적으로 발생할 수 있는 손해이므로 보험자의 면책을 인정하는 것이다.

(5) 배제약정의 효력

당사자 간에 보험계약자의 고의 또는 중대한 과실에 대해서도 이를 배제하고 보험자가 보험금지급의 책임을 부담하기로 한 경우, 중대한 과실로 인한 보험사고에 대한 보험금지급의 특약은 보험자의 책임을 확장하는 것으로서 신의성실의 원칙과 공익에 반하지 않는 한 그 효력이 인정되지만, 고의로 인한 보험사고에 대한 보험금지급의 특약은 범죄를 조장할 수 있으므로 무효에 해당한다.

제11절 재보험 및 소멸시효 등

제661조(재보험)
보험자는 보험사고로 인하여 부담할 책임에 대하여 다른 보험자와 재보험계약을 체결할 수 있다. 이 재보험계약은 원보험계약의 효력에 영향을 미치지 아니한다.

제662조(소멸시효)
보험금청구권은 3년간, 보험료 또는 적립금의 반환청구권은 3년간, 보험료청구권은 2년간 행사하지 아니하면 시효의 완성으로 소멸한다.

제663조(보험계약자 등의 불이익변경금지)
이 편의 규정은 당사자 간의 특약으로 보험계약자 또는 피보험자나 보험수익자의 불이익으로 변경하지 못한다. 그러나 재보험 및 해상보험 기타 이와 유사한 보험의 경우에는 그러하지 아니하다.

제664조(상호보험, 공제 등에의 준용)
이 편(編)의 규정은 그 성질에 반하지 아니하는 범위에서 상호보험(相互保險), 공제(共濟), 그 밖에 이에 준하는 계약에 준용한다.

1 재보험

> **제661조(재보험)**
> 보험자는 보험사고로 인하여 부담할 책임에 대하여 다른 보험자와 재보험계약을 체결할 수 있다. 이 재보험계약은 원보험계약의 효력에 영향을 미치지 아니한다.

(1) 재보험의 의의

① 재보험이란 보험자(원보험자)가 보험계약자와 계약을 체결하여 인수한 보험의 일부 또는 전부를 다른 보험자(재보험자)에게 넘기는 것이다.

② 원보험자가 인수한 위험을 또 다른 보험자(재보험자)에게 분산함으로써 보험자 간에 위험을 줄이는 보험으로서 보험자를 위한 보험이라고 볼 수 있다.

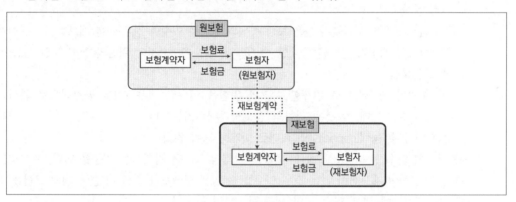

(2) 재보험의 특성

① 재보험계약의 독립성

㉠ 보험자는 보험사고로 인하여 부담할 책임에 대하여 다른 보험자와 재보험계약을 체결할 수 있다. 이 재보험계약은 원보험계약의 효력에 영향을 미치지 않는다(제661조). 이것은 원보험계약과 재보험계약이 법률적으로 독립된 별개의 계약임을 명시한 것이다.

㉡ 따라서 원보험과 재보험은 법률적으로 독립된 별개의 계약이므로 재보험자는 원보험의 보험계약자에게 재보험료의 지급을 청구할 수 없고, 원보험의 보험계약자도 재보험자에게 직접 재보험료를 지급할 의무는 없다.

㉢ 다만 원보험의 보험계약자가 원보험료를 지급하지 않아서 원보험자가 재보험료를 지급하지 않으면 재보험자는 원보험자의 보험료청구권을 대위행사 할 수 있다고 본다(민법 제404조 채권자대위권 규정 적용).

② 재보험계약의 성질

재보험계약은 책임보험의 일종으로서 손해보험계약에 속한다. 따라서 원보험이 손해보험인 경우뿐만 아니라 원보험이 인보험인 경우라고 할지라도 재보험계약은 손해보험이 된다.

③ 상법상 책임보험 관련 규정의 준용

상법상 책임보험에 관한 규정(상법 제4편 제2장 제5절)은 재보험계약에 준용된다(제726조).

(3) 재보험의 기능

① 위험 분산

재보험의 기능은 위험 분산이라는 데서 찾을 수 있다. 이를 세분하면 양적 분산, 질적 분산, 장소적 분산 등으로 나누어 볼 수 있다.

㉠ 양적 분산

재보험은 원보험자가 인수한 위험의 전부 또는 일부를 분산시킴으로써 한 보험자로서는 부담할 수 없는 커다란 위험을 인수할 수 있도록 하는데, 이것이 위험의 양적 분산 기능이다.

㉡ 질적 분산

원보험자가 특히 위험률이 높은 보험 종목의 위험을 인수한 경우 이를 재보험으로 분산시켜 원보험자의 재정적 곤란을 구제할 수 있도록 하는데, 이것이 위험의 질적 분산 기능이다.

㉢ 장소적 분산

원보험자가 장소적으로 편재한 다수의 위험을 인수한 경우, 이를 공간적으로 분산시킬 수 있도록 하는데, 이것은 위험의 장소적 분산 기능이다.

② 원보험자의 인수 능력(capacity)의 확대로 마케팅 능력 강화

원보험자의 인수 능력(capacity)의 확대로 마케팅 능력을 강화하는 기능을 한다. 원보험자는 재보험을 통하여 재보험이 없는 경우 인수할 수 있는 금액보다 훨씬 더 큰 금액의 보험을 인수 (대규모 리스크에 대한 인수 능력 제공)할 수 있게 된다.

③ 경영의 안정화

실적의 안정화 및 대형 재해로부터 보호해 주는 등 원보험사업의 경영 안정성(재난적 손실로부터 원보험사업자 보호)을 꾀할 수 있다. 즉, 예기치 못한 자연재해 및 대형 재해의 발생 등으로 인한 보험영업실적의 급격한 변동은 보험사업의 안정성을 저해하게 된다. 재보험은 이러한 각종 대형 위험 등 거액의 위험으로부터 실적의 안정화를 지켜주므로 보험자의 경영 안정성에 큰 도움을 준다.

④ 신규 보험상품의 개발 촉진

재보험은 신규 보험상품의 개발을 원활하게 해주는 기능을 한다. 원보험자가 신상품을 개발하여 판매하고자 할 때 손해율 추정 등이 불안하여 신상품 판매 후 전액 보유하기에는 불안한 경우가 많다. 이 경우 정확한 경험통계가 작성되는 수년 동안 재보험자가 재보험사업에 참여함으로써 원보험자의 상품개발을 지원하는 기능을 하고 있다.

2 보험계약자 등의 불이익변경금지

> 제663조(보험계약자 등의 불이익변경금지)
> 이 편의 규정은 당사자 간의 특약으로 보험계약자 또는 피보험자나 보험수익자의 불이익으로 변경하지 못한다. 그러나 재보험 및 해상보험 기타 이와 유사한 보험의 경우에는 그러하지 아니하다.

(1) 의의

① 상법 보험편의 규정은 당사자 간의 특약으로 보험계약자 또는 피보험자나 보험수익자의 불이익으로 변경하지 못한다(제663조).

② 이 규정은 상대적 강행규정으로서, 만약 보험약관에 상법 보험편의 규정보다 보험계약자 또는 피보험자나 보험수익자에게 불리한 규정을 두는 경우 그 규정은 무효가 된다.

(2) 근거와 적용

① 이 원칙은 보험자와 서로 대등한 경제적 지위에서 계약조건을 정할 수 없는 경제적 약자인 보험계약자 등의 이익을 보호하기 위해 강행규정을 두어 사적자치의 원칙에 제한을 두는 규정이다.

② 그러나 재보험 및 해상보험 기타 이와 유사한 보험의 경우에는 그러하지 아니하다(제663조 단서). 즉, 보험계약자가 보험자와 보험에 관한 지식, 교섭력, 경제적 지위에서 서로 대등하게 계약조건을 정하는 기업보험의 체결에 있어서는 이러한 불이익변경금지 원칙은 적용되지 않는다.

③ 보험계약자 등에게 불이익하게 변경된 보험약관의 경우 그 범위 내에서 무효가 되지만 계약전체가 무효가 되는 것은 아니므로 불리하게 변경된 규정은 그 적용이 배제되면서 보험계약법의 내용이 적용되게 된다.

④ 그리고 당사자 간의 특약으로 보험계약자 등에게 불이익하게 내용이 변경된 경우를 인정하지 않는 것이지, 반대로 보험계약자 등에게 유리하게 내용이 변경된 경우라면 이는 유효하게 적용된다.

3 소멸시효 등

> 제662조(소멸시효)
> 보험금청구권은 3년간, 보험료 또는 적립금의 반환청구권은 3년간, 보험료청구권은 2년간 행사하지 아니하면 시효의 완성으로 소멸한다.

(1) 보험계약과 관련된 소멸시효

구 분		기 간
보험계약자	보험금청구권, 보험료반환청구권, 적립금반환청구권	3년
보험자	보험료청구권	2년

(2) 보험계약에서 증액 또는 해지, 취소 등 기간 정리

구 분	기 간
약관 교부·설명의무 위반 (제638조의3)	보험계약자는 보험계약이 성립한 날부터 '3개월' 이내에 그 계약을 '취소'할 수 있다.
고지의무 위반 (제651조)	보험자는 그 사실을 안 날로부터 '1월' 내에, 계약을 체결한 날로부터 '3년' 내에 한하여 계약을 '해지'할 수 있다.
위험변경증가의 통지의무 위반(제652조)	• 통지하지 않은 경우 : 보험자는 그 사실을 안 날로부터 '1월' 내에 한하여 계약을 '해지'할 수 있다. • 통지를 받은 경우 : '1월' 내에 보험료의 '증액'을 청구하거나 계약을 '해지'할 수 있다.
보험계약자 등의 고의나 중과실로 인한 위험증가(제653조)	보험자는 그 사실을 안 날로부터 '1월' 내에 보험료의 '증액'을 청구하거나 계약을 '해지'할 수 있다.
보험자 파산 (제654조)	해지하지 아니한 보험계약은 파산선고 후 '3월'을 경과한 때에는 그 '효력'을 잃는다.

4 상호보험, 공제 등에의 준용

> 제664조(상호보험, 공제 등에의 준용)
> 이 편(編)의 규정은 그 성질에 반하지 아니하는 범위에서 상호보험(相互保險), 공제(共濟), 그 밖에 이에 준하는 계약에 준용한다.

상호보험, 공제 등도 보험의 일종으로 그 성질에 반하지 않는 범위에서 상법의 보험편 규정을 준용한다.

CHAPTER 02 손해보험

제1절 통칙

제665조(손해보험자의 책임)
손해보험계약의 보험자는 보험사고로 인하여 생길 피보험자의 재산상의 손해를 보상할 책임이 있다.

제666조(손해보험증권)
손해보험증권에는 다음의 사항을 기재하고 보험자가 기명날인 또는 서명하여야 한다.
 1. 보험의 목적
 2. 보험사고의 성질
 3. 보험금액
 4. 보험료와 그 지급방법
 5. 보험기간을 정한 때에는 그 시기와 종기
 6. 무효와 실권의 사유
 7. 보험계약자의 주소와 성명 또는 상호
 7의2. 피보험자의 주소, 성명 또는 상호
 8. 보험계약의 연월일
 9. 보험증권의 작성지와 그 작성년월일

제667조(상실이익 등의 불산입)
보험사고로 인하여 상실된 피보험자가 얻을 이익이나 보수는 당사자 간에 다른 약정이 없으면 보험자가 보상할 손해액에 산입하지 아니한다.

제675조(사고발생 후의 목적멸실과 보상책임)
보험의 목적에 관하여 보험자가 부담할 손해가 생긴 경우에는 그 후 그 목적이 보험자가 부담하지 아니하는 보험사고의 발생으로 인하여 멸실된 때에도 보험자는 이미 생긴 손해를 보상할 책임을 면하지 못한다.

1 의의

손해보험은 보험사고 발생 시 손해가 생기면 생긴 만큼 손해액을 산정하여 보험금을 지급하는 보험이라고 할 수 있다.

2 보상책임

(1) 손해보험자의 책임

손해보험은 피보험자의 재산에 직접 생긴 손해 또는 다른 사람에게 입힌 손해를 배상함으로써 발생하는 피보험자의 재산상의 손해를 보상해주는 보험이다. 손해보험계약의 보험자는 보험사고로 인하여 생길 피보험자의 재산상의 손해를 보상할 책임이 있다(제665조).

> 보험계약은 당사자 일방이 약정한 보험료를 지급하고 재산 또는 생명이나 신체에 불확정한 사고가 발생할 경우에 상대방이 일정한 보험금이나 그 밖의 급여를 지급할 것을 약정함으로써 효력이 생긴다(제638조).

(2) 상실이익 등의 불산입

보험사고로 인하여 상실된 피보험자가 얻을 이익이나 보수는 당사자 간에 다른 약정이 없으면 보험자가 보상할 손해액에 산입하지 아니한다(제667조). 예를 들어 화재보험계약의 목적인 상가 건물이 화재로 소실되어 보험자가 보상할 손해액에는 상가가 가져다줄 상실된 임대료수입 등의 영업이익이나 보수는 '이익보험' 등의 다른 약정이 없는 경우 산입되지 않는다.

(3) 사고발생 후의 목적멸실과 보상책임

보험의 목적에 관하여 보험자가 부담할 손해가 생긴 경우에는 그 후 그 목적이 보험자가 부담하지 아니하는 보험사고의 발생으로 인하여 멸실된 때에도 보험자는 이미 생긴 손해를 보상할 책임을 면하지 못한다(제675조). 예를 들어 화재보험의 목적인 건물이 보험자가 부담하는 손해인 화재로 일부 훼손되었으나, 이후 지진으로 건물이 전부 멸실되었다고 할지라도 보험자는 지진이 나기 전에 발생한 화재로 인한 손해를 보상할 책임을 진다.

3 손해보험의 원리

(1) 위험의 분담

① 보험은 소액의 보험료를 매개체로 하여 큰 위험을 나누어 가짐으로써 경제적 불안으로부터 해방되어 안심하고 생활할 수 있도록 해주는 제도이다.
② 보험은 「1인은 만인을 위하여, 만인은 1인을 위하여」 서로 위험을 분담하는 제도이다.

(2) 위험 대량의 원칙

① 위험 대량의 원칙은 수학이나 통계학에서 적용되는 대수의 법칙을 보험에 응용한 것이다.
② 보험이 성립하기 위해서는 '일정 기간' 중 위험집단에서 발생할 '사고의 확률'과 사고에 의해 발생할 '손해의 크기'를 파악할 수 있어야 한다.
③ 보험에 있어서 사고 발생 확률이 잘 적용되어 합리적 경영이 이루어지려면 '위험이 대량으로 모여서 하나의 위험단체를 구성해야 한다'는 것이다.

(3) 급부·반대급부 균등의 원칙

① 위험집단 구성원 '각자가 부담하는 보험료(급부)'는 '지급보험금'에 '사고 발생의 확률'을 곱한 금액(반대급부)과 같다.

② 1만 명이 1억 원짜리(땅값을 뺀 건물값만) 집을 한 채씩 가지고 있고 평균적으로 1년에 한 채씩 화재가 나서 소실된다고 할 때 각자가 1만 원씩 내서 1억 원을 모아 두었다가 불이 난 집에 건네주기로 가정하는 경우는 다음과 같다.

> 보험료(1만 원) = 지급보험금(1억 원) × 사고 발생 확률(1/1만)

(4) 수지상등의 원칙

① 보험자가 받은 '보험료(수(收))'가 지급한 '보험금(지(支))'보다 부족하거나 또는 반대로 지나치게 많아서는 안 된다. 즉, 보험자가 받아들이는 수입 보험료 총액과 사고 시 지급하는 지급보험금 총액이 같아져야 한다는 것이 수지상등의 원칙이다.

> ° 수 收 : 계약자가 납부하는 보험료 외에 자금운용수익, 이자 및 기타 수입 등이 포함된다.
> ° 지 支 : 지급보험금 외에 인건비, 사업 운영비, 광고비 등 다양한 지출항목이 포함된다.

② 「수지상등의 원칙」이 '계약자 전체 관점'에서 본 보험 수리적 원칙인데 반하여 「급부·반대급부 균등의 원칙」은 '계약자 개개인의 관점'에서 본 원칙이라 할 수 있다.

> 수입 보험료 합계 = 지출 보험금의 합계
> 계약자 수 × 보험료 = 사고 발생 건수 × 평균 지급보험금

(5) 이득 금지의 원칙

① 손해보험의 가입 목적은 손해의 보상에 있으므로 피보험자는 보험사고 발생 시 실제로 입은 손해만을 보상받아야 하며, 그 이상의 보상을 받아서는 안 된다.

② 보험에 의해 부당한 이득을 얻는 경우 이를 위해 인위적인 사고를 유발할 요인이 될 수 있고 공공질서나 미풍양속을 해칠 우려가 있어 「보험에 의해 이득을 보아서는 안 된다」는 이득 금지의 원칙이 손해보험의 대원칙으로 적용되고 있다.

③ 이를 위해 초과보험, 중복보험, 보험자대위 등에 관한 규정이 있다.

4 손해보험계약의 법적 특성

이전 학습을 통해 살펴본 바와 같이 불요식 낙성계약성, 유상계약성, 쌍무계약성, 상행위성, 부합계약성, 최고 선의성 및 계속계약성 등의 일반적인 보험계약의 특성을 가지게 된다.

5 보험계약의 법적 원칙

(1) 실손보상의 원칙

보험은 실제 손실을 보상하여 손해를 복구하는 것으로 충분하며, 이득까지 보장하는 것은 지나치다는 것으로서 보험의 기본인 '이득금지 원칙'과 일맥상통한다.

〈실손보상 원칙의 예외〉

① **기평가계약(valued policy)**

전손(全損)이 발생한 경우 미리 약정한 금액을 지급하기로 한 계약이다. 골동품 등 손실 발생 시점에서 손실의 현재가치를 산정할 수 없는 경우 계약자와 보험자가 합의한 금액으로 계약을 하게 된다.

② **대체비용보험(replacement cost insurance)**

손실지급액을 결정할 때 감가상각을 고려하지 않는 보험으로서 손실이 발생한 경우 새것으로 교체할 수밖에 없는 물건이나 감가상각을 따지는 것이 아무 의미도 없는 경우 대체비용보험이 적용된다.

③ **생명보험(life insurance)**

인간의 사망이나 부상의 경우 실제 손실이 얼마나 되는지 측정할 방법이 없고 인간의 생명에 감가상각의 개념을 적용할 방법이 없기 때문이다. 생명보험의 경우 미리 약정한 금액으로 보험계약을 체결하고 보험사고가 발생하면 약정한 금액을 보험금으로 지급받는다.

---

(2) 보험자대위의 원칙

보험사고 발생 시 피보험자가 보험의 목적에 관하여 아직 '잔존물'을 가지고 있거나 또는 제3자에 대하여 '손해배상청구권'을 취득하는 경우가 있다. 이런 경우 보험자가 이에 개의치 않고 보험금을 지급한다면 오히려 피보험자에게 이중의 이득을 주는 결과가 된다. 따라서 상법은 보험자가 피보험자에게 보험금을 지급한 때에는 일정한 요건 아래 계약자 또는 피보험자가 가지는 권리가 보험자에게 이전되는 것으로 하고 있는데 이를 '보험자대위'라 한다.

〈보험자대위의 상법 규정〉

① **보험목적에 관한 보험대위 - 목적물대위(잔존물대위)**

보험의 목적의 '전부'가 멸실한 경우에 보험금액의 '전부'를 지급한 보험자는 그 목적에 대한 피보험자의 권리를 취득한다. 그러나 보험가액의 일부를 보험에 붙인 경우에는 보험자가 취득할 권리는 보험금액의 보험가액에 대한 비율에 따라 이를 정한다(제681조).

② **제3자에 대한 보험대위 - 청구권대위**

손해가 제3자의 행위로 인하여 발생한 경우에 보험금을 지급한 보험자는 그 지급한 금액의 한도에서 그 제3자에 대한 보험계약자 또는 피보험자의 권리를 취득한다. 다만, 보험자가 보상할 보험금의 일부를 지급한 경우에는 피보험자의 권리를 침해하지 아니하는 범위에서 그 권리를 행사할 수 있다(제682조 제1항).

※ 보험자대위의 원칙의 3가지 목적

1) 피보험자가 동일한 손실에 대해 책임이 있는 제3자와 보험자로부터 이중보상을 받아 이익을 얻는 것을 방지하는 목적이 있다.

---

2) 보험자가 보험자대위권을 행사하게 함으로써 과실이 있는 제3자에게 손실 발생의 책임을 묻는 효과가 있다.
3) 보험자대위권은 계약자나 피보험자의 책임 없는 손실로 인해 보험료가 인상되는 것을 방지한다.

(3) 피보험이익의 원칙

① 피보험이익은 계약자가 보험목적물에 대해 가지는 '경제적 이해관계'를 의미한다.
② 즉, 계약자가 보험목적물에 보험사고가 발생하면 '경제적 손실'을 입게 될 때 '피보험이익'이 있다고 한다.

(4) 최대 선의의 원칙

보험은 대상으로 하는 내용이 '미래지향적'이며 '우연적'인 특성이 있기 때문에 당사자 쌍방은 모든 사실에 대해 매우 높은 '정직성'과 '선의 또는 신의성실'이 요구되는데 이를 최대 선의(신의성실)의 원칙(principle of utmost good faith)이라고 한다.

〈고지, 은폐 및 담보 등의 원리에 의한 최대 선의의 유지〉

① 고지(또는 진술)

계약자가 보험계약이 체결되기 전에 보험자가 요구하는 사항에 대해 사실 및 의견을 제시하고 이를 토대로 계약의 가부 및 보험료를 결정한다. 진술한 내용이 사실과 달라 보험자가 계약 전에 알았다면 보험계약을 체결하지 않거나 다른 계약조건으로 체결되었을 정도라면 '허위진술'에 해당해 보험자의 선택에 의해 계약이 해제될 수 있다. 계약자가 고의가 아닌 실수 또는 착오에 의해 사실과 다른 내용을 진술할 수도 있으나 그 효과는 허위진술과 동일하다.
상법(제651조)에서는 '보험계약 당시에 계약자 또는 피보험자가 고의 또는 중대한 과실로 인하여 중요한 사항을 고지하지 아니하거나 부실의 고지를 한 때에는 보험자는 그 사실을 안 날로부터 1월 내에, 계약을 체결한 날로부터 3년 내에 한하여 계약을 해지할 수 있다. 그러나 보험자가 계약 당시에 그 사실을 알았거나 중대한 과실로 인하여 알지 못한 때에는 그러하지 아니하다.'라고 규정하여 계약자가 고지의무를 위반하면 보험계약이 해지될 수 있음을 규정하고 있다.

② 은폐(의식적 불고지)

은폐(의식적 불고지)는 계약자가 보험계약 시에 보험자에게 중대한 사실을 고지하지 않고 의도적이거나 무의식적으로 숨기는 것을 말하며, 법적인 효과는 기본적으로 '고지의무 위반'과 동일하나 보험의 종류에 따라 차이가 있다. 중대한 사실은 보험계약 체결에 영향을 줄 수 있는 사항을 말한다.

③ 담보(보증)

담보(보증)는 보험계약의 일부로서 '피보험자가 진술한 사실이나 약속'을 의미하며 어떤 특정한 사실의 존재, 특정한 조건의 이행, 보험목적물에 영향을 미치는 특정한 상황의 존재 등이 될 수 있다.
담보는 '보험계약의 성립과 효력'을 '유지'하기 위하여 계약자가 준수해야 하는 '조건'이다.
담보는 고지(진술)와 달리 계약자가 보험자에게 약속한 보험계약상의 조건이기 때문에 위반하게 되면 중요성의 정도에 관계없이 보험자는 보험계약을 해제 또는 해지할 수 있다.

제2절 손해보험계약의 요소

제668조(보험계약의 목적)
보험계약은 금전으로 산정할 수 있는 이익에 한하여 보험계약의 목적으로 할 수 있다.

제669조(초과보험)
① 보험금액이 보험계약의 목적의 가액을 현저하게 초과한 때에는 보험자 또는 보험계약자는 보험료와 보험금액의 감액을 청구할 수 있다. 그러나 보험료의 감액은 장래에 대하여서만 그 효력이 있다.
② 제1항의 가액은 계약 당시의 가액에 의하여 정한다.
③ 보험가액이 보험기간 중에 현저하게 감소된 때에도 제1항과 같다.
④ 제1항의 경우에 계약이 보험계약자의 사기로 인하여 체결된 때에는 그 계약은 무효로 한다. 그러나 보험자는 그 사실을 안 때까지의 보험료를 청구할 수 있다.

제670조(기평가보험)
당사자 간에 보험가액을 정한 때에는 그 가액은 사고발생 시의 가액으로 정한 것으로 추정한다. 그러나 그 가액이 사고발생 시의 가액을 현저하게 초과할 때에는 사고발생 시의 가액을 보험가액으로 한다.

제671조(미평가보험)
당사자 간에 보험가액을 정하지 아니한 때에는 사고발생 시의 가액을 보험가액으로 한다.

제672조(중복보험)
① 동일한 보험계약의 목적과 동일한 사고에 관하여 수개의 보험계약이 동시에 또는 순차로 체결된 경우에 그 보험금액의 총액이 보험가액을 초과한 때에는 보험자는 각자의 보험금액의 한도에서 연대책임을 진다. 이 경우에는 각 보험자의 보상책임은 각자의 보험금액의 비율에 따른다.
② 동일한 보험계약의 목적과 동일한 사고에 관하여 수개의 보험계약을 체결하는 경우에는 보험계약자는 각 보험자에 대하여 각 보험계약의 내용을 통지하여야 한다.
③ 제669조 제4항의 규정은 제1항의 보험계약에 준용한다.

제673조(중복보험과 보험자 1인에 대한 권리포기)
제672조의 규정에 의한 수개의 보험계약을 체결한 경우에 보험자 1인에 대한 권리의 포기는 다른 보험자의 권리의무에 영향을 미치지 아니한다.

제674조(일부보험)
보험가액의 일부를 보험에 붙인 경우에는 보험자는 보험금액의 보험가액에 대한 비율에 따라 보상할 책임을 진다. 그러나 당사자 간에 다른 약정이 있는 때에는 보험자는 보험금액의 한도 내에서 그 손해를 보상할 책임을 진다.

1 보험계약의 목적[피보험이익]

제668조(보험계약의 목적)
보험계약은 금전으로 산정할 수 있는 이익에 한하여 보험계약의 목적으로 할 수 있다.

(1) 피보험이익(보험계약의 목적)

① 의의

㉠ 피보험이익은 계약자가 보험에 붙여진 보험의 목적에 대하여 보험사고가 발생함으로써 보험목적물에 대해 가지는 '경제적 이해관계'를 의미한다. 즉, 계약자가 보험목적물에 보험사고가 발생하면 '경제적 손실'을 입게 될 때 '피보험이익'이 있다고 한다.

㉡ 피보험이익이 존재해야 보험에 가입할 수 있으며, 피보험이익이 없으면 보험에 가입할 수 없다.

② 피보험이익의 3가지 기능적 목적

㉠ 피보험이익은 도박을 방지하는 데 필수적이다.

피보험이익이 적용되지 않는다면 전혀 관련이 없는 주택이나 제3자에게 화재보험이나 생명보험을 들어놓고 화재가 발생하거나 일찍 사망하기를 바라는 도박적 성격이 강하기 때문에 사회질서를 해치는 결과를 초래할 수 있다.

㉡ 피보험이익은 도덕적 위태를 감소시킨다.

보험사고로 경제적 손실을 입는 것이 명확한데 고의로 사고를 일으킬 계약자는 없을 것이다.

㉢ 피보험이익은 계약자의 손실 규모와 같으므로 손실의 크기를 측정하게 해준다.

즉, 보험자는 보험사고 시 계약자의 손실을 보상할 책임이 있는데, 보상금액의 크기는 피보험이익의 가격(보험가액)을 기준으로 산정한다.

③ 보험의 목적과의 관계

㉠ '보험의 목적'이 보험계약의 대상인 재화 등을 말한다면, '보험계약의 목적'(피보험이익)은 보험의 목적에 대한 경제적 이해관계를 의미한다.

㉡ 그리고 동일한 '보험의 목적'일지라도 경제적인 이해관계에 따라 다수의 '보험계약의 목적'(피보험이익)이 있을 수 있다. 이에 따라 '보험계약의 목적'(피보험이익)이 다르다면 동일한 '보험의 목적'일지라도 별개의 보험계약이 체결될 수 있다. 예를 들면 동일한 주택에 대하여 소유자, 담보권자인 은행 또는 임차인을 피보험자로 하는 화재보험에 가입한 경우 이러한 화재보험계약들은 서로 다른 계약이다.

(2) 피보험이익의 요건(경제성, 적법성, 확정성)

① 경제적 이익

㉠ 피보험이익은 금전으로 산정할 수 있는 것이어야 한다(제668조). 따라서 객관적으로 그 가치를 금전적으로 산정할 수 없는 개인적, 정신적, 감정적 이익은 피보험이익이 될 수 없다.

㉡ 금전으로 산정할 수 있는 이익이면 족하고 반드시 법률상의 원리이어야 하는 것은 아니다(대판 1988. 2. 9, 86다카2933·2934·2935).

㉢ 보험사고로 인하여 상실된 피보험자가 얻을 이익이나 보수는 당사자 간에 다른 약정이 없으면 보험자가 보상할 손해액에 산입하지 않지만(제667조), 다른 약정(특약)으로 상실된 피보험자가 얻을 이익이나 보수를 피보험이익으로 하는 보험계약은 가능하다.

② 적법한 이익

피보험이익은 법의 보호를 받을 수 있는 적법한 이익이어야 한다. 따라서 법률상 금지되거나 선량한 풍속이나 기타 사회질서에 반하는 이익(도박, 밀수, 절도 등)은 피보험이익이 될 수 없다.

③ 확정적 이익

㉠ 피보험이익은 계약체결 당시 보험계약의 목적(피보험이익)의 주체, 보험의 목적, 양자의 관계 등 그 존재 및 소속 등이 객관적으로 확정되어 있거나, 보험계약체결 당시에 현존하거나, 확정되어 있지 않더라도 적어도 보험사고가 발생할 때까지는 확정될 수 있어야 한다 (대판 1989. 8. 8, 87다카929).

㉡ 보험사고가 발생할 때까지 보험계약의 목적(피보험이익)을 확정할 수 있으면 장래의 이익, 조건부 이익 등도 보험계약의 목적(피보험이익)으로 할 수 있다.

㉢ 따라서 집합된 물건을 일괄하여 보험의 목적으로 한 때에는 그 목적에 속한 물건이 보험기간 중에 수시로 교체된 경우에도 보험사고의 발생 시에 현존한 물건은 보험의 목적에 포함된 것으로 한다(제687조 총괄보험).

2 보험가액

(1) 의의

① 보험가액이란 손해보험에서 보험계약의 목적(피보험이익)을 금전으로 평가한 가액으로써 보험자가 지급하여야 할 법률상 최고한도액을 말한다.

② 보험가액은 언제나 일정한 것이 아니며 수시로 변동할 수 있으며, 인보험에서는 적용하지 않으며 손해보험에만 존재하는 개념이다.

③ 보험가액은 손해액 산정의 기초가 되는 법률상 최고한도액이므로 초과보험, 중복보험, 일부보험을 판정하기 위한 기준이 된다.

(2) 기평가보험

> **제670조(기평가보험)**
> 당사자 간에 보험가액을 정한 때에는 그 가액은 사고발생 시의 가액으로 정한 것으로 추정한다. 그러나 그 가액이 사고발생 시의 가액을 현저하게 초과할 때에는 사고발생 시의 가액을 보험가액으로 한다.

① 의의

㉠ 원칙적으로 보험자가 보상할 손해액은 그 손해가 발생한 때와 곳의 가액에 의하여 산정한다(제676조).

㉡ 그러나 기평가보험은 보험계약 체결 시 계약당사자 사이의 피보험이익의 가액(보험가액)에 대해 미리 협정을 한 보험이다.

㉢ 상법은 보험사고 발생 시 피보험이익의 평가에 대한 분쟁을 방지하고 보험가액산정에 소요되는 시간과 경비를 절약하기 위해 기평가보험제도를 인정하고 있다.

② 적용

　㉠ 당사자 간에 보험가액을 정한 때에는 그 가액은 사고발생 시의 가액으로 정한 것으로 추정한다(제670조).

　㉡ 그러나 그 가액(협정보험가액)이 사고발생 시의 가액을 현저하게 초과할 때에는 사고발생 시의 가액을 보험가액으로 한다(제670조 단서).

　㉢ 그 가액(협정보험가액)이 사고발생 시의 가액을 현저하게 초과하는지에 대한 판단은 거래통념이나 사회통념에 따른다.

　㉣ 기평가보험에 있어서 협정보험가액에 대한 합의는 구체적으로 명시되어야 하므로 손해보험증권에 기재하여야 한다. 화재보험증권에는 손해보험증권에 게기한 사항 외에 보험가액을 정한 때에는 그 가액을 기재하여야 한다(제685조 제3호).

(3) 미평가보험

> 제671조(미평가보험)
> 당사자 간에 보험가액을 정하지 아니한 때에는 사고발생 시의 가액을 보험가액으로 한다.

① 의의

　㉠ 미평가보험이란 보험계약 체결 당시 계약당사자 간에 보험가액을 정하지 아니한 보험을 말한다.

　㉡ 보험의 목적의 시세가 변동하는 경우가 일반적이라고 본다면 보험계약 체결 당시에 당사자 간에 보험가액을 정하지 아니한 미평가보험이 원칙적으로 실손보상의 원칙에 부합된다.

② 미평가보험에서의 보험가액

　보험계약 체결 당시에 당사자 간에 보험가액을 정하지 아니한 때에는 사고발생 시의 가액을 보험가액으로 한다(제671조).

(4) 보험가액 불변경주의

① 의의

　㉠ 비교적 보험기간이 짧고 시간적으로 보험가액의 변동이 적으며 손해가 발생하는 때와 곳을 결정하기 어려운 보험의 경우에 적용한다.

　㉡ 이에 따라 보험가액의 평가가 용이한 시점에서의 보험가액을 전 보험기간에 걸치는 고정적인 보험가액으로 정하는 것을 말한다.

② 적용

　㉠ 운송보험, 선박보험 또는 적하보험과 같이 비교적 보험기간이 짧고 시간적으로 보험가액의 변동이 적으며 손해가 발생하는 때와 곳을 결정하기 어려움이 있는 경우에 적용되는 특칙이다.

　㉡ 운송보험의 경우는 발송한 때와 곳의 가액과 도착지까지의 운임 기타 비용(제689조)을, 선박보험의 경우에는 보험자의 책임이 개시될 때의 선박가액(제696조)을, 적하보험에서는

선적한 때와 곳의 적하(배에 실은 화물)의 가액과 선적과 보험에 관한 비용(제697조)을 보험가액으로 한다.

ⓒ 적하의 도착으로 인하여 얻을 이익 또는 보수의 보험에 있어서는 계약으로 보험가액을 정하지 아니한 때에는 보험금액을 보험가액으로 한 것으로 추정한다(제698조).

(5) 보험가액과 보험금액의 관계

① 의의

㉠ '보험가액'은 피보험이익을 금전으로 평가한 금액으로서 법률상 최고한도액이며, '보험금액'은 보험자가 보험사고로 인해 피보험자에게 약정한 계약상의 최고한도액을 의미한다.

ⓛ 따라서 보험자가 보상할 손해액으로서 지급되는 '보험금'은 '보험가액'에 의하여 법률상 최고한도가 정하여지고 약정한 계약상의 '보험금액'에 의하여 그 범위가 제한된다.

② 보험가액과 보험금액의 비교

보험가액	보험금액
• 피보험이익을 금전으로 평가한 가액 • 법률상 보상 최고한도액 • 손해보험에만 있는 개념	• 보험사고 발생 시 보험자가 지급할 금액 • 계약상 보상 최고한도액 • 손해보험과 인보험의 공통된 개념

3 초과보험, 중복보험, 일부보험

(1) 보험가액과 보험금액의 불일치

보험가액은 보험기간 중에 변할 수 있는 가변성을 띠고 있어서 계약체결 시에 당사자가 정한 보험금액과 일치하지 않는 경우가 생길 수 있으며, 보험계약자의 의도에 따라 그 차이가 발생할 수도 있다.

구분	보험가액과 보험금액의 크기	보상방법	보상한도
초과보험	보험가액 < 보험금액	실손보상	보험가액
중복보험	보험가액 < 보험금액의 합	실손보상(연대비례)	보험금액
병존보험	보험가액 = 보험금액의 합	실손보상(연대비례)	보험금액
일부보험	보험가액 > 보험금액	비례보상	보험금액
전부보험	보험가액 = 보험금액	실손보상	보험금액

(2) 초과보험

제669조(초과보험)
① 보험금액이 보험계약의 목적의 가액을 현저하게 초과한 때에는 보험자 또는 보험계약자는 보험료와 보험금액의 감액을 청구할 수 있다. 그러나 보험료의 감액은 장래에 대하여서만 그 효력이 있다.
② 제1항의 가액은 계약 당시의 가액에 의하여 정한다.

③ 보험가액이 보험기간 중에 현저하게 감소된 때에도 제1항과 같다.

④ 제1항의 경우에 계약이 보험계약자의 사기로 인하여 체결된 때에는 그 계약은 무효로 한다. 그러나 보험자는 그 사실을 안 때까지의 보험료를 청구할 수 있다.

① 의의
  ㉠ 초과보험이란 보험금액이 보험가액(보험계약의 목적의 가액)을 현저하게 초과하는 보험을 말한다(제669조 제1항). 초과보험에 해당하는지를 판단하는 보험가액은 '계약 당시의 가액'에 의하여 정한다(제669조 제2항).
  ㉡ 경제상황의 변동에 따라 보험가액이 보험기간 중에 현저하게 감소된 때에도 초과보험이 될 수 있다(제669조 제3항). 이때에는 초과보험에 해당하는지를 판단하는 보험가액은 보험가액이 보험기간 중에 '현저하게 감소한 가액'에 의하여 정한다.

② 성립요건
  ㉠ 현저한 초과
    보험금액이 보험가액(보험계약의 목적의 가액)을 현저하게 초과하여야 한다(제669조 제1항). 이때 '현저하게 초과'하는지의 판단은 사회통념상 정상가액을 월등하게 초과하는지에 따른다.
  ㉡ 보험계약자의 사기가 아닐 것
    초과보험의 계약이 보험계약자의 사기로 인하여 체결된 때에는 그 계약은 무효로 한다. 그러나 보험자는 그 사실을 안 때까지의 보험료를 청구할 수 있다(제669조 제4항).

③ 효과
  ㉠ 보험자 또는 보험계약자는 보험료와 보험금액의 감액을 청구할 수 있다. 그러나 보험료의 감액은 보험료 불가분의 원칙에 따라 이미 경과한 과거의 보험료는 감액하지 않으며 장래에 대하여서만 그 효력이 있다(제669조 제1항).
  ㉡ 보험자가 보험사고의 발생 후에 손해사정과정에서 당해 보험계약이 초과보험이라는 사실을 비로소 알게 된 경우에도, 그 초과부분의 보험료를 소급하여 반환할 의무는 없으며 그 보험료기간에 대한 보험료는 그대로 청구할 수 있다. 이것은 보험가액이 보험기간 중에 현저하게 감소하여 초과보험이 된 경우에도 같다(제669조 제3항).
  ㉢ 초과보험이 보험계약자의 사기로 인하여 체결된 때에는 그 계약은 무효로 한다. 초과부분뿐만 아니라 계약의 전체를 무효로 한다. 따라서 보험사고가 발생하더라도 보험자는 보험금지급 책임을 부담하지 않으며 그 사실을 안 때까지의 보험료를 청구할 수 있다(제669조 제4항).
  ㉣ 초과보험이라는 사유를 들어 보험가액을 한도로 보험금의 제한 또는 보험계약의 무효를 주장하는 경우, 그 입증책임은 무효를 주장하는 보험자가 부담한다(대판 1999. 4. 23, 99다8599).

(3) 중복보험

> 제672조(중복보험)
> ① 동일한 보험계약의 목적과 동일한 사고에 관하여 수개의 보험계약이 동시에 또는 순차로 체결된 경우에 그 보험금액의 총액이 보험가액을 초과한 때에는 보험자는 각자의 보험금액의 한도에서 연대책임을 진다. 이 경우에는 각 보험자의 보상책임은 각자의 보험금액의 비율에 따른다.
> ② 동일한 보험계약의 목적과 동일한 사고에 관하여 수개의 보험계약을 체결하는 경우에는 보험계약자는 각 보험자에 대하여 각 보험계약의 내용을 통지하여야 한다.
> ③ 제669조 제4항의 규정은 제1항의 보험계약에 준용한다.
>
> 제673조(중복보험과 보험자 1인에 대한 권리포기)
> 제672조의 규정에 의한 수개의 보험계약을 체결한 경우에 보험자 1인에 대한 권리의 포기는 다른 보험자의 권리의무에 영향을 미치지 아니한다.

① 의의

'동일한 보험계약의 목적'과 '동일한 사고'에 관하여 '수개의 보험계약'이 '수인의 보험자'와 동시에 또는 순차로 체결된 경우에 그 '보험금액의 총액'이 '보험가액'을 초과한 경우로서 초과보험의 특수한 형태로서 초과중복보험이라고도 한다.

② 중복보험의 성립요건

㉠ 동일한 보험계약의 목적(피보험이익)

동일한 '보험의 목적'일지라도 동일한 '보험계약의 목적'(피보험이익)이 다르면 중복보험의 문제는 발생하지 않는다. 예를 들어 동일한 자동차에 대해 소유자가 가입한 자동차보험과 주차장사업자가 파손·도난손해을 대비하기 위해 가입한 배상책임보험은 '보험계약의 목적'(피보험이익)이 서로 다르므로 두 보험은 중복보험에 해당되지 않는다.

㉡ 동일한 보험사고

보험자가 담보하는 보험사고가 다르면 중복보험의 문제는 발생하지 않는다. 예를 들어 동일 주택에 대해 화재보험과 풍수해보험에 가입한 경우 두 보험은 중복보험에 해당되지 않는다.

㉢ 수인의 보험자와 수개의 보험계약

수인의 보험자와 수개의 보험계약을 체결하여야 하므로 동일한 보험자와 수개의 보험계약을 체결하는 경우 이는 중복보험이 아닌 단순한 초과보험에 해당한다.

㉣ 보험기간의 동일 또는 중복

보험기간이 동일 또는 중복되지 않다면 중복 보상의 문제가 발생하지 않는다.

㉤ 동일한 피보험자(판례)

수개의 보험계약의 보험계약자가 동일인일 필요는 없으며 보험사고로 인해 보험의 이익을 받는 피보험자가 동일인이면 중복보험의 문제가 발생한다.

㉥ 보험금액 합계액이 보험가액을 초과할 것

수 개의 보험금액의 총액이 단지 보험가액을 초과한 경우라면 중복보험이며, 그 정도가 현저히 초과해야 하는 것은 아니다.

③ 효과

㉠ 보험자의 보상책임 : 연대비례주의

각 보험자는 각자의 보험금액(보험가입금액)의 한도에서 연대책임을 지며 이 경우에는 각 보험자의 보상책임은 각자의 보험금액의 비율에 따른다(제672조 제1항).

〈중복보험의 경우 각 보험자의 보상책임〉

- 보험가액 : 1억 원
- A보험자 : 보험가입금액 5천만 원　　　• B보험자 : 보험가입금액 1억 원
- 손해액 : 6천만 원

$$각\ 보험자의\ 보상책임 = 손해액 \times \frac{해당\ 보험자의\ 보험가입금액}{전체\ 보험자\ 보험가입금액\ 합계}$$

- A보험자 보상책임 = 6천만 원 × [5천만 원 / (5천만 원 + 1억 원)] = 2천만 원
- B보험자 보상책임 = 6천만 원 × [1억 원 / (5천만 원 + 1억 원)] = 4천만 원

㉡ 보험계약자의 사기

중복보험의 경우에 계약이 보험계약자의 사기로 인하여 체결된 때에는 수개의 보험계약은 전부 무효로 한다. 그러나 보험자는 그 사실을 안 때까지의 보험료를 청구할 수 있다(제672조 : 제669조 제4항의 규정 준용).

④ **중복보험과 보험자 1인에 대한 권리포기**

㉠ 중복보험에 따른 수개의 보험계약을 체결한 경우에 보험자 1인에 대한 권리포기는 다른 보험자의 권리, 의무에 영향을 미치지 아니한다(제673조). 이는 피보험자가 특정 보험자와 공모하여 다른 보험자에게 불이익을 주는 경우를 방지한다.

㉡ 따라서 피보험자가 어느 특정 보험자에 대한 권리를 포기하여도 그 부분에 대한 보상책임을 다른 보험자에게 부담시킬 수 없고, 만약 이미 다른 보험자가 피보험자에게 이를 부담하여 보상하였다면 그 부담부분에 대한 구상권을 행사할 수 있다. 위 사례에서 피보험자가 A보험자에 대한 권리를 포기하였다고 하더라도 B보험자는 여전히 자신의 보상책임인 4천만원만 부담하면 된다.

⑤ **보험계약자의 통지의무**

㉠ 동일한 보험계약의 목적과 동일한 사고에 관하여 수개의 보험계약을 체결하는 경우에는 보험계약자는 각 보험자에 대하여 각 보험계약의 내용을 통지하여야 한다(제672조 제2항).

㉡ 동일한 보험계약의 목적과 동일한 사고에 관하여 수개의 보험계약을 체결하는 경우라면 중복보험이 되거나 병존보험(보험금액의 총액이 보험가액과 같은 경우)이 될 수도 있지만, 보험계약자는 각 보험자에 대하여 각 보험계약의 내용을 통지하도록 하고 있다. 병존보험도 보험기간 중에 보험목적의 가격하락으로 중복보험으로 바뀔 수 있으므로 통지의무를 부여하고 있다.

㉢ 통지해야 할 보험계약의 내용은 각 보험자의 성명과 보험금액을 의미한다.

(4) 일부보험

> **제674조(일부보험)**
> 보험가액의 일부를 보험에 붙인 경우에는 보험자는 보험금액의 보험가액에 대한 비율에 따라 보상할 책임을 진다. 그러나 당사자 간에 다른 약정이 있는 때에는 보험자는 보험금액의 한도 내에서 그 손해를 보상할 책임을 진다.

① 의의
  ㉠ 일부보험이란 보험금액이 보험가액(보험계약의 목적의 가액)에 미달하는 보험을 말한다. 즉, 보험가액의 일부를 보험에 붙인 보험으로서 전부보험의 상대적 개념이다.
  ㉡ 일부보험은 보험료를 절감하기 위하여 의식적으로 체결(의식적 일부보험)하는 경우도 있고, 보험계약이 체결된 이후 물가가 상승하여 보험가액이 인상되거나 보험계약 체결 시에는 저평가되었다가 이후 정상적인 가액으로 평가되어 발생(자연적 일부보험)하기도 한다.
② 요건
  ㉠ 보험금액이 보험가액에 미달한 경우이어야 한다.
  ㉡ 이때 보험가액의 산정은 당사자 간에 보험가액을 정한 '기평가보험'의 경우는 그 가액(협정보험가액)은 사고발생 시의 가액으로 정한 것으로 추정하나 그 가액이 사고발생 시의 가액을 현저하게 초과할 때에는 사고발생 시의 가액을 보험가액으로 하며(제670조), 당사자 간에 보험가액을 정하지 아니한 '미평가보험'의 경우에는 사고발생 시의 가액을 보험가액으로 한다(제671조).
③ 보험자의 보상책임
  ㉠ 원칙(비례부담)
    보험자는 보험금액(보험가입금액)의 보험가액에 대한 비율에 따라 보상할 책임을 진다(제674조). 예를 들면 다음과 같다.

$$\text{보험자의 보상책임} = \text{손해액} \times \frac{\text{보험금액}}{\text{보험가액}}$$

〈일부보험의 경우 보험자의 보상책임〉

- 보험가액 : 1억 원
- 손해액(전손인 경우) : 1억 원
- 보험가입금액 : 5천만 원
- 손해액(분손인 경우) : 4천만 원

- 전손인 경우(손해액 1억 원) : 보험자 보상책임 = 1억 원 × (5천만원/1억 원) = 5천만 원
- 분손인 경우(손해액 4천만 원) : 보험자 보상책임 = 4천만 원 × (5천만 원/1억 원) = 2천만 원

  ㉡ 예외(실손보상)
    당사자 간에 다른 약정이 있는 때에는 보험자는 보험금액의 한도 내에서 '그 손해'를 보상할 책임을 진다(제674조).

이는 실제 손해액 전부를 보상한다고 하여 실손보상이라고 한다. 다만 보상하는 금액은 보험금액(보험가입금액)을 초과할 수 없다. 위의 사례를 기준으로 한다면 다음과 같다.

- 전손인 경우(손해액 1억 원) : 보험자 보상책임 = 보험가입금액 5천만 원 한도＝5천만 원
- 분손인 경우(손해액 4천만 원) : 보험자 보상책임 = 실제 손해액 4천만 원

4 손해액

제675조(사고발생 후의 목적멸실과 보상책임)
보험의 목적에 관하여 보험자가 부담할 손해가 생긴 경우에는 그 후 그 목적이 보험자가 부담하지 아니하는 보험사고의 발생으로 인하여 멸실된 때에도 보험자는 이미 생긴 손해를 보상할 책임을 면하지 못한다.

제676조(손해액의 산정기준)
① 보험자가 보상할 손해액은 그 손해가 발생한 때와 곳의 가액에 의하여 산정한다. 그러나 당사자 간에 다른 약정이 있는 때에는 그 신품가액에 의하여 손해액을 산정할 수 있다.
② 제1항의 손해액의 산정에 관한 비용은 보험자의 부담으로 한다.

제677조(보험료체납과 보상액의 공제)
보험자가 손해를 보상할 경우에 보험료의 지급을 받지 아니한 잔액이 있으면 그 지급기일이 도래하지 아니한 때라도 보상할 금액에서 이를 공제할 수 있다.

제678조(보험자의 면책사유)
보험의 목적의 성질, 하자 또는 자연소모로 인한 손해는 보험자가 이를 보상할 책임이 없다.

(1) 손해액의 산정기준

① 보험자가 보상할 손해액은 그 '손해가 발생한 때와 곳의 가액'(보험가액)에 의하여 산정한다(제676조 제1항). 다만 기평가보험의 경우에는 협정된 보험가액이 그 사고발생 시의 가액을 현저하게 초과하지 않는 한 '협정보험가액'을 기초로 손해액을 산정한다(제670조).

② 그러나 당사자 간에 다른 약정(신가보험)이 있는 때에는 그 신품가액(재조달가액)에 의하여 손해액을 산정할 수 있다(제676조 제1항 단서).

② 손해액의 산정에 관한 비용은 보험자의 부담으로 한다(제676조 제2항).

(2) 사고발생 후의 목적멸실과 보상책임

보험의 목적에 관하여 보험자가 부담할 손해가 생긴 경우에는 그 후 그 목적이 보험자가 부담하지 아니하는 보험사고의 발생으로 인하여 멸실된 때에도 보험자는 이미 생긴 손해를 보상할 책임을 면하지 못한다(제675조).

(3) 보험료체납과 보상액의 공제

① 보험자가 손해를 보상할 경우에 보험료의 지급을 받지 아니한 잔액이 있으면 그 지급기일이 도래하지 아니한 때라도 보상할 금액에서 이를 공제할 수 있다(제677조).

② 보험자가 보험료기간 중에 보험사고 발생에 대한 손해를 보상하였으므로 해당 보험료기간에 해당하는 보험료에 대한 권리를 보험자가 가지게 된다.

(4) 보험의 목적에 따른 면책

① 보험의 목적의 성질, 하자 또는 자연소모로 인한 손해는 보험자가 이를 보상할 책임이 없다(제 678조).

② 보험의 목적의 성질(차량의 녹이나 부식, 농산물의 부패, 자연발화 등), 하자(적하나 운송보험 에서 포장의 불비나 결함) 또는 자연소모(통상적인 사용 또는 시간의 경과에 따라 자연적으로 생기는 손해)로 인하여 생긴 손해는 보험사고로 인한 것이 아니라, 그 목적물에 필연적으로 발생할 수 있는 손해이므로 보험자의 면책을 인정하는 것이다.

5 보험목적의 양도

> 제679조(보험목적의 양도)
> ① 피보험자가 보험의 목적을 양도한 때에는 양수인은 보험계약상의 권리와 의무를 승계한 것으로 추정한다.
> ② 제1항의 경우에 보험의 목적의 양도인 또는 양수인은 보험자에 대하여 지체 없이 그 사실을 통지하여야 한다.

(1) 의의

① 보험목적의 양도란 손해보험계약에서 피보험자가 보험의 목적물을 개별적인 의사표시에 의해 타인에게 양도하는 것을 말한다.

② 보험목적의 양도는 매매나 증여 등의 개별적인 의사표시에 의한 양도라는 점에서 보험목적과 계약상의 권리와 의무가 포괄적으로 승계되는 '상속이나 합병'과 구별되며 채권양도인 '보험금 청구권'의 양도와는 구별된다.

(2) 권리의 승계 추정의 취지

보험의 목적이 피보험자에 의해 양도되면 이론적으로 피보험자가 가지는 목적물에 대한 피보험이 익이 소멸하므로 보험계약의 효력은 상실하게 된다. 이에 따라 보험계약자가 지급한 보험료는 그 의미가 없게 되며 양수인은 새로운 보험계약을 체결할 때까지 일시적으로 무보험상태에 놓이게 될 수 있다. 따라서 피보험자가 보험의 목적을 양도한 때에는 양수인은 보험계약상의 권리와 의무를 승계한 것으로 추정한다(제679조). 그리고 이는 임의규정으로 당사자 간의 약정에 의해 그 적용을 배제할 수도 있다.

(3) 요건

① 유효한 보험계약의 존재

㉠ 보험의 목적이 양도되는 당시에 양도인과 보험자 사이에 유효한 보험계약이 존재하고 있어야 한다.

ⓛ 보험자가 이미 해지권이나 면책권을 가지고 있는 경우라면 보험의 목적이 양도되더라도 양수인은 보험계약상의 권리와 의무를 승계한 것으로 추정되므로 보험자는 양수인에 대해 여전히 해지권이나 면책권이 인정된다.

② 특정되고 개별화된 물건

　　㉠ 보험의 목적은 동산이나 부동산 등 유체물과 유가증권 등 무체재산권도 포함하는데 특정 되고 개별화된 물건이어야 한다.

　　ⓛ 양도의 목적은 특정되고 개별화된 물건이어야 하므로 특정되지 않은 집합보험에서 물건 일부만을 양도할 때는 해당되지 않는다.

　　㉢ 물건을 그 대상으로 하기 때문에 일정한 지위를 담보하는 전문직업인 책임보험은 그 지위 가 양도되어도 해당되지 않는다.

③ 보험목적의 물권적 이전

　　㉠ 보험목적의 양도란 유・무상을 불문하고 물권적 양도를 뜻하므로 인도 또는 등기를 통해 보험목적의 소유권이 이전되어야 한다. 따라서 채권계약만으로 부족하며 목적물의 임대나 담보권설정은 보험목적의 양도계약이 아니다.

　　ⓛ 양도담보, 영업양도에 의하거나 강제집행의 결과 경락인에게 보험의 목적이 귀속된 경우 에는 보험목적의 양도에 준하여 보험계약관계의 이전이 추정된다.

(4) 양도의 효과

① 보험계약의 권리와 의무의 승계 추정

　　㉠ 피보험자가 보험의 목적을 양도한 때에는 양수인은 보험계약상의 권리와 의무를 승계한 것으로 추정한다(제679조 제1항). 따라서 보험목적의 양수인에게 보험승계의 의사가 없다 는 것이 증명된 경우에는 번복된다(대판 1997. 11. 11, 97다35375).

　　ⓛ 양수인은 보험계약상의 권리와 의무를 승계하므로 양수인은 보험금청구권, 보험료반환청 구권, 보험계약해지권 등을 보유하며, 보험료지급의무, 보험사고발생 시 통지, 위험변경 증가의 통지의무, 손해방지경감의무 등을 부담한다.

② 양도의 통지의무

　　㉠ 보험의 목적의 양도인 또는 양수인은 보험자에 대하여 지체 없이 그 사실을 통지하여야 한다(제679조).

　　ⓛ 보험목적의 양도인 또는 양수인이 보험자에 대하여 지체 없이 그 사실을 통지한 경우에는, 보험자는 피보험자의 변경으로 인한 위험의 증감에 따라 보험료를 증액하거나 감액할 수 있고 또 계약을 해지할 수 있다(제652조 제2항).

6 손해방지 · 경감의무

> 제680조(손해방지의무)
> ① 보험계약자와 피보험자는 손해의 방지와 경감을 위하여 노력하여야 한다. 그러나 이를 위하여 필요 또는 유익하였던 비용과 보상액이 보험금액을 초과한 경우라도 보험자가 이를 부담한다.
> ② 삭제〈1991.12.31.〉

(1) 의의

① 손해방지와 경감의 의무란 손해보험계약에서 '보험사고가 발생한 경우' 보험계약자와 피보험자가 손해의 방지와 경감을 위하여 노력하여야 할 의무를 말한다(제680조 전단).

② '보험사고 발생 전'에는 보험계약자와 피보험자가 위험변경증가의 통지의무와 위험유지의무를 가지고 있으므로, '보험사고가 발생한 때'에는 이에 따른 추가적인 손해의 방지와 손해의 경감을 위하여 노력할 의무를 두고 있다.

(2) 법적 성질

① 보험계약은 우연성에 기초하지만, 보험사고가 발생한 이후의 손해방지와 경감을 위한 노력을 하지 않아 손해가 증가하는 경우는 우연성을 기초로 한다고 볼 수 없다. 따라서 보험자에 대한 보험계약자와 피보험자의 신의성실의 원칙과 공익성을 고려하여 상법에서 이를 인정하고 있는 것이다.

② 이 의무는 보험사고가 발생할 때 부과된다는 점에서 보험계약으로 부과되는 의무는 아니다.

(3) 손해방지 · 경감의무의 내용

① 의무자

㉠ 손해의 방지와 경감의무를 지는 자는 보험계약자와 피보험자이다. 또한 계약자나 피보험자의 대리권이 있는 대리인과 지배인도 손해방지 · 경감의무를 진다.

㉡ 보험계약자나 피보험자가 다수인 경우에는 각자 이 의무를 지는 것으로 본다.

㉢ 그러나 이 의무는 손해보험에서만 발생하는 의무로서 인보험의 보험수익자는 손해방지 · 경감의무를 부담하지 아니한다.

㉣ 타인을 위한 손해보험계약일지라도 '보험의 목적'을 보험계약자가 점유하고 있는 경우라면 보험계약자에게 이 의무가 인정된다.

② 손해방지 · 경감의무의 시기(始期)와 종기(終期)

㉠ 시기(始期)
상법에 명시적 규정은 없으나, '보험사고가 생긴 때' 또는 '보험사고가 생긴 것을 안 때'라고 해석된다. 보험계약자나 피보험자가 보험사고의 발생을 알지 못한 때에는 의무이행이 불가능하기 때문이다.

ⓛ 종기(終期)

보험사고 발생 이후, 더 이상의 손해의 방지와 경감의 필요성이 존재하지 않거나 보험자가 직접 손해의 방지와 경감의 조치를 취할 수 있는 시점까지 존속한다고 볼 수 있다.

③ 손해방지 · 경감의무의 범위

㉠ 손해의 방지와 경감의 의무는 보험자가 담보하고 있는 보험의 목적에 이미 보험사고가 발생한 때 손해가 확대되지 않도록 방지와 경감을 위한 노력을 이행해야 한다는 의미이다. 따라서 보험사고 발생 전의 보험기간은 손해방지 · 경감의무 존속기간이 아니며, 보험사고의 발생 자체를 방지해야 하는 의무는 아니다.

㉡ 보험자가 책임을 지지 않는 손해에 대해서는 의무를 부담하지 않는다. 따라서 보험의 목적이 전손(全損 : 모두 손실)되는 경우만을 담보하는 보험계약이라면 분손(分損 : 일부 손실)의 위험만 있는 경우에는 보험계약자와 피보험자에게 손해의 방지와 경감을 위한 의무는 발생하지 않는다.

④ 의무이행의 방법과 노력의 정도

㉠ 보험계약자 등이 만약 보험에 가입하지 않았더라면 자기의 이익을 위해 기울였을 정도의 노력을 말하며 일반적으로 기대되는 방법이면 된다. 즉, 보험계약의 최대 선의의 원칙에 따라 그들의 이익을 위하여 할 수 있는 정도의 노력이면 된다고 본다.

㉡ 손해의 방지와 경감을 위한 직접적인 것(화재진압행위, 구조활동 등)은 물론이고 간접적인 것(증거나 증인의 확보, 제3자에 대한 청구권 확보 등)도 포함된다.

㉢ 이러한 노력으로 반드시 손해방지 및 경감의 효과가 나타나야만 하는 것은 아니다.

㉣ 보험사고 발생의 통보를 받은 보험자가 손해의 발생을 막거나 손해의 확대방지 또는 경감을 위하여 보험계약자나 피보험자에게 지시하는 경우, 손해방지 · 경감의무는 보험단체와 공익 보호 측면에서 인정되고 있으므로 허용된다고 보아야 한다.

(4) 의무위반의 효과

① 상법에 명시적인 규정은 없으나, 보험계약자와 피보험자의 고의 또는 중과실에 의해 해당 의무의 위반이 있는 경우 의무위반과 상당한 인과관계가 있는 '증가한 손해'에 대해서는 보험자는 손해배상을 청구하거나 또는 상계에 의해 지급할 손해배상액에서 공제할 수 있다. 즉, 보험자의 보험금지급책임이 면제된다.

② 여기서 '상당한 인과관계가 있는 손해'란 보험계약자와 피보험자가 손해방지 · 경감의 의무를 위반하지 않았더라면 방지 또는 경감할 수 있었으리라 인정되는 손해를 말한다.

③ 보험계약자나 피보험자의 고의 또는 중과실에 따른 의무위반에 대한 입증책임은 이를 주장하는 보험자가 부담한다.

(5) 손해의 방지와 경감 비용의 보험자 부담

① '손해의 방지와 경감의 비용'이란 보험자가 담보하고 있는 보험사고가 발생한 경우에 보험사고로 인한 손해의 발생을 방지하거나 손해의 확대를 방지함은 물론 손해를 경감할 목적으로 행한 행위에 필요하였거나 유익하였던 비용을 말한다.

② 손해방지는 보험단체나 공익에 도움이 될 뿐만 아니라 결과적으로 보험자가 보상하는 손해액이 감소되므로 보험자에게도 이익이 된다. 따라서 상법에서는 손해의 방지와 경감의 비용과 보상액이 보험금액을 초과한 경우라도 보험자가 이를 부담하도록 하고 있다(제680조 제1항 단서).

③ 여기서 필요 또는 유익한 비용이란 비용지출 결과 실질적으로 손해의 경감이 있었던 것만을 의미하지는 않고 그 상황에서 손해경감 목적을 가지고 한 타당한 행위에 대한 비용이 포함된다고 본다.

④ 보험사고 발생 시 피보험자의 법률상 책임 여부가 판명되지 않은 상태에서 피보험자가 손해확대 방지를 위한 긴급한 행위를 함으로써 발생한 필요·유익한 비용을 보험자가 부담하여야 한다(대판 1993. 1. 12, 91다42777). 즉, 비록 손해배상책임이 최종적으로 인정되지 않아 보험자가 면책된다고 하더라도 이미 소요된 비용은 손해의 방지와 경감의 비용으로 해석되어 보험자는 이를 부담하여야 한다.

⑤ 일부보험인 경우라면 손해의 방지와 경감의 비용에 대한 보험자의 부담은 보험금액의 보험가액에 대한 비율에 따른다.

7 보험자대위

(1) 의의

① 보험자대위란 '보험자'가 보험사고로 인해 '피보험자'에게 보험금을 지급한 때 일정한 요건 아래 계약자 또는 피보험자가 가지는 보험의 목적에 대한 권리(잔존물대위) 또는 제3자에 대해 가지는 권리(청구권대위)가 보험자에게 법률상 당연히 이전되는 것을 말한다.

② 보험자대위 중에서 '잔존물대위'는 그 성질상 인보험에는 적용될 수 없으며, '청구권대위'는 인보험에 있어서는 원칙적으로 인정되지 않으나 상해보험계약의 경우에 당사자 간에 다른 약정이 있는 때에는 보험자는 피보험자의 권리를 해하지 아니하는 범위 안에서 그 권리를 대신하여 행사할 수 있도록 하고 있다.

(2) 법적 취지

① 보험사고 발생 시 피보험자가 보험의 목적에 관하여 아직 잔존물을 가지고 있거나 또는 제3자에 대하여 손해배상청구권을 취득하는 경우가 있다. 이런 경우 보험자가 이에 개의치 않고 보험금을 지급한다면 오히려 피보험자에게 이중의 이득을 주는 결과가 된다.

② 제3자에 대해 가지는 권리(청구권대위)의 경우 보험사고에 대한 책임이 있는 제3자가, 피보험자가 보험금을 수령함에 따라 그 책임이 면하게 되는 일이 없도록 하는 데 목적이 있다.

(3) 법적 성질

① 보험자대위 요건이 충족되는 경우 보험자는 계약자 또는 피보험자가 가지는 보험의 목적에 대한 권리(잔존물) 또는 제3자에 대해 가지는 권리(청구권)를 법률상 당연히 취득한다.

② 이에 따른 권리이전은 양도 행위가 아니며 당사자의 개별적인 의사표시도 필요 없다.

③ 손해를 초래한 제3자가 고의인지 과실인지를 묻지 않으며, 잔존물대위에 있어서 등기 또는 인도 등 물권변동의 절차도 필요 없으며 청구권대위에 있어서는 지명채권양도의 대항 절차(채무자에 대한 통지나 승낙)도 요구되지 않는다.

(4) 보험목적에 관한 보험대위(잔존물대위)

> 제681조(보험목적에 관한 보험대위)
> 보험의 목적의 전부가 멸실한 경우에 보험금액의 전부를 지급한 보험자는 그 목적에 대한 피보험자의 권리를 취득한다. 그러나 보험가액의 일부를 보험에 붙인 경우에는 보험자가 취득할 권리는 보험금액의 보험가액에 대한 비율에 따라 이를 정한다.

① 의의
  ㉠ 보험의 목적의 '전부가 멸실'한 경우에 보험금액의 '전부를 지급'한 보험자는 그 목적에 대한 피보험자의 권리를 취득하는데(제681조) 이를 '보험의 목적에 관한 보험자대위' 또는 '잔존물대위'라고 한다.
  ㉡ 그러나 보험가액 일부를 보험에 붙인 '일부보험'의 경우에는 보험자가 취득할 권리는 보험금액의 보험가액에 대한 비율에 따라 이를 정한다(제681조 단서).

② 법적 취지
  거의 전손(全損 : 전부 멸실)에 해당하는 손해액에서 잔존물 가액을 공제한 것을 보상하는 경우 이를 산정하는 과정이 비경제적이며 빠른 자금회수를 원하는 피보험자의 이익을 보호하기 어렵고, 만약 보험금액과 잔존물까지 피보험자에게 주는 경우라면 부당이득을 주는 셈이 된다. 따라서 보험의 목적이 전손된 것으로 보는 경우 보험자가 보험금액의 전부를 지급하고 잔존물에 대한 권리를 취득하게 한 것이다.

③ 잔존물대위의 요건
  ㉠ 보험목적의 전부멸실(전손)
    ⓐ 보험계약 체결 당시에 보험의 목적이 가지는 경제적 가치가 보험사고로 전손(全損 : 전부 멸실)된 경우에만 보험자의 잔존물 대위가 가능하다.
    ⓑ 전부멸실(전손)이란 보험의 목적이 가지고 있었던 경제적 효용의 전부를 잃는 것을 의미하는 것이지, 반드시 목적물이 물리적으로 완전히 소멸(물리적 전부멸실)되어야 하는 것은 아니다.
    ⓒ 보험의 목적에 분손(分損 : 일부 손실)이 생길 때에는 실손보상의 원칙에 따라 보험금 지급에 있어서 잔존물의 가치를 공제하게 되므로 잔존물 대위가 발생하지 않는다.
    ⓓ 경제적 가치의 소멸이 전손에 가까우면서 당사자 간의 특약으로 보험가액의 4분의 3 또는 5분의 4 이상의 손해를 전손으로 정하는 것은 유효하다.
  ㉡ 보험금액의 전부지급
    ⓐ 잔존물에 대한 권리가 보험자에게 이전되는 시기는 보험자가 보험금액의 전부를 지급한 때이다.

ⓑ 보험금액의 전부지급이란 '보험의 목적에 발생한 손해액'뿐만 아니라 보험자가 부담해야 하는 '손해방지 비용'(제680조)이나 '손해액의 산정에 관한 비용'(제676조 제2항)까지 포함하여 지급한 것을 말한다.

ⓒ 보험자가 보험계약 상의 '보험금액의 일부'만을 지급한 경우에는, 잔존물 대위가 불가능하며, 그 지급액에 비례하는 형태로도 피보험자의 권리를 취득할 수 없다.

ⓓ 피보험자는 보험자로부터 보험금을 지급받기 전에 잔존물을 임의로 처분할 수 있지만, 이 경우 지급할 보험금에서 잔존물의 가액을 공제한 나머지 보험금을 지급받게 된다. 그리고 만약 보험금을 지급받은 후에 처분을 하였다면 보험자는 손해배상을 청구할 수 있다.

④ 잔존물대위의 효과

㉠ 법률상 당연한 권리의 이전

ⓐ 보험의 목적의 전부가 멸실한 경우 보험자가 보험금액의 전부를 지급한 때, 등기 또는 인도 등 물권변동의 절차 없이 당연히 '보험의 목적'에 대해 가지는 피보험이익에 관한 '모든 권리'가 이전된다.

ⓑ 취득하는 권리는 잔존물에 대한 소유권으로 한정되는 것은 아니며 경제적으로 이익이 있는 모든 권리를 포함한다.

㉡ 일부보험의 경우

ⓐ 보험의 목적에 '전부가 멸실'한 경우에 '일부보험'인 경우라도 보험계약에 따른 '보험금액의 전부'를 지급한 경우라면 잔존물대위가 인정된다.

ⓑ 일부보험의 경우 보험자는 보험금액의 보험가액에 대한 비율에 따라 피보험자의 보험의 목적에 대한 권리를 취득하게 된다(제681조 단서). 따라서 이후 보험자와 피보험자는 지분비율에 따라 잔존물을 공유하게 된다.

〈전부보험의 경우 잔존물대위〉

• 보험가액 : 2억 원	• 보험금액(보험가입금액) : 2억 원

• 보험금액(보험가입금액)의 전부지급 : 2억 원 지급 ⇨ 잔존물대위 인정
• 보험금액(보험가입금액)의 일부지급 : 1억 원 지급 ⇨ 잔존물대위 불인정

〈일부보험의 경우 잔존물대위〉

• 보험가액 : 2억 원	• 보험금액(보험가입금액) : 1억 원

• 보험금액(보험가입금액)의 전부지급 : 1억 원 지급 ⇨ 잔존물대위 인정
  단, 보험금액(1억 원)/보험가액(2억 원)의 비율로 인정 50% 권리 취득
• 보험금액(보험가입금액)의 일부지급 : 5천만 원 지급 ⇨ 잔존물대위 불인정

㉢ 목적물에 대한 대위권의 포기

보험목적에 관한 보험대위권(잔존물대위권) 취득이 오히려 잔존물 제거의무 등 보험자에게 불이익할 때는 이에 대한 대위권을 포기하고 보험의 목적에 대한 공법상·사법상 부담을 피보험자에게 귀속시킬 수도 있다.

ⓔ 소멸시효

보험의 목적의 전부가 멸실한 경우 보험자가 보험금액의 전부를 지급한 때, 등기 또는 인도 등 물권변동의 절차 없이 '보험의 목적'에 대해 가지는 피보험이익에 관한 '모든 권리'가 보험자에게 당연히 이전되는 법률상 인정되는 효과이다. 따라서 피보험자의 권리의 이전 의사표시도 필요하지 않으며 소멸시효도 존재하지 않는다.

> ◦ 소멸시효 消滅時效 : 권리자가 권리를 행사할 수 있음에도 불구하고 권리를 행사하지 않는 사실상태가 일정기간 계속된 경우에 그 권리의 소멸을 인정하는 제도이다.

(5) 제3자에 대한 보험대위(청구권대위)

> 제682조(제3자에 대한 보험대위)
> ① 손해가 제3자의 행위로 인하여 발생한 경우에 보험금을 지급한 보험자는 그 지급한 금액의 한도에서 그 제3자에 대한 보험계약자 또는 피보험자의 권리를 취득한다. 다만, 보험자가 보상할 보험금의 일부를 지급한 경우에는 피보험자의 권리를 침해하지 아니하는 범위에서 그 권리를 행사할 수 있다.
> ② 보험계약자나 피보험자의 제1항에 따른 권리가 그와 생계를 같이 하는 가족에 대한 것인 경우 보험자는 그 권리를 취득하지 못한다. 다만, 손해가 그 가족의 고의로 인하여 발생한 경우에는 그러하지 아니하다.

① 의의

손해가 제3자의 행위로 인하여 발생한 경우 보험금을 지급한 보험자는 그 지급한 금액의 한도 내에서 그 제3자에 대한 계약자 또는 피보험자의 권리를 취득하는데, 이것을 제3자에 대한 보험자대위라 한다.

② 법적 취지

피보험자의 손해가 제3자의 행위로 인해 발생한 경우, 원칙적으로 피보험자는 '제3자'에 대해 불법행위 또는 채무불이행에 대한 손해배상청구권을 가짐과 동시에 '보험자'를 대상으로 보험금청구권을 가지게 된다. 만약 두 청구권을 피보험자가 중첩적으로 행사하게 되는 경우라면 실손을 보상하는 손해보험계약의 성질에 반하게 되므로, 보험자가 피보험자에게 보험금을 지급한 경우 '제3자'에 대해 불법행위 또는 채무불이행에 대한 손해배상청구권에 대해서는 보험자대위를 인정하는 제도이다.

③ 청구권대위의 요건

㉠ 제3자의 행위

ⓐ 피보험자의 손해가 제3자의 행위에 의한 것이어야 한다. 여기서 제3자는 보험사고를 일으켜 피보험자에게 손해배상의 의무를 지는 자로서 '보험계약자, 피보험자, 보험자'를 제외한 자이다.

ⓑ 보험계약자나 피보험자의 제3자에 대한 권리가 그와 생계를 같이 하는 가족에 대한 것인 경우 이는 보험계약자나 피보험자의 범위에 포함되는 자로서 보험자는 그 권리를 취득하지 못한다. 다만, 손해가 그 가족의 고의로 인하여 발생한 경우에는 그러하지 아니하다(제682조 제2항).

ⓛ 제3자의 행위에 의한 손해발생

ⓐ 제3자의 행위에 의해 보험사고가 발생하고 이로 인해 '손해'가 발생하여야 한다.

ⓑ 여기서의 손해는 '전손'과 '분손'을 포함하며 '일부보험'인 경우에도 해당된다.

ⓒ 제3자의 행위는 '불법행위'는 물론 '적법행위'도 해당된다.

ⓓ 보험자는 제3자의 고의 또는 과실 등 귀책사유를 입증할 필요가 없이 법률규정에 의해 당연히 손해배상청구권을 취득한다(대판 1995. 11. 14, 95다33092).

ⓒ 제3자에 대한 권리의 존재

보험계약자나 피보험자가 제3자에 대하여 권리를 가지고 있는 경우에 보험자가 대위권을 행사할 수 있다. 보험자는 보험금을 지급함으로써 보험계약자나 피보험자가 제3자에 대해 가지는 불법행위 또는 채무불이행에 의한 손해배상청구권을 당연히 대위하여 취득한다.

ⓔ 적법한 보험금지급

ⓐ 보험자가 지급한 보험금은 당해 보험계약이 유효한 상태에서 적법한 것이어야 한다.

ⓑ 따라서 면책되는 보험사고이거나 담보하지 않은 손해에 대해 보험금을 지급한 경우, 이는 보험계약을 위반한 부적법한 지급이거나 임의의 지급이므로 보험자대위권은 발생하지 않는다.

④ 청구권대위의 효과

㉠ 법률상 당연한 권리의 이전

ⓐ 보험금을 지급한 보험자는 그 지급한 금액의 한도에서 그 제3자에 대한 보험계약자 또는 피보험자의 권리를 법률상 당연히 취득한다(제682조).

ⓑ 취득하는 권리는 보험자가 보험금을 지급함으로써 보험계약자나 피보험자가 제3자에 대해 가지는 불법행위 또는 채무불이행에 의한 손해배상청구권이다.

㉡ 보험금액(보험가입금액)의 일부지급

보험자가 보상할 보험금의 일부를 지급한 경우에는 피보험자의 권리를 침해하지 아니하는 범위에서 그 권리를 행사할 수 있다(제682조 제1항 단서).

㉢ 피보험자의 권리의 처분

피보험자는 보험자로부터 보험금을 지급받기 전이라면 제3자에게 자유로이 손해배상청구권을 행사할 수 있으며 보험자는 그 한도 내에서 면책되며 이를 대위할 수는 없다. 만약 보험금을 지급받은 경우라면 대위의 효과가 발생한 후이므로 피보험자가 임의로 이를 행사하거나 처분할 수 없게 된다.

제3절 화재보험 및 집합보험

1 화재보험

> **제683조(화재보험자의 책임)**
> 화재보험계약의 보험자는 화재로 인하여 생길 손해를 보상할 책임이 있다.
>
> **제684조(소방 등의 조치로 인한 손해의 보상)**
> 보험자는 화재의 소방 또는 손해의 감소에 필요한 조치로 인하여 생긴 손해를 보상할 책임이 있다.
>
> **제685조(화재보험증권)**
> 화재보험증권에는 제666조에 게기한 사항 외에 다음의 사항을 기재하여야 한다.
> 1. 건물을 보험의 목적으로 한 때에는 그 소재지, 구조와 용도
> 2. 동산을 보험의 목적으로 한 때에는 그 존치한 장소의 상태와 용도
> 3. 보험가액을 정한 때에는 그 가액

(1) 의의

보험의 목적에 화재의 발생으로 인해 피보험자에게 발생한 재산상의 손해를 보험자가 보상할 책임이 있는 보험이다.

(2) 화재보험계약의 요소

① 보험사고(화재)

화재보험의 보험사고는 화재이다. 보험사고로서의 화재는 통상의 용법과 다르고, 독립하여 연소하며, 화력에 의한 연소 작용에 의한 것이어야 한다. 단지 여러 가지 위험을 종합적으로 담보하면서 화재로 인한 손해를 포함하는 경우는 화재보험이라고 보지 않는다.

② 보험의 목적

화재보험의 목적은 동산과 부동산을 불문하며 화력의 연소 작용으로 불에 탈 수 있는 유체물이다. 개별적인 것이든 집합된 것이든 불문하며, 건물의 경우 등기 유무와 관계없이 건축 중에 있는 것도 보험의 목적이 될 수 있다.

③ 피보험이익

동일한 보험의 목적이라고 하여도 피보험이익의 귀속 주체가 누구인가에 따라 그 피보험이익은 다를 수 있으며, 피보험이익이 다르므로 서로 다른 보험계약이 성립할 수 있다. 예를 들어 같은 건물에 대해 소유자, 담보권자의 피보험이익은 서로 다르다. 즉, 화재보험의 목적에 대한 소유자의 피보험이익은 전체가액에 대하여, 그리고 담보권자는 자신이 변제받아야 하는 금액(피담보채권)에 대하여 피보험이익을 갖는다.

④ 화재보험증권

㉠ 다른 보험계약과 마찬가지로 화재보험계약을 체결하는 경우에도 보험자는 보험계약이 성립한 때에는 지체 없이 화재보험증권을 작성하여 보험계약자에게 교부하여야 한다(제640조

제1항). 그러나 보험계약자가 보험료의 전부 또는 최초의 보험료를 지급하지 아니한 때에는 그러하지 아니하다(제640조 제1항 단서).

ⓒ 화재보험증권에는 보험증권의 일반 기재사항 외에도 다음 사항을 기재하여야 한다(제685조).

> ⓐ 건물을 보험의 목적으로 한 때에는 그 소재지, 구조와 용도
> ⓑ 동산을 보험의 목적으로 한 때에는 그 존치한 장소의 상태와 용도
> ⓒ 보험가액을 정한 때에는 그 가액

(3) 보험자의 보상책임

① 위험보편의 원칙

화재로 인하여 보험의 목적에 손해가 생긴 때에는 그 화재의 원인이 무엇이든지 상관없이 보험자는 피보험자에게 발생한 모든 손해를 보상할 책임이 있으므로 이를 위험보편의 원칙이라 한다. 따라서 폭발·파열·지진 등으로 인한 직접적인 손해는 화재보험에 의해 담보되지 않지만, 만약 이들로부터 화재가 발생하여 생긴 손해라면 보험자는 보상할 책임이 있다.

② 손해보상 범위

㉠ 상당한 인과관계의 손해

ⓐ 보험자는 화재와 상당한 인과관계가 있는 모든 손해를 보상하여야 한다.

ⓑ '상당한 인과관계가 있는 손해'란 화재로 인한 직접적인 손해는 물론, 화재의 소방 또는 손해의 감소에 필요한 조치로 인하여 생긴 손해를 포함한다(제684조). 화재의 소방 또는 손해의 감소에 필요한 조치는 보험계약자나 피보험자의 조치뿐만 아니라 소방관 기타의 자의 행위에 의한 조치도 포함된다.

ⓒ 화재 발생 시 다른 곳으로 대피시켜 놓은 물건이 도난(분실)당한 경우라면 화재사고와 상당한 인과관계를 인정할 수 없으며, 화재로 인한 건물 수리에 지출한 비용과 철거비 및 폐기물처리비는 상당한 인과관계가 있는 손해에 포함된다고 본다.

㉡ 면책사유

보험사고가 보험계약자 또는 피보험자나 보험수익자의 고의 또는 중대한 과실로 인하여 생긴 때에는 보험자는 보험금액을 지급할 책임이 없으며(제659조), 보험사고가 전쟁 기타의 변란으로 인하여 생긴 때에는 당사자 간에 다른 약정이 없으면 보험자는 보험금액을 지급할 책임이 없다(제660조).

2 집합보험

> **제686조(집합보험의 목적)**
> 집합된 물건을 일괄하여 보험의 목적으로 한 때에는 피보험자의 가족과 사용인의 물건도 보험의 목적에 포함된 것으로 한다. 이 경우에는 그 보험은 그 가족 또는 사용인을 위하여서도 체결한 것으로 본다.

> 제687조(동전)
> 집합된 물건을 일괄하여 보험의 목적으로 한 때에는 그 목적에 속한 물건이 보험기간 중에 수시로 교체된 경우에도 보험사고의 발생 시에 현존한 물건은 보험의 목적에 포함된 것으로 한다.

(1) 의의

집합보험이란 개별보험과 대응되는 것으로서 경제적으로 독립한 여러 물건의 집합물을 일괄하여 보험의 목적으로 한 보험을 말한다.

(2) 집합보험의 종류

① 특정보험

운송 중에 있는 화물이나 집안의 가구나 집기처럼 보험의 목적이 특정된 것을 담보하는 보험이다.

② 총괄보험

창고에 들어있는 물건이나 매장에 있는 상품처럼 보험의 목적이 특정되어 있지 아니하고 보험의 목적의 일부 또는 전부가 수시로 교체되는 것을 예정하고 이러한 물건을 일괄하여 담보하는 보험이다.

(3) 집합보험의 보상범위

① 타인을 위한 보험

㉠ 집합된 물건을 일괄하여 보험의 목적으로 한 때에는 피보험자의 가족과 사용인의 물건도 보험의 목적에 포함된 것으로 한다. 이 경우에는 그 보험은 그 가족 또는 사용인을 위하여서도 체결한 것으로 본다(제686조).

㉡ 따라서 집합된 물건을 일괄하여 보험의 목적으로 한 때에는 피보험자의 가족과 사용인을 위하여서도 체결한 것으로 보므로 타인을 위한 보험계약이 된다.

② 총괄보험

㉠ 집합된 물건을 일괄하여 보험의 목적으로 한 때에는 그 목적에 속한 물건이 보험기간 중에 수시로 교체된 경우에도 '보험사고의 발생 시'에 '현존한 물건'은 보험의 목적에 포함된 것으로 한다(제687조).

㉡ 총괄보험은 보험의 목적인 집합된 물건이 수시로 교체되는 것이 예정되어 있으므로 보험계약에서 정한 범위 안에 드는 것으로서 보험사고 발생 시 '현존한 물건'이라면 보험의 목적으로 보아 보험자는 보험사고로 생긴 그 물건에 대한 손해를 보상할 책임을 지게 된다.

(4) 보험목적의 일부에 대해 고지의무 위반이 있는 경우

보험자는 나머지 부분에 대하여도 동일한 조건으로 그 부분만에 대하여 보험계약을 체결하지 않았으리라는 사정이 없는 한 그 고지의무 위반이 있는 물건에 대하여만 보험계약을 해지할 수 있고, 나머지 부분에 대하여는 보험계약의 효력에 영향이 없다고 본다(대판 1999. 4. 23, 99다8599).

제2과목
농어업재해보험법령

농어업재해보험법

제1절 총칙

1 목적

이 법은 농어업재해로 인하여 발생하는 농작물, 임산물, 양식수산물, 가축과 농어업용 시설물의 피해에 따른 손해를 보상하기 위한 농어업재해보험에 관한 사항을 규정함으로써 농어업 경영의 안정과 생산성 향상에 이바지하고 국민경제의 균형 있는 발전에 기여함을 목적으로 한다(제1조).

2 용어의 정의

이 법에서 사용하는 용어의 뜻은 다음과 같다(제2조).

(1) 농어업재해

① 농업재해

농작물·임산물·가축 및 농업용 시설물에 발생하는 자연재해·병충해·조수해(鳥獸害)·질병 또는 화재를 말한다.

② 어업재해

양식수산물 및 어업용 시설물에 발생하는 자연재해·질병 또는 화재를 말한다.

(2) 농어업재해보험

농어업재해보험이란 농어업재해로 발생하는 재산 피해에 따른 손해를 보상하기 위한 보험을 말한다.

(3) 보험가입금액(보험금액)

보험가입금액이란 보험가입자의 재산 피해에 따른 손해가 발생한 경우 보험에서 최대로 보상할 수 있는 한도액으로서 보험가입자와 보험사업자 간에 약정한 금액을 말한다.

(4) 보험료

보험료란 보험가입자와 보험사업자 간의 약정에 따라 보험가입자가 보험사업자에게 내야 하는 금액을 말한다.

(5) 보험금

보험금이란 보험가입자에게 재해로 인한 재산 피해에 따른 손해가 발생한 경우 보험가입자와 보험사업자 간의 약정에 따라 보험사업자가 보험가입자에게 지급하는 금액을 말한다.

(6) 시범사업

시범사업이란 농어업재해보험사업을 전국적으로 실시하기 전에 보험의 효용성 및 보험 실시 가능성 등을 검증하기 위하여 일정 기간 제한된 지역에서 실시하는 보험사업을 말한다.

3 기본계획 및 시행계획의 수립·시행[제2조의2]

(1) 재해보험 발전 기본계획

① 기본계획의 수립·시행

'농림축산식품부장관'과 '해양수산부장관'은 농어업재해보험의 활성화를 위하여 '농업재해보험심의회' 또는 '중앙 수산업·어촌정책심의회'의 심의를 거쳐 재해보험 발전 기본계획을 '5년마다' 수립·시행하여야 한다.

② 기본계획의 내용

기본계획에는 다음의 사항이 포함되어야 한다.

③ 재해보험사업의 발전 방향 및 목표

ⓒ 재해보험의 종류별 가입률 제고 방안에 관한 사항

ⓒ 재해보험의 대상 품목 및 대상 지역에 관한 사항

ⓐ 재해보험사업에 대한 지원 및 평가에 관한 사항

ⓜ 그 밖에 재해보험 활성화를 위하여 농림축산식품부장관 또는 해양수산부장관이 필요하다고 인정하는 사항

(2) 시행계획의 수립·시행

농림축산식품부장관과 해양수산부장관은 기본계획에 따라 '매년' 재해보험 발전 시행계획을 수립·시행하여야 한다.

(3) 통계자료의 반영

농림축산식품부장관과 해양수산부장관은 기본계획 및 시행계획을 수립하고자 할 경우 지역별, 재해별 통계자료(제26조)를 반영하여야 한다.

(4) 자료 및 정보 제공의 요청

농림축산식품부장관 또는 해양수산부장관은 기본계획 및 시행계획의 수립·시행을 위하여 필요한 경우에는 관계 중앙행정기관의 장, 지방자치단체의 장, 관련 기관·단체의 장에게 관련 자료 및 정보의 제공을 요청할 수 있다. 이 경우 자료 및 정보의 제공을 요청받은 자는 특별한 사유가 없으면 그 요청에 따라야 한다.

(5) 그 밖에 필요한 사항

그 밖에 기본계획 및 시행계획의 수립·시행에 필요한 사항은 대통령령으로 정한다.

4 재해보험 등의 심의[제2조의3]

재해보험 및 농어업재해재보험에 관한 다음의 사항은 농업재해보험심의회 또는 중앙 수산업·어촌정책심의회의 심의를 거쳐야 한다.

(1) 재해보험에서 '보상하는 재해의 범위'에 관한 사항

(2) 재해보험사업에 대한 '재정지원'에 관한 사항

(3) '손해평가의 방법과 절차'에 관한 사항

(4) 농어업재해재보험사업에 대한 '정부의 책임범위'에 관한 사항

(5) 재보험사업 관련 자금의 수입과 지출의 적정성에 관한 사항

(6) 그 밖에 제3조에 따른 농업재해보험심의회의 위원장 또는 '중앙 수산업·어촌정책심의회의 위원장'이 재해보험 및 재보험에 관하여 회의에 부치는 사항

5 농업재해보험심의회[제3조]

(1) 설치 및 심의

① 설치

'농업재해보험' 및 '농업재해재보험'에 관한 사항을 심의하기 위하여 농림축산식품부장관 소속으로 (농업재해보험)심의회를 둔다.

② 심의사항

㉠ 재해보험 및 농어업재해재보험에 관한 다음의 사항

ⓐ 재해보험에서 '보상하는 재해의 범위'에 관한 사항

ⓑ 재해보험사업에 대한 '재정지원'에 관한 사항

ⓒ '손해평가의 방법과 절차'에 관한 사항

ⓓ (농어업재해)재보험사업에 대한 '정부의 책임범위'에 관한 사항

ⓔ 재보험사업 관련 자금의 수입과 지출의 적정성에 관한 사항

ⓕ 그 밖에 제3조에 따른 농업재해보험심의회의 위원장 또는 '중앙 수산업·어촌정책심의회의 위원장'이 재해보험 및 재보험에 관하여 회의에 부치는 사항

㉡ 재해보험 '목적물의 선정'에 관한 사항

㉢ '기본계획'의 '수립·시행'에 관한 사항

㉣ 다른 법령에서 심의회의 심의사항으로 정하고 있는 사항

(2) 심의회의 구성

① 심의회 위원의 구성

㉠ 심의회는 위원장 및 부위원장 각 1명을 포함한 21명 이내의 위원으로 구성한다.

㉡ 즉, 21명 이내의 위원으로 구성되며 이 중에는 위원장 및 부위원장 각 1명이 포함된다.

② 위원장 : 농림축산식품부차관

③ 부위원장 : 위원 중에서 호선(互選 : 투표로 뽑음)

④ 심의회 위원의 임명과 위촉

   ㉠ 임명 또는 위촉권자 : 농림축산식품부장관

   ㉡ 임명 또는 위촉의 대상자 : 심의회의 위원은 다음의 어느 하나에 해당하는 사람 중에서 각각 농림축산식품부장관이 임명하거나 위촉하는 사람으로 한다. 이 경우 다음에 해당하는 사람이 각각 1명 이상 포함되어야 한다.

> ⓐ 농림축산식품부장관이 재해보험이나 농업에 관한 학식과 경험이 풍부하다고 인정하는 사람
> ⓑ 농림축산식품부의 재해보험을 담당하는 3급 공무원 또는 고위공무원단에 속하는 공무원
> ⓒ 자연재해 또는 보험 관련 업무를 담당하는 기획재정부·행정안전부·해양수산부·금융위원회·산림청의 3급 공무원 또는 고위공무원단에 속하는 공무원
> ⓓ 농림축산업인단체의 대표

> 〈고위공무원단(국가공무원법 제2조의2)〉
> 국가공무원 중 일부 고위직 공무원을 중하위직 공무원과 구별하여 별도로 관리하는 제도로서 국가의 고위공무원을 범정부적 차원에서 효율적으로 인사관리하여 정부의 경쟁력을 높이기 위하여 고위공무원단을 구성한다. 직무의 곤란성과 책임도가 높은 고위공무원단 직위에 임용되어 재직 중이거나 파견·휴직 등으로 인사관리되고 있는 일반직공무원, 별정직공무원 및 특정직공무원의 집단이다.

   ㉢ 일부 위원의 임기 : 위원의 임기는 '3년'으로 한다(농림축산식품부장관이 재해보험이나 농업에 관한 학식과 경험이 풍부하다고 인정하는 사람에 한한다).

⑤ 위원장과 부위원장의 직무(시행령 제2조)

   ㉠ 위원장의 직무

   농업재해보험심의회 또는 어업재해보험심의회의 위원장은 심의회를 대표하며, 심의회의 업무를 총괄한다.

   ㉡ 부위원장의 직무

   심의회의 부위원장은 위원장을 보좌하며, 위원장이 부득이한 사유로 직무를 수행할 수 없을 때에는 그 직무를 대행한다.

⑥ 회의(시행령 제3조)

   ㉠ 위원장은 심의회의 회의를 소집하며, 그 의장이 된다.

   ㉡ 심의회의 회의는 '재적위원 3분의 1 이상의 요구'가 있을 때 또는 '위원장이 필요하다고 인정할 때'에 소집한다.

   ㉢ 심의회의 회의는 '재적위원 과반수의 출석'으로 '개의'(開議)하고, '출석위원 과반수의 찬성'으로 '의결'한다.

- 재적위원 在籍委員 : 심의회 명부(名簿)에 이름이 올라 있는 위원을 말한다.
- 과반수 過半數 : 절반이 넘는 수를 말한다.
- 개의 開議 : 안건에 대한 토의를 시작하는 것을 말한다.
- 의결 議決 : 의논하여 결정하는 것을 말한다.

구분		내용
위원장		• 심의회를 대표하며, 심의회의 업무를 총괄한다. • 심의회의 회의를 소집하며, 그 의장이 된다.
부위원장		위원장을 보좌하며, 위원장이 부득이한 사유로 직무를 수행할 수 없을 때에는 그 직무를 대행한다.
회의	소집	'재적위원 3분의 1 이상의 요구'가 있을 때 또는 '위원장이 필요하다고 인정할 때'에 소집한다.
	의결 정족수	'재적위원 과반수의 출석'으로 '개의'(開議)하고, '출석위원 과반수의 찬성'으로 '의결'한다.

⑦ 위원의 해촉(시행령 제3조의2)

농림축산식품부장관 또는 해양수산부장관은 농림축산식품부장관이 '재해보험이나 농어업에 관한 학식과 경험이 풍부하다고 인정하는 사람' 중에서 위촉된 위원이 다음의 어느 하나에 해당하는 경우에는 해당 위원을 해촉(解囑)할 수 있다.

⊙ 심신장애로 인하여 직무를 수행할 수 없게 된 경우
ⓛ 직무와 관련된 비위사실이 있는 경우
ⓒ 직무태만, 품위손상이나 그 밖의 사유로 인하여 위원으로 적합하지 아니하다고 인정되는 경우
ⓔ 위원 스스로 직무를 수행하는 것이 곤란하다고 의사를 밝히는 경우

- 위촉 委囑 : 어떤 일을 남에게 부탁하여 맡게 하는 것을 말한다.
- 해촉 解囑 : 위촉했던 직책이나 자리에서 물러나게 하는 것을 말한다.

(3) 분과위원회

① 설치

심의회는 그 심의 사항을 검토·조정하고, 심의회의 심의를 보조하게 하기 위하여 심의회에 분과위원회를 둔다(제3조 제6항).

② 분과위원회의 구분

⊙ 농작물재해보험분과위원회
ⓛ 임산물재해보험분과위원회
ⓒ 가축재해보험분과위원회
ⓔ 그 밖에 「대통령령」으로 정하는 바에 따라 두는 분과위원회(시행령 제4조)

심의회	소속 분과위원회
농업재해보험심의회	농업인안전보험분과위원회
어업재해보험심의회	• 어업인안전보험분과위원회 • 어선원 및 어선 재해보상보험분과위원회

③ 분과위원회의 업무

분과위원회는 다음의 구분에 따른 사항을 검토·조정하여 농업재해보험심의회 또는 어업재해보험심의회에 보고한다.

㉠ 농작물재해보험분과위원회

재해보험 및 농어업재해재보험에 관한 심의사항 중 농작물재해보험에 관한 사항

㉡ 임산물재해보험분과위원회

재해보험 및 농어업재해재보험에 관한 심의사항 중 임산물재해보험에 관한 사항

㉢ 가축재해보험분과위원회

재해보험 및 농어업재해재보험에 관한 심의사항 중 가축재해보험에 관한 사항

㉣ 양식수산물재해보험분과위원회

재해보험 및 농어업재해재보험에 관한 심의사항 중 양식수산물재해보험에 관한 사항

㉤ 농업인안전보험분과위원회

「농어업인의 안전보험 및 안전재해예방에 관한 법률」 제5조(보험사업에 관한 심의)에 따른 심의사항 중 농업인안전보험에 관한 사항

㉥ 어업인안전보험분과위원회

「농어업인의 안전보험 및 안전재해예방에 관한 법률」 제5조(보험사업에 관한 심의)에 따른 심의사항 중 어업인안전보험에 관한 사항

㉦ 어선원 및 어선 재해보상보험분과위원회

「어선원 및 어선 재해보상보험법」 제7조(보험사업에 관한 심의)에 따른 심의사항

④ 분과위원회 위원의 구성

㉠ 분과위원장 1명을 포함한 9명 이내의 분과위원으로 성별을 고려하여 구성한다.

㉡ 즉, 9명 이내의 분과위원으로 성별을 고려하여 구성되며 이 중에는 분과위원장 1명이 포함된다.

⑤ 분과위원장 및 분과위원

분과위원장 및 분과위원은 '심의회의 위원' 중에서 전문적인 지식과 경험 등을 고려하여 (심의회) '위원장'이 지명한다.

⑥ 회의

분과위원회의 회의는 (심의회)'위원장' 또는 '분과위원장'이 필요하다고 인정할 때에 소집한다.

⑦ 운영

구분		내용
분과위원장		• 분과위원회를 대표하며, 분과위원회의 업무를 총괄한다. • 분과위원회의 회의를 소집하며, 그 의장이 된다.
회의	소집	(심의회)'위원장' 또는 '분과위원장'이 필요하다고 인정할 때에 소집한다.
	의결 정족수	재적위원 과반수의 출석으로 개의(開議)하고, 출석위원 과반수의 찬성 으로 의결한다.

(4) 수당 등(시행령 제5조)

① 심의회 또는 분과위원회에 출석한 위원 또는 분과위원에게는 '예산의 범위'에서 수당, 여비 또는 그 밖에 필요한 경비를 지급할 수 있다.

② 다만, '공무원인 위원 또는 분과위원'이 그 '소관 업무'와 직접 관련하여 심의회 또는 분과위원회에 출석한 경우에는 그러하지 아니하다.

(5) 운영세칙(시행령 제6조)

제2조(위원장의 직무), 제3조(회의), 제3조의2(위원의 해촉), 제4조(분과위원회) 및 제5조(수당 등)에서 규정한 사항 외에 '심의회 또는 분과위원회'의 '운영에 필요한 사항'은 '심의회'의 의결을 거쳐 '위원장'이 정한다.

제2절 **재해보험사업**

1 재해보험의 종류(제4조)

(1) 재해보험의 종류는 농작물재해보험, 임산물재해보험, 가축재해보험 및 양식수산물재해보험으로 한다.

(2) 이 중 농작물재해보험, 임산물재해보험 및 가축재해보험과 관련된 사항은 농림축산식품부장관이, 양식수산물재해보험과 관련된 사항은 해양수산부장관이 각각 관장한다.

2 보험목적물(제5조)

(1) 보험목적물

보험목적물은 다음의 구분에 따르되, 그 구체적인 범위는 보험의 효용성 및 보험 실시 가능성 등을 종합적으로 고려하여 농업재해보험심의회 또는 중앙 수산업·어촌정책심의회를 거쳐 농림축산식품부장관 또는 해양수산부장관이 고시한다.

종류	목적물	관장
농작물재해보험	농작물 및 농업용 시설물	농림축산식품부장관
임산물재해보험	임산물 및 임업용 시설물	
가축재해보험	가축 및 축산시설물	
양식수산물재해보험	양식수산물 및 양식시설물	해양수산부장관

(2) 보험목적물에 대한 농림축산식품부 고시

「농어업재해보험법」 제5조에 따라 농업재해보험에서 보상하는 보험목적물의 범위는 다음 표와 같다.

재해보험의 종류	보험목적물
농작물재해보험	사과·배·포도·단감·감귤·복숭아·참다래·자두·감자·콩·양파·고추·옥수수·고구마·마늘·매실·벼·오디·차·느타리버섯·양배추·밀·유자·무화과·메밀·인삼·브로콜리·양송이버섯·새송이버섯·배추·무·파·호박·당근·팥·살구·시금치·보리·<u>귀리</u>·<u>시설봄감자</u>·<u>양상추</u>·시설(수박·딸기·토마토·오이·참외·풋고추·호박·국화·장미·멜론·파프리카·부추·시금치·상추·배추·가지·파·무·백합·카네이션·미나리·쑥갓) *위 농작물의 재배시설(부대시설 포함)
임산물재해보험	떫은감·밤·대추·복분자·표고버섯·오미자·호두 *위 임산물의 재배시설(부대시설 포함)
가축재해보험	소·말·돼지·닭·오리·꿩·메추리·칠면조·사슴·거위·타조·양·벌·토끼·오소리·관상조(觀賞鳥) *위 가축의 축사(부대시설 포함)

※ [비고] : 재해보험사업자는 보험의 효용성 및 보험실시 가능성을 등을 종합적으로 고려하여 위의 보험목적물의 범위에서 다양한 보험상품을 운용할 수 있다.

* 재검토기한 : 농림축산식품부장관은 이 고시에 대하여 「훈령·예규 등의 발령 및 관리에 관한 규정」에 따라 2023년 7월 1일 기준으로 매 3년이 되는 시점(매 3년째의 6월 30일까지를 말한다)마다 그 타당성을 검토하여 개선 등의 조치를 하여야 한다.

(3) 정부는 '보험목적물의 범위'를 '확대'하기 위하여 노력하여야 한다.

3 보상의 범위[제6조]

(1) 재해보험에서 보상하는 재해의 범위는 해당 재해의 '발생 빈도', '피해 정도' 및 '객관적인 손해평가 방법' 등을 고려하여 재해보험의 종류별로 대통령령으로 정한다(영 제8조 별표 1).

재해보험의 종류	보상하는 재해의 범위
농작물·임산물 재해보험	자연재해, 조수해(鳥獸害), 화재 및 보험목적물별로 농림축산식품부장관이 정하여 고시하는 병충해

가축 재해보험	자연재해, 화재 및 보험목적물별로 농림축산식품부장관이 정하여 고시하는 질병
양식수산물 재해보험	자연재해, 화재 및 보험목적물별로 해양수산부장관이 정하여 고시하는 수산질병

※ [비고] : 재해보험사업자는 보험의 효용성 및 보험실시가능성 등을 종합적으로 고려하여 위의 대상 재해의 범위에서 다양한 보험상품을 운용할 수 있다.

(2) 정부는 재해보험에서 '보상하는 재해의 범위'를 '확대'하기 위하여 노력하여야 한다.

4 보험가입자(제7조)

재해보험에 가입할 수 있는 자는 농림업, 축산업, 양식수산업에 종사하는 개인 또는 법인으로 하고, 구체적인 보험가입자의 기준은 대통령령으로 정한다.

(1) 보험가입자의 기준(시행령 제9조)

보험가입자의 기준은 다음의 구분에 따른다.

> ① 농작물재해보험 : 보험목적물로서 농림축산식품부장관이 고시하는 농작물을 재배하는 자
> ② 임산물재해보험 : 보험목적물로서 농림축산식품부장관이 고시하는 임산물을 재배하는 자
> ③ 가축재해보험 : 보험목적물로서 농림축산식품부장관이 고시하는 가축을 사육하는 자
> ④ 양식수산물재해보험 : 보험목적물로서 해양수산부장관이 고시하는 양식수산물을 양식하는 자

> ◦ 사육 飼育 : 어린 가축이나 짐승이 자라도록 먹여 기른다.
> ◦ 양식 養殖 : 물고기나 해조, 버섯 따위를 인공적으로 길러서 번식하게 한다.

(2) 고유식별정보의 처리(시행령 제22조의3)

① 재해보험사업자는 재해보험가입자 자격 확인에 관한 사무를 수행하기 위하여 불가피한 경우 「개인정보 보호법 시행령(제19조 제1호)」에 따른 '주민등록번호가 포함된 자료'를 처리할 수 있다.

② 재해보험사업자(보험업법에 따른 '보험회사'는 '제외'한다)는 「상법(제639조)」에 따른 타인을 위한 보험계약의 체결, 유지·관리, 보험금의 지급 등에 관한 사무를 수행하기 위하여 불가피한 경우 「개인정보 보호법 시행령(제19조 제1호)」에 따른 '주민등록번호가 포함된 자료'를 처리할 수 있다.

③ 농림축산식품부장관[제25조의2 제2항(농업정책보험금융원) 및 제3항(한국산업인력공단)에 따라 농림축산식품부장관의 업무를 위탁받은 자를 포함한다]은 다음의 사무를 수행하기 위하여 불가피한 경우 「개인정보 보호법 시행령(제19조 제1호)」에 따른 '주민등록번호가 포함된 자료'를 처리할 수 있다.

> ㉠ 손해평가사 자격시험에 관한 사무
> ㉡ 손해평가사의 자격 취소에 관한 사무
> ㉢ 손해평가사의 감독에 관한 사무
> ㉣ 재해보험사업의 관리·감독에 관한 사무

5 보험사업자[제8조]

(1) 재해보험사업을 할 수 있는 자

재해보험사업을 할 수 있는 자는 다음과 같다.
① 「수산업협동조합법」에 따른 수산업협동조합중앙회(이하 "수협중앙회"라 한다)
② 「산림조합법」에 따른 산림조합중앙회
③ 「보험업법」에 따른 보험회사

(2) 재해보험사업의 약정체결

재해보험사업을 하려는 자는 농림축산식품부장관 또는 해양수산부장관과 재해보험사업의 약정을 체결하여야 한다(제8조 제2항).

① 약정체결신청서

약정을 체결하려는 자는 약정체결신청서에 다음의 서류를 첨부하여 농림축산식품부장관 또는 해양수산부장관에게 제출하여야 한다(제8조 제3항).

> ㉠ 사업방법서, 보험약관, 보험료 및 책임준비금산출방법서
> ㉡ 그 밖에 대통령령으로 정하는 서류('정관'을 말한다)

② 약정서(약정을 체결하는 데 '필요한 사항')

재해보험사업의 약정을 체결하는 데 '필요한 사항'은 대통령령으로 정한다.

㉠ 농림축산식품부장관 또는 해양수산부장관은 재해보험사업을 하려는 자와 재해보험사업의 약정을 체결할 때에는 다음의 사항이 포함된 약정서를 작성하여야 한다(영 제10조 제2항).

> ⓐ 약정기간에 관한 사항
> ⓑ 재해보험사업의 약정을 체결한 자(이하 "재해보험사업자"라 한다)가 준수하여야 할 사항
> ⓒ 재해보험사업자에 대한 재정지원에 관한 사항
> ⓓ 약정의 변경·해지 등에 관한 사항
> ⓔ 그 밖에 재해보험사업의 운영에 관한 사항

㉡ 약정서를 제출을 받은 농림축산식품부장관 또는 해양수산부장관은 「전자정부법」에 따른 행정정보의 공동이용을 통하여 법인 등기사항증명서를 확인하여야 한다(영 제10조 제4항).

6 보험료율의 산정(제9조)

(1) 산정권자

농림축산식품부장관 또는 해양수산부장관과 재해보험사업의 약정을 체결한 재해보험사업자

(2) 산정방법

재해보험의 보험료율을 객관적이고 합리적인 통계자료를 기초로 하여 보험목적물별 또는 보상방식별로 산정한다.

(3) 산정단위

① 행정구역 단위

특별시·광역시·도·특별자치도 또는 시(특별자치시와 제주특별자치도의 행정시를 포함)·군·자치구. 다만, 「보험업법」에 따른 보험료율 산출의 원칙에 부합하는 경우에는 자치구가 아닌 구·읍·면·동 단위로도 보험료율을 산정할 수 있다.

② 권역 단위

농림축산식품부장관 또는 해양수산부장관이 행정구역 단위와는 따로 구분하여 고시하는 지역단위

(4) 변경사항의 공고와 의견수렴

① 재해보험사업자는 보험약관안과 보험료율 안에 '대통령령으로 정하는 변경이 예정된 경우' 이를 공고하고 필요한 경우 이해관계자의 의견을 수렴하여야 한다.

② '대통령령으로 정하는 변경이 예정된 경우'란 다음의 어느 하나에 해당하는 경우를 말한다(영 제11조).

　　㉠ '보험가입자'의 '권리'가 '축소'되거나 '의무'가 '확대'되는 내용으로 보험약관안의 변경이 예정된 경우

　　㉡ '보험상품'을 '폐지'하는 내용으로 보험약관안의 변경이 예정된 경우

　　㉢ 보험상품의 변경으로 기존 보험료율보다 '높은 보험료율'안으로의 변경이 예정된 경우

7 보험모집(제10조)

(1) 재해보험을 모집할 수 있는 자(제10조 제1항)

① 산림조합중앙회와 그 회원조합의 임직원, 수협중앙회와 그 회원조합 및 「수산업협동조합법」에 따라 설립된 수협은행의 임직원

② 「수산업협동조합법」의 공제규약에 따른 공제모집인으로서 수협중앙회장 또는 그 회원조합장이 인정하는 자

③ 「산림조합법」의 공제규정에 따른 공제모집인으로서 산림조합중앙회장이나 그 회원조합장이 인정하는 자

④ 「보험업법」에 따라 보험을 모집할 수 있는 자

(2) 「보험업법」의 준용(제10조 제2항)

① 재해보험의 모집 업무에 종사하는 자가 사용하는 재해보험 안내자료 및 금지행위에 관하여는「보험업법」제95조(보험안내자료), 제97조(보험계약의 체결 또는 모집에 관한 금지행위), 제98조(특별이익의 제공 금지) 및 「금융소비자 보호에 관한 법률」제21조(부당권유행위 금지)를 준용한다.

② 다만, 재해보험사업자가 '수협중앙회', '산림조합중앙회'인 경우에는 「보험업법」제95조 제1항 제5호(「예금자보호법」에 따른 예금자보호와 관련된 사항에 대한 보험안내자료에 적시)를 준용하지 아니한다.

③ 「농업협동조합법」,「수산업협동조합법」,「산림조합법」에 따른 '조합'이 그 '조합원'에게 이 법에 따른 보험상품의 '보험료 일부를 지원'하는 경우에는 「보험업법」제98조에도 불구하고 해당 보험계약의 체결 또는 모집과 관련한 특별이익의 제공으로 보지 아니한다.

8 사고예방의무 등(제10조의2)

(1) 보험가입자는 재해로 인한 사고의 예방을 위하여 노력하여야 한다(제10조의2 제1항).

(2) 재해보험사업자는 사고 예방을 위하여 보험가입자가 납입한 보험료의 일부를 되돌려 줄 수 있다(제10조의2 제2항).

9 손해평가 등(제11조)

(1) 손해평가의 담당

재해보험사업자는 보험목적물에 관한 지식과 경험을 갖춘 사람 또는 그 밖의 관계 전문가를 '손해평가인'으로 위촉하여 손해평가를 담당하게 하거나 '손해평가사' 또는 '손해사정사'에게 손해평가를 담당하게 할 수 있다.

(2) 손해평가 요령

'손해평가인'과 '손해평가사' 및 '손해사정사'는 농림축산식품부장관 또는 해양수산부장관이 정하여 고시하는 '손해평가 요령'에 따라 손해평가를 하여야 한다. 이 경우 '공정하고 객관적'으로 손해평가를 하여야 하며, 고의로 진실을 숨기거나 거짓으로 손해평가를 하여서는 아니 된다.

(3) 교차손해평가(손해평가인 상호 간에 담당지역을 교차하여 평가하는 것)

재해보험사업자는 '공정하고 객관적'인 손해평가를 위하여 동일 시·군·구(자치구를 말한다) 내에서 '교차손해평가'(손해평가인 상호 간에 담당지역을 교차하여 평가하는 것을 말한다)를 수행할 수 있다. 이 경우 교차손해평가의 절차·방법 등에 필요한 사항은 농림축산식품부장관 또는 해양수산부장관이 정한다.

(4) 손해평가 요령의 고시

농림축산식품부장관 또는 해양수산부장관은 '손해평가 요령'을 고시하려면 미리 '금융위원회'와 '협의'하여야 한다.

(5) 손해평가인 자격 요건, 정기교육, 기술·정보의 교환 지원 및 손해평가 실무교육 등

손해평가인으로 위촉될 수 있는 사람의 자격 요건, 정기교육, 기술·정보의 교환 지원 및 손해평가 실무교육 등에 필요한 사항은 '대통령령'으로 정한다.

10 손해평가인

(1) 손해평가인으로 위촉될 수 있는 자격요건(시행령 제12조 별표 2)

① 농작물재해보험

> ㉠ 재해보험 대상 농작물을 5년 이상 경작한 경력이 있는 농업인
> ㉡ 공무원으로 농림축산식품부, 농촌진흥청, 통계청 또는 지방자치단체나 그 소속기관에서 농작물재배 분야에 관한 연구·지도, 농산물 품질관리 또는 농업 통계조사 업무를 3년 이상 담당한 경력이 있는 사람
> ㉢ 교원으로 고등학교에서 농작물재배 분야 관련 과목을 5년 이상 교육한 경력이 있는 사람
> ㉣ 조교수 이상으로 「고등교육법」 제2조에 따른 학교에서 농작물재배 관련학을 3년 이상 교육한 경력이 있는 사람
> ㉤ 「보험업법」에 따른 보험회사의 임직원이나 「농업협동조합법」에 따른 중앙회와 조합의 임직원으로 영농 지원 또는 보험·공제 관련 업무를 3년 이상 담당하였거나 손해평가 업무를 2년 이상 담당한 경력이 있는 사람
> ㉥ 「고등교육법」 제2조에 따른 학교에서 농작물재배 관련학을 전공하고 농업전문 연구기관 또는 연구소에서 5년 이상 근무한 학사학위 이상 소지자
> ㉦ 「고등교육법」 제2조에 따른 전문대학에서 보험 관련 학과를 졸업한 사람
> ㉧ 「학점인정 등에 관한 법률」 제8조에 따라 전문대학의 보험 관련 학과 졸업자와 같은 수준 이상의 학력이 있다고 인정받은 사람이나 「고등교육법」 제2조에 따른 학교에서 80학점(보험 관련 과목 학점이 45학점 이상이어야 한다) 이상을 이수한 사람 등 제7호에 해당하는 사람과 같은 수준 이상의 학력이 있다고 인정되는 사람
> ㉩ 「농수산물 품질관리법」에 따른 농산물품질관리사
> ㉪ 재해보험 대상 농작물 분야에서 「국가기술자격법」에 따른 기사 이상의 자격을 소지한 사람

② 임산물재해보험

> ㉠ 재해보험 대상 임산물을 5년 이상 경작한 경력이 있는 임업인
> ㉡ 공무원으로 농림축산식품부, 농촌진흥청, 산림청, 통계청 또는 지방자치단체나 그 소속기관에서 임산물재배 분야에 관한 연구·지도 또는 임업 통계조사 업무를 3년 이상 담당한 경력이 있는 사람

ⓒ 교원으로 고등학교에서 임산물재배 분야 관련 과목을 5년 이상 교육한 경력이 있는 사람

ⓔ 조교수 이상으로 「고등교육법」 제2조에 따른 학교에서 임산물재배 관련학을 3년 이상 교육한 경력이 있는 사람

ⓜ 「보험업법」에 따른 보험회사의 임직원이나 「산림조합법」에 따른 중앙회와 조합의 임직원으로 산림경영 지원 또는 보험·공제 관련 업무를 3년 이상 담당하였거나 손해평가 업무를 2년 이상 담당한 경력이 있는 사람

ⓗ 「고등교육법」 제2조에 따른 학교에서 임산물재배 관련학을 전공하고 임업전문 연구기관 또는 연구소에서 5년 이상 근무한 학사학위 이상 소지자

ⓢ 「고등교육법」 제2조에 따른 전문대학에서 보험 관련 학과를 졸업한 사람

ⓞ 「학점인정 등에 관한 법률」 제8조에 따라 전문대학의 보험 관련 학과 졸업자와 같은 수준 이상의 학력이 있다고 인정받은 사람이나 「고등교육법」 제2조에 따른 학교에서 80학점(보험 관련 과목 학점이 45학점 이상이어야 한다) 이상을 이수한 사람 등 제7호에 해당하는 사람과 같은 수준 이상의 학력이 있다고 인정되는 사람

ⓩ 재해보험 대상 임산물 분야에서 「국가기술자격법」에 따른 기사 이상의 자격을 소지한 사람

③ 가축재해보험

㉠ 재해보험대상 가축을 5년 이상 사육한 경력이 있는 농업인

㉡ 공무원으로 농림축산식품부, 농촌진흥청, 통계청 또는 지방자치단체나 그 소속기관에서 가축사육 분야에 관한 연구·지도 또는 가축 통계조사 업무를 3년 이상 담당한 경력이 있는 사람

㉢ 교원으로 고등학교에서 가축사육 분야 관련 과목을 5년 이상 교육한 경력이 있는 사람

㉣ 조교수 이상으로 「고등교육법」 제2조에 따른 학교에서 가축사육 관련학을 3년 이상 교육한 경력이 있는 사람

㉤ 「보험업법」에 따른 보험회사의 임직원이나 「농업협동조합법」에 따른 중앙회와 조합의 임직원으로 영농 지원 또는 보험·공제 관련 업무를 3년 이상 담당하였거나 손해평가 업무를 2년 이상 담당한 경력이 있는 사람

㉥ 「고등교육법」 제2조에 따른 학교에서 가축사육 관련학을 전공하고 축산전문 연구기관 또는 연구소에서 5년 이상 근무한 학사학위 이상 소지자

㉦ 「고등교육법」 제2조에 따른 전문대학에서 보험 관련 학과를 졸업한 사람

㉧ 「학점인정 등에 관한 법률」 제8조에 따라 전문대학의 보험 관련 학과 졸업자와 같은 수준 이상의 학력이 있다고 인정받은 사람이나 「고등교육법」 제2조에 따른 학교에서 80학점(보험 관련 과목 학점이 45학점 이상이어야 한다) 이상을 이수한 사람 등 제7호에 해당하는 사람과 같은 수준 이상의 학력이 있다고 인정되는 사람

㉨ 「수의사법」에 따른 수의사

㉩ 「국가기술자격법」에 따른 축산기사 이상의 자격을 소지한 사람

④ 양식수산물재해보험

> ⑦ 재해보험 대상 양식수산물을 5년 이상 양식한 경력이 있는 어업인
> ⓛ 공무원으로 해양수산부, 국립수산과학원, 국립수산물품질관리원 또는 지방자치단체에서 수산물양
>   식 분야 또는 수산생명의학 분야에 관한 연구 또는 지도업무를 3년 이상 담당한 경력이 있는 사람
> ⓒ 교원으로 수산계 고등학교에서 수산물양식 분야 또는 수산생명의학 분야의 관련 과목을 5년 이상
>   교육한 경력이 있는 사람
> ② 조교수 이상으로 「고등교육법」 제2조에 따른 학교에서 수산물양식 관련학 또는 수산생명의학 관
>   련학을 3년 이상 교육한 경력이 있는 사람
> ⑩ 「보험업법」에 따른 보험회사의 임직원이나 「수산업협동조합법」에 따른 수산업협동조합중앙회,
>   수협은행 및 조합의 임직원으로 수산업지원 또는 보험·공제 관련 업무를 3년 이상 담당하였거나
>   손해평가 업무를 2년 이상 담당한 경력이 있는 사람
> ⑭ 「고등교육법」 제2조에 따른 학교에서 수산물양식 관련학 또는 수산생명의학 관련학을 전공하고
>   수산전문 연구기관 또는 연구소에서 5년 이상 근무한 학사학위 소지자
> ⑃ 「고등교육법」 제2조에 따른 전문대학에서 보험 관련 학과를 졸업한 사람
> ⑅ 「학점인정 등에 관한 법률」 제8조에 따라 전문대학의 보험 관련 학과 졸업자와 같은 수준 이상의
>   학력이 있다고 인정받은 사람이나 「고등교육법」 제2조에 따른 학교에서 80학점(보험 관련 과목
>   학점이 45학점 이상이어야 한다) 이상을 이수한 사람 등 제7호에 해당하는 사람과 같은 수준 이
>   상의 학력이 있다고 인정되는 사람
> ⑆ 「수산생물질병 관리법」에 따른 수산질병관리사
> ⑇ 재해보험 대상 양식수산물 분야에서 「국가기술자격법」에 따른 기사 이상의 자격을 소지한 사람
> ⑈ 「농수산물 품질관리법」에 따른 수산물품질관리사

(2) 손해평가인의 교육

① 실무교육 실시

재해보험사업자는 손해평가인으로 위촉된 사람에 대하여 보험에 관한 '기초지식, 보험약관 및
손해평가요령 등'에 관한 '실무교육'을 하여야 한다(영 제12조 제2항).

② 정기교육의 실시

농림축산식품부장관 또는 해양수산부장관은 "손해평가인"이 '공정하고 객관적'인 손해평가를
수행할 수 있도록 '연 1회 이상' 정기교육을 실시하여야 한다(제11조 제5항).

⑦ 정기교육 포함사항(영 제12조 제3항)

> ⓐ 농어업재해보험에 관한 기초지식
> ⓑ 농어업재해보험의 종류별 약관
> ⓒ 손해평가의 절차 및 방법
> ⓓ 그 밖에 손해평가에 필요한 사항으로서 농림축산식품부장관 또는 해양수산부장관이 정하는 사항

      ⓛ 교육시간 : '4시간 이상'으로 한다(영 제12조 제3항).

      ⓒ 정기교육의 운영에 필요한 사항 : 이 외에 정기교육의 운영에 필요한 사항은 농림축산식품부장관 또는 해양수산부장관이 정하여 고시한다(영 제12조 제4항).

(3) 손해평가인 간 손해평가에 관한 기술·정보 교환의 지원

농림축산식품부장관 또는 해양수산부장관은 손해평가인 간의 '손해평가에 관한 기술·정보의 교환'을 '지원'할 수 있다.

(4) 손해평가인 자격요건의 타당성 검토

농림축산식품부장관 또는 해양수산부장관은 손해평가인의 자격요건에 대하여 2018년 1월 1일을 기준으로 3년마다(매 3년이 되는 해의 1월 1일 전까지를 말한다) 그 타당성을 검토하여 개선 등의 조치를 하여야 한다(영 제22조의4 제1항).

11 손해평가사

(1) 손해평가사 제도 운영(제11조의2)

① 운영권자 : 농림축산식품부장관

② 운영목적 : '공정하고 객관적'인 손해평가를 촉진하기 위하여 운영한다.

(2) 손해평가사의 업무(제11조의3)

손해평가사는 농작물재해보험 및 가축재해보험에 관하여 다음의 업무를 수행한다.

> ① 피해사실의 확인
> ② 보험가액 및 손해액의 평가
> ③ 그 밖의 손해평가에 필요한 사항

(3) 손해평가 교육(시행령 제12조의8)

농림축산식품부장관은 '손해평가사'의 '손해평가 능력 및 자질 향상'을 위하여 교육을 실시할 수 있다.

(4) 손해평가사 자격시험

① 시험의 실시

      ㉠ 농림축산식품부장관의 실시 : 손해평가사가 되려는 사람은 '농림축산식품부장관'이 실시하는 손해평가사 자격시험에 합격하여야 한다(제11조의4 제1항).

      ㉡ 시험의 실시 및 관리의 위탁 : 농림축산식품부장관은 손해평가사 자격시험의 실시 및 관리에 관한 업무를 「한국산업인력공단법」에 따른 '한국산업인력공단'에 위탁할 수 있다(제25조의2 제3항).

② 시험의 정지 또는 무효

농림축산식품부장관은 다음의 어느 하나에 해당하는 사람에 대하여는 그 시험을 정지시키거나 무효로 하고 그 처분 사실을 지체 없이 알려야 한다(제11조의4 제3항).

> ㉠ 부정한 방법으로 시험에 응시한 사람
> ㉡ 시험에서 부정한 행위를 한 사람

③ 시험의 응시자격 제한

다음에 해당하는 사람은 그 처분이 있은 날부터 '2년'이 지나지 아니한 경우 손해평가사 자격시험에 응시하지 못한다(제11조의4 제4항).

> ㉠ 시험의 정지 · 무효 처분을 받은 사람
> ㉡ 손해평가사 자격이 취소된 사람

④ 손해평가사 자격시험의 실시 등(시행령 제12조의2)
  ㉠ 시험의 실시

  손해평가사 자격시험은 '매년 1회' 실시한다. 다만, 농림축산식품부장관이 손해평가사의 수급(需給)상 필요하다고 인정하는 경우에는 2년마다 실시할 수 있다.

  ㉡ 시험의 공고

  농림축산식품부장관은 손해평가사 자격시험을 실시하려면 다음의 사항을 시험 실시 '90일 전'까지 인터넷 홈페이지 등에 공고해야 한다.

> ⓐ 시험의 일시 및 장소
> ⓑ 시험방법 및 시험과목
> ⓒ 응시원서의 제출방법 및 응시수수료
> ⓓ 합격자 발표의 일시 및 방법
> ⓔ 선발예정인원(농림축산식품부장관이 수급상 필요하다고 인정하여 선발예정인원을 정한 경우만 해당한다)
> ⓕ 그 밖에 시험의 실시에 필요한 사항

  ㉢ 응시원서

  손해평가사 자격시험에 응시하려는 사람은 농림축산식품부장관이 정하여 고시하는 응시원서를 농림축산식품부장관에게 제출하여야 한다.

  ㉣ 응시수수료

  손해평가사 자격시험에 응시하려는 사람은 농림축산식품부장관이 정하여 고시하는 응시수수료를 내야 한다.

  ㉤ 응시수수료의 반환

  농림축산식품부장관은 다음의 어느 하나에 해당하는 경우에는 응시수수료를 다음의 구분에 따라 반환하여야 한다.

> ⓐ 수수료를 과오납한 경우 : 과오납한 금액 전부
>
> ⓑ 시험일 20일 전까지 접수를 취소하는 경우 : 납부한 수수료 전부
>
> ⓒ 시험관리기관의 귀책사유로 시험에 응시하지 못하는 경우 : 납부한 수수료 전부
>
> ⓓ 시험일 10일 전까지 접수를 취소하는 경우 : 납부한 수수료의 100분의 60

⑤ 손해평가사 자격시험의 방법(시행령 제12조의3)

　　㉠ 손해평가사 자격시험은 제1차 시험과 제2차 시험으로 구분하여 실시한다. 이 경우 제2차 시험은 제1차 시험에 합격한 사람과 제1차 시험을 면제받은 사람을 대상으로 시행한다.

　　㉡ 제1차 시험은 선택형으로 출제하는 것을 원칙으로 하되, 단답형 또는 기입형을 병행할 수 있다.

　　㉢ 제2차 시험은 서술형으로 출제하는 것을 원칙으로 하되, 단답형 또는 기입형을 병행할 수 있다.

⑥ 손해평가사 자격시험의 과목(시행령 제12조의4)

　　손해평가사 자격시험의 제1차 시험 과목 및 제2차 시험 과목은 다음과 같다(별표 2의2).

구분	과목
제1차 시험	㉠「상법」보험편 ㉡ 농어업재해보험법령(「농어업재해보험법」,「농어업재해보험법 시행령」및 농림축산식품부장관이 고시하는 손해평가 요령을 말한다) ㉢ 농학개론 중 재배학 및 원예작물학
제2차 시험	㉠ 농작물재해보험 및 가축재해보험의 이론과 실무 ㉡ 농작물재해보험 및 가축재해보험 손해평가의 이론과 실무

⑦ 자격시험 과목의 일부 면제

　　㉠ '보험목적물 또는 관련 분야에 관한 '전문 지식과 경험'을 갖추었다고 인정되는 '대통령령으로 정하는 기준에 해당하는 사람'에게는 손해평가사 자격시험 '과목의 일부'를 '면제'할 수 있다(제11조의4 제2항).

　　㉡ '대통령령으로 정하는 기준에 해당하는 사람'이란 다음의 어느 하나에 해당하는 사람을 말한다(영 제12조의5 제1항). 이에 해당하는 사람에 대해서는 손해평가사 자격시험 중 '제1차 시험'을 '면제'한다(영 제12조의5 제2항).

　　　ⓐ '손해평가인'으로 위촉된 기간이 '3년 이상'인 사람으로서 손해평가 업무를 수행한 경력이 있는 사람

　　　ⓑ「보험업법」에 따른 손해사정사

　　　ⓒ 다음의 기관 또는 법인에서 손해사정 관련 업무에 3년 이상 종사한 경력이 있는 사람

> 가.「금융위원회의 설치 등에 관한 법률」에 따라 설립된 금융감독원
>
> 나.「농업협동조합법」에 따른 농업협동조합중앙회(농협손해보험이 설립되기 전까지의 농업협동조합중앙회)

> 다. 「보험업법」에 따른 허가를 받은 손해보험회사
>
> 라. 「보험업법」에 따라 설립된 손해보험협회
>
> 마. 「보험업법」에 따른 손해사정을 업(業)으로 하는 법인
>
> 바. 「화재로 인한 재해보상과 보험가입에 관한 법률」에 따라 설립된 한국화재보험협회

ⓒ '대통령령으로 정하는 기준에 해당하는 사람'으로서 제1차 시험을 면제받으려는 사람은 농림축산식품부장관이 정하여 고시하는 면제신청서에 이에 해당하는 사실을 증명하는 서류를 첨부하여 농림축산식품부장관에게 신청해야 한다.

ⓔ 면제 신청을 받은 농림축산식품부장관은 「전자정부법」에 따른 행정정보의 공동이용을 통하여 신청인의 고용보험 피보험자격 이력내역서, 국민연금가입자가입증명 또는 건강보험 자격득실확인서를 확인해야 한다. 다만, 신청인이 확인에 동의하지 않는 경우에는 그 서류를 첨부하도록 해야 한다.

ⓜ '제1차 시험에 합격한 사람'에 대해서는 '다음 회'에 한정하여 '제1차 시험'을 '면제'한다.

⑧ 손해평가사 자격시험의 합격기준 등(시행령 제12조의6)

㉠ 제1차 시험(절대평가)

손해평가사 자격시험의 제1차시험 합격자를 결정할 때에는 매 과목 100점을 만점으로 하여 매 과목 40점 이상과 전 과목 평균 60점 이상을 득점한 사람을 합격자로 한다.

㉡ 제2차 시험

ⓐ 원칙(절대평가)

손해평가사 자격시험의 제2차 시험 합격자를 결정할 때에는 매 과목 100점을 만점으로 하여 매 과목 40점 이상과 전 과목 평균 60점 이상을 득점한 사람을 합격자로 한다.

ⓑ 예외(상대평가)

가. 농림축산식품부장관이 손해평가사의 수급상 필요하다고 인정하여 선발예정인원을 공고한 경우에는 매 과목 40점 이상을 득점한 사람 중에서 전(全) 과목 총득점이 높은 사람부터 차례로 선발예정인원에 달할 때까지에 해당하는 사람을 합격자로 한다.

나. 합격자를 결정할 때 동점자가 있어 선발예정인원을 초과하는 경우에는 해당 동점자 모두를 합격자로 한다. 이 경우 동점자의 점수는 소수점 이하 둘째자리(셋째자리 이하 버림)까지 계산한다.

㉢ 농림축산식품부장관은 손해평가사 자격시험의 최종 합격자가 결정되었을 때에는 이를 인터넷 홈페이지에 공고하여야 한다.

(5) 손해평가사 자격증의 발급(시행령 제12조의7)

농림축산식품부장관은 손해평가사 자격시험에 합격한 사람에게 농림축산식품부장관이 정하여 고시하는 바에 따라 손해평가사 자격증을 발급하여야 한다.

(6) 손해평가사의 명의와 자격증

① '손해평가사'는 다른 사람에게 그 명의를 사용하게 하거나 다른 사람에게 그 자격증을 대여해 서는 아니 된다(제11조의4 제6항).

② '누구든지' 손해평가사의 자격을 취득하지 아니하고 그 명의를 사용하거나 자격증을 대여받아 서는 아니 되며, 명의의 사용이나 자격증의 대여를 알선해서도 아니 된다(제11조의4 제7항).

(7) 손해평가사의 자격취소(제11조의5)

① 농림축산식품부장관은 다음의 어느 하나에 해당하는 사람에 대하여 손해평가사 자격을 '취소 할 수 있다'. 단, ㉠, ㉰에 해당하는 경우에는 자격을 '취소하여야 한다'(제11조의5).

> ㉠ 손해평가사의 자격을 거짓 또는 부정한 방법으로 취득한 사람
> ㉡ 거짓으로 손해평가를 한 사람
> ㉢ 다른 사람에게 손해평가사의 명의를 사용하게 하거나 그 자격증을 대여한 손해평가사
> ㉣ 손해평가사 명의의 사용이나 자격증의 대여를 알선한 사람
> ㉤ 업무정지 기간 중에 손해평가 업무를 수행한 사람

② 농림축산식품부장관은 손해평가사의 자격취소 또는 업무정지에 해당하는 처분을 하려면 '청문'을 하여야 한다(제29조의2).

③ **자격 취소 처분의 세부기준(시행령 제12조의9 별표 2의3)**

자격 취소 처분의 세부기준은 대통령령으로 정한다(영 제12조의9).

㉠ 일반기준

ⓐ 위반행위의 횟수에 따른 행정처분의 가중된 처분기준은 최근 3년간 같은 위반행위로 행정처분을 받은 경우에 적용한다. 이 경우 기간의 계산은 위반행위에 대해 행정처분을 받은 날과 그 처분 후에 다시 같은 위반행위를 하여 적발된 날을 기준으로 한다.

ⓑ ⓐ에 따라 가중된 행정처분을 하는 경우 가중처분의 적용 차수는 그 위반행위 전 행정 처분 차수(ⓐ에 따른 기간 내에 행정처분이 둘 이상 있었던 경우에는 높은 차수를 말 한다)의 다음 차수로 한다.

ⓒ 위반행위가 둘 이상인 경우로서 그에 해당하는 각각의 처분기준이 다른 경우에는 그 중 무거운 처분기준에 따른다.

㉡ 개별기준

위반행위	처분기준	
	1회 위반	2회 이상 위반
ⓐ 손해평가사의 자격을 거짓 또는 부정한 방법으로 취득한 경우	자격취소	
ⓑ 거짓으로 손해평가를 한 경우	시정명령	자격취소
ⓒ 다른 사람에게 손해평가사의 명의를 사용하게 하거나 그 자격 증을 대여한 경우	자격취소	
ⓓ 손해평가사 명의의 사용이나 자격증의 대여를 알선한 경우	자격취소	
ⓔ 업무정지 기간 중에 손해평가 업무를 수행한 경우	자격취소	

(8) 손해평가사의 업무정지(손해평가사의 감독)

① 농림축산식품부장관은 손해평가사가 그 직무를 게을리하거나 직무를 수행하면서 부적절한 행위를 하였다고 인정하면 1년 이내의 기간을 정하여 업무의 정지를 명할 수 있다(제11조의6).

　⊙ 업무의 정지사유

> ⓐ 손해평가사가 그 직무를 게을리한 경우
> ⓑ 손해평가사가 직무를 수행하면서 부적절한 행위를 하였다고 인정하는 경우

　ⓛ 업무의 정지기간의 제약
　　'1년 이내'의 기간을 정하여 업무의 정지를 명할 수 있다.

② 농림축산식품부장관은 손해평가사의 자격취소 또는 업무정지에 해당하는 처분을 하려면 '청문'을 하여야 한다(제29조의2).

③ 업무정지처분의 세부기준(시행령 제12조의10 별표 2의4)

　⊙ 일반기준

　　ⓐ 위반행위의 횟수에 따른 행정처분의 가중된 처분기준은 최근 3년간 같은 위반행위로 행정처분을 받은 경우에 적용한다. 이 경우 기간의 계산은 위반행위에 대해 행정처분을 받은 날과 그 처분 후에 다시 같은 위반행위를 하여 적발된 날을 기준으로 한다.

　　ⓑ ⓐ에 따라 가중된 행정처분을 하는 경우 가중처분의 적용 차수는 그 위반행위 전 행정처분 차수(ⓐ에 따른 기간 내에 행정처분이 둘 이상 있었던 경우에는 높은 차수를 말한다)의 다음 차수로 한다.

　　ⓒ 위반행위가 둘 이상인 경우로서 그에 해당하는 각각의 처분기준이 다른 경우에는 그 중 가장 무거운 처분기준에 따르고, 가장 무거운 처분기준의 2분의 1까지 그 기간을 늘릴 수 있다. 다만, 기간을 늘리는 경우에도 법 제11조의6 제1항에 따른 업무 정지 기간(1년)의 상한을 넘을 수 없다.

　　ⓓ 농림축산식품부장관은 다음의 어느 하나에 해당하는 경우에는 개별기준에 따른 처분기준의 2분의 1의 범위에서 그 기간을 줄일 수 있다.

> 가. 위반행위가 사소한 부주의나 오류로 인한 것으로 인정되는 경우
> 나. 위반의 내용·정도가 경미하다고 인정되는 경우
> 다. 위반행위자가 법 위반상태를 바로 정정하거나 시정하여 해소한 경우
> 라. 그 밖에 위반행위의 내용, 정도, 동기 및 결과 등을 고려하여 업무 정지 처분의 기간을 줄일 필요가 있다고 인정되는 경우

ⓛ 개별기준

위반행위	처분기준		
	1회 위반	2회 위반	3회 이상 위반
ⓐ 업무 수행과 관련하여 「개인정보 보호법」, 「신용정보의 이용 및 보호에 관한 법률」 등 정보 보호와 관련된 법령을 위반한 경우	업무정지 6개월	업무정지 1년	업무정지 1년
ⓑ 업무 수행과 관련하여 보험계약자 또는 보험사업자로부터 금품 또는 향응을 제공받은 경우	업무정지 6개월	업무정지 1년	업무정지 1년
ⓒ 자기 또는 자기와 생계를 같이 하는 4촌 이내의 친족(이하 "이해관계자"라 한다)이 가입한 보험계약에 관한 손해평가를 한 경우	업무정지 3개월	업무정지 6개월	업무정지 6개월
ⓓ 자기 또는 이해관계자가 모집한 보험계약에 대해 손해평가를 한 경우	업무정지 3개월	업무정지 6개월	업무정지 6개월
ⓔ 법 제11조 제2항 전단에 따른 손해평가 요령을 준수하지 않고 손해평가를 한 경우	경고	업무정지 1개월	업무정지 3개월
ⓕ 그 밖에 손해평가사가 그 직무를 게을리하거나 직무를 수행하면서 부적절한 행위를 했다고 인정되는 경우	경고	업무정지 1개월	업무정지 3개월

12 그 밖의 제반 사항

(1) 보험금수급전용계좌(제11조의7)

① 재해보험사업자는 수급권자의 신청이 있는 경우에는 보험금을 수급권자 명의의 지정된 계좌(보험금수급전용계좌)로 입금하여야 한다.
다만, 정보통신장애나 그 밖에 '대통령령으로 정하는 불가피한 사유'로 보험금을 보험금수급계좌로 이체할 수 없을 때에는 현금 지급 등 대통령령으로 정하는 바에 따라 보험금을 지급할 수 있다.

② 보험금수급전용계좌의 해당 금융기관은 '이 법에 따른 보험금만'이 보험금수급전용계좌에 '입금'되도록 관리하여야 한다.

③ 보험금수급전용계좌 신청의 방법·절차와 보험금수급전용계좌의 관리에 필요한 사항은 대통령령으로 정한다.

〈보험금수급전용계좌의 신청 방법·절차 등(시행령 제12조의11)〉
㉠ **보험금수급전용계좌의 신청**
보험금을 수급권자 명의의 지정된 계좌(보험금수급전용계좌)로 받으려는 사람은 재해보험사업자가 정하는 보험금 지급청구서에 수급권자 명의의 보험금수급전용계좌를 기재하고, 통장의 사본

(계좌번호가 기재된 면을 말한다)을 첨부하여 재해보험사업자에게 제출해야 한다. 보험금수급전용계좌를 변경하는 경우에도 또한 같다.

ⓛ **대통령령으로 정하는 불가피한 사유**
'대통령령으로 정하는 불가피한 사유'란 보험금수급전용계좌가 개설된 금융기관의 폐업·업무정지 등으로 정상영업이 불가능한 경우를 말한다.

ⓒ **대통령령으로 정하는 불가피한 사유로 보험금을 보험금수급계좌로 이체할 수 없을 때**
수급권자의 '신청'에 따라 '다른 금융기관에 개설된 보험금수급전용계좌'로 이체해야 한다. 다만, 다른 보험금수급전용계좌로도 이체할 수 없는 경우에는 수급권자 본인의 주민등록증 등 신분증명서의 확인을 거쳐 보험금을 직접 '현금'으로 지급할 수 있다.

(2) 수급권의 보호(제12조)

① 재해보험의 보험금을 지급받을 권리는 압류할 수 없다. 다만, 보험목적물이 담보로 제공된 경우에는 그러하지 아니하다. 따라서 보험목적물이 이미 담보로 제공된 경우에는 담보권자는 그 권리를 행사할 수 있다.

> ∘ 압류 押留 : 민사소송의 경우 집행 기관에 의하여 채무자의 특정 재산에 대한 처분이 제한되는 강제 집행을 말한다. 이에 의하여 채무자는 압류 재산에 대한 처분권을 상실하며 처분권은 국가에 이전된다.
> ∘ 담보 擔保 : 맡아서 보증한다는 의미이며, 민법상 채무를 불이행한 때 채무의 변제를 확보하는 수단으로 채권자에게 제공하는 것을 말한다. 유치권, 질권, 저당권 따위의 물적 담보와 보증 채무, 연대 채무 따위의 인적 담보가 있다.

② 지정된 보험금수급전용계좌의 예금 중 대통령령으로 정하는 액수 이하의 금액에 관한 채권은 압류할 수 없다.

〈보험금의 압류 금지(시행령 제12조의12)〉
"대통령령으로 정하는 액수"란 다음의 구분에 따른 보험금 액수를 말한다.

구분	보험금 액수
⊙ 농작물·임산물·가축 및 양식수산물의 재생산에 직접적으로 소요되는 비용의 보장을 목적으로 보험금수급전용계좌로 입금된 보험금	입금된 보험금 전액
ⓛ ⊙ 외의 목적으로 보험금수급전용계좌로 입금된 보험금	입금된 보험금의 2분의 1에 해당하는 액수

(3) 손해평가에 대한 이의신청(제11조의8)

① 재평가 요청

손해평가 결과에 이의가 있는 보험가입자는 재해보험사업자에게 '재평가'를 요청할 수 있으며, 재해보험사업자는 특별한 사정이 없으면 재평가 요청에 따라야 한다.

② 이의신청

재평가를 수행하였음에도 이의가 해결되지 아니하는 경우 보험가입자는 농림축산식품부장관 또는 해양수산부장관이 정하는 기관에 '이의신청'을 할 수 있다.

③ 신청요건, 절차, 방법 등 이의신청 처리에 관한 구체적인 사항은 농림축산식품부장관 또는 해양수산부장관이 정하여 고시한다.

(4) 보험목적물의 양도에 따른 권리 및 의무의 승계(제13조)

재해보험가입자가 '보험목적물'을 '양도'하는 경우 그 양수인은 재해보험계약에 관한 양도인의 권리 및 의무를 '승계'한 것으로 '추정'한다.

(5) 업무의 위탁(제14조)

'재해보험사업자'는 재해보험사업을 원활히 수행하기 위하여 필요한 경우에는 보험모집 및 손해평가 등 재해보험 업무의 일부를 대통령령으로 정하는 다음의 자에게 위탁할 수 있다(영 제13조).

① 「농업협동조합법」에 따라 설립된 지역농업협동조합·지역축산업협동조합 및 품목별·업종별협동조합
② 「산림조합법」에 따라 설립된 지역산림조합 및 품목별·업종별산림조합
③ 「수산업협동조합법」에 따라 설립된 지구별 수산업협동조합, 업종별 수산업협동조합, 수산물가공 수산업협동조합 및 수협은행
④ 「보험업법」에 따라 손해사정을 업으로 하는 자
⑤ 농어업재해보험 관련 업무를 수행할 목적으로 「민법」에 따라 농림축산식품부장관 또는 해양수산부장관의 허가를 받아 설립된 비영리법인

(6) 회계의 구분(제15조)

재해보험사업자는 재해보험사업의 회계를 다른 회계와 구분하여 회계처리함으로써 손익관계를 명확히 하여야 한다.

(7) 분쟁의 조정(제17조)

① 재해보험과 관련된 분쟁의 조정(調停)은 「금융소비자 보호에 관한 법률」 제33조부터 제43조까지의 규정에 따른다.

② 양 당사자가 조정안을 수락한 경우 해당 '조정안'은 '재판상 화해'와 동일한 효력을 갖는다(금융소비자 보호에 관한 법률 제39조).

> ∘ 재판상 화해 : 당사자 양쪽이 법원에 서로 주장을 양보하여 소송을 종료시키는 행위이며 이에 따라 당사자의 진술을 화해조서에 기재하면 소송이 종료되며 이 화해조서는 확정판결과 동일한 효력이 생긴다.

(8) 보험업법 등의 적용(제18조)

① 이 법에 따른 재해보험사업에 대하여는 「보험업법」(제104조부터 제107조까지, 제118조 제1항, 제119조, 제120조, 제124조, 제127조, 제128조, 제131조부터 제133조까지, 제134조 제1항, 제136조, 제162조, 제176조 및 제181조 제1항)을 적용한다. 이 경우 "보험회사"는 "보험사업자"로 본다.

② 이 법에 따른 재해보험사업에 대해서는 「금융소비자 보호에 관한 법률」 제45조를 적용한다. 이 경우 "금융상품직접판매업자"는 "보험사업자"로 본다.

(9) 재정지원(제19조)

① 정부의 지원

정부는 예산의 범위에서 '재해보험가입자'가 부담하는 보험료의 일부와 '재해보험사업자'의 재해보험의 운영 및 관리에 필요한 비용(운영비)의 전부 또는 일부를 지원할 수 있다.

② 지방자치단체의 지원

이 경우 지방자치단체는 예산의 범위에서 재해보험가입자가 부담하는 보험료의 일부를 추가로 지원할 수 있다.

기관	지원범위	지원 금액
정부	예산범위	㉠ 재해보험가입자가 부담하는 보험료의 일부 ㉡ 재해보험사업자의 재해보험의 운영 및 관리에 필요한 비용(운영비)의 전부 또는 일부
지자체		재해보험가입자가 부담하는 보험료의 일부(추가지원)

③ 지원 금액 지급

농림축산식품부장관·해양수산부장관 및 지방자치단체의 장은 이에 따른 지원 금액을 재해보험사업자에게 지급하여야 한다.

④ 정부의 중복지원 배제

「풍수해보험법」에 따른 풍수해보험에 가입한 자가 동일한 보험목적물을 대상으로 재해보험에 가입할 경우에는 '정부'가 재정지원을 하지 아니한다.

⑤ 보험료와 운영비의 지원 방법 및 지원 절차 등(시행령 제15조)

보험료와 운영비의 지원 방법 및 지원 절차 등에 필요한 사항은 대통령령으로 정한다.

구분	내용
재해보험사업자	농림축산식품부장관 또는 해양수산부장관이 정하는 바에 따라 재해보험 가입현황서나 운영비 사용계획서를 농림축산식품부장관 또는 해양수산부장관에게 제출하여야 한다.
농림축산식품부장관 해양수산부장관	재해보험 가입현황서나 운영비 사용계획서를 제출받은 경우, 보험가입자의 기준 및 재해보험사업자에 대한 재정지원에 관한 사항 등을 확인하여 보험료 또는 운영비의 지원금액을 결정·지급한다.
지방자치단체의 장	보험료의 일부를 추가 지원하려는 경우 재해보험 가입현황서와 보험가입자의 기준 등을 확인하여 보험료의 지원금액을 결정·지급한다.

제3절 재보험사업 및 농어업재해재보험기금

1 재보험사업[제20조]

(1) 재보험사업의 주체

정부는 재해보험에 관한 재보험사업을 할 수 있다(제20조 제1항).

(2) 재보험약정의 체결

농림축산식품부장관 또는 해양수산부장관은 재보험에 가입하려는 재해보험사업자와 다음의 사항이 포함된 재보험약정을 체결하여야 한다(제20조 제2항).

① 재해보험사업자가 정부에 내야 할 보험료(재보험료)에 관한 사항
② 정부가 지급하여야 할 보험금(재보험금)에 관한 사항
③ 그 밖에 재보험수수료 등 재보험 약정에 관한 것으로서 '대통령령으로 정하는 사항'

〈재보험 약정서(시행령 제16조)〉

"대통령령으로 정하는 사항"이란 다음의 사항을 말한다.

㉠ 재보험수수료에 관한 사항   ㉡ 재보험 약정기간에 관한 사항
㉢ 재보험 책임범위에 관한 사항   ㉣ 재보험 약정의 변경·해지 등에 관한 사항
㉤ 재보험금 지급 및 분쟁에 관한 사항   ㉥ 그 밖에 재보험의 운영·관리에 관한 사항

---

(3) 업무의 위탁

농림축산식품부장관은 해양수산부장관과 협의를 거쳐 재보험사업에 관한 업무의 일부를 「농업·농촌 및 식품산업 기본법」에 따라 설립된 '농업정책보험금융원'에 위탁할 수 있다(제20조 제3항).

〈농업정책보험금융원의 설립(농업·농촌 및 식품산업기본법 제63조의2)〉

① 농림축산식품부장관은 제63조 제2항에 따른 농업인 등에게 지원하는 융자금·보조금 등 농업 정책자금의 운용·관리 및 감독업무 등을 효율적으로 추진하기 위하여 농업정책보험금융원(농금원)을 설립한다.
② 농금원은 법인으로 한다.
③ 농금원은 주된 사무소가 있는 곳에서 설립등기를 함으로써 성립한다.
④ 농금원은 다음의 사업을 한다.
　㉠ 농업 정책자금의 운용·관리 및 감독업무 등
　㉡ 농어촌구조개선 특별회계 융자금의 운용·관리 업무
　㉢ 농어업재해재보험기금 및 재보험사업의 관리
　㉣ 농업재해보험사업의 관리 및 손해평가사 제도의 운영
　㉤ 농림수산식품투자모태조합 투자관리전문기관의 업무
　㉥ 제2~제5호까지의 사업과 관련하여 관계 법령에서 정하는 바에 따라 위탁받은 업무
　㉦ 그 밖에 농림축산식품부장관이 고시로 정하는 사업

> ⊙ 정부는 예산의 범위에서 농금원의 설립·운영 등에 필요한 경비의 전부 또는 일부를 출연하거나
> 보조할 수 있다.
> ㉧ 농금원에 관하여 이 법 또는 「공공기관의 운영에 관한 법률」에서 정한 사항 외에는 「민법」 중
> 재단법인에 관한 규정을 준용한다.

2 재보험기금

(1) 기금의 설치

① 농림축산식품부장관은 해양수산부장관과 협의하여 공동으로 재보험사업에 필요한 재원에 충
당하기 위하여 '농어업재해 재보험기금'을 설치한다(제21조).

② 농림축산식품부장관은 해양수산부장관과 협의하여 농어업재해 재보험기금의 수입과 지출을
명확히 하기 위하여 '한국은행'에 기금계정을 설치하여야 한다(영 제17조).

(2) 기금의 조성 및 기금의 용도

기금의 조성재원(제22조)	기금의 용도(제23조)
① 재보험료	① 재보험금의 지급
② 정부, 정부 외의 자 및 다른 기금으로부터 받은 출연금	② 차입금의 원리금 상환
③ 재보험금의 회수 자금	③ 기금의 관리·운용에 필요한 경비(위탁경비를 포함)의 지출
④ 기금의 운용수익금과 그 밖의 수입금	④ 그 밖에 농림축산식품부장관이 해양수산부장관과 협의하여 재보험사업을 유지·개선하는 데에 필요하다고 인정하는 경비의 지출
⑤ 차입금*	
⑥ 「농어촌구조개선 특별회계법」에 따라 농어촌구조개선 특별회계의 농어촌특별세사업계정으로부터 받은 전입금	

* 차입금 : 농림축산식품부장관은 기금의 운용에 필요하다고 인정되는 경우에는 해양수산부장관
과 협의하여 기금의 부담으로 금융기관, 다른 기금 또는 다른 회계로부터 자금을 차입할 수
있다(제22조 제2항).

(3) 기금의 관리·운용

① 기금의 관리·운용의 주체

기금은 '농림축산식품부장관'이 해양수산부장관과 '협의'하여 관리·운용한다(제24조 제1항).

> ◦ 협의 協議 와 합의 合意 : 협의(協議)가 둘 이상의 당사자가 서로 협력하여 의논하는 경우를 의미한
> 다면, 합의(合意)는 둘 이상의 당사자의 의사가 일치하는 경우를 의미한다.

② 기금의 관리·운용에 관한 사무의 위탁(시행령 제18조)

'농림축산식품부장관'은 해양수산부장관과 '협의'를 거쳐 기금의 관리·운용에 관한 사무의 일
부를 농업정책보험금융원에 위탁할 수 있다(제24조 제2항).

PART 02

㉠ 위탁사무

농림축산식품부장관은 해양수산부장관과 협의하여 기금의 관리·운용에 관한 다음의 사
무를 농업정책보험금융원에 위탁한다.

> ⓐ 기금의 관리·운용에 관한 회계업무
> ⓑ 재보험료를 납입받는 업무
> ⓒ 재보험금을 지급하는 업무
> ⓓ 여유자금의 운용업무
> ⓔ 그 밖에 기금의 관리·운용에 관하여 농림축산식품부장관이 해양수산부장관과 협의를 거쳐
> 지정하여 고시하는 업무

㉡ 회계처리의 구분

기금의 관리·운용을 위탁받은 농업정책보험금융원(기금수탁관리자)은 기금의 관리 및
운용을 명확히 하기 위하여 기금을 다른 회계와 구분하여 회계처리하여야 한다.

㉢ 사무처리 경비

사무처리에 드는 경비는 '기금의 부담'으로 한다.

③ 기금의 결산(시행령 제19조)

㉠ 기금결산보고서의 제출

기금수탁관리자(농업정책보험금융원)는 회계연도마다 '기금결산보고서'를 작성하여 '다음
회계연도 2월 15일'까지 '농림축산식품부장관' 및 '해양수산부장관'에게 제출하여야 한다.

㉡ 기금결산보고서의 검토

'농림축산식품부장관'은 해양수산부장관과 '협의'하여 기금수탁관리자로부터 제출받은 기
금결산보고서를 검토한 후 심의회의 심의를 거쳐 '다음 회계연도 2월 말일'까지 "기획재정
부장관"에게 제출하여야 한다.

㉢ 기금결산보고서의 첨부서류

> ⓐ 결산 개요
> ⓑ 수입지출결산
> ⓒ 재무제표
> ⓓ 성과보고서
> ⓔ 그 밖에 결산의 내용을 명확하게 하기 위하여 필요한 서류

④ 여유자금의 운용(시행령 제20조)

'농림축산식품부장관'은 해양수산부장관과 '협의'하여 기금의 여유자금을 다음의 방법으로 운
용할 수 있다.

> ㉠ 「은행법」에 따른 은행에의 예치
> ㉡ 국채, 공채 또는 그 밖에 「자본시장과 금융투자업에 관한 법률」에 따른 증권의 매입

(4) 기금의 회계기관

① 담당 공무원의 임명

'농림축산식품부장관'은 해양수산부장관과 '협의'하여 기금의 수입과 지출에 관한 사무를 수행하게 하기 위하여 "소속 공무원" 중에서 '기금수입징수관, 기금재무관, 기금지출관 및 기금출납공무원'을 임명한다(제25조 제1항).

② 담당 임원과 직원의 임명

㉠ 농림축산식품부장관은 기금의 관리·운용에 관한 '사무를 위탁'한 경우에는 해양수산부장관과 협의하여 '농업정책보험금융원'의 '임원' 중에서 기금수입담당임원과 기금지출원인행위담당임원을, 그 '직원' 중에서 기금지출원과 기금출납원을 각각 임명하여야 한다(제25조 제2항 전단).

㉡ 이 경우 '기금수입담당임원'은 '기금수입징수관'의 업무를, '기금지출원인행위담당임원'은 '기금재무관'의 업무를, '기금지출원'은 '기금지출관'의 업무를, '기금출납원'은 '기금출납공무원'의 업무를 수행한다(제25조 제2항 후단).

구분		업무
농금원의 임원	기금수입담당임원	기금수입징수관의 업무
	기금지출원인행위담당임원	기금재무관의 업무
농금원의 직원	기금지출원	기금지출관의 업무
	기금출납원	기금출납공무원의 업무

제4절 | 보험사업의 관리

1 농어업재해보험사업의 관리[제25조의2]

(1) 농림축산식품부장관 또는 해양수산부장관의 재해보험사업 업무

농림축산식품부장관 또는 해양수산부장관은 재해보험사업을 효율적으로 추진하기 위하여 다음의 업무를 수행한다.

① 재해보험사업의 관리·감독
② 재해보험 상품의 연구 및 보급
③ 재해 관련 통계 생산 및 데이터베이스 구축·분석
④ 손해평가인력의 육성
⑤ 손해평가기법의 연구·개발 및 보급

(2) 농업정책보험금융원에 대한 업무위탁

농림축산식품부장관 또는 해양수산부장관은 다음의 업무를 농업정책보험금융원에 위탁할 수 있다.

> ① 위 (1)의 ① ~ ⑤ 까지의 업무
> ② 재해보험사업의 약정 체결 관련 업무
> ③ 손해평가사 제도 운용 관련 업무
> ④ 그 밖에 재해보험사업과 관련하여 농림축산식품부장관 또는 해양수산부장관이 위탁하는 업무

(3) 손해평가사 자격시험의 실시 및 관리의 위탁

농림축산식품부장관은 손해평가사 자격시험의 실시 및 관리에 관한 업무를 「한국산업인력공단법」에 따른 '한국산업인력공단'에 위탁할 수 있다.

2 통계의 수집 · 관리 등

(1) 지역별, 재해별 통계자료 수집 · 관리(제26조)

① 농림축산식품부장관 또는 해양수산부장관은 보험상품의 운영 및 개발에 필요한 다음의 지역별, 재해별 통계자료를 수집 · 관리하여야 하며, 이를 위하여 관계 중앙행정기관 및 지방자치단체의 장에게 필요한 자료를 요청할 수 있다.

> ㉠ 보험대상의 현황
> ㉡ 보험확대 예비품목[제3조(농업재해보험심의회) 제1항 제2호에 따라 선정한 보험목적물 도입예정 품목을 말한다]의 현황
> ㉢ 피해 원인 및 규모
> ㉣ 품목별 재배 또는 양식 면적과 생산량 및 가격
> ㉤ 그 밖에 농림축산식품부장관 또는 해양수산부장관이 필요하다고 인정하는 통계자료

② ①에 따라 자료를 요청받은 경우 관계 중앙행정기관 및 지방자치단체의 장은 특별한 사유가 없으면 요청에 따라야 한다.

③ 농림축산식품부장관 또는 해양수산부장관은 재해보험사업의 건전한 운영을 위하여 재해보험 제도 및 상품 개발 등을 위한 조사 · 연구, 관련 기술의 개발 및 전문인력 양성 등의 진흥 시책을 마련하여야 한다.

④ 농림축산식품부장관 및 해양수산부장관은 ① 및 ③에 따른 통계의 수집 · 관리, 조사 · 연구 등에 관한 업무를 대통령령으로 정하는 자에게 위탁할 수 있다.

(2) 통계의 수집 · 관리 등에 관한 업무의 위탁(시행령 제21조)

① 농림축산식품부장관 또는 해양수산부장관은 통계의 수집 · 관리, 조사 · 연구, 관련 기술의 개발 및 전문인력 양성 등에 관한 업무를 다음의 어느 하나에 해당하는 자에게 위탁할 수 있다.

> ㉠ 「농업협동조합법」에 따른 '농업협동조합중앙회'
> ㉡ 「산림조합법」에 따른 '산림조합중앙회'

ⓒ 「수산업협동조합법」에 따른 '수산업협동조합중앙회' 및 '수협은행'

ⓔ 「정부출연연구기관 등의 설립·운영 및 육성에 관한 법률」 제8조에 따라 설립된 '연구기관'

ⓜ 「보험업법」에 따른 '보험회사', '보험료율산출기관' 또는 '보험계리를 업으로 하는 자'

ⓗ 「민법」 제32조에 따라 농림축산식품부장관 또는 해양수산부장관의 허가를 받아 설립된 '비영리 법인'

ⓢ 「공익법인의 설립·운영에 관한 법률」에 따라 농림축산식품부장관 또는 해양수산부장관의 허가를 받아 설립된 '공익법인'

ⓞ '농업정책보험금융원'

② 농림축산식품부장관 또는 해양수산부장관은 ①에 따라 업무를 위탁한 때에는 '위탁받은 자' 및 '위탁업무의 내용' 등을 고시하여야 한다. 현재(2018.1.1.시행) '농업정책보험금융원'이 농업재해보험과 양식수산물재해보험의 통계 생산·관리 수탁관리자로 지정·고시되어 있다.

3 시범사업

(1) 시범사업의 협의

재해보험사업자는 신규 보험상품을 도입하려는 경우 등 필요한 경우에는 농림축산식품부장관 또는 해양수산부장관과 협의하여 시범사업을 할 수 있다(제27조 제1항).

(2) 시범사업의 지원

정부는 시범사업의 원활한 운영을 위하여 필요한 지원을 할 수 있다(제27조 제2항).

(3) 시범사업의 실시

시범사업 실시에 관한 구체적인 사항은 대통령령으로 정한다(제27조 제3항).

① 사업계획서 제출과 협의

재해보험사업자는 시범사업을 하려면 다음의 사항이 포함된 '사업계획서'를 농림축산식품부장관 또는 해양수산부장관에게 제출하고 협의하여야 한다(영 제22조 제1항).

ⓐ 대상목적물, 사업지역 및 사업기간에 관한 사항

ⓑ 보험상품에 관한 사항

ⓒ 정부의 재정지원에 관한 사항

ⓓ 그 밖에 농림축산식품부장관 또는 해양수산부장관이 필요하다고 인정하는 사항

② 재해보험사업자는 시범사업이 끝나면 지체 없이 다음의 사항이 포함된 '사업결과보고서'를 작성하여 농림축산식품부장관 또는 해양수산부장관에게 제출하여야 한다(영 제22조 제2항).

ⓐ 보험계약사항, 보험금지급 등 전반적인 사업운영 실적에 관한 사항

ⓑ 사업 운영과정에서 나타난 문제점 및 제도개선에 관한 사항

ⓒ 사업의 중단·연장 및 확대 등에 관한 사항

③ 농림축산식품부장관 또는 해양수산부장관은 사업결과보고서를 받으면 그 사업결과를 바탕으로 '신규 보험상품의 도입 가능성 등을 검토·평가'하여야 한다(영 제22조 제3항).

4 보험가입의 촉진 등

(1) 정부의 지원

정부는 농어업인의 재해대비의식을 고양하고 재해보험의 가입을 촉진하기 위하여 '교육·홍보 및 보험가입자에 대한 정책자금 지원, 신용보증 지원' 등을 할 수 있다(제28조).

(2) 보험가입촉진계획

① 보험가입촉진계획의 수립

'재해보험사업자'는 농어업재해보험 가입 촉진을 위하여 보험가입촉진계획을 '매년 수립'하여 농림축산식품부장관 또는 해양수산부장관에게 제출하여야 한다(제28조의2 제1항).

② 보험가입촉진계획의 내용 및 그 밖에 필요한 사항

보험가입촉진계획의 내용 및 그 밖에 필요한 사항은 대통령령으로 정한다.

㉠ 보험가입촉진계획의 제출 : 보험가입촉진계획에는 다음의 사항이 포함되어야 한다(영 제22조의2 제1항).

> ⓐ 전년도의 성과분석 및 해당 연도의 사업계획
> ⓑ 해당 연도의 보험상품 운영계획
> ⓒ 농어업재해보험 교육 및 홍보계획
> ⓓ 보험상품의 개선·개발계획
> ⓔ 그 밖에 농어업재해보험 가입 촉진을 위하여 필요한 사항

㉡ 보험가입촉진계획의 제출 기한 : 재해보험사업자는 보험가입촉진계획을 '해당 연도 1월 31일'까지 농림축산식품부장관 또는 해양수산부장관에게 제출하여야 한다(영 제22조의2 제2항).

5 기타

(1) 보고 등

농림축산식품부장관 또는 해양수산부장관은 재해보험의 건전한 운영과 재해보험가입자의 보호를 위하여 필요하다고 인정되는 경우에는 '재해보험사업자'에게 재해보험사업에 관한 업무 처리 상황을 보고하게 하거나 관계 서류의 제출을 요구할 수 있다(제29조).

(2) 청문

농림축산식품부장관은 다음의 어느 하나에 해당하는 처분을 하려면 청문을 하여야 한다(제29조의2).

> ① 손해평가사의 자격 취소
> ② 손해평가사의 업무 정지

제5절   **벌칙 및 과태료**

1 벌칙[제30조]

(1) 3년 이하의 징역 또는 3천만원 이하의 벌금

「보험업법」제98조(특별이익의 제공 금지)에 따른 금품 등을 제공(같은 조 제3호의 경우에는 보험금 지급의 약속을 말한다)한 자 또는 이를 요구하여 받은 보험가입자는 3년 이하의 징역 또는 3천만원 이하의 벌금에 처한다.

> 〈특별이익의 제공 금지(보험업법 제98조)〉
>
> 보험계약의 체결 또는 모집에 종사하는 자는 그 체결 또는 모집과 관련하여 보험계약자나 피보험자에게 다음의 어느 하나에 해당하는 특별이익을 제공하거나 제공하기로 약속하여서는 아니 된다.
> ① 금품(대통령령으로 정하는 금액을 초과하지 아니하는 금품은 제외한다)
> ② 기초서류에서 정한 사유에 근거하지 아니한 보험료의 할인 또는 수수료의 지급
> ③ 보험금지급의 약속
> ④ 보험계약자나 피보험자를 위한 보험료의 대납
> ⑤ 보험계약자나 피보험자가 해당 보험회사로부터 받은 대출금에 대한 이자의 대납
> ⑥ 보험료로 받은 수표 또는 어음에 대한 이자 상당액의 대납
> ⑦ 「상법」제682조에 따른 제3자에 대한 청구권대위행사의 포기

(2) 1년 이하의 징역 또는 1천만원 이하의 벌금

다음의 어느 하나에 해당하는 자는 1년 이하의 징역 또는 1천만원 이하의 벌금에 처한다.

> ① 재해보험을 모집할 수 없는 자가 이를 위반하여 모집을 한 자
> ② 고의로 진실을 숨기거나 거짓으로 손해평가를 한 자
> ③ 다른 사람에게 손해평가사의 명의를 사용하게 하거나 그 자격증을 대여한 자
> ④ 손해평가사가 아닌 자가 손해평가사의 명의를 사용하거나 그 자격증을 대여받은 자 또는 명의의 사용이나 자격증의 대여를 알선한 자

(3) 500만원 이하의 벌금

재해보험사업의 회계를 다른 회계와 구분하지 않고 회계를 처리한 재해보험사업자는 500만원 이하의 벌금에 처한다.

2 양벌규정[제31조]

> ○ 양벌규정 兩罰規定 : 법인 또는 개인의 업무와 관련하여, 범죄를 저지른 경우에 실제로 범죄 행위를 한 사람은 물론 이와 관련 있는 법인 또는 사람에 대해서도 형벌을 과할 것을 정한 규정이다. 행정 단속을 철저히 하기 위한 제도라고 볼 수 있다.

(1) 원칙

법인의 '대표자'나 법인 또는 개인의 '대리인, 사용인, 그 밖의 종업원'이 그 법인 또는 개인의 업무에 관하여 벌칙규정에 따른 위반행위를 하면 그 행위자를 벌하는 외에 그 '법인 또는 개인'에게도 해당 조문의 "벌금"형을 과(科)한다.

(2) 예외

다만, 법인 또는 개인이 그 위반행위를 방지하기 위하여 해당 업무에 관하여 상당한 주의와 감독을 게을리하지 아니한 경우에는 그러하지 아니하다.

3 과태료(제32조)

(1) 과태료 부과금액, 대상자 및 부과권자

① 1천만원 이하의 과태료(재해보험사업자)

재해보험사업자가 제10조 제2항에서 준용하는 「보험업법」 제95조(보험안내자료)를 위반하여 보험안내를 한 경우에는 1천만원 이하의 과태료를 부과한다.

② 500만원 이하의 과태료(재해보험사업자의 관계자)

재해보험사업자의 '발기인, 설립위원, 임원, 집행간부, 일반간부직원, 파산관재인 및 청산인'이 다음의 어느 하나에 해당하면 500만원 이하의 과태료를 부과한다.

> ㉠ 제18조 제1항에서 적용하는 「보험업법」 제120조에 따른 '책임준비금'과 '비상위험준비금'을 계상하지 아니하거나 이를 따로 작성한 장부에 각각 기재하지 아니한 경우
> ㉡ 제18조 제1항에서 적용하는 「보험업법」 제131조 제1항·제2항 및 제4항에 따른 "금융위원회"의 '명령'을 위반한 경우
> ㉢ 제18조 제1항에서 적용하는 「보험업법」 제133조에 따른 "금융위원회"의 '자료 제출 및 검사' 등을 거부·방해 또는 기피한 경우

③ 500만원 이하의 과태료

다음의 어느 하나에 해당하는 자에게는 500만원 이하의 과태료를 부과한다.

> ㉠ 제10조 제2항에서 준용하는 「보험업법」 제95조(보험안내자료)를 위반하여 보험안내를 한 자로서 재해보험사업자가 아닌 자
> ㉡ 제10조 제2항에서 준용하는 「보험업법」 제97조 제1항 또는 「금융소비자 보호에 관한 법률」 제21조를 위반하여 보험계약의 체결 또는 모집에 관한 금지행위를 한 자
> ㉢ 제29조(재해보험사업자에게 재해보험사업에 관한 업무 처리 상황을 보고하게 하거나 관계 서류의 제출)에 따른 보고 또는 관계 서류 제출을 하지 아니하거나 보고 또는 관계 서류 제출을 거짓으로 한 자

④ ①, ②의 ㉠ 및 ③에 따른 과태료는 '농림축산식품부장관 또는 해양수산부장관'이, ②의 ㉡ 및 ㉢에 따른 과태료는 '금융위원회'가 '대통령령'으로 정하는 바에 따라 각각 부과·징수한다. 즉, ②의 ㉡ 및 ㉢에 따른 과태료의 경우에만 '금융위원회'가 부과·징수한다.

(2) 과태료의 부과기준(시행령 제23조 별표 3)

① 일반기준

㉠ 농림축산식품부장관, 해양수산부장관 또는 금융위원회는 위반행위의 정도, 위반횟수, 위반행위의 동기와 그 결과 등을 고려하여 개별기준에 따른 해당 과태료 금액을 2분의 1의 범위에서 줄이거나 늘릴 수 있다.

㉡ 다만, 늘리는 경우에도 (1)의 과태료 금액의 상한을 초과할 수 없다.

② 개별기준

위반행위		과태료
㉠ 재해보험사업자가 제10조 제2항에서 준용하는 「보험업법」 제95조(보험안내자료)를 위반하여 보험안내를 한 경우		1,000만원
㉡ 제10조 제2항에서 준용하는 「보험업법」 제95조(보험안내자료)를 위반하여 보험안내를 한 자로서 재해보험사업자가 아닌 자		500만원
㉢ 제10조 제2항에서 준용하는 「보험업법」 제97조 제1항 또는 「금융소비자 보호에 관한 법률」 제21조를 위반하여 보험계약의 체결 또는 모집에 관한 금지행위를 한 자		300만원
재해보험사업자의 발기인, 설립위원, 임원, 집행간부, 일반간부직원, 파산관재인 및 청산인	㉣ 「보험업법」 제120조에 따른 '책임준비금'과 '비상위험준비금'을 계상하지 아니하거나 이를 따로 작성한 장부에 각각 기재하지 아니한 경우	500만원
	㉤ 「보험업법」 제131조 제1항·제2항 및 제4항에 따른 "금융위원회"의 '명령'을 위반한 경우	300만원
	㉥ 제18조 제1항에서 적용하는 「보험업법」 제133조에 따른 "금융위원회"의 '자료 제출 및 검사' 등을 거부·방해 또는 기피한 경우	200만원
㉦ 제29조(재해보험사업자에게 재해보험사업에 관한 업무 처리 상황을 보고하게 하거나 관계 서류의 제출)에 따른 보고 또는 관계 서류 제출을 하지 아니하거나 보고 또는 관계 서류 제출을 거짓으로 한 자		300만원

농업재해보험 손해평가요령 (행정규칙)

제1절 목적 및 용어

1 목적

이 요령은 「농어업재해보험법」에 따른 손해평가에 필요한 세부사항을 규정함을 목적으로 한다 (제1조).

2 용어의 정의

이 요령에서 사용하는 용어의 정의는 다음과 같다(제2조).

(1) 손해평가

손해평가라 함은 농어업재해에 따른 피해가 발생한 경우 농어업재해보험법에 따라 '손해평가인, 손해평가사 또는 손해사정사가 그 '피해사실'을 '확인하고 평가'하는 일련의 과정을 말한다.

(2) 손해평가인

손해평가인이라 함은 「농어업재해보험법」과 「농어업재해보험법 시행령」에서 정한 자 중에서 '재해보험사업자'가 '위촉'하여 손해평가업무를 담당하는 자를 말한다.

(3) 손해평가사

손해평가사라 함은 「농어업재해보험법」에 따른 손해평가사 자격시험에 합격한 자를 말한다.

(4) 손해평가보조인

손해평가보조인이라 함은 (1)에서 정한 손해평가 업무를 보조하는 자를 말한다.

(5) 농업재해보험

농업재해보험이란 「농어업재해보험법」에 따른 농작물재해보험, 임산물재해보험 및 가축재해보험 을 말한다.

| 제2절 | **손해평가인** |

1 손해평가인의 업무

(1) 수행업무

손해평가인은 다음의 업무를 수행한다(제3조 제1항).

> ① 피해사실 확인
> ② 보험가액 및 손해액 평가
> ③ 그 밖에 손해평가에 관하여 필요한 사항

(2) 손해평가인증의 제시

손해평가인은 손해평가의 임무를 수행하기 전에 보험가입자("피보험자"를 포함한다)에게 '손해평 가인증'을 '제시'하여야 한다(제3조 제2항).

2 손해평가인 위촉

(1) 손해평가인증의 발급

재해보험사업자는 손해평가인을 위촉한 경우에는 그 자격을 표시할 수 있는 손해평가인증을 발급 하여야 한다(제4조 제1항).

(2) 적정규모의 손해평가인 위촉

재해보험사업자는 피해 발생 시 원활한 손해평가가 이루어지도록 농업재해보험이 실시되는 시·군·사치구별 보험가입자의 수 등을 고려하여 적정규모의 손해평가인을 위촉하여야 한다(제4조 제2항).

(3) 손해평가보조인의 운용

재해보험사업자 및 재해보험사업자의 손해평가 업무를 위탁받은 자는 손해평가 업무를 원활히 수 행하기 위하여 손해평가보조인을 운용할 수 있다(제4조 제3항).

3 손해평가인 실무교육

(1) '재해보험사업자'는 위촉된 손해평가인을 대상으로 농업재해보험에 관한 기초지식, 보험상품 및 약 관, 손해평가의 방법 및 절차 등 손해평가에 필요한 '실무교육'을 실시하여야 한다(제5조 제1항).

(2) 실무교육 대상자인 손해평가인에 대하여 '재해보험사업자'는 '소정의 교육비'를 지급할 수 있다(제 5조 제3항).

4 손해평가인 정기교육

(1) 손해평가인 정기교육의 세부내용

농어업재해보험법에 따른 손해평가인 정기교육의 세부내용은 다음과 같다(제5조의2 제1항).

① 농업재해보험에 관한 기초지식

　농어업재해보험법 제정 배경·구성 및 조문별 주요 내용, 농업재해보험 사업현황

② 농업재해보험의 종류별 약관

　농업재해보험 상품 주요내용 및 약관 일반 사항

③ 손해평가의 절차 및 방법

　농업재해보험 손해평가 개요, 보험목적물별 손해평가기준 및 피해유형별 보상사례

④ 피해유형별 현지조사표 작성 실습

(2) 소정의 교육비 지급

'재해보험사업자'는 정기교육 대상자에게 '소정의 교육비'를 지급할 수 있다(제5조의2 제1항).

5 손해평가인 위촉의 취소 및 해지 등

(1) 위촉의 취소

재해보험사업자는 손해평가인이 다음의 '어느 하나에 해당'하게 되거나 '위촉 당시에 해당하는 자이었음이 판명된 때'에는 그 위촉을 취소하여야 한다(제6조 제1항).

> ① 피성년후견인 또는 피한정후견인
> ② 파산선고를 받은 자로서 복권되지 아니한 자
> ③ 법 제30조에 의하여 벌금 이상의 형을 선고받고 그 집행이 종료(집행이 종료된 것으로 보는 경우를 포함)되거나 집행이 면제된 날로부터 2년이 경과되지 아니한 자
> ④ 위촉이 취소된 후 2년이 경과하지 아니한 자
> ⑤ 거짓 그 밖의 부정한 방법으로 손해평가인으로 위촉된 자
> ⑥ 업무정지 기간 중에 손해평가업무를 수행한 자

(2) 위촉의 해지 또는 업무정지

재해보험사업자는 손해평가인이 다음의 어느 하나에 해당하는 때에는 '6개월 이내의 기간'을 정하여 그 업무의 정지를 명하거나 위촉 해지 등을 할 수 있다(제6조 제2항).

> ① 법 및 이 요령의 규정을 위반한 때(공정하고 객관적으로 손해평가를 아니하거나, 고의로 진실을 숨기거나 거짓으로 손해평가를 한 경우)
> ② 법 및 이 요령에 의한 명령이나 처분을 위반한 때
> ③ 업무수행과 관련하여 「개인정보 보호법」, 「신용정보의 이용 및 보호에 관한 법률」 등 정보보호와 관련된 법령을 위반한 때

(3) 청문의 실시

① '재해보험사업자'는 위촉을 취소하거나 업무의 정지를 명하고자 하는 때에는 손해평가인에게 '청문'을 실시하여야 한다(제6조 제3항 전단).

② 다만, 손해평가인이 청문에 응하지 아니할 경우에는 '서면'으로 위촉을 취소하거나 업무의 정지를 '통보'할 수 있다(제6조 제3항 후단).

(4) 해촉 또는 업무정지의 서면통지

'재해보험사업자'는 손해평가인을 '해촉'하거나 손해평가인에게 '업무의 정지'를 명한 때에는 '지체없이' 이유를 기재한 '문서'로 그 뜻을 손해평가인에게 '통지'하여야 한다(제6조 제4항).

(5) 업무정지와 위촉 해지 등의 세부기준(제6조 제5항 별표 3)

① 일반기준

㉠ 위반행위가 둘 이상인 경우로서 각각의 처분기준이 다른 경우에는 그중 무거운 처분기준을 적용한다. 다만, 각각의 처분기준이 업무정지인 경우에는 무거운 처분기준의 2분의 1까지 가중할 수 있으며, 이 경우 업무정지 기간은 6개월을 초과할 수 없다.

㉡ 위반행위의 횟수에 따른 제재조치의 기준은 최근 1년간 같은 위반행위로 제재조치를 받는 경우에 적용한다. 이 경우 제재조치 기준의 적용은 같은 위반행위에 대하여 최초로 제재조치를 한 날과 다시 같은 위반행위로 적발한 날을 기준으로 한다.

㉢ 위반행위의 내용으로 보아 고의성이 없거나 특별한 사유가 인정되는 경우에는 그 처분을 업무정지의 경우에는 2분의 1의 범위에서 경감할 수 있고, 위촉해지인 경우에는 업무정지 6개월로, 경고인 경우에는 주의 처분으로 경감할 수 있다.

② 개별기준

위반행위		처분기준		
		1차	2차	3차
㉠ 법 및 이 요령의 규정을 위반한 때	고의 또는 중대한 과실로 손해평가의 신뢰성을 크게 악화시킨 경우	위촉해지		
	고의로 진실을 숨기거나 거짓으로 손해평가를 한 경우	위촉해지		
	정당한 사유 없이 손해평가반 구성을 거부하는 경우	위촉해지		
	현장조사 없이 보험금 산정을 위해 손해평가행위를 한 경우	위촉해지		
	현지조사서를 허위로 작성한 경우	위촉해지		
	검증조사 결과 부당·부실 손해평가로 확인된 경우	경고	업무정지 3개월	위촉해지
	기타 업무수행상 과실로 손해평가의 신뢰성을 약화시킨 경우	주의	경고	업무정지 3개월

ⓒ 법 및 이 요령에 의한 명령이나 처분을 위반한 때	업무정지 6개월	위촉해지	
ⓒ 업무수행과 관련하여 「개인정보 보호법」, 「신용정보의 이용 및 보호에 관한 법률」 등 정보보호와 관련된 법령을 위반한 때	위촉해지		

6 손해사정사 제재의 구체적 기준 마련

'재해보험사업자'는 「보험업법」에 따른 '손해사정사'가 「농어업재해보험법」 등 관련 규정을 위반한 경우 적정한 제재가 가능하도록 각 제재의 구체적 적용기준을 마련하여 시행하여야 한다(제6조 제6항).

제3절 손해평가반과 손해평가

1 손해평가반 및 교차손해평가

(1) 손해평가반

① 손해평가반 구성

㉠ 재해보험사업자는 손해평가를 하는 경우에는 손해평가반을 구성하고 손해평가반별로 평가일정계획을 수립하여야 한다(제8조 제1항).

㉡ 손해평가반은 다음의 어느 하나에 해당하는 자를 1인 이상 포함하여 '5인 이내'로 구성한다(제8조 제2항).

> ⓐ 손해평가인
> ⓑ 손해평가사
> ⓒ 「보험업법」에 따른 손해사정사

② 손해평가반 구성에서 배제되는 자

다음의 어느 하나에 해당하는 손해평가에 대하여는 해당자를 손해평가반 구성에서 배제하여야 한다(제8조 제3항).

> ㉠ 자기 또는 자기와 생계를 같이 하는 친족(이하 "이해관계자"라 한다)이 가입한 보험계약에 관한 손해평가
> ㉡ 자기 또는 이해관계자가 모집한 보험계약에 관한 손해평가

> ⓒ 직전 손해평가일로부터 30일 이내의 보험가입자 간 상호 손해평가
> ⓔ 자기가 실시한 손해평가에 대한 검증조사 및 재조사

(2) 교차손해평가

① 교차손해평가 대상 선정

'재해보험사업자'는 공정하고 객관적인 손해평가를 위하여 교차손해평가가 필요한 경우 재해
보험 가입규모, 가입분포 등을 고려하여 교차손해평가 대상 시·군·구(자치구를 말한다)를
선정하여야 한다(제8조의2 제1항).

② 지역손해평가인 선발

재해보험사업자는 선정한 '시·군·구(자치구를 말한다) 내'에서 손해평가 경력, 타지역 조사
가능여부 등을 고려하여 교차손해평가를 담당할 '지역손해평가인'을 선발하여야 한다(제8조
의2 제2항).

③ 교차손해평가반 구성

교차손해평가를 위해 손해평가반을 구성할 경우에는 '지역손해평가인' 1인 이상이 포함되어야
한다. 다만, 거대재해 발생, 평가인력 부족 등으로 신속한 손해평가가 불가피하다고 판단되는
경우 그러하지 아니할 수 있다(제8조의2 제3항).

2 손해평가실시

(1) 피해사실 확인

① 보험가입자가 보험책임기간 중에 피해발생 통지를 한 때에는 재해보험사업자는 손해평가반으
로 하여금 지체 없이 보험목적물의 피해사실을 확인하고 손해평가를 실시하게 하여야 한다(제
9조 제1항).

② 손해평가반이 손해평가를 실시할 때에는 재해보험사업자가 해당 보험가입자의 보험계약사항
중 손해평가와 관련된 사항을 손해평가반에게 통보하여야 한다(제9조 제2항).

(2) 현지조사서 배부

① 재해보험사업자는 손해평가반이 실시한 손해평가결과를 기록할 수 있도록 '현지조사서'를 마
련하여야 한다(제10조 제1항).

② 재해보험사업자는 손해평가를 실시하기 전에 '현지조사서'를 손해평가반에 '배부'하고 손해평
가시의 주의사항을 '숙지'시킨 후 손해평가에 임하도록 하여야 한다(제10조 제2항).

(3) 손해평가결과 제출

① '손해평가반'은 '현지조사서'에 손해평가 결과를 정확하게 작성하여 '보험가입자'에게 이를 '설
명'한 후 '서명'을 받아 재해보험사업자에게 제출하여야 한다(제10조 제3항 전단).

② 다만, 보험가입자가 정당한 사유 없이 서명을 거부하는 경우 손해평가반은 보험가입자에게 손해평가 결과를 통지한 후 '서명 없이' 현지조사서를 재해보험사업자에게 제출하여야 한다(제10조 제3항 단서).

(4) 보험가입자의 손해평가 거부

손해평가반은 보험가입자가 정당한 사유 없이 손해평가를 거부하여 손해평가를 실시하지 못한 경우에는 "그 피해를 인정할 수 없는 것으로 평가한다"는 사실을 보험가입자에게 '통지'한 후 '현지조사서'를 재해보험사업자에게 '제출'하여야 한다(제10조 제4항).

(5) 재조사

재해보험사업자는 보험가입자가 손해평가반의 손해평가결과에 대하여 '설명' 또는 '통지'를 받은 날로부터 '7일 이내'에 손해평가가 잘못되었음을 증빙하는 서류 또는 사진 등을 제출하는 경우 재해보험사업자는 '다른 손해평가반'으로 하여금 '재조사'를 실시하게 할 수 있다(제10조 제5항).

3 손해평가결과 검증과 재조사

(1) 검증조사

① '재해보험사업자' 및 재해보험사업의 '재보험사업자'의 검증조사
   '재해보험사업자' 및 재해보험사업의 '재보험사업자'는 손해평가반이 실시한 손해평가결과를 확인하기 위하여 손해평가를 실시한 보험목적물 중에서 일정수를 '임의 추출'하여 '검증조사'를 할 수 있다(제11조 제1항).

② 농림축산식품부장관의 지시에 의한 검증조사
   '농림축산식품부장관'은 '재해보험사업자'로 하여금 검증조사를 하게 할 수 있으며, 재해보험사업자는 특별한 사유가 없는 한 이에 응하여야 한다(제11조 제2항).

③ 보험가입자의 검증조사 거부
   보험가입자가 정당한 사유 없이 '검증조사'를 '거부'하는 경우 검증조사반은 "검증조사가 불가능하여 손해평가 결과를 확인할 수 없다"는 사실을 보험가입자에게 '통지'한 후 검증조사결과를 작성하여 재해보험사업자에게 '제출'하여야 한다(제11조 제4항).

(2) 재조사

검증조사결과 '현저한 차이'가 발생되어 '재조사가 불가피하다고 판단'될 경우에는 해당 손해평가반이 조사한 전체 보험목적물에 대하여 '재조사'를 할 수 있다(제11조 제3항).

4 손해평가 단위

(1) 보험목적물별 손해평가 단위(제12조 제1항)

보험목적물별 손해평가 단위는 다음과 같다.

> ① 농작물 : 농지별
> ② 가축 : 개별가축별(단, 벌은 벌통 단위)
> ③ 농업시설물 : 보험가입 목적물별

(2) 농지의 기준(제12조 제2항)

① '하나의 보험가입금액'에 해당하는 토지로 필지(지번) 등과 관계없이 농작물을 재배하는 하나의 경작지를 말한다.

② 방풍림, 돌담, 도로(농로 제외) 등에 의해 구획된 것 또는 동일한 울타리, 시설 등에 의해 구획된 것을 하나의 농지로 한다.

③ 다만, 경사지에서 보이는 돌담 등으로 구획되어 있는 면적이 극히 작은 것은 동일작업 단위 등으로 정리하여 하나의 농지에 포함할 수 있다.

| 제4절 | 농작물의 보험가액 및 보험금 산정 |

1 농작물의 보험가액 및 보험금 산정

(1) 농작물에 대한 「보험가액」 산정

농작물에 대한 보험가액 산정은 다음 각 호와 같다(제13조).

① 특정위험방식 보험가액

　㉠ 적과후 착과수조사를 통해 산정한 '기준수확량'에 '보험가입 당시의 단위당 가입가격'을 곱하여 산정한다.

> 기준수확량 × 보험가입 당시의 단위당 가입가격

　㉡ 다만, '인삼'은 '가입면적'에 '보험가입 당시의 단위당 가입가격'을 곱하여 산정하되, 보험가액에 영향을 미치는 가입면적, 연근 등이 가입 당시와 다를 경우 변경할 수 있다.

> 가입면적 × 보험가입 당시의 단위당 가입가격

② 적과전 종합위험방식의 보험가액

　적과후 착과수조사를 통해 산정한 '기준수확량'에 '보험가입 당시의 단위당 가입가격'을 곱하여 산정한다.

> 기준수확량 × 보험가입 당시의 단위당 가입가격

③ 종합위험방식 보험가액

㉠ 보험증권에 기재된 보험목적물의 '평년수확량'에 '보험가입 당시의 단위당 가입가격'을 곱하여 산정한다.

> 평년수확량 × 보험가입 당시의 단위당 가입가격

㉡ 다만, 보험가액에 영향을 미치는 가입면적, 주수, 수령, 품종 등이 가입 당시와 다를 경우 변경할 수 있다.

④ 생산비보장의 보험가액

㉠ '작물별'로 '보험가입 당시 정한 보험가액'을 기준으로 산정한다.

> 작물별 보험가입 당시의 단위당 가입가격 기준

㉡ 다만, 보험가액에 영향을 미치는 가입면적 등이 가입당시와 다를 경우 변경할 수 있다.

⑤ 나무손해보장의 보험가액

기재된 보험목적물이 나무인 경우로 최초 보험사고 발생 시의 해당 농지 내에 심어져 있는 '과실생산이 가능한 나무 수(피해 나무 수 포함)'에 '보험가입 당시의 나무당 가입가격'을 곱하여 산정한다.

> 과실생산이 가능한 나무 수(피해 나무 수 포함) × 보험가입 당시의 나무당 가입가격

(2) 농작물에 대한 「보험금」 산정

농작물에 대한 보험금 산정은 다음(별표 1)과 같다. 다만, '보험가액'이 '보험가입금액'보다 적을 경우에는 '보험가액'에 의하며, 기타 세부적인 내용은 재해보험사업자가 작성한 손해평가 업무방법서에 따름

① 특정위험방식

㉠ 보장범위 : 인삼 – 인삼

㉡ [산정내용]

$$\text{보험가입금액} \times (\text{피해율}^* - \text{자기부담비율})$$

$$^* \text{피해율} = \left(1 - \frac{\text{수확량}}{\text{연근별기준수확량}}\right) \times \frac{\text{피해면적}}{\text{재배면적}}$$

② 적과전 종합위험 방식

㉠ 보장범위 : 착과감소

[산정내용]

$$(\text{착과감소량} - \text{미보상감수량} - \text{자기부담감수량}) \times \text{가입가격} \times 80\%$$

ⓛ 보장범위 : 과실손해

[산정내용]

> (적과종료 이후 누적감수량 – 미보상감수량 – 자기부담감수량) × 가입가격

ⓒ 보장범위 : 나무손해

[산정내용]

> 보험가입금액 × (피해율* – 자기부담비율)
> * 피해율 = 피해주수(고사된 나무) ÷ 실제결과주수

③ 종합위험방식

㉠ 보장범위 : 해가림 시설 – 인삼

[산정내용]

ⓐ 보험가입금액이 보험가액과 같거나 클 때(보험가입금액 ≧ 보험가액)

> 손해액 – 자기부담금
> (「보험가입금액」을 한도로 손해액에서 자기부담금을 차감한 금액)

ⓑ 보험가입금액이 보험가액보다 작을 때(보험가입금액 < 보험가액)

> (손해액 – 자기부담금) × (보험가입금액 ÷ 보험가액)

㉡ 보장범위 : 비가림 시설

[산정내용]

> MIN(손해액 – 자기부담금, 보험가입금액)

㉢ 보장범위 : 수확감소 – 옥수수 외

[산정내용]

> 보험가입금액 × (피해율* – 자기부담비율)
> * 피해율(벼·감자·복숭아 제외) = (평년수확량 – 수확량 – 미보상감수량) ÷ 평년수확량
> * 피해율(벼) = (보장수확량 – 수확량 – 미보상감수량) ÷ 보장수확량
> * 피해율(감자·복숭아) = {(평년수확량 – 수확량 – 미보상감수량) + 병충해감수량} ÷ 평년수확량

㉣ 보장범위 : 수확감소 – 옥수수

[산정내용]

> MIN(보험가입금액, 손해액*) – 자기부담금**
> *손해액 = 피해수확량 × 가입가격
> **자기부담금 = 보험가입금액 × 자기부담비율

PART 02

ⓜ 보장범위 : **수확량감소 추가보장**

　[산정내용]

> **보험가입금액 × (피해율 × 10%)**
>
> 단, 피해율이 자기부담비율을 초과하는 경우에 한함
>
> *피해율 = (평년수확량 − 수확량 − 미보상감수량) ÷ 평년수확량

ⓑ 보장범위 : **나무손해**

　[산정내용]

> **보험가입금액 × (피해율* − 자기부담비율)**
>
> *피해율 = 피해주수(고사된 나무) ÷ 실제결과주수

ⓢ 보장범위 : **이앙·직파 불능 – 벼**

　[산정내용]

> **보험가입금액 × 10%**

ⓞ 보장범위 : **재이앙·재직파 – 벼**

　[산정내용]

> **보험가입금액 × 25% × 면적피해율***
>
> 단, 면적피해율이 10%를 초과하고 재이앙(재직파) 한 경우
>
> *면적피해율 = 피해면적 ÷ 보험가입면적

ⓩ 보장범위 : **재파종 – 마늘**

　[산정내용]

> **보험가입금액 × 35% × 표준출현피해율***
>
> 단, 10a당 출현주수가 30,000주보다 작고, 10a당 30,000주 이상으로 재파종한 경우에 한함
>
> *표준출현피해율(10a기준) = (30,000 − 출현주수) ÷ 30,000

ⓧ 보장범위 : **재정식 – 양배추**

　[산정내용]

> **보험가입금액 × 20% × 면적피해율***
>
> 단, 면적피해율이 자기부담비율을 초과하는 경우에 한함
>
> *면적피해율 = 피해면적 ÷ 보험가입면적

ⓚ 보장범위 : **경작불능**

　[산정내용]

> **보험가입금액 × 일정비율(자기부담비율에 따라 비율 상이)**

ⓔ 보장범위 : **수확불능 - 벼**
[산정내용]

> 보험가입금액 × 일정비율(자기부담비율에 따라 비율 상이)

ⓓ 보장범위 : **생산비 보장**

ⓐ [산정내용] - **브로콜리**

> (잔존보험가입금액* × 경과비율 × 피해율) - 자기부담금**
>
> *잔존보험가입금액 = 보험가입금액 - 보상액(기 발생 생산비보장보험금 합계액)
> **자기부담금 = 잔존보험가입금액 × 계약 시 선택한 비율

ⓑ [산정내용] - **고추**(시설 고추 제외)

> • 병충해가 없는 경우 : (잔존보험가입금액 × 경과비율 × 피해율*) - 자기부담금**
> • 병충해가 있는 경우 : (잔존보험가입금액 × 경과비율 × 피해율* × 병충해 등급별 인정비
> 율) - 자기부담금**
> *피해율 = 피해비율 × 손해정도비율 × (1 - 미보상비율)
> **자기부담금 = 잔존보험가입금액 × 계약 시 선택한 비율

ⓒ [산정내용] - **배추**, **파**, **무**, **단호박**, **당근**(시설 무 제외)

> 보험가입금액 × (피해율* - 자기부담비율)
> *피해율 = 피해비율 × 손해정도비율

ⓓ [산정내용] - **메밀**

> 보험가입금액 × (피해율* - 자기부담비율)
> *피해율 = 피해면적(㎡)** ÷ 재배면적(㎡)
> **피해면적 = (도복으로 인한 피해면적 × 70%) + (도복 이외 피해면적 × 손해정도비율)

ⓔ [산정내용] - **시설작물**

> 보험가입면적 × 피해작물 단위면적당 보장생산비 × 경과비율 × 피해율
> *피해율 = 재배비율 × 피해비율 × 손해정도비율
> ※ 단, 장미, 부추, 버섯은 별도로 구분하여 산출

ⓗ 보장범위 : **농업시설물 · 버섯재배사 · 부대시설**
[산정내용]
1사고마다 '재조달가액' 기준으로 계산한 '손해액'에서 '자기부담금'을 차감한 금액에 보험
증권에 기재된 '보상비율'(50% ~ 100%, 10% 단위) 만큼을 보험가입금액 내에서 보상

> Min(손해액 − 자기부담금, 보험가입금액) × 보상비율
>
> ※ 다만, 보험의 목적이 손해를 입은 장소에서 실제로 수리 또는 복구를 하지 않은 때에는 재조달
> 가액에 의한 보상을 하지 않고 시가(감가상각된 금액)로 보상

㉮ 보장범위 : **과실손해보장**

가. [산정내용] − **무화과**

> 보험가입금액 × (피해율* − 자기부담비율)
>
> *피해율(7월 31일 이전에 사고가 발생한 경우) = (평년수확량 − 수확량 − 미보상감수량)
> ÷ 평년수확량
>
> *피해율(8월 1일 이후에 사고가 발생한 경우) = (1 − 수확전사고 피해율) × 경과비율 ×
> 결과지 피해율

나. [산정내용] − **복분자**

> 보험가입금액 × (피해율* − 자기부담비율)
>
> *피해율 = 고사결과모지수 ÷ 평년결과모지수

다. [산정내용] − **오디**

> 보험가입금액 × (피해율* − 자기부담비율)
>
> *피해율 = (평년결실수 − 조사결실수 − 미보상감수결실수) ÷ 평년결실수

라. [산정내용(**과실손해보험금**)] − **감귤**

> 과실손해보험금 = 손해액* − 자기부담금**
>
> *손해액 = 보험가입금액 × 피해율***
>
> **자기부담금 = 보험가입금액 × 자기부담비율
>
> ***피해율 = (등급내 피해과실수 + 등급외 피해과실수 × 70%) ÷ 기준과실수

마. [산정내용(**동상해손해보험금**)] − **감귤**

> 동상해손해보험금 = 손해액* − 자기부담금**
>
> *손해액 = 보험가입금액 − {(보험가입금액 × 기사고피해율)} × 수확기 잔존비율 × 동상해
> 피해율***
>
> **자기부담금 = |보험가입금액 × min(주계약피해율 − 자기부담비율, 0)|
>
> ***동상해 피해율 = 수확기 동상해 피해과실수 ÷ 기준과실수

㉯ 보장범위 : 과실손해 추가보장

[산정내용] - 감귤

> 보험가입금액 × (피해율* × 10%)
>
> 단, 손해액이 자기부담금을 초과하는 경우에 한함
>
> *피해율 = (등급내 피해과실수 + 등급외 피해과실수×70%) ÷ 기준과실수

㉰ 보장범위 : 농업수입감소

[산정내용]

> 보험가입금액 × (피해율* - 자기부담비율)
>
> *피해율 = (기준수입 - 실제수입) ÷ 기준수입

(3) 손해수량에 대한 품목별·재해별·시기별 조사방법

농작물의 손해수량에 대한 품목별·재해별·시기별 조사방법은 다음(별표 2)과 같다.

① 특정위험방식 상품 - 인삼

생육시기	재해	조사내용	조사시기	조사방법
보험기간	태풍(강풍)·폭설·집중호우·침수·화재·우박·냉해·폭염	수확량조사	피해 확인이 가능한 시기	• 보상하는 재해로 인하여 감소된 수확량 조사 • 조사방법 : 전수조사 또는 표본조사

② 적과전 종합위험방식 상품 - 사과, 배, 단감, 떫은감

생육시기	재해	조사내용	조사시기	조사방법	비고
보험계약체결일 ~ 적과전	보상하는 재해 전부	피해사실확인 조사	사고접수후 지체 없이	보상하는 재해로 인한 피해발생여부 조사	피해사실이 명백한 경우 생략 가능
	우박			우박으로 인한 유과(어린과실) 및 꽃(눈)등의 타박비율 조사 • 조사방법 : 표본조사	적과종료 이전 특정위험 5종 한정 보장 특약 가입건에 한함
6월 1일 ~ 적과전	태풍(강풍), 우박, 집중호우, 화재, 지진			보상하는 재해로 발생한 낙엽피해 정도 조사 - 단감·떫은감에 대해서 실시 • 조사방법 : 표본조사	
적과후	-	적과후 착과수 조사	적과종료 후	보험가입금액의 결정 등을 위하여 해당 농지의 적과종료 후 총 착과 수를 조사 • 조사방법 : 표본조사	피해와 관계없이 전 과수원 조사

생육시기	재해	조사내용	조사시기	조사방법	비 고

적과후 ~ 수확기 종료	보상하는 재해	낙과피해 조사	사고접수 후 지체 없이	재해로 인하여 떨어진 피해과 실수 조사 – 낙과피해조사는 보험약관 에서 정한 과실피해분류기 준에 따라 구분하여 조사 • 조사방법 전수조사 또는 표본조사	
				낙엽률 조사(우박 및 일소 제외) – 낙엽피해정도 조사 • 조사방법 : 표본조사	단감 · 떫은감
	우박, 일소, 가을동상 해	착과피해 조사	수확 직전	재해로 인하여 달려있는 과실 의 피해과실수 조사 – 착과피해조사는 보험약관 에서 정한 과실피해분류기 준에 따라 구분하여 조사 • 조사방법 : 표본조사	
수확 완료 후 ~ 보험종기	보상하는 재해 전부	고사나무 조사	수확완료 후 보험 종기 전	보상하는 재해로 고사되거나 또는 회생이 불가능한 나무 수 를 조사 – 특약 가입 농지만 해당 • 조사방법 : 전수조사	수확완료 후 추가 고사나무가 없는 경우 생략 가능

* '전수조사'는 조사대상 목적물을 전부 조사하는 것을 말하며, '표본조사'는 손해평가의 효율
성 제고를 위해 재해보험사업자가 통계이론을 기초로 산정한 조사표본에 대해 조사를 실시
하는 것을 말한다.
③ 종합위험방식 상품(농업수입보장 포함)
㉠ 해가림시설·비가림시설 및 원예시설

생육시기	재해	조사내용	조사시기	조사방법	비 고
보험 기간 내	보상하는 재해 전부	해가림 시설조사	사고접수 후 지체 없이	보상하는 재해로 인하여 손해를 입은 시설 조사 • 조사방법 : 전수조사	인삼
		비가림 시설조사			
		시설조사			원예시설, 버섯재배사

ⓒ 수확감소보장·과실손해보장 및 농업수입보장

생육시기	재해	조사내용	조사시기	조사방법	비 고
수확 전	보상하는 재해 전부	피해사실 확인 조사	사고접수 후 지체 없이	보상하는 재해로 인한 피해발생 여부 조사(피해사실이 명백한 경우 생략 가능)	
		이앙(직파) 불능피해 조사	이앙 한계일 (7.31.) 이후	이앙(직파)불능 상태 및 통상적인 영농활동 실시 여부 조사 • 조사방법 : 전수조사 또는 표본조사	벼만 해당
		재이앙 (재직파) 조사	사고접수 후 지체 없이	해당 농지에 보상하는 손해로 인하여 재이앙(재직파)이 필요한 면적 또는 면적비율 조사 • 조사방법 : 전수조사 또는 표본조사	벼만 해당
		재파종 조사	사고접수 후 지체 없이	해당 농지에 보상하는 손해로 인하여 재파종이 필요한 면적 또는 면적비율 조사 • 조사방법 : 전수조사 또는 표본조사	마늘만 해당
		재정식 조사	사고접수 후 지체 없이	해당 농지에 보상하는 손해로 인하여 재정식이 필요한 면적 또는 면적비율 조사 • 조사방법 : 전수조사 또는 표본조사	양배추만 해당
		경작불능 조사	사고접수 후 지체 없이	해당 농지의 피해면적비율 또는 보험목적인 식물체 피해율 조사 • 조사방법 : 전수조사 또는 표본조사	벼·밀, 밭작물 (차 제외), 복분자만 해당
		과실손해 조사	수정완료 후	살아있는 결과모지수 조사 및 수정불량(송이) 피해율 조사 • 조사방법 : 표본조사	복분자만 해당
			결실완료 후	결실수 조사 • 조사방법 : 표본조사	오디만 해당
		수확 전 사고조사	사고접수 후 지체 없이	표본주의 과실 구분 • 조사방법 : 표본조사	감귤만 해당

PART 02

시기	재해	조사 종류	조사 시기	조사 내용	비고
수확 직전	–	착과수 조사	수확직전	해당 농지의 최초 품종 수확 직전 총 착과수를 조사 – 피해와 관계없이 전 과수원 조사 • 조사방법 : 표본조사	포도, 복숭아, 자두만 해당
	보상하는 재해 전부	수확량 조사	수확직전	사고 발생 농지의 수확량 조사 • 조사방법 : 전수조사 또는 표본조사	
		과실 손해조사	수확직전	사고 발생 농지의 과실피해조사 • 조사방법 : 표본조사	무화과, 감귤만 해당
수확 시작 후 ~ 수확 종료	보상하는 재해 전부	수확량 조사	조사 가능일	사고 발생 농지의 수확량조사 • 조사방법 : 표본조사	차(茶)만 해당
			사고접수 후 지체 없이	사고 발생 농지의 수확 중의 수확량 및 감수량의 확인을 통한 수확량조사 • 조사방법 : 전수조사 또는 표본 조사	
		동상해 과실 손해조사	사고접수 후 지체 없이	표본주의 착과피해 조사 (12월 1일 ~ 익년 2월 말일 사고 건에 한함) • 조사방법 : 표본조사	감귤만 해당
		수확불능 확인 조사	조사 가능일	사고 발생 농지의 제현율 및 정상 출하 불가 확인 조사 • 조사방법 : 전수조사 또는 표본조사	벼만 해당
	태풍 (강풍), 우박	과실 손해조사	사고접수 후 지체 없이	전체 열매수(전체 개화수) 및 수확 가능 열매수 조사 (6월 1일 ~ 6월 20일 사고 건에 한함) • 조사방법 : 표본조사	복분자만 해당
				표본주의 고사 및 정상 결과지 수 조사 • 조사방법 : 표본조사	무화과만 해당
수확완료 후 ~ 보험종기	보상하는 재해 전부	고사나무 조사	수확완료 후 보험 종기 전	보상하는 재해로 고사되거나 또는 회생이 불가능한 나무 수를 조사 – 특약 가입 농지만 해당 • 조사방법 : 전수조사	수확완료 후 추가 고사 나무가 없는 경우 생략 가능

◦ 제현율 製玄率 brown rice recovery : 정조를 현미기를 이용하여 현미와 왕겨로 분리하게 되는데 이를 제현이라 하며 정조에서 현미가 나오는 중량비를 제현율 또는 현미율이라 한다. 이는 품종과 작황에 따라 다르나 대체로 80% 내외이다. 벼 50g을 시료로 채취하여 완전 탈부*시킨 후 현미만을 정선한 다음 규정된 1.6mm 줄체를 사용하여 현미를 체로 분리한 다음 체를 통과한 것 중에서 활성현미만을 가려내어 체의 위에 남은 현미의 무게와 체를 통과한 현미 중 활성현미의 무게를 시료의 무게로 나눈 값으로 벼의 품위와 관련된 용어이다.

* 탈부 脫稃 husking, dehulling, persiman hulling : 탈곡이나 제현과정에서 곡립으로 부터 왕겨와 같은 외피가 벗겨지는 것.

ⓒ 생산비 보장

생육시기	재해	조사내용	조사시기	조사방법	비고
정식 (파종) ~ 수확 종료	보상하는 재해 전부	생산비 피해조사	사고 발생 시마다	ⓐ 재배일정 확인 ⓑ 경과비율 산출 ⓒ 피해율 산정 ⓓ 병충해 등급별 인정비율 확인 (노지고추만 해당)	
수확 전	보상하는 재해 전부	피해사실 확인 조사	사고접수 후 지체 없이	보상하는 재해로 인한 피해발생 여부 조사(피해사실이 명백한 경우 생략 가능)	메밀, 단호박, 노지배추, 노지당근, 노지파, 노지무만 해당
		경작불능 조사	사고접수 후 지체 없이	해당 농지의 피해면적비율 또는 보험목적인 식물체 피해율 조사 • 조사방법 : 전수조사 또는 표본조사	
수확 직전		생산비 피해조사	수확직전	사고 발생 농지의 피해비율 및 손해정도 비율 확인을 통한 피해율 조사 • 조사방법 : 표본조사	

(4) 생육상황 조사

재해보험사업자는 손해평가반으로 하여금 재해발생 전부터 보험품목에 대한 평가를 위해 생육상황을 조사하게 할 수 있다. 이때 손해평가반은 조사결과 1부를 재해보험사업자에게 제출하여야 한다(제13조 제4항).

2 가축의 보험가액 및 손해액 산정

(1) 보험가액의 산정

가축에 대한 '보험가액'은 보험사고가 발생한 '때와 곳'에서 '평가한 보험목적물의 수량'에 '적용가격'을 곱하여 산정한다(제14조 제1항).

> 보험가액 = 평가한 보험목적물의 수량 × 적용가격

(2) 손해액 산정

가축에 대한 손해액은 보험사고가 발생한 '때와 곳'에서 '폐사 등 피해를 입은 보험목적물의 수량'에 '적용가격'을 곱하여 산정한다(제14조 제2항).

> 손해액 = 폐사 등 피해를 입은 보험목적물의 수량 × 적용가격

(3) 적용가격의 산정

'적용가격'은 보험사고가 발생한 '때와 곳'에서의 '시장가격 등'을 감안하여 보험약관에서 정한 방법에 따라 산정한다(제14조 제3항 전단).

> '시장가격 등'을 감안하여 약관에서 정한 방법에 따라 산정

(4) 약정에 의한 산정방식 우선

다만, 보험가입당시 보험가입자와 재해보험사업자가 "보험가액 및 손해액" 산정방식을 별도로 정한 경우'에는 '그 방법'에 따른다(제14조 제3항 후단).

3 농업시설물의 보험가액 및 손해액 산정

(1) 보험가액의 산정

농업시설물에 대한 보험가액은 보험사고가 발생한 '때와 곳'에서 평가한 피해목적물의 '재조달가액'에서 내용연수에 따른 감가상각률을 적용하여 계산한 '감가상각액'을 차감하여 산정한다(제15조 제1항).

> 보험가액 = 피해목적물의 '재조달가액' – '감가상각액'

(2) 손해액

농업시설물에 대한 손해액은 보험사고가 발생한 때와 곳에서 산정한 피해목적물의 '원상복구비용'을 말한다(제15조 제2항).

> 손해액 = 피해목적물의 '원상복구비용'

(3) 약정에 의한 산정방식 우선

보험가입 당시 보험가입자와 재해보험사업자가 "보험가액 및 손해액" '산정방식을 별도로 정한 경우'에는 그 방법에 따른다(제15조 제3항).

4 그 밖의 사항

(1) 손해평가업무방법서

재해보험사업자는 이 요령의 효율적인 운용 및 시행을 위하여 필요한 세부적인 사항을 규정한 손해평가업무방법서를 작성하여야 한다(제16조).

(2) 재검토기한

농림축산식품부장관은 이 고시에 대하여 2020년 1월 1일 기준으로 매 3년이 되는 시점(매 3년째의 12월 31일까지를 말한다)마다 그 타당성을 검토하여 개선 등의 조치를 하여야 한다(제17조).

재배의 기초

제1절 **용도에 의한 작물의 분류(일반적 분류)**

---

1 식용작물(보통작물, 식량작물)

　(1) 곡류(화곡류) – 미곡, 맥류, 잡곡　　　　(2) 두류　　　　　　(3) 서류

2 공예작물(특용작물)

　(1) 섬유작물　　　(2) 유료작물　　　(3) 전분작물　　　(4) 당료작물

　(5) 기호작물　　　(6) 방향(향기)작물　　(7) 염료작물　　　(8) 약용작물

3 사료작물(이용목적에 따른 분류)

　(1) 사일리지작물　(2) 청예작물　　　(3) 건초작물　　　(4) 방목작물

4 녹비작물(비료작물)

5 원예작물

---

1 식용작물 食用作物 [보통작물, 식량작물]

주식主食 또는 보조식량補助食糧 으로 이용되는 작물이다.

(1) 곡류 穀類 (화곡류 禾穀類)

알곡을 이용하는 작물이다.

　○ 화곡류 禾穀類 cereal crops, cereals : 녹말이 많은 종자를 식용으로 이용하는 화본과(벼과) 작물이다.

① **미곡** 米穀 rice : 벼 또는 쌀을 미곡이라 하며 논벼 水稻 수도 와 밭벼 陸稻 육도 로 구분하기도 한다. 화본과작물이다.

② **맥류** 麥類 barleys : 보리 종류의 작물을 통틀어 이르는 말이다.

　예 보리, 쌀보리, 밀, 호밀, 라이밀, 귀리 등

③ **잡곡** 雜穀 miscellaneous grain crop : 곡식작물 중 벼와 맥류를 제외한 모든 작물을 말한다.

　예 옥수수, 조[1], 메밀[2], 기장[3], 피[4] 등

(2) 두류 豆類

콩과에 속하는 작물이다.

예 콩, 강낭콩, 땅콩, 팥, 녹두[5], 완두 등

(3) 서류 薯類

감자나 고구마 등의 작물로 덩이줄기나 덩이뿌리를 이용하는 작물이다.

> • 세계 3대 식량작물 : 밀, 벼, 옥수수가 이에 해당한다.

1	2	3	4	5

검색

2 공예작물 工藝作物 (특용작물 特用作物)

작물을 가공하여 여러 가지 용도로 이용하기 위한 원료작물을 말한다.

(1) 섬유작물 纖柔作物

목화, 아마[1], 황마[2], 골풀[3], 모시풀[4], 닥나무[5], 대마(삼)[6] 등

(2) 유료작물 油料作物

참깨, 들깨, 유채, 땅콩, 해바라기, 홍화[7], 아주까리(피마자)[8], 기름야자[9] 등

(3) 전분작물 澱粉作物

고구마, 감자, 옥수수, 카사바[10] 등

(4) 당료작물 糖料作物

사탕수수[11], 사탕무[12], 사탕야자[13], 사탕단풍[14] 등

(5) 기호작물 嗜好作物

커피, 차, 담배, 카카오[15], 콜라[16] 등

(6) 방향(향기)작물 芳香作物

장미, 아카시아, 라벤더[17], 자스민(재스민)[18], 바닐라[19] 등

(7) 염료작물 染料作物

인도남(쪽)[20], 사프란(샤프란)[21], 이꽃(잇꽃)[22] 등

(8) 약용작물 藥用作物

인삼, 감초[23], 작약[24], 대황[25], 박하[26], 목단[27], 제충국[28], 양귀비[29], 호프[30] 등

3 사료작물 飼料作物

가축을 사육하는 데 필요한 작물이다.

(1) 구분

① 화본과 禾本科 벼과 : 옥수수, 귀리(연맥)[1], 티머시[2], 오처드그라스(오리새)[3] 등

> • 화본과 : 대부분 초본 草本 이지만 대나무와 같은 목본 木本 도 있다. 잎은 좁고 평행맥 平行脈 이 있
> 다. 잎자루는 원대를 둘러싸는 잎집으로 되지만 양쪽 가장자리가 합쳐지지 않고 위 끝에는 잎혀
> 葉舌 가 있다. 작은 이삭 小穗 은 1개 또는 다수의 작은 꽃으로 되며 원추꽃차례 또는 수상꽃차례에
> 달린다.

② 콩(두)과 : 앨펄퍼(알파파, 자주개자리)[4], 클로버[5] 토끼풀(화이트클로버, 레드클로버) 등
③ 기타 : 순무[6], 돼지감자[7] 등

(2) 이용목적에 따른 분류

① **사일리지** silage **작물** : 수분 함량이 많은 목초 牧草 류·야초 野草 류·풋베기작물·근채류 根菜類 등을 사일로 silo 한랭지대의 목초저장용 원탑형의 창고 에 저장하여 사일리지제조에 많이 사용되는 작물이다.

> ◦ 사일리지 : 옥수수의 줄기 잎, 쌀보리 등의 푸른 잎 혹은 채소쓰레기, 고구마 덩굴 따위를 잘게 썰어 사일로 silo 에 채워 젖산 발효시킨 다즙질 가축사료이며 '엔실리지' ensilage, '매초' 또는 '담근먹이' 라고도 한다.
> ◦ 목초류 : 말이나 소에게 먹이는 풀이다.
> ◦ 야초류 native herbs : 들에 저절로 나는 풀 草類 초류 이다(자생허브).
> ◦ 풋베기작물 : 작물의 잎이 파릇파릇할 때 잘라서 사용하는 것이다.
> ◦ 근채류 : 뿌리를 식용하는 채소를 통틀어 이르는 말로, 무, 당근, 우엉, 연근 따위가 있는데 모두 수분, 전분 따위의 함유량이 많다.

예 옥수수, 수수류, 호밀[8], 연맥(귀리), 보리, 벼, 이탈리안 라이그라스 Italian ryegrass 등

> ◦ 이탈리안 라이그라스 : 화본과의 월년생 또는 1년생의 화본과 상번형 목초로서 지중해지역이 원산지이나 지금은 세계에 널리 분포되어 있음. 비옥하고 습윤 濕潤 한 토양에서 잘 자라며 상번초이고 뿌리는 영구형 다발로 되어 있는 목초. 기호성 및 사료가치도 높다.

② **청예작물** 靑刈 베다 예 作物 : 줄기나 잎을 사료로 사용할 목적으로 재배하고 곡식이 익기 전에 베어서 생초를 그대로 또는 건초나 사일리지 형태로 이용하는 작물이다.

예 수단그라스 sudan grass, 옥수수, 연백, 호밀, 보리, 피, 대두 大豆 soy bean(콩), 완두, 소라콩, 유채, 해바라기 등

> ◦ 수단그라스 : 1년생 화본과 목초로서 아프리카가 원산지이다. 난지 暖地 의 건조한 토양에서 잘 자라고 재생력이 왕성하여 1년에 4 ~ 5회 예취가 가능하며, 생초나 건초 또는 사일리지 형태로 급여하나 어린 것에는 청산성분이 포함되어 있다.
> ◦ 연백 : 일반재배에서 자란 채소류는 잎, 줄기에 섬유소가 많아 다소 조악하고 쓴맛이 강하여 부드럽지 못하다. 그러므로 수확 전에 일정 기간 빛을 차단시켜 식물체의 엽록소를 분해하여 황화 또는 백화시켜 연하게 하는데, 이를 연백이라 한다. 연백을 시키기 위해서는 배추같이 묶어준다든지 또는 차광망을 친다든지 하는 방법이 있다.

③ **건초작물** 乾草作物 : 생초를 베어 들여서 수분함량이 15% 이하가 될 때까지 건조하여 저장한 사료작물이다.

> **예** 앨펄퍼(알파파), 티머시 등은 발효가 어려워 사일리지작물로는 적당하지 않으므로 건초작물로 사용된다.

④ **방목작물** 放牧作物 : 가축을 방목하여 사육하는 경우 생초 상태에서 먹이로 이용되는 작물이다.

> **예** 켄터키블루글라스, 톨페스큐[9] tall fescue, 토끼풀(라디노클로버) 등

○ 켄터키블루글라스 : 한지형 寒地型 잔디로서 한랭습윤지대, 전이지대, 한랭반 건조지대, 건조지대에 서도 관수만 잘 되면 잘 자란다.

4 녹비작물 綠肥作物 (비료작물)

식물의 줄기와 잎 등이 토양의 거름으로 사용되는 작물이다.

(1) 화본과 禾本科 벼과

세포벽에 물질의 함량이 높고 질소함량이 낮아서 토양의 물리적 특성을 개량하는 데에 효과가 높은 작물이다.

예 호밀, 녹비보리, 풋베기귀리, 수수 등

(2) 콩과 豆莖 과

질소함량이 높은 편이어서 질소를 공급하는 측면에 있어서 효과가 높은 작물이다.

예 헤어리베치[1] hairy vetch, 자운영[2], 클로버류, 버즈풋트레포일[3] bird's-foot trefoil, 앨펄퍼(알파파), 크로탈라리아 crotalaria, 루피너스[4] lupine 등

○ 크로탈라리아 활나물(살갈퀴를 포함) : 콩과(科) 활나물속(屬) Crotalaria의 초본 또는 관목의 총칭으로 주로 열대산이다.

(3) 기타

토양의 특성개량, 잡초방제 雜草防除 weed control, 경관조성, 비료공급 등 녹비로의 이용가능성이 있는 작물이다.

○ 잡초방제 : 물리적·화학적·생물학적 방법으로 잡초를 제거하는 행위를 말한다.

예 파셀리아[5] California bluebell, 황화초[6], 유채, 메밀, 해바라기, 코스모스 등

> ◦ 파셀리아 미나리속(屬)의 일년초 Phacelia campanularia 또는 Phacelia whitlavia 따위 : California주 남부의 사막에서 자라며, 통 모양의 파랑 또는 보랏빛 꽃이 핀다.

PART 03

검색
 1 2 3 4 5 6

5 원예작물 園藝作物

채소 菜蔬, 과수 果樹 등과 같이 식용에 필요한 작물이나 정원수, 화초 등과 같이 장식용으로 화훼 花卉 작물들을 말한다.

> ◦ 화훼 : 재배하여 관상용 觀賞用으로 이용하는 식물로 초본류 草本類(국화, 코스모스, 다알리아, 난초)와 목본류 木本類(철쭉, 동백, 유도화, 고무나무)로 구분하기도 한다.

제2절 생태적 특성에 따른 작물의 분류

1 생존연한에 따른 분류

(1) 1년생 작물(한해살이 작물)

벼, 대두(콩), 상추, 옥수수 등
① 춘파일년초
② 추파일년초(월년생)

(2) 2년생 작물

무, 배추, 양파, 당근, 가을밀, 가을보리, 사탕무 등

(3) 다년생 작물

딸기, 국화, 목초류 등

2 온도반응에 따른 분류

(1) 저온성 작물(호냉성 작물)

보리, 배추, 무, 상추, 파 등

(2) 고온성 작물(호온성 작물)

고추, 가지, 오이 등

3 생육형에 따른 분류

(1) 주형작물 株型作物 bunched crops

개개의 그루가 포기를 형성하는 작물이다. 예 벼, 보리(맥류), 오차드그라스 등

(2) 포복형작물 匍/匐型作物 creeping crops

줄기가 땅을 기어서 지표를 덮는 작물이다. 예 고구마, 호박 등

4 저항성에 따른 분류

(1) 내산성작물 耐酸性作物 acid tolerance crop

산성인 토양에 강한 작물이다. 예 감자, 귀리, 호밀 등

(2) 내건성작물 耐乾性作物 drought resistance crop

가뭄에 잘 견디는 작물이다. 예 조, 수수, 기장, 호밀 등

(3) 내습성작물 耐濕性作物 moisture tolerance crop

토양의 과습 過濕 wet 에 강한 작물이다. 예 벼, 연, 미나리 등

> ◦ 과습 : 수분 경향성 다섯 등급, 즉 건조 乾燥, 약건 弱乾, 적습 適濕, 약습 弱濕, 과습 過濕 가운데 가장 습한 수준으로 토양 알갱이 틈 사이에 물분자가 항상 포화 飽和 되어 있는 상태

(4) 내염성작물 耐鹽性作物 salt tolerance plant

간척지와 같은 염분이 많은 토양에 강한 작물이다. 예 사탕무, 목화 등

(5) 내풍성작물 耐風性作物 wind tolerance crop

바람이 많은 지역에도 잘 견디는 작물이다. 예 고구마 등

(6) 내한성작물 耐寒性作物 freezing resistance crop

추위에 잘 견디는 작물이다. 예 보리, 밀, 호밀, 시금치 등

제3절 재배 · 이용면에 따른 작물의 분류

1 작부방식 作付方式 작물을 선택하고 그것을 어떻게 재배할 것인가 **에 따른 분류**

(1) 대용작물 代用作物 대파작물 代播作物 substitute crop emergency crops, substitute crop

재해 등으로 인해 주작물 主作物 주가 되는 작물 의 수확에 대한 가망이 없을 때 대신 파종하는 작물
이다.

예 메밀, 채소, 조 등

(2) 중경작물 中耕作物 cultivated crop, intertillage crop

① '중경' 中耕 은 밭고랑의 흙을 농기구로 긁어주어 고랑 furrow 에 난 잡초를 뿌리째 뒤엎는 것이
고, '배토' 培土 ridging 는 고랑의 흙을 떠서 이랑 ridge 에 얹어주는 것을 말한다.

② 중경작물은 중경의 효과를 나타내는 작물이므로, 잡초를 덜 나게 하는 효과가 있어야 한다.
옥수수나 수수는 잡초보다 빨리 자라고 더 크게 자라므로 대표적인 중경작물이다.

> ∘ 고랑 : 일명 '골'이라고도 한다. 작물을 재배할 때 경작지의 땅을 돋우어 높낮이를 만들고 종자를 뿌리
> 거나 모종을 심는데, 이때 두둑과 두둑 사이에 아래로 움푹 들어간 부분을 지칭하는 말이다.
> ∘ 이랑 : 작물재배 시 일정한 간격으로 길게 선을 긋고 그 선을 중심으로 땅을 돋우어 솟아오르게 만든
> 부위로, 솟은 부분 사이로 움푹 팬 부분을 고랑이라고 하는데 경우에 따라 이랑과 고랑에 각각 파종하
> 거나 정식한다[정식 定植 은 온실 · 비닐하우스 등지에서 옮겨 심어 수확까지 하는 것(= 아주심기)이며
> 가식 假植 은 정식하기 전까지 임시로 심어 놓은 것을 말한다].

예 옥수수, 수수, 감자, 담배 등

(3) 구황작물 救荒 거칠다 作物, 비황작물 備荒作物

불순한 기상조건의 흉년에 곡식부족에 따른 기근을 해결하기 위해 상당한 수확을 얻을 수 있어
주곡 대신 식용하는 작물이다. 이들 작물은 생육기간이 짧은 작물로서 가뭄이나 장마에 영향을
받지 않고 비옥하지 않은 땅에서도 가꿀 수 있어 흉년으로 기근이 심할 때 주식으로 대용할 수
있으며, 비황작물 備荒作物 이라고도 한다.

예 조, 피, 기장, 메밀, 고구마, 감자 등

(4) 흡비작물 吸肥作物, 포착작물 捕捉作物 catch crops

① 유실된 비료분을 잘 포착하여 흡수 · 이용하는 효과를 가진 작물이다.

예 앨펄퍼, 스위트클로버 등

② 토양에 집적된 과잉 양분을 제거하기 위해 사용하는 작물이다.

예 화본과작물(벼, 옥수수, 수수 계통의 작물)

(5) 동반작물 同伴作物 companion crops 혼작

다년생초지에서 초기의 산초량 産草量 풀 생산량 을 높이기 위하여 섞어서 덧뿌리는 작물로 두 가지 이상의 작물을 같이 재배할 경우 서로 도움이 되는 특성을 지닌 작물이다.

예 알팔파나 클로버의 포장 圃場 field 작물을 키우는 땅 에 귀리나 보리를 파종

2 경영면에 따른 분류

(1) 자급작물 自給作物 home-consuming crop

판매나 이윤을 목적으로 하는 것이 아닌 농가에서 소비할 목적으로 재배하는 작물이다.

(2) 환금작물 換金作物 cash crops

주로 판매하기 위하여 재배되는 작물이다.

예 담배, 인삼 등

(3) 경제작물 經濟作物 commercial crop, economic crop, economy grain

담배처럼 주로 판매를 목적으로 재배하는 작물을 환금작물 換金作物 이라 하고 환금작물 중에서도 촉성채소처럼 특히 수익성이 높은 작물을 말한다.

예 담배, 양파, 마늘, 고추, 채소, 약초 등

3 토양보호에 따른 분류

(1) 피복작물 被覆作物 cover crop 토양보호작물

토양을 강우로부터 차단하여 경지가 우적침식 雨滴浸蝕 또는 수식 水蝕 water erosion 되어 비료의 유출 및 침식으로부터 막기 위하여 과수 사이 또는 계절적 작물 사이에 재배되는 작물이다.

> ◦ 우적침식 : 물에 의한 토양의 침식을 말한다. 빗방울이 땅에 떨어지면서 지표의 토양을 파헤쳐서 토양 입자가 분산되는 침식이다.
> ◦ 수식 : 물에 의한 토양의 침식을 말한다.

예 클로버, 베치 헤어리베치 hairy vetch, 그라스류 등

(2) 토양조성작물 土壤造成作物 soil building crops

토양을 비옥하게 하는 작물이다.

예 콩과목초, 녹비작물 등

(3) 토양수탈작물 土壤收奪作物 soil depleting crops

토양의 영양분을 섭취하기만 하여 비료분을 공급해주어야 하는 작물이다.

예 화곡류 禾穀類 : 쌀, 보리 등 등

제4절 | 식물학적 작물의 분류

1 백합과 百合科 Liliaceae

외떡잎식물 monocotyledoneae 로 여러해살이식물 perennial plant 이 많다. 곤충을 매개로 수정이 이루어지는 작물이다.

> ◦ 외떡잎식물 : 종자식물의 씨앗 속에 들어있는 배에서 처음으로 형성된 떡잎이 한 개인 식물이다.
> ◦ 여러해살이식물 : 만 1년 이상 생존하는 식물을 통틀어 이르는 말이다.

예 백합, 파, 양파, 마늘, 부추 등

2 가지과 Solanaceae

쌍떡잎식물 Dicotyledoneae 로 목본 木本 과 초본 草本 이 있다. 꽃은 양성화 兩性花 hermaphrodite flower/ bisexual flower 이고 방사상 放射狀 대칭을 이루는 특징이 있다.

> ◦ 쌍떡잎식물 : 씨앗의 배에서 처음 나오는 떡잎이 두 장인 식물이다.
> ◦ 목본 木本 : 줄기나 뿌리가 비대해져서 질이 단단한 식물이다.
> ◦ 초본 草本 : 지상부가 연하고 물기가 많아 목질을 이루지 않는 식물을 통틀어 이르는 말이다.
> ◦ 양성화 兩性花 : 한 꽃에 암술, 수술이 모두 들어 있는 꽃이다.
> ◦ 방사상 放射狀 : 중앙의 한 점에서 사방으로 거미줄이나 바큇살처럼 뻗어 나간 모양을 의미한다.

예 감자, 가지, 토마토, 고추, 담배 등

3 벼과(화본과)

외떡잎식물로 대부분 초본 草本 에 속한다. 잎은 좁고 나란히맥이며, 잎자루는 원대 圓臺 를 둘러싸는 잎집으로 되어 있다. 이삭은 1개 또는 다수의 작은 꽃으로 되며 원추 圓錐 panicle 꽃차례 또는 수상 穗狀 spike 꽃차례에 달린다.

> ◦ 나란히맥 : 식물에 있어서 잎자루에서 잎끝까지 서로 평행하고 있는 잎맥이다. 가장 대표적인 것은 화본과・붓꽃과・난초과 등의 식물로, 평행맥 平行脈 이라고도 한다.
> ◦ 원대圓臺 : 원뿔을 그 밑면에 평행하는 평면으로 잘랐을 때 꼭짓점이 있는 부분을 없애고 남은 부분으로 이루어지는 입체이다.
> ◦ 원추 圓錐 꽃차례 : 꽃차례 꽃대에 달린 꽃의 배열, 또는 꽃이 피는 모양 가 가지를 치며 가지에 꽃자루가 있는 꽃이 달리는 것을 말한다.
> ◦ 수상 穗狀 꽃차례 : 꽃자루가 없거나 또는 짧아서 축에 접착하여 수상이 되어 있는 꽃차례로 수상화서 라고도 한다. 무한꽃차례의 하나이며, 질경이・오이풀・화본과 식물 등의 꽃이 이에 속한다.

예 벼, 보리, 밀, 옥수수 등

4 박과

쌍떡잎, 덩굴식물로 잎은 어긋나고 홑잎 simple leaf 잎자루에 붙은 잎의 개수가 한 장인 잎 이며 잎자루가
길다. 꽃은 대부분 단성화 單性花 unisexual flower 이며 크다.

> ∘ 단성화 : 동일한 꽃에 암술과 수술 중 한 가지만 존재하는 꽃이다.

예 오이, 참외, 수박, 호박, 멜론, 박(조롱박 포함), 수세미 등

5 배추과

쌍떡잎 십자화과 十字花科 겨자과 식물로 대부분 초본 草本 류이며, 꽃은 양성화이고 잎은 홑잎 또는
겹잎이다. 대부분이 풀이며 잎은 어긋나고 턱잎이 없다.

> ∘ 십자화과 : 쌍떡잎식물의 한 과로, 네 개의 꽃받침 조각과 네 개의 꽃잎이 십자 모양을 이루는 식물의
> 과이다. 무, 배추, 냉이 따위가 있다.

예 무, 배추, 유채 등

6 콩과

쌍떡잎식물이고 잎은 대부분 어긋난 겹잎이며, 대개 꽃은 양성화이고 총상꽃차례 總狀花序 raceme
를 이루며 달린다.

> ∘ 총상꽃차례 : 무한꽃차례에 속하는 꽃차례로 총상화서 總狀花序 라고도 한다.

예 콩, 팥, 녹두, 완두, 땅콩 등

재배의 환경

토양

1 토양의 구성요소

(1) 토양구성의 3요소

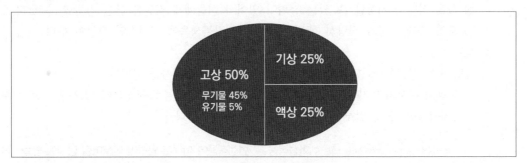

① 토양의 구성은 **고상**(무기물 45% + 유기물 5%) · **액상**(수분) · **기상**(공기)의 3상으로 되어 있다.
② 작물생육에 적당한 토양 3상의 분포는 고상이 약 50%, 액상 및 기상이 각각 약 25% 정도이다.
③ 액상과 기상의 비율은 기상조건 등에 따라 크게 변동할 수 있다.

(2) 토양의 입경

① 자갈

강, 바다의 바닥에서 오랫동안 깎여서 반들반들해진 잔돌을 의미한다.

㉠ 그 자체는 식물에게 필요한 양분을 전혀 공급하지 못한다.

㉡ 자갈함량이 많은 토양은 토양 사이의 공간이 넓으므로 물이나 공기의 투과가 매우 잘
된다.

㉢ 따라서 자갈함량이 많은 토양은 물 부족이 쉽게 일어나고, 온도의 변화에도 많은 영향을
받으며, 경운작업 耕耘作業 tillage operations 을 하기 어렵다.

> ◦ **경운작업** : 근권 根圈 rhizosphere 식물뿌리의 생리작용에 영향을 받는 토양권역 을 부드럽게 하거나
> 수분 관리를 목적으로 하는 기계 작업으로서 묘상 만들기, 솎음, 심토 파쇄, 둑치기, 구덩이 파
> 기, 정지, 써레질, 북주기, 골파기, 이랑 만들기, 제초, 심경 등이 포함된다.

㉣ 식질토양 점토의 비율이 높은 토양 에도 자갈이 존재하므로 점질상태가 일부 완화되어 식물생육
에 도움이 될 수 있다.

> ◦ 식질 埴質 clayey : 점토함량이 35% 이상이며, 자갈함량이 35% 미만인 토양이다.

② 모래

토양 내에 분포하는 암석과 광물의 작은 조각으로 구성된 입자를 말하며, 자갈보다는 작고 미사(실트)보다는 큰 입자 크기를 갖는다.

　㉠ 석영과 장석 등 비교적 풍화되기 어려운 1차광물로 이루어져 있어 식물에 양분을 공급하지는 못한다.

　㉡ 토양 중 활동적 입자인 점토의 주변에 있으면서 골격 역할을 한다.

③ 미사 微砂 silt

토양 알갱이 크기가 모래, 자갈보다는 가늘고, 진흙보다는 굵은 입자이다.

　㉠ 물을 상당량 저장할 수 있는 능력이 있어서 식물에게 적절한 물을 공급할 수 있다.

　㉡ 토양 중에 미사가 적당히 함유되어 있으면 작물생육에 이상적인 토양이 된다.

④ 점토 粘土 clay

점토 또는 찰흙은 지름이 0.002mm 이하인 미세한 흙입자를 말한다.

　㉠ 모래와 미사의 입자는 석영, 장석, 운모 등 주로 1차광물로 구성되어 있으며, 점토는 주로 2차광물인 규소, 알루미늄, 물 등으로 구성되어 있다.

> ◦ 1차광물 primary minerals : 화성작용 및 변성작용에 의해서 암석이 만들어질 당시에 만들어진 광물로서 원래의 형태와 화학적 성분을 간직한 광물이다. 모래와 미사 silt 모래보다는 미세하고 점토보다는 거친 퇴적토 에 포함된 광물은 거의 1차광물이다.
> ◦ 2차광물 secondary minerals 점토광물 : 1차광물이 변성작용, 속성작용 또는 풍화작용을 받아 새로이 만들어진 광물이다. 점토광물은 대부분 2차광물로 구성되어 있으므로 점토광물을 2차광물의 동의어로 사용하기도 한다.

　㉡ 콜로이드 colloid 교질 膠質 아교처럼 끈끈한 성질 성질을 가지고 있으며, 표면에는 음(−)전하가 존재하기 때문에 양이온을 흡착 교환할 수 있는 성질이 매우 크다.

> ◦ 콜로이드 : 보통의 분자나 이온보다 크고 지름이 1nm ~ 1,000nm 정도의 미립자가 기체 또는 액체 중에 분산된 상태를 콜로이드 상태라고 하고 콜로이드 상태로 되어 있는 전체를 콜로이드라고 한다. 생물체를 구성하고 있는 물질의 대부분은 콜로이드이다.

　㉢ 상당량의 물을 저장할 수 있는 능력이 있다.

　㉣ 점토는 광물에 따라서 물을 흡수하면 팽창하고 건조하면 수축하기도 한다(용적변화).

　㉤ 점토는 건조 시에 균열이 생기고 물에 젖으면 점성 粘性 viscosity 점착성 이나 가소성 可塑性 plasticity 을 나타내며 이는 모래나 미사에는 없는 성질이다.

> ◦ 점성 粘性 : 유체의 흐름에 대한 저항을 말하며 운동하는 액체나 기체 내부에 나타나는 마찰력이므로 내부마찰이라고도 한다. 즉, 액체의 끈끈한 성질이다.

◦ 가소성 可塑性 plasticity : 물체는 힘이나 열과 같이 외부로부터 자극을 받으면 그 형상이 변하는 변형 deformation 을 일으킨다. 물체는 외부로부터 자극을 받으면 변형에 저항하려는 성질과 변형을 그대로 유지하려는 두 가지 상반된 성질을 나타낸다. 전자 前者 를 탄성 elasticity 이라고 부르고 후자 後者 를 가소성 혹은 소성 plasticity 이라고 부른다. 탄성은 외부로부터 받은 자극이 제거되면 물체를 원래 형상으로 복원시키려는 성질인 반면, 소성은 외부의 자극이 제거되어도 변형을 그대로 유지하려는 성질이다.

〈토양의 입경구분과 입자수 및 비표면적〉				
구분	지름(mm)		토양 1g당 입자수	비표면적 (㎠/g)
	미국 농무성법	국제 토양학회법		
자갈	2.00 이상	2.00 이상	−	−
세토 · 모래 · 매우 거친모래 (왕모래)	2.0 ~ 1.0	−	90	11.3(2.00)*
세토 · 모래 · 거친모래	1.0 ~ 0.5	2.0 ~ 0.2	720	22.6(1.00)*
세토 · 모래 · 중간모래 (중모래)	0.5 ~ 0.25	−	5,700	45.3(0.5)*
세토 · 모래 · 가는모래	0.25 ~ 0.1	0.2 ~ 0.02	46,000	90.6(0.25)*
세토 · 모래 · 매우 가는모래 (고운모래)	0.1 ~ 0.05	−	722,000	226.4(0.10)*
세토 · 미사(가루모래)	0.05 ~ 0.002	0.02 ~ 0.002	5,776,000	452.8(0.05)*
세토 · 점토(찰흙)	0.002 이하	0.002 이하	90,260,853,000	1,509,434 $(5 \times 10-6)$**

( )* 안의 숫자 − 비표면적의 산출에 사용된 입자의 직경(mm)
( )** 안의 숫자 − 비표면적의 산출에 사용된 판상입자의 두께(mm)

📖 더 알아보기 토양교질물과 양이온 치환용량

1 토양교질물 土壤膠質物 soil colloid

1) 토양입자의 직경(입경)이 $0.1\mu m$(※$1\mu m = 1/1,000mm$) 이하인 토양 내 점토와 유기물을 토양교질물(토양콜로이드)이라고 하며, 점토광물인 무기교질물과 부식인 유기교질물로 구분된다.

2) 무기교질물(점토광물)
암석광물이 풍화되어 토양생성과정에서 재합성된 미세한 점토광물이다.

3) 유기교질물(부식)
유기물의 분해잔해인 부식이다. 탄수화물, 단백질, 지방 등 유기성분이 분해되어 생성되며 전기적 음이온을 띤다.

4) 토양 중에 교질입자는 보통 음이온을 띠고 양이온을 흡착하며, 교질입자가 많을수록 치환성 양이온 Exchangeable Cation 을 흡착하는 힘이 강해진다.

2 치환성 양이온 Exchangeable Cation

1) 토양에 있는 양이온 중에서 암모니아태 질소성분(NH_4^+) 혹은 칼륨(K^+)이온으로 치환(교환)이 가능한 형태의 양이온이며, 주로 토양 콜로이드 입자의 음이온과 결합되어 있는 것과 물에 녹아 있는 것으로서, 작물이 이용할 수 있는 양이온이다.

2) 토양의 양전하를 띠고 있는 영양성분으로는 마그네슘(Mg^{2+}), 칼슘(Ca^{2+}), 망간(Mn^{2+}), 철(Fe^{2+}), 구리(Cu^{2+}), 아연(Zn^{2+}), 나트륨(Na^+) 등이 있다.

3 양이온 치환용량 CEC : Cation Exchange Capacity 양이온 교환용량, 염기치환 용량

1) 양이온 치환용량 CEC 은 특정 pH에서 일정량의 토양에 전력에 의하여 다른 양이온과 교환이 가능한 형태로 흡착된 양이온의 총량을 말한다.

2) 토양 중에 점토와 부식이 증가하면 CEC도 증대하며, CEC가 증대하면 비료성분을 흡착하고 보유하는 힘이 커진다(보비능). 비료를 갑자기 많이 주어도 토양이 이를 흡수하여 식물이 비료를 일시적으로 과잉 흡수하는 것을 막게 되고, 흡수한 비료성분이 빠져나가는 것(용탈)이 적어서 비료의 효과(비효)가 늦게까지 지속되게 한다.

> ◦ 부식 腐植 humus : 토양유기물이 변하여 형성된 화학적으로 안정한 고분자량의 물질을 말한다. 즉, 동식물의 잔재가 미생물의 작용과 화학작용을 통해 분해되어 암갈색에서 흑색을 띠는 물질을 말한다. 부식함량이 20% 이상인 토양을 부식토라고 한다.

3) 따라서 양이온 치환용량이 높을수록 토양 내에 토양교질물이 많이 존재하고 이 토양교질물에 많은 영양성분들이 붙어 있어서 식물이 성장하기에 필요한 영양성분이 풍족한 토양이라는 것을 의미한다.

4) 토양내 무기교질물인 점토와 유기교질물인 부식이라는 물질은 식물영양물질을 보유하며 외부로부터의 급격한 변화에 대처하는 완충능력도 발휘한다(완충능).

(3) 토성(土性)

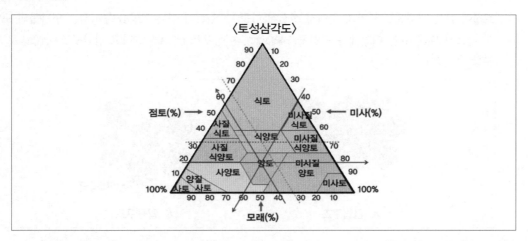

① 토성이란 토양의 입자의 크기에 따라 모래, 미사, 점토로 나눈 후, 이들이 섞여 있는 상대적 비율을 의미한다.
② 토성삼각도는 모래, 미사, 점토의 함량비를 구분하여 나타낸 그림이다.
③ 모래가 많을수록(좌측 이동) '사토', 점토가 많을수록(우상향 이동) '식토'라고 하고, 그 중간인 '양토'를 중심으로 한 '사양토' 내지 '식양토'가 토양의 수분·공기·비료성분의 종합적 조건에 적정하다.

〈토성의 분류(점토함량 기준)〉

12.5% 이하	12.5～25%	25～37.5%	37.5～50%	50% 이상
사토(모래흙)	사양토(모래참흙)	양토(참흙)	식양토(질참흙)	식토(찰흙)

④ 토성에 따라 토양의 물리성 및 화학성(보비능, 완충능)도 달라진다.
⑤ 사토는 토양수분과 비료성분이 부족한 반면에 식토는 토양공기가 부족하다.

> 🖋 **더 알아보기** **토양의 물리성과 토양의 공극**
>
> **1 토양의 물리성**
> 　1) 보수성 : 수분의 저장능력(점토일수록 높다)
> 　2) 보비성 : 양분의 저장능력(점토일수록 높다)
> 　3) 배수성 : 물이 빠지는 능력(사토일수록 높다)
> 　4) 통기성 : 공기가 통하는 능력(사토일수록 높다)
> **2 토양의 공극** pore space
> 　액상(수분)·기상(공기)으로 채워질 수 있는 공간 부분을 말한다. 이 두 영역이 약 50%를 차지한다.

(4) 토양의 구조

토성이 같은 경우에도 토양의 물리적 성질이 다를 수 있는데 이는 토양을 구성하는 입자들의 모양이 다르기 때문이다. 여기에는 단립구조單粒構造, 이상구조泥狀構造 그리고 입단구조粒團構造로 구분할 수 있다.

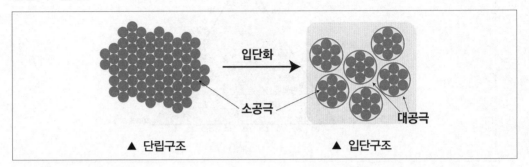

① 단립구조(單粒構造)

토양입자가 비교적 크고 서로 독립적인 단일 형태를 이루면서 집합되어 있는 구조이다. 해안의 사구지에서 많이 관찰된다. 대공극은 많으나 소공극이 적은 형태로서 통기성과 배수성은 좋으나 보수력과 보비력은 낮은 상태이다.

② 이상구조(泥 진흙 니 狀構造)

미세한 토양입자가 무구조, 단일상태로 집합된 구조로서 건조하면 각 입자가 서로 결합되어 부정형의 흙덩어리가 되는 구조이다. 부식함량은 적고 식질토양(찰흙)이 많이 나타나 소공극은 많으나 대공극이 적어 통기성이 불량하다.

③ 입단구조(粒團構造)

㉠ 단일입자가 결합하여 2차 입자가 되고, 이러한 여러 입자들이 결합하여 입단을 형성한 구조이다.

㉡ 입단구조에 가벼운 압력을 가하면 보다 작은 입단으로 부스러지고, 이 입단들은 다시 작은 입단으로 부스러지는 양상을 보인다.

㉢ 대개 유기물과 석회가 많은 표토층에서 많이 나타난다.

㉣ 입단구조는 통기성과 배수성이 알맞으며 보수성과 보비성이 높다.

④ 토양입단

㉠ 토양입자의 단립구조單粒構造가 뭉쳐져 작은 덩어리의 입단구조粒團構造가 되는 경우 이를 토양입단이라고 한다.

㉡ 토양이 입단화될수록 소공극과 대공극이 많아지는데 '소공극'은 모세관력에 따른 수분을 보유하는 힘은 커지게 하고 '대공극'은 과잉된 수분을 배출하게 된다. 이에 따라 입단구조는 통기성과 배수성이 알맞으며 작물이 잘 생육할 수 있는 수분저장력을 지니게 된다.

ⓒ 입단의 형성과 파괴

ⓐ 형성 촉진요인

가. 유기물의 시용 : 유기물이 미생물에 의해 분해될 때 분비되는 점질물질은 토양입자를 결합시켜 입단을 형성하게 한다.

나. 석회의 시용 : 석회는 유기물의 분해를 촉진하고, 칼슘이온 등은 토양입자를 결합시키는 작용을 한다.

다. 피복작물(콩과작물)의 재배 : 클로버, 알팔파 같은 피복작물(콩과식물)은 잔뿌리가 많고 석회분이 풍부하여 입단화를 촉진시킨다.

라. 토양개량제의 시용 : 인공적으로 합성된 고분자 화합물인 크릴륨Krillium, 아크리소일 Acrsoil 등을 시용하여 입단화를 촉진시킬 수 있다.

마. 토양의 피복 : 토양을 피복하는 경우 표토의 건조를 막고 비바람 등에 따른 토양의 유실을 막아 입단의 형성과 유지에 도움을 준다.

ⓑ 형성 파괴요인

가. 경운땅갈기 과 쇄토흙부수기 : 경운과 쇄토로 토양의 통기성은 좋아지나, 입단을 형성하게 하는 부식이 분해되어 입단이 파괴될 수 있다.

나. 입단의 팽창과 수축의 반복 : 습윤과 건조, 동결과 융해, 고온과 저온 등에 의해 입단이 팽창과 수축을 반복하면 입단이 파괴될 수 있다.

다. 비와 바람 : 입단의 결합이 약할수록 비바람은 토양의 유실을 가져오거나 토양의 입단을 파괴시킬 수 있다.

라. 나트륨이온(Na^+)의 작용 : 나트륨이온은 흙알갱이가 엉기는 것을 방해하므로 점토의 결합을 분산시켜서 입단을 파괴할 수 있다.

(5) 토층

수직의 형태로 분화된 토양의 층위를 말한다.

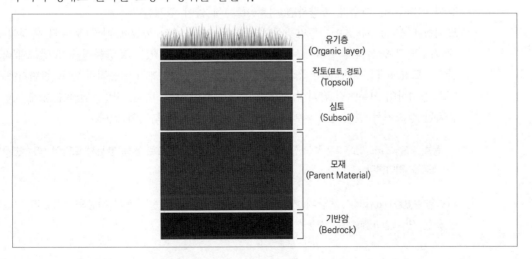

유기층
(Organic layer)

작토(표토, 경토)
(Topsoil)

심토
(Subsoil)

모재
(Parent Material)

기반암
(Bedrock)

① 토층의 구분

㉠ 유기층 有機層 organic layer : 토양의 표면에 놓여 있는 부패물, 잎사귀 그리고 다른 유기물질 有機物質 등으로 구성되어 있다. 원형을 알아볼 수 있는 유기물 집적층, 중간정도 분해가 이루어진 유기물 집적층 그리고 원형을 알아볼 수 없는 정도로 분해된 유기물 집적층으로 이루어진다.

> ◦ 유기물 有機物 organic matter : 생물을 구성하는 화합물 또는 생물에 의해 만들어지는 화합물을 의미하며, 탄수화물 · 지방 · 단백질 · 핵산 · 비타민과 같은 물질을 말한다.

㉡ 작토 作土 plow layer, 표토 表土 top soil, 경토 耕土 arable land(soil) : 농경지토양에서 매년 또는 주기적으로 경운되거나 작물이 자라고 있는 토층을 작토층 또는 작토라고 한다. 두께는 대개 15 ~ 25cm 정도이며 경운과 시비, 관수 및 작물을 재배하기 위해 인위적인 작용을 크게 받은 토층이다. 산화층 酸化層 과 환원층 還元層 으로 구분한다.

> ◦ 산화층 酸化層 oxidized layer : 담수상태의 논의 작토 作土 는 상층 上層 은 산화층, 하층 下層 은 환원층으로 분화되는데 산화층이란 공기 중, 수중의 산소 또는 조균류의 동화 작용에 의한 산소에 의해 산화상태가 된 약 1 ~ 2cm 내외의 토양층으로 산화철에 의해 황갈색이나 황회색을 띠고 있다.
> ◦ 환원층 還元層 reduced layer : 환원 작용이 일어난 토층이다. 담수상태의 논의 작토는 1 ~ 2cm 의 층은 산화 제2철로 황갈색을 띤 산화층이 되고, 그 이하의 작토층은 토양 유기물의 분해 때문에 산소를 소비하여 환원상태가 된 토층으로 산화 제1철로 청회색을 띤 환원층이 된다.

㉢ 심토 心土 subsoil : 표토에 대비되는 용어이며, 경운된 부분을 작토(표토)라 하고, 그 밑에 있는 토층을 심토라고 한다. 심토의 성질은 토지이용에 크게 영향을 미친다. 식물이 이용하는 수분의 대부분은 심토에 저장되며 식물양분에 따라서는 상당량이 심토로부터 공급된다. 심토가 불투성 不透性 impervious 물이나 유체 또는 뿌리의 침투가 어려운 토양상태 이면 뿌리의 신장이 어려우며, 배수가 불량하면 작토(표토)에 물이 정체한다.

㉣ 모재 母材 parent material : 토양광물에 포함된 여러 가지 물질에 따라 토양의 특성이 크게 좌우되고 암석의 혼합물에서 생성되었거나 생성되고 있는 토양물질을 '토양모재'라고 한다. '토양모재'는 기반암의 풍화 風化 층으로 풍화된 위치에서 이동되지 않고 원위치에 그대로 잔적하여 이루어진 잔적성 모재나 유수, 중력, 빙하, 바람, 파랑, 연안류 등에 의하여 풍화된 장소에서 멀리 운반되어 만들어진 운적성 모재로 되어 있다.

> ◦ 풍화 風化 weathering : 암석이 물리적이거나 화학적인 작용으로 인해 부서져 토양이 되는 변화 과정을 의미한다.

㉤ 기반암 基盤岩 bedrock : 토양의 기저면 基底面 을 이루고 있는 비교적 미풍화 未風化 의 고결 固結 또는 반고결 半固結 된 암반을 말한다.

> ◦ 고결固結 consolidation : 암석에서 떨어져 나온 쇄설물이나 액체상태의 물질이 단단하고 굳은 암석으로 변해가는 것을 의미한다.

② 논토양의 토층 분화

토양에서 작토층이 산화층과 환원층으로 나뉘는 현상을 토층의 분화라 한다.
산화층은 산소의 영향을 받아 산화철에 의해 황갈색이나 황회색을 띠고 있지만, 환원층은 토양 유기물의 분해 때문에 산소를 소비하여 환원상태가 된 토층으로 청회색을 띤다.

2 토양의 유기물

(1) 의의

① 토양 중의 유기물 함량이 증가할수록 대체로 지력이 높아지나, 습답濕畓이라면 유기물이 많은 것이 오히려 해가 될 수 있다.

> ◦ 습답濕畓 poorly-drained paddy field : 우기가 아니어도 지하수위가 30 ~ 40cm 이하로 내려가지 않아서 습한 상태가 유지되는 배수가 불량한 논을 말한다.

② 토양 중의 동·식물의 잔재가 미생물의 작용과 화학작용을 통해 분해되어 안정된 고분자량의 물질로 암갈색에서 흑색을 띠는 물질을 부식腐植 humus 이라고 한다. 부식함량이 20% 이상인 토양을 부식토라고 한다.

(2) 토양유기물의 기능

① 양분의 공급과 생장촉진 물질의 생성

유기물은 다량원소인 질소·인·칼륨 등과 미량원소인 망간·구리 등을 공급하며, 호르몬·비타민·핵산물질 등을 만드는 기능을 한다.

> ◦ 다량원소多量元素 macroelement : 식물의 필수 원소는 현재 16종으로 알려져 있으며 이 중에서 요구량이 많은 수소(H), 탄소(C), 산소(O), 질소(N), 인(P), 칼륨(K), 칼슘(Ca), 마그네슘(Mg), 황(S)의 9원소를 가리키며 다량요소라고도 한다.
> ◦ 미량원소微量元素 microelement, trace element : 식물에 의한 요구량이 적은 원소를 미량원소 또는 미량요소라고 한다. 철(Fe), 망간(Mn), 붕소(B), 구리(Cu), 몰리브덴(Mo), 염소(Cl) 및 아연(Zn)이 미량원소에 속한다. 이외에 규소(Si), 나트륨(Na), 니켈(Ni), 코발트(Co), 바나듐(V) 등은 어떤 종의 식물에는 필수적이라고 알려졌으나 모든 식물에 대하여는 인정되지 않고 있다.

② 미생물의 번식조장

분해된 유기물은 미생물의 영양분이 되어 작물에 유용한 미생물의 번식을 활성화하는 기능을 한다.

③ 대기 중의 CO_2 공급

유기물이 분해되는 과정에서 방출되는 CO_2 二酸化炭素 이산화탄소 는 주변 대기 중의 CO_2의 농도를 높여 작물의 광합성을 활성화한다.

④ 암석의 분해 촉진

토양 속의 유기물은 산을 생성해 암석의 분해를 촉진하는 기능을 한다.

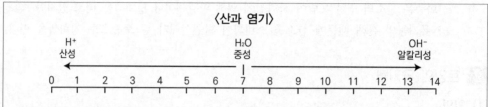

〈산과 염기〉

- 산 酸 : 물에 녹아 산성($pH < 7$)을 나타내는 물질로, 주로 신맛을 낸다.
- 염기 鹽基 : 물에 녹아 염기성($pH > 7$)을 나타내는 물질로, 미끈미끈하고 쓴맛이 난다.

⑤ 입단의 형성

조대 粗大 비교적 큰 입자 유기물과 부식콜로이드는 입단형성을 촉진하여 토양의 물리성을 개선한다.

> ◦ 조대유기물 bulky organic matter : 밭의 부초나 심경에 이용되는 비교적 탄소율이 높은 유기물로, 자급적으로 입수되는 섶나무가지(탄소율700), 예초(19), 비자나무, 볏짚(80), 죽재, 톱밥(500) 등을 말한다.
> ◦ 부식콜로이드 : 부식 腐植 humus 이란 동식물의 잔재가 미생물의 작용과 화학작용을 통해 분해되어 암갈색에서 흑색을 띄는 물질을 말한다. 부식은 유기 콜로이드이며, 여기서 콜로이드 colloid 란 미립자가 기체 또는 액체 중에 분산된 상태로 되어 있는 전체를 의미한다.

⑥ 통기력・보수력・보비력의 증대

부식콜로이드는 양분을 흡착하는 힘이 강하여 입단형성을 통해 토양의 통기성・보수성・보비성을 증대시킨다.

⑦ 완충능의 증대와 토양보호

유기물의 시용으로 유기물이 피복되면 토양에 입단이 형성되면서 토양의 완충능(완충력)을 증대시켜 토양의 침식을 완화・방지한다.

> ◦ 완충능 緩衝能 buffer capacity : 외부로부터의 작용에 대해 그 영향을 완화시키려는 성질을 말한다.

⑧ 지온의 상승

토양색이 검게 되면서 지온을 상승시키는 기능을 한다.

(3) 토양과 질소의 순환

① 대기 중에는 일반적으로 질소(N_2)가 약 78% 그리고 나머지 산소 21%, 아르곤 0.9%, 이산화탄소 0.03% 등으로 구성되어 있다.

② 이러한 대기 중의 질소는 질소고정세균인 콩과식물의 뿌리혹박테리아에 의해 암모늄이온(NH_4^+)으로 고착된 후에 아질산균과 질산균의 작용으로 질산이온(NO_3^-)으로 전환된다.

> ◦ 뿌리혹박테리아 leguminous bacteria : 근류균 또는 근립균은 콩과 식물의 뿌리에 뿌리혹을 만들어 식물과 공생하면서 공기 중의 질소를 고정하는 질소고정세균(Diazotroph)이다. 이 세균이 콩과 식물에 질소화합물을 공급하면 콩과식물은 탄소와 그 밖의 세균의 증식물질을 공급한다.

③ 이후 식물의 뿌리는 물에 녹아 있는 암모늄이온(NH_4^+)이나 질산이온(NO_3^-)의 형태로 질소를 흡수한다.

④ 식물은 흡수한 질소성분을 질소동화작용을 통해 단백질, 핵산과 같은 유기질소화합물을 합성한다. 그리고 이는 먹이사슬을 통해 인간 등의 동물에게 전달된다.

> ◦ 질소동화작용 窒素同化作用 nitrogen assimilation : 식물과 조류에서 외부로부터 질소를 흡수하여 특정한 생화학 반응을 통해 자체 구성 물질로 변화시키는 현상이다.
> ◦ 유기질소화합물 有機窒素化合物 organic nitrogen compound : 화학구조 중에서 질소를 함유한 유기화합물 그룹을 의미한다.
> ◦ 먹이사슬 food chain : 생태계에서 생산자인 식물이 생산하는 유기물을 바탕으로 군집 내에 구성되는 피식자 잡아먹히는 동물 와 포식자 잡아먹는 동물 상호관계에 의한 연결고리를 말한다.

⑤ 동물은 유기질소화합물을 사용하여 몸의 구성성분을 합성한다.

⑥ 한편 과다한 질소비료를 시용하는 경우 오히려 토양이 산성화되어 작물의 생산량이 감소될 수도 있다.

더 알아보기 심층시비와 암모늄태질소

1 탈질작용 脫窒作用 denitrification 과 심층시비 深層施肥 deep placement of fertilizer

1) 질산화작용 nitrification 산화과정
   논토양의 산화층에 NH_4-N을 시비하면 호기성균인 질산균이 질화작용을 일으켜 NO_3으로 된다.

$$NH_4 \rightarrow NO_2 \rightarrow NO_3$$

2) 탈질작용 denitrification 환원작용
   NO_3^-은 토양입자에 흡착되지 못하고, 환원층으로 이행되면 혐기성균인 탈질균의 작용으로 환원되어 N_2로 대기 중으로 휘산된다.

$$NO_3 \rightarrow NO \rightarrow N_2O \rightarrow N_2$$

3) 심층시비
   ㄱ) 심층시비 : 암모늄태질소를 논토양 심층 환원층에 시용하면 질화균의 작용을 받지 않고, NH_4-N은 토양에 흡착이 잘 되므로 비효가 오랫동안 지속된다.

ㄴ) 전층시비 : 심층에 시비하는 것이 어려우므로 NH_4-N를 경운 전에 논 전면에 미리 시비한 후, 경운하고 써려서 작토의 전층에 섞이도록 시비하는 방법이다.

ㄷ) 누수가 심한 논에서 심층시비는 질소의 용탈을 조장하여 불리하다.

ㄹ) NO_3-N를 논에 시비하면 용탈과 탈질작용으로 비효가 떨어지므로 NH_4-N의 사용이 유리하다.

> ※ 완효성 비료 緩效性肥料 slow-release fertilizer : 토양에 시용된 비료의 효과가 황산암모늄처럼 빠르게 나타나는 속효성 비료에 대비되는 용어로 그 효과가 천천히 나타나는 비료를 말한다. 속효성 비료는 일시적인 농도장해 및 영양과다를 일으키거나 유실 또는 무효화되기도 쉽다. 뿐만 아니라 여러 차례 분시하여야 하므로 노력이 많이 드는 결점이 있다. 이러한 결점을 보완하기 위한 것이 완효성 비료이다.

2 암모늄태질소 암모늄 態窒素 ammonium nitrogen

토양에 존재하는 질소의 형태는 크게는 유기태질소와 무기태질소로 구분된다. 암모늄태질소(NH_4-N)는 주된 토양 무기태질소의 하나이다. 암모늄태질소는 밭토양 조건에서는 질산화작용에 의하여 질산태질소로 산화된다. 논토양에서도 표면이 산화되면 질산태질소로 변한다. 따라서 논토양의 산화층에서 질산태질소로 산화되면 밑에 있는 환원층으로 용탈되어 탈질되기 쉽다. 논에서 질소질 비료는 전층시비 또는 심층시비하는 것이 손실이 적다. 비료를 배합할 경우, 암모늄태질소는 특히 알칼리성 비료와 혼합하면 암모니아 가스로 휘산되므로 배합하지 말아야 한다.

✎ 더 알아보기 질소기아 窒素飢峨 nitrogen starvation

> 만약 토양에 C/N비 炭窒率 탄소와 질소의 비율가 30 이상 높은 유기물의 공급이 활발해지면 토양 중 암모니아성질소(NH_4-N)나 질산성질소(NO_3-N)가 미생물 세포의 단백질 합성에 이용되면서 토양미생물이 급격히 번식하게 된다. 즉, 토양 속에 있는 토양미생물 土壤微生物 soil microbes 토양 속에 서식하면서 유기물을 분해하는 미생물도 양분으로서 질소를 필요로 하므로 토양미생물이 토양 중에 있는 이러한 유효태 有效態 효과 · 효능이 있는, 작물에 용이하게 흡수 이용되는 유효성(有效性) 무기질소를 대량 흡수하게 된다. 따라서 작물이 이용할 수 있는 질소가 크게 부족하게 되는 현상이 나타날 수 있는데 이를 '질소기아'라고 한다.

3 토양수분

(1) 토양수분장력 土壤水分張力 soil moisture tension

① 토양의 수분은 토양입자표면에 모세관현상 등으로 흡인 빨아들이기 되어 있는데, 이 흡인력을 압력으로 표시하여 '토양수분장력'이라 부른다. 즉, 토양이 수분을 보유하려고 하는 힘을 의미한다.

> ◦ 모세관현상 毛細管現象 capillary phenomenon : 액체가 중력과 같은 외부의 도움 없이 좁은 관을 오르는 현상이며, 모세관의 지름이 충분히 작을 때 액체의 표면장력(응집력)과 액체와 고체 사이의 흡착력에 의해 발생한다. 물은 표면장력이 매우 커서 수면에 마치 찢기 어려운 막이 있는 것 같다. 물에 빠진 개미가 잘 빠져나오지 못하는 것도, 납작한 돌로 물수제비를 뜰 수 있는 것도 이 때문이다.

② pF Potential Force
  ㉠ 토양이 물을 끌어당겨 흡착·유지하려는 힘을 나타내는 중력단위이다. 즉, 토양수분장력을 표시하는 단위이다. 이 값이 작을수록 현재 토양의 수분함량이 높으며, 이 값이 클수록 수분함량이 낮다는 것을 나타낸다.
  ㉡ 토양수가 입자에 흡착되어 있는 강도를 흡착력에 상당하는 수주 水柱 water column 물기둥 의 높이로 나타내기도 한다. 예를 들어 토양수분장력이 1기압 1atm 이면 수주의 높이로는 대략 $1,000cm = 10m = 10^3cm$로서 pF는 3이다.

③ pF로 표시된 토양수분장력 범위
  ㉠ 중력수 重力水 gravitational water, free water 자유수 : $0 \sim 2.7pF$ 이하

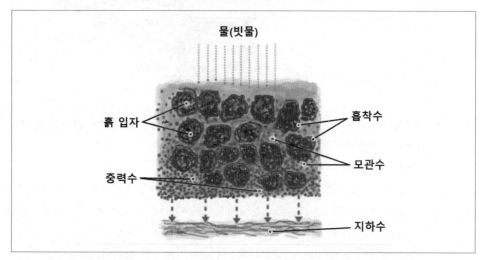

  ⓐ 토양 대공극에 있는 물은 토양에 보유되는 힘이 약하여 중력에 의해 비모관공극에 스며 흘러내리는 물이다.
  ⓑ 작물에 이용되지만 근권 根圈 rhizosphere 식물뿌리의 생리작용에 영향을 받는 토양권역 이하로 내려간 것은 직접 이용되지 못한다.

  > ◦ 비모관공극(대공극) 非毛管孔隙 non-capillary pore space : 물을 간직하게 하는 모관현상이 없을 정도의 큰 크기를 가진 토양의 공극(토양입자 사이의 틈)을 말한다. 즉, 주로 통기나 배수에 관여되는 정도의 공극이다.

  ㉡ 모관수 毛管水 capillary fringe water : $2.7 \sim 4.2pF$

ⓐ 모관수는 작물의 흡수 및 생육에 가장 관계 깊은 토양 수분이다.

ⓑ 토양입자 사이의 모관공극(소공극)의 모관인력에 의하여 작은 공극 사이로 상승하여 유지되는 수분을 말한다. 이후에 학습할 흡착수의 바깥쪽에 위치하며 모세관작용으로 중력에 저항하여 토양입자 사이의 공극에 자리 잡게 된다.

> ◦ 모관공극(소공극) 毛管孔隙 capillary pore space : 소공극으로서 모세관현상이 일어날 수 있을 정도로 충분히 작은 크기의 공극을 의미한다. 입단이 형성된 토양에서 입단 내부의 소공극에서 모세관현상이 일어나게 되는데 이를 모관공극이라고 한다. 즉, 식물은 토양층으로 상승한 모관수를 모세관현상에 의해 용이하게 흡수할 수 있다.
> ◦ 모관인력 毛管引力 capillary attraction : 모관현상(모세관현상)에 있어서 고체와 액체 사이에서 나타나는 부착력을 말한다.

ⓒ 흡착수 吸着水 absorbed water, 흡습수(吸濕水), 부착수(付着水) : $4.2 \sim 7.0 pF$

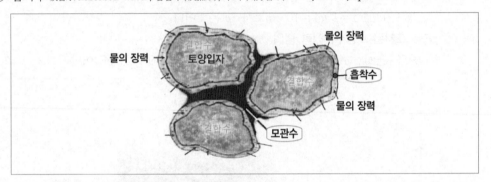

흙 속의 간극에 포함된 물 중에서 점토와 같은 미세한 흙입자의 표면에 얇게 고착해 있는 물이다. 작물에는 거의 이용되지 못한다.

ⓓ 결합수 結合水 bound water 화합수 : $7.0 pF$ 이상

ⓐ 토양 중의 화합물의 한 성분으로 되어 있는 수분이며, 화합수라고도 한다. 토양을 $100 \sim 110℃$로 가열해도 분리되지 않는다. pF가 7.0 이상인 수분으로서 식물에는 물론 흡수되지 않으나 화합물의 성질에 영향을 준다.

ⓑ 토양에서 분리시킬 수 없으므로, 작물에 이용되지 못한다. 결합수는 건조조작으로 제거하기 어렵고, 빙점에서 동결하기도 어려우며, 다른 물질을 용해시키는 용매로서의 성질도 없는 등 일반적인 물과 다른 성질을 나타낸다. 토양 중 화합물의 한 성분으로 되어 있는 수분으로서 105℃에서 건조할 때도 분리되지 않는 수분이다.

(2) 토양의 수분상수(수분항수) 水分常數 moisture constant

토양의 수분함량의 변화 중에 토양수의 보유력, 이동형태, 식물의 수분 이용 등에 직접 관계하는 토양수의 특정한 상태를 표현하는 상수(또는 계수)이다.

(3) 최대용수량(포화용수량)과 포장용수량(최소용수량)

① **최대용수량** 最大用水量 maximum water holding capacity

토양 속에 함유되어 있는 수분의 양을 용수량이라 하는데 최대용수량과 최소용수량으로 나눌 수 있다.

㉠ 최대용수량은 강우나 관개에 의하여 모든 모세관이 완전히 물로 포화된 상태로 배수성 공극을 제외한 모든 공극이 물로 차 있을 때의 토양의 수분함량을 말한다.

㉡ 최대용수량은 배수가 불량하고 지하수면이 높은 곳에서 나타난다. 최대용수량은 토성, 구조, 부식 또는 점토와 같은 교질물의 함량에 따라서 다르게 나타난다.

㉢ pF 값은 0이다.

② **포장용수량** 圃場容水量 field capacity, 최소용수량 最小容水量 minimum water-holding capacity

㉠ 관개를 충분히 하거나 또는 비가 많이 내려 토양이 물로 포화된 후 토양에 따라서 1 ~ 2일이 지나면 대공극의 중력수는 중력에 의하여 다 빠지고 소공극의 물은 그대로 남게 되는데, 이때의 토양 수분함량을 포장圃場 field 작물을 키우는 땅 용수량이라 한다. 증발을 방지하면서 중력수를 완전히 배제한 상태이다.

㉡ 포장용수량(최소용수량)은 대공극에서 물이 빠져나가 뿌리의 호흡은 좋게 하면서도 소공극에는 식물이 이용할 수 있는 충분한 양의 물이 아직 있는 상태이므로 식물이 생육하기에 가장 좋은 수분 조건이다.

㉢ 수면과 거리가 멀어 수면과 연결되는 모세관작용의 영향을 받지 않은 때의 수분함량이다.

㉣ pF 값은 2.5 ~ 2.7이다.

(4) 토양이 보유하는 잉여수분, 유효수분, 무효수분

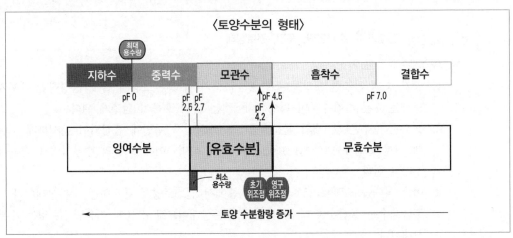

① **잉여수분** 剩餘水分 excess water (pF 2.7 이하)

㉠ 포장용수량(최소용수량) 이상으로 토양이 보유하는 수분이다.

㉡ 포장용수량 이상의 토양수분은 곧 지하에 침투해 버리고 작물에 이용되지 않을 뿐만 아니라 토양의 과습상태를 유발하게 된다. 이것을 잉여수 剩餘水 라고도 한다.

② 유효수분(pF 2.7 ~ 4.2)

㉠ 포장용수량(최소용수량 pF 2.7)에서부터 영구위조점(pF 4.2 이상) 사이에서 토양이 보유하는 수분이다.

㉡ 토양 속에 있는 수분 중 식물이 흡수 가능한 물의 부분이다.

㉢ 밭작물의 생육에 이용될 수 있는 수분이며 작물이 적당한 생장을 하는 데는 유효수분의 절반 이상이 소모되었을 때 수분을 공급해주어야 한다.

㉣ 식물생육에 가장 알맞은 최적 함수량은 최대용수량의 60 ~ 80%이다.

③ 무효수분 無效水分 unavailable moisture (pF 4.2 이상)

㉠ 영구위조점 이상(pF 4.2 이상)에서 토양이 보유하는 수분이다.

㉡ 이 수분은 토양의 수분장력이 크기 때문에 식물뿌리에 의해서 흡수·이용할 수 없으며 식물의 생육에 도움이 되지 않는다.

∘ 위조 萎凋 wilting : 시듦, 즉 불충분한 수분흡수로 인해 식물세포가 팽압 세포 내부에서 원형질막(세포막)을 세포벽 쪽으로 밀어내면서 가해지는 압력 을 잃어 체적이 감소되어 개체가 시드는 것을 의미한다.

∘ 영구위조점 永久萎凋點 permanent wilting point
   – 위조한 식물을 포화습도의 공기 중에 24시간 방치해도 회복되지 못하는 위조를 영구위조라고 하며, 영구위조를 최초로 유발하는 토양의 수분상태를 영구위조점(pF 4.2)이라고 한다.
   – 영구위조점의 토양함수율 토양건조중에 대한 수분의 중량비 을 위조계수 萎凋係數 라고 한다.

∘ 초기위조점(pF 3.9) 初期萎凋点, initial wilting point, 일시위조점 一時萎凋点 temporary witing point
   – 토양 중에 수분이 모자라서 식물이 흡수할 수 있는 양이 줄어들면 식물은 시들기 시작하는데, 이 때를 초기위조점이라고 하며 일시위조점이라고도 한다.
   – 식물의 생육억제가 일어나는 초기단계이다. 토양 수분이 보충되면 다시 회복된다.

✏️ 더 알아보기 **흡습계수, 수분당량, 풍건, 건토상태**

1 **흡습계수** 吸濕係數 hygroscopic coefficient
   1) 공기 중에 건조한 토양을 두면 공기 중의 습도와 토양의 습도가 평형할 때까지 토양은 수분을 흡수하며 평형상태에서는 물의 흐름이 멈추게 된다.
   2) 흡수된 수분은 몇 개의 물분자층으로 토양입자 주변에 흡착되어 존재하게 되는데 이를 흡습수 吸濕水 hygroscopic water 라 하며, 이때 토양의 수분함량을 흡습계수라고 한다.
   3) 이는 상대습도 98%(25℃)의 공기 중에서 건조토양이 흡수하는 수분상태이다.
   4) 흡습계수는 흡습수(흡착수)만 남은 수분상태이므로 작물에 이용될 수 없는 수분상태이다.

2 **수분당량** 水分當量 moisture equivalent
   물로 포화시킨 1cm 두께의 토양에 중력의 1,000배에 상당하는 원심력을 30분간 작용시킬 때 토양에 보유되는 수분함량이다. 대략 포장용수량과 같다.

③ **풍건** 風乾 air dry

개방된 장소에서 공기 중에 방치시켜 건조시킨 것을 말한다. 대기 중의 수분농도와 평형을 이룬 상태이다. 일반적으로 풍건상태의 건물 dryweight 작물이 생산한 유기물 중에서 수분을 제외한 물질 함량은 약 85%로 가정한다. pF는 건토상태보다 낮은 pF 6 정도이다.

④ **건토상태** 乾土狀態

105 ~ 110℃로 조절된 건조기에서 48시간 이상 건조시킨 토양의 상태이다. 바람에 건조시킨 풍건 토양에 비해 pF가 높아 거의 pF 7이다.

4 토양공기

(1) 개요

① 토양공기는 대기 大氣 atmosphere 지구 중력에 의하여 지구 주위를 둘러싸고 있는 기체(공기)에 비하여 이산화탄소의 농도가 높고 산소의 농도가 낮다.

② 토양 중에 이산화탄소 등 유해가스가 많아지고 산소가 부족하거나 공기가 적어지면 작물의 뿌리기능을 저해하여 생장이 불량해진다.

③ 이산화탄소는 토양 중에서 대기로 이동하게 되며, 산소는 대기 중에서 토양으로 이동하게 된다.

(2) 토양의 용기량 容氣量 air capacity

토양공기의 용적은 전공극 全孔隙 용적에서 토양수분의 용적을 차감한 것이며 토양 중에서 공기로 차있는 공극량을 토양의 용기량 Air capacity 이라고 한다.

> 토양의 용기량 = 전공극의 용적 – 토양수분의 용적

> ◦ 전공극 全孔隙 total porosity : 물(액상)과 공기(기상)가 차지하는 토양공극을 말한다. 보통 토양에서 50%를 점유한다.

① **최소용기량**

토양 수분함량이 최대용수량에 달했을 때의 용기량을 의미한다.

② **최대용기량**

풍건상태 공기 중에 방치시켜 건조시킨 상태에서의 용기량을 의미한다.

③ **최적용기량**

토양의 용기량이 증가하면 작물생육에 도움이 되지만 어느 한계를 지나면 오히려 해가 된다. 대체로 작물의 최적용기량은 10 ~ 25% 정도이다.

> 벼·양파(10%) < 귀리·수수(15%) < 보리·밀·순무·오이(20%) < 양배추·강낭콩(24%)

(3) 토양공기 중 산소

① 산소가 부족한 경우에는 뿌리는 정상적으로 호흡을 할 수 없다.
② 뿌리의 호흡이 불량해지면 양분과 수분의 흡수가 적어져 식물생육이 저하된다.
③ 손실된 산소의 재공급이 원활하게 이루어져야 정상적인 생육이 가능하게 되는데 이를 산소확산율 ODR 이라 한다.

> ◦ 산소확산율 酸素擴散率 oxygen diffusion rate : 토양 통기성의 정도를 나타내는 척도이다. 토양의 공극이 물로 포화되거나 미생물 또는 식물의 뿌리에 의하여 산소가 제거되었을 때 산소가 경신되는 속도를 나타낸다. ODR은 식물의 생장에 결정적인 영향을 미치며 분당 $2 \times 10 - 8g \cdot cm^{-1}$ 이하이면 대부분 식물의 뿌리는 생장을 멈춘다.

🔖 **더 알아보기** **노후화답** 老朽化畓 degraded ferro-deficient paddy field

철이나 망간 그 밖의 유효 염류의 용탈 溶脫 이 심해져, 붉은 빛을 띤 철의 집적층을 가진 심토 心土 밑에 보랏빛을 띤 망간이 집적된 논을 말한다. 벼의 뿌리에 직접 황화수소의 해를 받으며 추락 秋落 뿌리의 장해로 인해 가을에 수확량이 감소하는 현상 이 생긴다.

> ◦ 용탈 溶脫 leaching : 토양 중에 침투한 물에 용해된 가용성 성분이 용액상태로 표층에서 하층으로 이동하거나, 또는 토양단면 외부로 제거되는 과정을 말하며 용탈되는 물을 용탈수라 한다.

1 노후화답 과정
1) 담수상태에 있는 논토양의 경우 산소가 부족하다.
2) 철분, 망간 등은 산소부족으로 환원작용 수소를 얻음 이 일어나 물에 녹기 쉬운 상태 용해성의 증가 로 변하여 유출(용탈)되거나, 토양의 작토층 아래의 심토로 내려간다.
3) 토양의 작토층 중 환원층에는 환원작용 수소를 얻음 으로 황화수소가 발생한다.
4) 황화수소는 벼 뿌리 근처에 철분이 부족할 때 벼 뿌리를 상하게 하고 흑색으로 변색시켜 깨씨무늬병의 만연 널리 퍼짐 으로 벼수확을 감소시키는 추락 秋落 현상을 일으키게 된다.

2 대책
1) 부족해진 철분, 망간, 석회, 마그네슘, 칼륨 등을 보충 공급(보급)한다.
ㄱ) 객토 : 산의 붉은 흙, 못의 밑바닥 흙, 바닷가의 질흙 등으로 객토한다. 이들은 양질의 점토와 철·규산·마그네슘·망간 등을 보급하는 효과가 크다.

> ◦ 객토 客土 : 토양의 물리성과 화학성이 불량하여 농작물의 생산성이 떨어지는 농경지의 지력 地力 을 증진시키기 위하여 다른 곳으로부터 성질이 다른 흙을 가져다 넣는 일 또는 그 흙을 말한다.

ㄴ) 심경 : 작토층 아래로 내려간 철분 등을 20㎝ 정도 심경하여 작토층으로 갈아 올린다.

ㄷ) 함철자재의 시용 : 함철자재로 갈철광의 분말, 비철토, 퇴비철 등을 시용한다.

> ◦ 함철자재 含鐵資材 iron containing material : 철 성분을 함유하고 있는 자재를 말한다.
>
> ◦ 시용 施用 application : 농약이나 비료 등을 포장 圃場 field 작물 키우는 땅 에 살포하여 이용하는 것을 말한다.

ㄹ) 규산질비료, 용성인비의 시용 : 규산석회·규회석 등은 규산과 석회뿐만 아니라, 철·망간·마그네슘도 함유하고 있다. 철·망간·석회·마그네슘·칼륨 등이 들어있는 용성인비를 사용한다.

> ◦ 용성인비 熔成燐肥 fused phosphate : 용성인산 마그네슘이라고도 하는데 인광석에 사문암이나 감람석을 첨가하여 전기로나 평로에서 1,400 ~ 1,500℃로 융해하여 물로 급히 냉각시켜 제조한다.

2) 저항성 품종의 선택 : 황화수소(H_2S)에 강한 품종을 선택한다.

3) 조기재배 : 수확이 빠르도록 재배하여 추락을 경감시킨다.

4) 무황산근 비료의 시용 : 황화수소(H_2S)의 발생원이 되는 황산근을 가진 비료의 시용을 피한다.

5) 추비 중점의 시비 : 후기의 영양회복을 위해 추비를 강화한다.

6) 엽면시비 : 추락 초기에 요소·망간 및 미량요소를 추가하여 엽면시비하는 것도 경우에 따라서는 큰 효과가 있다.

(4) 토양공기(산소) 지배 요인

① 토성 土性 soil texture 토양 중에서 크기별 입자의 배합 조성

㉠ 일반적으로 사질 砂質 sandy 모래성질 인 토양에는 비모관공극 非毛管孔隙 이 많고, 토양의 용기량이 증대되며 토양의 용기량이 증대하면 산소의 농도도 증대된다.

> ◦ 비모관공극(대공극) 非毛管孔隙 non-capillary pore space : 물을 간직하게 하는 모관현상이 없을 정도의 큰 크기를 가진 토양의 공극을 말한다. 따라서 주로 통기나 배수에 관여되는 정도의 공극이다.

㉠ 식질토양 점토비율이 높은 토양 에서 입단형성이 조장되는 경우에는 비모관공극이 증대되어 용기량이 증대된다.

> ◦ 식질 埴質 clayey : 점토함량이 35% 이상이며, 자갈함량이 35% 미만인 토양이다.

② 경운

토양의 깊은 곳까지 심경을 하면 용기량이 증대된다.

> ◦ 경운 耕耘 tillage : 작물의 재배에 적합하도록 작물을 재배하기 전에 토양을 교반 또는 반전하여 부드럽게 하고 흙덩이를 작게 부수며 지표면을 평평하게 하는 작업을 말한다.

③ 토양수분

토양의 함수량 含水量 water content 일정한 양의 흙 속에 함유되는 수분의 양 이 증대하면 오히려 용기량이 적어지고 산소 농도가 낮아지며, 이산화탄소 농도가 높아지게 된다.

④ 부숙유기물 시용

미숙유기물을 시용하면 부숙과정에서 산소가 필요하므로 산소의 농도가 크게 낮아지고 오히려 이산화탄소의 농도가 크게 증대된다. 한편 부숙유기물을 시용하는 경우에는 토양의 가스교환이 좋아져서 이산화탄소의 농도 증대가 크지 않다.

> ◦ 미숙유기물 : 낙엽, 가지, 동식물 유체 등과 같이 동식물의 조직이 부숙과정에 있는 유기물이다.
> ◦ 부숙유기물 : 부숙 腐熟 분해, 부패 되어 갈색, 흑색의 유기교질 Colloid 로 된 유기물이다.

⑤ 식생 植生 지표면에 생육하고 있는 식물체적 생물 집단 전체

기존 식물이 생육과정에 있는 토양의 경우라면 그 식물의 뿌리호흡으로 인해 이산화탄소의 농도가 초지 草地 주로 초본식물로 덮인 토지 의 경우보다 현저히 높아진다.

(5) 산소요구량에 따른 작물

산소요구량 높음	산소요구량 중간	산소요구량 낮음
보리, 완두, 감자, 사탕수수, 토마토	밀, 대두, 옥수수, 연맥	기장, 풀 종류

(6) 토양통기의 조장

① 토양처리

　㉠ 암거배수와 명거배수 : 저습지, 과습지 토양의 경우

　　ⓐ 암거배수 暗渠排水 tile drainage : 콘크리트관, 토관, 플라스틱관 등을 적정한 거리를 두면서 지하에 매설하여 토양으로부터 물을 배제하는 배수방식이다.

　　ⓑ 명거배수 明渠排水 open ditch drainage : 지표면에 도랑을 파서 만든 수로를 명거 open ditch 배수구라 하며 명거에 의한 배수를 명거배수라 한다.

　㉡ 토양의 입단 형성 : 유기물, 석회물질, 토양개량제의 시용

　　토양입자의 단립구조 單粒構造 가 뭉쳐서 조그만 덩어리의 입단구조 粒團構造 가 되도록 한다.

　㉢ 심경 深耕 deep plowing 깊이갈이 : 지반이 견고한 토양의 경우 경작지를 20cm 이상의 깊이로 간다.

ⓔ 객토 客土 soil dressing 다른 곳으로부터 성질이 다른 흙을 가져다 넣는 일 : 식질토양과 습지의 경우 객토를 하여 식질 점토비율이 높은 토성을 개량하고, 습지의 지반을 높인다.

② 재배적 조치

㉠ 답전윤환재배는 토양의 용기량을 증대시킨다. 벼와 콩 모두 수량을 높일 수 있다.

> • 답전윤환 畓田輪換 paddy–upland rotation 논밭돌려짓기 : 논 또는 밭을 논 상태와 밭 상태로 몇 해씩 돌려가면서 벼와 밭 작물을 재배하는 방식이다. 논밭 돌려짓기 또는 윤답이라고도 한다.

㉡ 밭에서는 휴립휴파를 하고, 논에서는 휴립재배(이랑재배)를 하기도 한다.

> • 휴립휴파 畦立畦播 : 흙을 돋우어 만든 이랑의 두둑(그냥 이랑이라고 칭하기도 함)에 종자를 파종하는 방법이다. 강우가 심한 지역 또는 비가 많이 오는 계절에는 이랑에 파종하는 것이 습해를 막을 수 있어 유리하다. 그리고 물 빠짐이 좋지 않은 경작지에서도 휴립휴파가 바람직하다.
> • 휴립재배 畦立栽培 이랑재배 : 넓은 이랑을 만들어 이랑의 두둑에다 작물을 재배하는 것이다.
> • 휴립구파 畦立構播 : 이랑을 만들면서 이랑 사이에 패인 부분인 고랑에 종자를 파종하는 것을 말한다. 이랑의 두둑에 파종하는 것보다 가뭄의 피해를 줄일 수 있으므로 한발이 심한 때 또는 가뭄이 심한 지역 또는 장소에 따라 물 지님이 나쁜 토양에서는 휴립구파가 바람직하다.

㉢ 작물재배 기간 중 중경 작물의 생육 도중에 작물 사이의 토양을 가볍게 긁어주는 작업 을 하여 토양통기를 조장한다.

㉣ 답리작 畓裏作, 답전작 畓前作 을 실시한다.

> • 답리작 畓裏 속(안) 作 cropping after rice harvest : 일정한 논에 재배한 다음 이어서 다른 겨울 작물을 재배하여 논의 토지이용율을 향상시키는 논 2모작 작부양식이다.
> • 답전작 畓前作 cropping before rice transplanting : 논에서 벼 심기 전 다른 작물을 재배하는 것을 말한다.

㉤ 파종 播種 종자 심기 할 때 미숙퇴비 未熟堆肥 완전히 썩지 않는 퇴비 를 두껍게 종자 위에 덮지 않는다.

㉥ 물못자리에서는 못자리그누기를 한다.

> • 물못자리 水苗垈 flooded nersery : 모판을 만들고 모판흙이 약간 굳은 다음 물을 대고 볍씨를 파종하여 물을 댄 담수상태에서 육묘하는 방식을 말한다.
> • 못자리그누기 drainage after sprouting : 물못자리의 경우 담수상태에서 종자를 파종하는데 발아 후 유근의 발육이 지상부에 비하여 빈약하게 되는 경우가 생길 수 있다. 이 같은 현상을 막기 위해 모판의 물을 2 ~ 3일간 빼내어 종자에 산소를 공급하고 유근의 발육을 촉진시켜 착근을 돕는 물관리 방법이다.

5 토양의 침식방지

(1) 토양침식 土壤浸蝕 soil erosion

강수나 바람에 의해서 토양이 이동하여 유실 流失 떠내려가서 없어짐 되는 현상을 말한다.

(2) 침식방지대책

① 초생재배 草生栽培 sod culture, grass planting

과수원 같은 곳에서 깨끗이 김을 매주는 대신에 목초, 녹비 등을 나무 밑에 가꾸는 재배법이다. 토양침식 방지, 제초노력 절감, 지력증진, 수분보존 등의 효과를 얻을 수 있다.

② 등고선경작 等高線耕作 contour cropping, contour farming

경사지에서 등고선을 따라 수평으로 도랑을 파서, 빗물로 흘러내리는 흙의 유실을 막는 경작 방법이다. 등고선재배라고도 한다.

③ 대상재배 帶狀栽培 strip cropping

㉠ 토양침식을 방지할 목적으로 산간지나 구릉지의 경사진 토지에서 등고선을 따라 계단식으로 농지를 만들고 경작지 사이에 일정한 간격으로 토양피복작물을 심는 경우를 말한다. 마치 둥근 띠 모양 대상 帶狀 으로 경작지를 만들어 작물을 재배하는 형태이다.

> ◦ 피복작물 被覆作物 : 다년생 목초 등과 같이 강우를 차단하여 경지를 우적침식으로부터 보호하는 효과가 있는 작물이며, 과수원, 간작재배지대, 대상재배지대, 경사지 등에서 토양침식의 방지효과가 크고, 한계침식기에 식물의 피복도를 높인다.

㉡ 수식성작물 水蝕性作物 을 경사진 토지에서 재배할 때 등고선을 따라 3 ~ 10m 간격을 두고 적당한 폭의 목초대 牧草帶 를 만드는 방법이다.

> ◦ 수식성작물 水蝕性作物 : 재배하는 동안 토양침식을 조장하는 작물들을 말하며 대표적으로 옥수수, 담배, 목화, 과수, 채소 등을 들 수 있다.

④ 토양피복 土壤被覆 soil cover

토양에 존재하는 수분의 증발이나 비바람에 의한 흙의 손실 등을 막기 위해 토양 표면에 플라스틱 필름이나 짚 등으로 피복 被覆 덮음 하는 것이다.

⑤ 간작 間作 intercropping 사이짓기

어떤 한 작물이 생육하고 있는 이랑이나 포기 사이에 한정된 기간 동안 다른 작물을 심는 것을 말한다. 생육하는 시기를 달리하는 작물을 어느 기간 같은 토지에 생육시키는 것이므로 여름작물과 겨울작물이 조합되는 것이 보통이며 두 작물의 수확기는 서로 다르다.

⑥ 유기물 시용

입단형성으로 인해 보수력이 높아져 입단구조 粒團構造 의 파괴가 억제되고 유실량이 감소한다. 그러나 C/N율 식물체 내의 탄소/질소의 비율 이 높아져 질소기아현상을 초래할 수도 있다.

⑦ 토양개량제 土壤改良劑 soil conditioner **사용**

크릴륨 Krillium, 아크리소일, 소이락 등을 시용하면, 토양입자를 서로 결합시켜 내수성이 있는 입단이 형성된다.

> ◦ 크릴륨 Krilium : 미국(Monsanto Chemical Co)제의 아크릴산을 원료로 한 토양개량제의 상품명 이다.

제2절 **수분(물)**

1 작물생육에서 수분(물)의 기능

(1) 식물세포의 구성 및 유지

① 식물세포 원형질의 생활 상태를 유지한다.

> ◦ 원형질 原形質 protoplasm : 동식물의 세포에서 생활에 직접적으로 관계가 있는 물질계로 핵·세포 질을 포함하는 세포 내의 살아 있는 물질계이다.

② 수분은 다른 성분들과 함께 식물체를 구성하는 물질이며 영양적 물질을 형성하는 기능을 한다.

③ 식물세포의 팽압상태를 유지하게 하여 식물의 체제가 지속하도록 한다.

> ◦ 팽압 膨壓 turgor pressure : 세포 내부에서 원형질막(세포막)을 세포벽 쪽으로 밀어내면서 가해지는 압력으로 물에 의해서 발생한다. 팽압은 식물, 균류, 세균 및 원생생물 등 세포벽을 가지고 있는 세포에서 발생하며, 세포벽을 가지지 않는 동물세포는 팽압이 존재하지 않는다.

④ 외부의 온도변화에 대처하여 증산작용으로 식물의 체온을 유지하게 해준다.

> ◦ 증산작용 蒸散作用 transpiration : 잎에서는 식물체 속의 물이 수증기가 되어 기공을 통해 밖으로 나오는데, 이를 증산작용이라고 한다. 증산작용은 공변세포에 의해 기공이 열리고 닫히면서 조절되는데 주로 낮에 열리고, 밤에 닫히므로 기공이 열리는 낮에 증산작용이 활발하게 일어난다. 또한 증산작용은 기온이 높을 때 물이 수증기로 되면서 식물체로부터 열을 빼앗기 때문에 식물체의 온도가 높아지는 것을 막아 준다.

(2) 용매 및 매개역할

① 식물이 필요한 양분을 흡수하는 용매 溶媒 solvent 물처럼 다른 물질을 녹일 수 있는 물질의 역할을 한다. 즉, 물은 양분을 녹여 이를 식물이 쉽게 흡수할 수 있도록 하는 역할을 한다.

② 식물체 내에서 물질들을 고르게 분포되도록 매개체媒介體 맺어 주는 역할하는 물체 가 된다.

③ 식물체가 필요로 하는 동화작용同化作用 생물이 자신에게 필요한 고분자화합물을 합성하는 작용 과 이화 과정 異化作用 에너지를 방출하며 복잡한 분자를 단순한 화합물로 분해하는 것 의 매개체가 된다.

2 흡수의 기구

(1) 흡수압[확산압차(DPD)]

흡수압 吸收壓 absorption pressure 이란 물이 토양입자의 표면에 흡착되거나 식물세포 모세관에 흡수 될 때, 수분이 토양이나 식물세포 모세관에 끌려가는 압력을 의미한다.

식물세포의 경우 삼투압과 막압의 차이로 인해 삼투현상에 따라 물을 흡수할 수 있는 식물세포의 용량으로서 확산압차 擴散壓差 DPD(diffusion pressure deficit) 라고도 한다.

① 삼투압이 세포 안으로 수분이 들어가려는 압력이라면, 막압은 세포 밖으로 수분을 내보내려는 압력이다.

> ∘ 삼투압 滲透壓 osmotic pressure : 삼투막을 사이에 두고 양쪽에 농도가 다른 용액을 두었을 때 농 도가 낮은 곳에서 높은 곳으로 물이 이동하는 현상을 말한다.
> ∘ 막압 膜壓 membrane pressure, wall pressure : 세포질이 수분을 흡수하면 세포가 커지면서 원형질 막을 미는 압력인 팽압이 커지면 이에 저항하여 원형질막이 안쪽으로 수축하려는 압력으로서 수분 을 밖으로 내보내려는 작용이다. 팽압은 식물의 체제를 유지하는 데 도움이 되며, 기공의 개폐 운동 도 팽압의 변화에 의한 것이다.

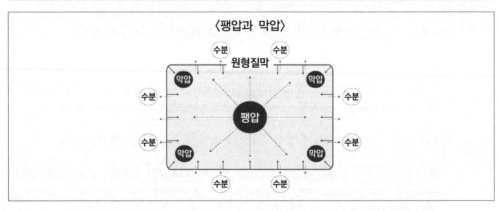

〈팽압과 막압〉

② 원칙적으로 세포의 수분흡수는 삼투압과 막압의 차이에 의해서 이루어진다.

흡수압 = 삼투압 − 막압

(2) 토양수분압력 SMS : Soil moisture stress

① 토양의 수분보유력과 토양용액삼투압을 합한 것이다.

- 토양의 수분보유력 : 뿌리의 흡수력이나 이 밖의 물을 탈취하려고 하는 힘에 저항하여 토양이 물을 보유하려고 하는 힘이다.
- 토양용액삼투압 : 토양의 구성 부분 중에서 액체부분인 토양용액 土壤溶液 soil solution 이 지니는 삼투압이다.

토양수분압력 = 토양의 수분보유력 + 토양용액삼투압

② 작물뿌리의 수분흡수

토양에 대한 식물세포(작물뿌리)의 흡수압 DPD 과 토양수분압력 SMS 의 차이에 의해서 이루어 진다. 작물뿌리의 흡수압이 토양수분압력보다 높은 경우에 작물이 수분을 흡수한다.

작물의 수분흡수 : 작물뿌리의 흡수압 > 토양수분압력

③ 작물세포 내의 수분탈취

만약 토양이 염류가 집적된 염류토양인 경우 작물뿌리의 흡수압보다 토양수분압력이 높아서 역으로 작물세포 내의 수분은 탈취된다.

작물의 수분탈취 : 작물뿌리의 흡수압 < 토양수분압력

✎ 더 알아보기 확산압차구배(DPDD)

1 작물조직 세포 내에서도 DPD에 서로 차이가 있는 것을 말한다.
2 세포사이의 수분 이동은 확산압차구배에 따라서 이루어진다.

(3) 식물의 수분흡수

식물이 수분을 흡수하는 기작 機作 mechanism 식물이 생리적인 작용을 일으키는 기본적인 원리 은 수분이 수 분퍼텐셜[물이 지니는 능력 또는 에너지량(압력)]이 높은 곳에서 수분퍼텐셜이 낮은 곳으로 이동 하는 것이다.

수분퍼텐셜 높은 곳 ──── 〈수분 이동〉 ──⟶ 수분퍼텐셜 낮은 곳

① 수동적 흡수(증산작용에 따른 수분흡수) - 에너지 소모 없음
  ㉠ 물관(도관) 내에서 생기는 부(負)의 압력에 의해 물을 흡수하는 경우를 말한다.

  - 물관 vessel 도관 : 식물의 뿌리에서 흡수한 물과 무기양분이 이동하는 통로이다.

  ㉡ 식물이 증산작용을 왕성하게 하는 경우 잎에는 수분이 줄어들게 된다. 이때 끌어올리는 힘에 의해서 부(負)의 압력이 생기며 뿌리세포가 수동적으로 수분을 흡수하게 되는데, 대 부분의 수분흡수는 이 방법에 따라 일어난다.
  ㉢ 뿌리세포는 삼투압에 의한 수분흡수력은 약해지고 증산작용에 의해 세포막이나 세포간극 을 통해 수분이동이 나타나므로 수동적으로 수분을 흡수하는 장치가 되는 셈이다.

　　ⓔ 이 과정에서 식물은 에너지를 소모하지 않는다.

② **적극적 흡수(세포의 삼투압에 따른 수분흡수) – 에너지를 소모함**

　　㉠ 식물세포의 삼투압에 따른 수분흡수를 말한다.

　　ⓛ 식물 뿌리세포액 중의 농도가 외부의 농도보다 현저히 높아 식물세포가 외부로부터 양분을 흡수하는 것을 적극적 흡수라고 하며, 이때에는 에너지가 필요하다.

　　ⓒ 겨울철에는 목본식물의 경우 낙엽수가 증산작용을 하지 않기 때문에 뿌리의 삼투압에 의하여 수분을 흡수하게 된다.

> 낮은 외부 농도 ──── 수분 이동 (삼투압) ⟶ 높은 뿌리세포액 농도

3 수분퍼텐셜 water potential 물이 지니는 능력 또는 에너지량

(1) 수분퍼텐셜의 개념

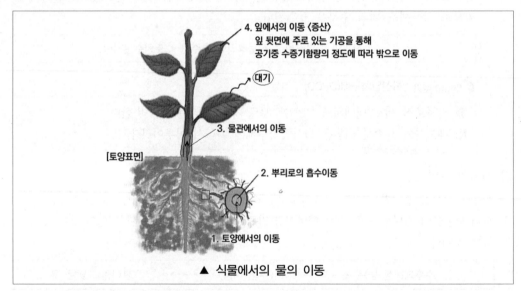

4. 잎에서의 이동 〈증산〉
잎 뒷면에 주로 있는 기공을 통해
공기중 수증기함량의 정도에 따라 밖으로 이동

대기

3. 물관에서의 이동

[토양표면]

2. 뿌리로의 흡수이동

1. 토양에서의 이동

▲ 식물에서의 물의 이동

① 물이 이동하는 데 사용할 수 있는 '물이 지니는 능력 또는 에너지량'을 의미한다.

② 수분퍼텐셜은 토양이나 식물체에 포함되어 있는 물이 갖고 있는 잠재적인 에너지를 압력 단위로 나타낸 것이다.

③ 토양으로부터 물이 식물에 흡수된 이후 증산되어서 대기 중으로 이동하려면 수분퍼텐셜은 다음과 같은 상태이어야 한다.

> 수분퍼텐셜 크기 : 토양 > 뿌리 > 줄기 > 잎 > 대기

④ 물(수분)은 퍼텐셜 에너지가 높은 곳에서 낮은 곳으로 이동한다.

(2) 수목에서의 수분퍼텐셜 구성

① 수분퍼텐셜은 크게 '삼투퍼텐셜', '압력퍼텐셜', '매트릭퍼텐셜(기질퍼텐셜)' 등의 요소로 구성된다.

> 수분퍼텐셜 = (−)삼투퍼텐셜 + (+, −)압력퍼텐셜 + (−)매트릭퍼텐셜

② 식물체 내의 수분퍼텐셜에서 '매트릭퍼텐셜'은 거의 영향이 없으며 '삼투퍼텐셜'과 '압력퍼텐셜'이 결과를 좌우한다.

(3) 삼투퍼텐셜(용질퍼텐셜)

① 삼투퍼텐셜은 용질퍼텐셜이라고도 한다. 용질의 농도가 높으면 삼투퍼텐셜이 감소하여 수분퍼텐셜도 감소하며 물이 토양에서 식물세포(용질) 안으로 이동한다.

> ° 용질 溶質 solute : 용매 溶媒 solvent 에 의해 용해되어 용액을 구성하는 물질이다. 용매는 용질을 녹여서 용액으로 만드는 액체를 의미한다. 고체와 액체의 혼합물인 경우 액체가 용매이고 고체가 용질이며, 액체끼리 혼합된 용액인 경우 더 많은 물질이 용매이고 적은 물질이 용질이다. 예를 들어 술에 포함된 알코올, 바닷물 속에 녹아 있는 소금은 모두 물을 용매로 하는 용질이다.

② 용질의 농도에 따라 영향을 받는 퍼텐셜이며 순수한 물인 증류수는 이 값이 0이며 식물세포는 용질이 많아 수분의 삼투퍼텐셜은 항상 음(−)의 값을 갖는다.

③ 삼투압은 세포 안으로 수분이 들어가려는 압력이다. 음(−)의 값을 갖는 삼투퍼텐셜은 총퍼텐셜을 낮추게 되어 수분을 흡수하는 데 기여한다.

④ 물이 토양에서 식물세포 안으로 이동하는 것은 식물세포가 음(−)의 값을 갖는 삼투퍼텐셜에 따른 전체 수분퍼텐셜의 차이가 발생하기 때문이다.

(4) 압력퍼텐셜(팽압퍼텐셜)

① 식물세포가 수분을 흡수하는 경우 원형질막이 세포벽을 향해 밀어내게 되는데, 이때 나타내는 압력(팽압)에 따른 퍼텐셜에너지이다.

② 압력퍼텐셜은 양수(+)이거나 음수(−)일 수 있다. 압력퍼텐셜이 높으면 수분흡수가 억제되고, 압력퍼텐셜이 낮아지면 수분흡수가 증가된다.

③ 팽압이 증가하면 세포 내의 압력퍼텐셜은 양수(+) 값을 갖는다. 팽압은 식물이 형태를 유지할 수 있게 해주는 압력이지만 수분흡수에 방해가 되는 압력이다.

④ 압력퍼텐셜이 양수(+)인 경우 총퍼텐셜은 증가하고, 음수(−)인 경우 총퍼텐셜은 감소한다.

⑤ 식물은 용질의 삼투과정을 통해서 압력퍼텐셜을 조정한다.

⑥ 식물세포 세포질에 있는 용질의 농도가 높아지는 경우

> 삼투퍼텐셜이 줄어 들어 음(−)의 값 ⇨ 총퍼텐셜이 줄어듦 ⇨ 세포와 주위의 퍼텐셜 차이 커짐 ⇨ 삼투압에 의해 물이 세포 내로 들어감 ⇨ 압력퍼텐셜이 커짐

(5) 매트릭퍼텐셜 matric potential

① 어떤 물질의 기질자체가 가진 모세공극으로 수분이 흡수되는 에너지량으로 음(−)의 값이다.

② 값이 미미하여 수분퍼텐셜에 거의 영향을 미치지 않는다.

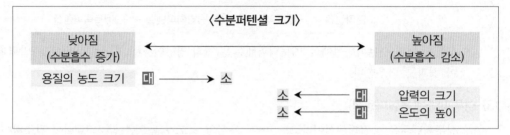

🖊 **더 알아보기** 중력퍼텐셜과 일비현상

1 중력퍼텐셜 重力 gravitational potential

　1) 지구의 모든 물체는 지구 중심을 향하여 그의 무게와 같은 중력에 의하여 이끌리고 있다. 주어진 위치의 물체가 저장하고 있는 퍼텐셜을 중력퍼텐셜이라고 하며 이는 단지 기준점에 대한 상대적 높이에 의하여 결정되는 퍼텐셜이다.

　2) 중력퍼텐셜은 삼투퍼텐셜이나 매트릭퍼텐셜 또는 압력퍼텐셜에 비해서 상당히 작다. 따라서 키가 큰 식물이 아니라면 식물체 내의 중력퍼텐셜은 보통 생략된다.

　3) 중력퍼텐셜의 기준점은 보통 토양 표면이 된다. 기준점 위의 물은 양(+)의 중력퍼텐셜을 지닌 반면, 기준점 아래의 물은 음(−)의 중력퍼텐셜 값을 갖는다.

2 일비현상 溢 넘칠 일 泌 분비할 비 現象 bleeding, exudation

　1) 식물 줄기가 절단되거나 도관부에 구멍이 생기면 내면 절단 부위나 구멍에서 다량의 수액이 배출되는 현상을 말한다.

　2) 이는 내부의 근압에서 비롯된다. 식물의 수분흡수는 왕성하지만 증산이 억제되는 조건에서 많이 일어난다. 뿌리의 활력이 왕성한 경우 물을 흡수하여 이를 위로 밀어 올리는 근압이 높아지게 되면 잎 가장자리의 수공에 물방울이 맺히는 현상이 일어나기도 한다.

4 작물의 요수량

(1) 요수량과 증산계수의 뜻

① 요수량 要水量 water requirement

건물 1g을 생산하는 데 소비 消費 써서 없앰 되는 수분의 양(g)으로 표시한다. 요수량은 일정 기간 내의 수분소비량과 건물축적량을 측정하여 산출하는데, 작물의 수분경제의 척도를 나타내는 것이고, 수분의 절대소비량을 표시하는 것은 아니다. 대체로 요수량이 적은 작물이 건조한 토양과 한발에 대한 저항성이 강하다.

> ◦ 건물 dryweight : 작물이 생산한 유기물 중에서 수분을 제외한 물질이다.

② **증산계수** 蒸散係數 transpiration coefficient

건물 1g을 생산하는 데 소비되는 증산량(g) 식물체 표면에서의 수증기 증발량 을 개념화한 수치이다.

③ **요수량 ≒ 증산계수**

수분흡수량은 거의 전부가 증산량에 해당하므로 요수량과 증산계수는 동의어로 사용하기도 한다.

(2) 작물과 요수량

요수량은 기장·수수·옥수수·밀·보리 등이 작고, 호박, 알팔파, 클로버 등이 크다. 명아주의 요수량은 극히 커서 이 잡초는 토양의 수분을 많이 수탈한다.

• 흰명아주 : 948	• 호박 : 834	• 알팔파 : 831	• 클로버 : 799
• 완두 : 788	• 오이 : 713	• 목화 : 646	• 감자 : 636
• 귀리 : 597	• 보리 : 534	• 밀 : 513	• 옥수수 : 368
• 수수 : 322	• 기장 : 310		

(3) 요수량의 지배요인

① 대체로 요수량(증산계수)이 적은 작물이 건조한 토양과 한발(가뭄)에 대한 저항성이 강하다. 즉, 내건성이 크다.

② 생육 초기에 요수량이 크다.

(4) 작물의 내건성 耐乾性 = 내한성 耐旱性 drought tolerance

작물이 건조에 견디는 성질을 의미하며 여러 요인에 의해서 지배된다.

내건성이 강한 작물의 특성은 다음과 같다.

① 왜소하고 잎이 작다. 또한 세포가 작아 탈수될 때 원형질의 응집이 덜하여 함수량이 감소되어도 원형질의 변형이 적다.

② 세포 중 원형질이나 저장양분이 차지하는 비율이 높아서 수분보유력이 강하며, 체내 수분의 손실이 적다.

③ 수분함량이 낮은 상태에서 생리기능이 높다.

④ 뿌리가 깊고 지상부에 비해 뿌리의 발달이 좋아 수분의 흡수능이 크다.

⑤ 잎조직이 치밀하며 잎맥과 울타리조직 및 표피에 각피가 잘 발달하였으며 작은 기공의 수가 많다.

⑥ 저수능력이 크며 다육화 多肉化 succulency 줄기나 잎, 과실, 뿌리 등이 비후하여 그 조직의 일부 또는 전부가 다량의 즙을 포함하는 것 의 경향이 있다.

⑦ 기동세포 機動細胞 bulliform cell, motor cell 식물의 운동에 관여하는 운동세포이며 가뭄, 추위 등 환경에 따라 쉽게 축소되거나 확대되는 세포 가 발달하여 탈수가 되면 잎이 말려서 표면적이 축소된다.

5 토양의 수분부족 및 수분과다 시의 작물생리

(1) 수분부족 시 작물생리

① 앱시스산(ABA) 합성 촉진

앱시스산(ABA) 식물호르몬은 추위, 염, 수분이 부족할 때에 합성이 촉진되어, 식물이 물을 보존하는 데 중요한 역할을 한다. 특히 수분부족에는 그 함량이 40배까지 늘어난다.

② 기공폐쇄

앱시스산(ABA)은 수분스트레스를 감지하여, 기공을 폐쇄하는 역할을 한다. 기공폐쇄는 CO_2 공급량을 감소시켜 광합성의 저하를 일으킨다.

③ 엽면적 감소

수분의 부족은 엽면적을 감소시키고, 원형질 분리를 일으킬 수도 있다.

(2) 수분과다 시 작물생리

① 토양수분이 과다하게 되면 생장이 쇠퇴하고, 수확량도 감소한다.

② 건조 후에 수분이 많이 공급되면 열과裂果 fruit cracking, fruit splitting 과피가 터지면서 과실이 갈라지는 현상 등이 나타난다.

③ 식물이 웃자라게 된다.

④ 토양최적함수량은 최대용수량의 60 ~ 80% 범위이고, 이 함수량을 넘어 과습 상태가 지속되면 토양산소가 결핍되고, 각종 환원성 유해물질이 생성되는 습해가 발생한다.

제3절 온도

1 온도의 개요

(1) 의의

① 온도는 양분과 물의 흡수, 식물의 광합성과 호흡, 증산작용과 그 밖의 식물체 내에서 일어나는 거의 모든 대사활동에 영향을 준다.

② 온도가 높아질수록 각종 이화학적 반응으로서의 작물의 생리작용은 어느 수준까지는 그 속도가 증대하게 된다.

(2) 온도계수 temperature coefficient, Q_{10} value

① 식물의 생육온도를 10도 올렸을 때 이에 대한 생물체에서 세포분열의 속도, 호흡할 때의 호흡 횟수 등 화학반응 속도의 비율을 의미한다. 일반적으로 화학반응의 온도계수 값은 2배 정도로 나타나며 보통 온도계수의 값은 Q_{10}으로 나타낸다.

② 온도계수를 적용하는 범위는 10 ~ 40℃ 내외 정도이다.

(3) 주요온도

① 유효온도 有效溫度 effective temperature

작물의 생육이 가능한 범위의 온도를 유효온도라고 한다.

> ⊙ 최저온도 : 작물의 생육이 가능한 가장 낮은 온도
> - 겨울작물 : 1℃ ~ 5℃   • 여름작물 : 10℃ ~ 15℃
> ⊙ 최적온도 : 작물의 생육이 가장 왕성한 온도. 생육적온
> - 겨울작물 : 15℃ ~ 25℃   • 여름작물 : 30℃ ~ 35℃
> ⊙ 최고온도 : 작물의 생육이 가능한 가장 높은 온도
> - 겨울작물 : 30℃ ~ 40℃   • 여름작물 : 40℃ ~ 50℃

② 한계온도 限界溫度 임계온도

농작물들 자체의 생물학적 최저온도 minimun temperature 와 최고온도 maximum temperature 를 의미한다. 최저온도 이하와 최고온도 이상의 생육조건에서는 자연재해를 입게 되고 수확이 떨어지게 되므로 최적온도 optimum temperature 를 유지하는 것이 바람직하다.

(4) 적산온도 積算溫度 accumulated temperature

작물의 생육기간동안에 필요한 열량을 나타낸다. 생육일수의 일평균기온을 적산(누적계산)한 것을 말한다. 관행적으로는 작물의 발아에서부터 등숙(성숙)에 이르기까지의 0℃ 이상의 일평균 기온을 합산한 것을 적산온도라고 한다.

① 유효적산온도 有效積算溫度 effective accumulated temperature

⊙ 생물이 일정한 발육을 완료하기까지 필요로 하는 적산온도이다. 평균기온에서 임계온도 (10℃)를 뺀 값을 적산한다. 즉, 일정기간에 평균기온으로부터 생육이 가능한 온도인 10℃ 이상의 온도를 적산한다.

⊙ 유효적산온도 계산

> $$GDD(℃) = \Sigma\{(\text{일최고기온} + \text{일최저기온})/2 - 10\}$$
>
> ※ 여기서 10은 여름작물이 생육을 정지하는 기본온도(base line)를 10℃로 설정한 것이다. 만약 일최저기온이 10℃ 이하로 9℃인 경우에도 10℃로 계산한다.

② 유효적산온도를 기준으로 한 기준온도

> ◦ 기준온도 基準溫度 base temperature : '작물의 종류에 따라' 작물생육에 요구되는 한계온도(임계온도)를 의미하며 '작물의 종류'에 따라 다르다.

⊙ 저온에서도 자라는 가을 채소, 맥류, 과수 등의 작물 : 5℃
⊙ 온대 지방의 일반적 여름작물 : 10℃
⊙ 고온을 필요로 하는 작물 : 15℃

(5) 생장온도일수 生長溫度日數 GDD(growing degree days) = 생육온도일수

지역의 기후에 따른 작물 또는 품종의 재배가능성을 예측하거나 현재 재배하는 작물의 생육단계를 예측할 수 있도록 고안된 것으로 작물의 생육가능온도를 적산한 일수이다.

(6) 식물기간 植物期間 vegetation period

「일평균기온」이 5℃ 이상의 연속일수를 의미하며, 파종 시비 등 계획적인 농작물관리에 필요한 지표가 된다.

(7) 작물기간 作物期間 crop period

「일평균기온」이 15℃ 이상인 기간을 작물기간이라고 한다.

(8) 생물기간 生物期間

「일최저기온」이 5℃ 이상인 연속일수를 의미하며, 식물기간보다 짧다.

2 온도와 작물생리

(1) 주요 작물의 적산온도(℃) : 최저 ~ 최고

• 벼 : 3,500 ~ 4,500	• 담배 : 3,200 ~ 3,600
• 아마 : 2,600 ~ 2,850	• 콩 : 2,500 ~ 3,000
• 완두 : 2,400 ~ 3,000	• 옥수수 : 2,370 ~ 3,000
• 조 : 2,350 ~ 2,800	• 가을밀 : 1,960 ~ 2,250
• 귀리 : 1,940 ~ 2,310	• 가을보리 : 1,700 ~ 2,075
• 봄보리 : 1,600 ~ 1,850	• 순무 : 1,400 ~ 1,600
• 감자 : 1,300 ~ 3,000	• 메밀 : 1,000 ~ 1,200

(2) 호냉성 식물과 호온성 식물

① 호냉성 작물

7 ~ 15℃의 냉온에서 잘 자라는 식물

㉠ 과수 : 배, 사과, 자두 등

㉡ 채소 : 감자, 당근, 마늘, 양파, 시금치, 상추, 양배추, 딸기 등

② 호온성 작물

18 ~ 24℃의 난온에서 잘 자라는 식물

㉠ 과수 : 감, 복숭아, 살구, 참외, 무화과 등

㉡ 채소 : 고구마, 생강, 고추, 오이, 수박, 호박, 가지, 토마토 등

(3) 온도와 광합성 및 호흡작용

① 온도가 높아질 때 광합성작용

30℃	~	40 ~ 45℃
최고	감소	정지

② 온도가 높아질 때 호흡작용

32 ~ 35℃	~	50℃
최고	감소	정지

3 기온의 일변화(변온)

(1) 의의

① 기온의 일변화 또는 변온이란 하루 중에서 기온이 변화하는 정도를 의미한다.

② 기온의 일교차, 즉 변온의 정도는 작물의 생리작용에 큰 영향을 미친다.

③ 기온의 일변화는 대체로 오전 6시경이 최저이며, 오전 10시 전후의 기온은 일평균기온에 가깝고, 오후 2 ~ 4시경에 최고이다.

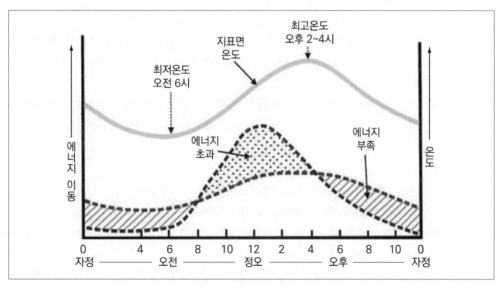

④ 지표면 온도

'입사에너지' 표면에 입사된 전자기 복사에너지는 정오시간(12시)에 최대가 되며, 반대로 '방출에너지'의 총량은 약 오후 2시 전·후에 최대가 된다. 지표가 데워지는 시간과 열을 최대로 방출하는 시간의 차이로 '지표 온도'는 오후 2 ~ 4시 사이에 최대가 되며 약 새벽 6시에 최저가 된다. 이는 계절이나 지리적 위치에 따라 약간 다를 수 있다.

(2) 변온과 작물생육

① 발아

⊙ 변온은 종자의 휴면상태를 깨는 데(휴면타파) 도움이 된다.

> ◦ 종자의 휴면 : 종자가 발아에 적당한 조건을 갖추어도 쉽게 발아하지 않는 경우를 말한다.

⊙ 종자는 적당한 온도, 물, 산소, 광(광발아종자의 경우) 등의 발아에 필요한 외적조건이 갖추어지면 발아를 시작한다.

② 생장

밤의 기온이 높아 변온이 작으면 무기성분의 흡수와 동화양분의 소모가 왕성해지면서 생장이 빨라진다.

③ 동화양분(동화물질)의 축적

⊙ 낮의 기온이 높을 때 광합성이 촉진되고 합성물질(동화물질)들이 저장기관 또는 소비기관으로의 이동이 증가하고, 변온이 커져 밤의 기온이 낮을수록 호흡은 적어지며, 호흡으로 인한 동화물질의 소모가 적어져서 동화물질의 축적이 증대한다.

⊙ 그러나, 밤의 기온이 과도하게 내려가도 장해가 생긴다.

④ 괴근(덩이뿌리)과 괴경(덩이줄기)의 발달

⊙ 변온에 의해 동화물질의 축적이 양호해지면서 괴근과 괴경이 발달한다.

⊙ 고구마는 29℃의 항온보다도 29℃(낮) ~ 20℃(밤)의 변온에서 괴근이 발달하며, 감자의 경우는 밤의 기온이 10 ~ 14℃로 저하되는 변온에서 괴경이 발달한다.

⑤ 개화

⊙ 일반적으로 변온의 정도가 커서 밤의 기온이 비교적 낮은 것이 동화물질의 축적을 조장하여 개화를 촉진하고 화기花器 flower organ 꽃 또는 꽃의 기관 도 커진다.

⊙ 그러나 맥류는 밤의 기온이 높아 변온이 작은 경우에 출수와 개화를 촉진한다.

⑥ 결실

⊙ 작물들은 변온에 의해서 대개 결실이 조장되는데, 가을에 결실하는 작물의 경우에는 대체로 변온의 정도가 큰 조건에서 결실이 조장된다.

⊙ 벼의 경우 등숙기 출수로부터 성숙까지의 기간 의 밤온도가 20℃ 정도에서 16℃ 정도로 점차 낮아지는 조건에서 등숙이 좋다.

⊙ 벼는 평야지보다 산간지에서 등숙이 좋다. 그 이유는 산간지의 경우 변온이 커서 동화물질의 축적에 유리하고, 전분을 합성하는 활력이 고온인 평야지의 경우보다 산간지에서는 늦게까지 지속되어 전분을 축적하는 기간이 길어지므로 등숙이 양호해져서 입중粒重 낱알무게 이 증대한다.

📌 더 알아보기 벼의 일생 : 2단계, 3단계

〈벼의 일생 : 2단계〉

벼는 파종 후 여러 단계를 거쳐 일생을 마치게 된다. 벼의 일생은 크게 벼의 몸체를 만드는 시기인 「영양생장기」와 2세를 위한 볍씨를 만드는 시기인 「생식생장기」로 나눌 수 있다.

① 영양생장기營養生長期 vegetative period

벼의 발아로부터 어린 이삭이 형성되기 직전까지의 기간이다.

> 묘대기 → 이앙 및 착근기 → 분얼기

1) 묘대기 苗垈期 못자리기간

벼의 이앙(모내기)재배에서 볍씨를 파종하여 모내기 전까지 육묘하는 기간을 말하며, 볍씨를 직접 본논에 뿌려 재배하는 직파재배의 경우에는 묘대기가 없다. 발아 후 모의 생육에 이용되는 볍씨에 저장되어 있던 양분이 모두 소진되고 식물체가 독립생활을 하는 이유기 離乳期 가 된다.

2) 이앙 移秧 및 착근기 着根期

모내기 이후부터 새 뿌리가 나오는 시기까지이다.

ㄱ) 이앙 移秧 모내기 : 육묘한 모를 본논에 옮겨 심는 것을 말한다.

ㄴ) 착근기 着根期 : 이앙 후 새 뿌리가 나와 양분을 흡수하고, 뿌리가 기능을 하기 시작하는 시기이다.

3) 분얼기 分蘖期 tillering stage

묘가 착근한 다음부터 영양생장기까지 분얼이 이루어지는 시기를 말한다. 여기서 분얼 分蘖 tiller 이란 일종의 가지치기를 말한다. 종자로부터 최초로 형성된 가지 및 그 이후 형성된 모든 지상부 가지를 분얼이라고 부른다. 발생한 분얼 중 벼쭉정이가 되는 분얼을 무효분얼 無效分蘖 이라 하고, 결실 結實 을 가져오는 분얼을 유효분얼 有效分蘖 이라 하는데, 유효분얼은 전체 분얼 중에서 70% 전후에 해당한다.

② 생식생장기生殖生長期 reproductive growth period

벼는 최고분얼기를 거치면 생식생장을 시작한다. 벼의 유수 幼穗 어린 이삭 가 분화되어 성숙하는 시기이며 이삭을 키워내기 위해 잎사귀에 둘러싸여 있던 줄기가 자라나게 된다. 이때 생식기관이 분화, 발달하여 벼의 알이 완성되는 시기이다.

> 신장기 → 출수 및 개화기 → 결실기

1) 신장기 伸長期

어린 이삭이 분화되는 시기 幼穗分化期 로부터 이삭이 패기 직전까지의 기간이며, 줄기 기부 基部 기초가 되는 부분, 뿌리와 만나는 줄기의 아랫부분 의 마디 사이가 신장하여 길이가 완성되는 기간이다.

ㄱ) 유수형성기 幼穗形成期 : 어린 이삭은 출수 出穗 heading, ear emergence 이삭이 밖으로 출현하는 것 30일경 전부터 분화하기 시작하며 벼 알의 껍데기가 형성되고 이삭이 3 ~ 5cm로 자라는 기간이다.

ㄴ) 수잉기 穗孕期 이삭을 잉태하고 있는 시기 : 이삭의 출수 전 약 15일부터 출수 직전까지의 기간으로 지엽의 엽초가 어린 이삭을 밴 채 보호하고 있어 수잉기라고 하며, 유수의 길이가 전장에 달하여 길이가 거의 완성되는 시기이다. 또한 화분모세포와 배낭모세포는 감수분열을 하여 수정태세를 갖추는 시기로, 외계환경(한해, 냉해, 수해 등)에 대한 반응이 가장 예민하여 재배관리상 매우 중요한 시기이다. 감수분열기라고도 한다.

2) 출수개화기 出穗 이삭 수 開花期

벼의 이삭이 지엽 속에서 외부로 추출되어 벼꽃이 피기까지의 기간으로, 이삭이 팬 정도에 따라 출수시, 출수기, 수전기로 구분된다.

ㄱ) 출수시 出穗始 : 총 줄기수의 20% 정도가 출수한 시기

ㄴ) 출수기 出穗期 : 총 줄기수의 40 ~ 50% 정도가 출수한 시기

ㄷ) 수전기 穗揃 뽑다 전 기 : 총 줄기수의 80 ~ 90% 정도가 출수한 시기

3) 결실기 結實期

개화 및 수정이 완료되고 벼 알이 완성되는 기간으로, 벼 알의 성숙단계에 따라 유숙기, 호숙기, 황숙기, 완숙기 및 고숙기로 구분할 수 있다.

ㄱ) 유숙기 乳熟期 : 벼 알은 우유빛과 같고 수분함량이 높은 시기이다.

ㄴ) 호숙기 糊 풀칠 호 熟期 : 벼 알 속의 배유 내용물이 풀처럼 되어 굳어지는 시기이다.

ㄷ) 황숙기 黃熟期 : 알곡이 거의 다 형성되고 잎·줄기·이삭이 황색으로 변하는 시기이다.

ㄹ) 완숙기 完熟期 : 벼 알의 수분이 약 20% 정도로서 수확이 가능한 시기이다. 벼 알이 딱딱하게 여물고 벼 알의 수분함량이 20% 정도이며, 수확의 적기는 완숙기 직전인 황숙기 말경이 적당하다.

ㅁ) 고숙기 枯熟期 : 완숙기가 지나 경엽 莖葉 stem and leaf 식물체의 잎과 줄기 이 고사하여 퇴색되고 벼 알의 수분함량도 18% 이하로 감소하면서 벼 알의 색이 탁한 누런색으로 변하는 시기로, 수확적기를 지나 이삭 목이 부러지거나 미질도 떨어지는 시기이다.

〈벼의 일생 : 3단계〉

■ 1단계(영양생장기) : 발아에서 유수분화기까지의 기간(90일)

② 2단계(생식생장기) : 유수분화기로부터 출수까지의 기간(30일)

③ 3단계(등숙기) : 출수로부터 성숙까지의 기간(40일)

4 춘화처리 春化處理 vernalization

(1) 의의

일반적으로 저온처리로 꽃피는 능력을 획득하게 하는 것을 말한다. 식물 중에서는 낮은 기온과 높은 기온이 일정 기간이 지속되어야만 꽃을 피우는 경우가 있다. 일반적으로 겨울작물은 저온처리, 여름작물은 고온처리에 효과적이다. 이렇게 작물의 개화를 유도·촉진하기 위해서 주로 생육의 초기 일정 시기에 일정 온도처리를 하는 것을 춘화처리라고 한다.

① 저온춘화와 고온춘화

고온춘화와 저온춘화가 있으며, 춘화처리라고 하면 보통은 저온춘화를 가리킨다.

㉠ 저온춘화 低溫春化 chilling treatment : 월년생 越 넘을 월 年生 winter annual 두 해에 걸쳐서 싹이 터서 자라다가 이듬해에 열매를 맺고 죽는 식물 장일식물 長日植物 long-day plant 봄이나 여름, 낮이 길어지고 밤의 길이가 짧아지면 개화하는 식물 은 비교적 저온인 0~10℃ 정도의 저온에 의해서 춘화되는 경우이다.

　예 맥류, 무, 배추, 딸기, 유채 등

㉡ 고온춘화 : 단일식물 短日植物 short-day plant 낮의 길이가 짧아지고 밤의 길이가 길어질 때 개화하는 식물 로서 상대적으로 고온인 10 ~ 30℃의 온도에서 춘화되는 경우이다.

　예 콩, 상추, 글라디올러스 등

② 춘화에 유효한 온도 범위

종과 처리 시기에 따라 크게 변한다.

㉠ 종자춘화형 種子春化型 seed vernalization type : 종자의 춘화처리를 필요로 하는 식물이다. 종자가 수분을 흡수하여 배 胚 가 생장을 개시한 이후에는 저온에 잘 감응하는 식물이다.

ⓐ 최아종자에 처리하는 것이다.

> ◦ 최아종자 催芽種子 pregerminated seed : 벼, 맥류, 땅콩, 가지 등에서는 발아, 생육을 촉진할 목적으로 종자의 싹을 약간 틔워서 파종하는 경우가 있는데, 이때 약간 싹이 틔어진 종자를 말한다.

ⓑ 추파맥류 최아종자를 저온처리하면 춘파하여도 좌지현상 座止現象 remaining in rosette state, hiber-nalism 이 방지되어 정상적으로 출수한다.

　예 추파맥류, 완두, 잠두, 봄올무, 배추, 무, 보리, 밀 등

㉡ 녹체춘화형 綠體春化型 green plant vernalization type : 녹체상태로 춘화되는 형이다. 식물체가 어느 정도 영양생장을 하여 녹체상태가 된 후 저온상태를 거치는 경우 감응하는 식물이다.

　예 양배추, 사리풀, 당근, 양파, 국화, 스토크, 히요스, 셀러리, 브로콜리 등

㉢ 비춘화처리형 : 춘화처리의 효과가 인정되지 않는 작물이다.

더 알아보기　춘화처리에 필요한 종자의 수분흡수량

> **1** 봄밀, 가을밀 : 30 ~ 35%
>
> **2** 귀리, 호밀, 옥수수 : 30%
>
> **3** 보리 : 25%

③ 탈춘화와 재춘화

    ㉠ 탈춘화(이춘화, 춘화소거) : 저온춘화처리 기간 후에 고온, 건조, 산소부족과 같은 불량환경에 의하여 춘화처리의 효과가 상실되는 현상을 말한다.

       예 밀에서 저온춘화처리 직후에 35℃ 고온에 처리하면 탈춘화가 됨

    ㉡ 춘화효과의 정착 : 춘화정도가 진전될수록 탈춘화하기 어려우며, 춘화가 완전히 되어 탈춘화가 생기지 않는 현상을 말한다.

       예 가을호밀을 8주간 이상 저온처리를 하면 고온에 의한 탈춘화가 일어나지 않음

    ㉢ 재춘화 : 탈춘화 후에 다시 저온처리하면 춘화처리효과가 나타나는 것을 말한다.

       예 가을호밀에서는 탈춘화 후에 다시 저온처리를 하면 다시 완전히 춘화되는 현상

    ㉣ 화학적 춘화 : 화학물질에 의한 춘화작용을 말한다.

> • 지베렐린 : 저온처리와 동일한 효과를 발생한다.
> • 저온처리 후의 생장호르몬 처리 : 탈춘화 효과를 발생한다.

    ㉤ 단일춘화 : 추파맥류는 종자춘화형식물로 최아종자를 저온처리하면 봄에 파종해도 좌지현상이 방지되고, 정상적으로 출수하는데 저온처리가 없어도 본잎 1매 정도 녹체기에 약 한 달 동안의 단일처리를 하되 명기에 적외선이 많은 광[비타룩스(vitalux) A]을 조명하면(온도 18~22℃) 춘화처리를 한 것과 같은 효과가 발생하는데 이를 단일춘화라고 한다.

④ 춘화처리 감응부위 – 생장점

    춘화처리의 감응부위는 생장점이며 그 이외의 기관에는 효과가 나타나지 않는다.

> ◦ 생장점 生長點 growing point : 식물의 줄기와 뿌리의 끝에서 세포의 증식이나 기관 형성과 같은 활동을 하는 부분이다. 식물체는 대부분 생장점을 통해 일생동안 생장하게 된다.

(2) 춘화처리 방법

① 최아

    ㉠ 춘화처리에 필요한 수분의 흡수율은 작물에 따라 각각 다르다.

    ㉡ 수온은 12℃가 알맞다.

    ㉢ 종자춘화 시 종자근의 시원체인 백체가 나타나기 시작할 무렵까지 최아하여 처리한다.

    ㉣ 최아종자의 춘화처리는 처리기간이 길어지면 부패 또는 유근의 도장 우려가 있다.

    ㉤ 처리종자는 병원균에 감염되기 쉬우므로 종자를 소독하여야 한다.

    ㉥ 가을밀에 대한 최아법(Lysenko) : 종자를 15 ~ 20cm의 두께로 펴고 물을 살포(종자 100kg에 물 37ℓ)하여 종자의 함수량이 50 ~ 55%가 되게 한 후, 10 ~ 15℃에서 24시간 또는 5 ~ 10℃에서 2 ~ 3일간 최아하여 종자 총수의 3 ~ 5%가 어린뿌리를 나타낼 때 처리한다.

② 처리온도와 기간

    ㉠ 처리온도 및 기간은 유전성에 따라 서로 다르다.

    ㉡ 일반적으로 겨울작물은 저온, 여름작물은 고온이 효과적이다.

③ 산소

춘화처리 중 산소의 공급은 절대적으로 필요하며 산소의 부족은 호흡을 불량하게 하며 춘화처리 효과도 저해된다.

④ 광선

㉠ 최아종자의 저온춘화는 광선의 유무와 관계없다.

㉡ 고온춘화는 처리 중 암흑상태가 필요하다.

㉢ 일반적으로 온도유지와 건조 방지를 위해 암중 보관한다.

⑤ 건조

춘화처리 시 처리 중과 처리 후라도 고온·건조는 저온처리 효과를 경감시키거나 소멸시키므로 고온·건조를 피해야 한다.

⑥ 탄수화물

배나 생장점에 당과 같은 탄수화물이 공급되지 않으면 춘화효과가 나타나기 어렵다.

(3) 춘화처리의 농업적 이용

① 추파맥류의 춘파성화

추파맥류의 춘파성화 봄에 씨뿌림 함으로써 정상적으로 이삭이 패고 꽃이 피게 하는 경우 가 가능하다.

② 증수 增收 yield increase 기준이나 계획보다 많이 늘리어 거두어들임 효과

벼의 최아종자를 9 ~ 10℃에 35일간 보관하였다가 파종함으로써 불량환경에 대한 적응성이 높아져 증수가 가능할 수 있다.

③ 육종년한의 단축

맥류 麥類 의 추파품종 가을보리 등을 봄에 뿌리면 출수 出穗 가 늦어지거나, 전혀 출수가 되지 않는다. 이러한 추파맥류를 봄에 춘화해서 파종하고 보온과 장일조건을 주는 방법을 사용함으로써 1년에 2세대를 재배할 수 있게 되어 육종상의 세대단축에 이용된다.

> ◦ 육종 育種 breeding : 우리들이 재배하고 있는 식물이나 사육하고 있는 동물, 즉 농작물이나 가축을 개량하여 종전보다 실용가치가 더 높은 신형으로 육성·증식·보급하는 농업기술이다.

④ 추대촉진으로 촉성재배 가능

딸기는 화아분화에 저온이 필요하다. 딸기모를 여름철에 냉장하여 화아분화를 일으켜서 겨울에 출하시킬 수 있는 촉성재배가 가능하다.

> ◦ 추대 抽薹 bolting : 생육 시 온도, 일장 등의 환경적 영향을 받아 화아분화가 진행되고 꽃대형성이 촉진되어 절간신장이 일어나는 현상을 말한다.
> ◦ 화아분화 花芽分化 floral differentiation : 식물이 생육 중에 식물체의 영양 조건·생육 연수, 또는 일수·기온 및 일조시간 등 필요한 조건이 만족되어 꽃눈(꽃이 피는 눈)을 형성하는 일을 말한다. 대부분의 꽃눈은 개화 전년도 여름철에 잎눈과는 다른 형태를 나타낸다.

⑤ 채종재배 가능

월동하는 작물들은 저온처리를 하여 봄에 심어도 출수·개화하므로 채종재배에 이용할 수 있다.

> ◦ 채종재배 採種栽培 seed production culture : 우량한 증식용 종자를 채취(생산)할 목적으로 재배하는 것이다.

⑥ 대파 代播 substitute planting 가능

추파맥류가 동사하였을 때 추파맥류를 춘화처리를 통해 봄에 대파할 수 있다.

> ◦ 대파 代播 substitute planting : 주작물을 수확할 수 없게 되었을 경우에 주작물을 대신하여 다른 작물을 파종하는 것이다.

(4) 좌지현상

① 추파맥류 가을에 파종하는 맥류 는 보통 가을에 파종하면 이듬해 정상으로 출수하지만 이듬해 봄에 늦게 파종하여 잎만 무성하게 자라다 결국 열매나 이삭이 생기지 못하고 그대로 주저앉고 마는 경우를 좌지현상 座 자리좌 止 그칠 지 現象 remaining in rosette state 로제트 현상 이라고 한다.

② 좌지현상을 막기 위해 파종기를 바꾸는 경우에는 파종 전에 인위적으로 춘화처리 즉, 종자에 수분이나 산소를 주어 배 胚 가 생장을 개시한 이후에 파종한다.

③ 예를 들면, 종자춘화형으로서 추파형인 밀의 경우에는 종자에 적당한 수분을 주면서 10℃ 이하, 최적 0 ~ 3℃에 35 ~ 50일 춘화처리를 하여 좌지현상을 막을 수 있다.

> ◦ 추파형 秋播型 winter type : 봄 늦게 파종하면 잎만 자라다가 출수하지 못하고 주저앉고 마는 좌지현상을 일으키는 맥류를 추파형이라고 한다.

5 하고현상 夏枯現象 summer depression

(1) 의의

내한성 耐寒性 이 강하며 월동 越冬 겨울을 나는 것 을 하는 다년생 북방형 목초 北方型牧草 northern grass 가 여름철에 접어들면서 생장이 쇠퇴하거나 정지하고, 심하면 황화, 고사되어 여름의 목초생산량이 매우 감소되는 현상을 하고현상이라고 한다.

(2) 하고현상의 원인

① 고온

북방형 목초는 생육온도 生育溫度 growth temperature 식물의 생장과 발육에 알맞은 온도 가 낮다. 12 ~ 18℃에서 생육이 가장 좋으나 18 ~ 24℃ 이상이면 생육이 정지하고 하고현상이 심해진다.

② 건조

북방형 목초는 남방형 목초에 비해 대체로 요수량 要水量 water requirement 건물 1g을 생산하는 데 소요되는 수분량 이 크다. 따라서 여름철의 고온과 더불어 건조가 하고의 중요한 원인이 된다.

> 요수량 : 알팔파 852, 브롬그라스 828, 스위트클로버 731, 레드클로버 698

- 남방형 목초 : 북방형 목초에 비해 대체로 요수량이 작다. 예 수단그라스 380, 수수 271

③ 장일

월동하는 북방형 목초는 대부분 장일식물로서 초여름의 장일조건에 의해서 생식생장이 촉진되는 경우 하고현상이 활성화된다.

- 장일식물 : 일장 1일 24시간 중의 명기(明期)의 길이 이 긴 조건에서 개화하는 식물이다.

④ 병충해

고온다습한 여름철이 되면 병충해가 많아져 하고현상이 활성화된다.

⑤ 잡초

잡초는 여름철의 고온에 보다 무성하게 자라는데, 이는 목초의 생장을 더욱 억제하여 하고현상이 활성화된다.

(3) 하고의 대책

① 스프링플러시 spring flush 의 대책

스프링플러시 현상이 심할수록 하고현상도 심해진다. 따라서 여름이 오기 전 봄철에 일찍 가축을 방목하거나 풀을 베어 봄에 목초가 급히 자라지 못하도록 하면서, 여름철 늦게 추비 追肥 작물의 생육 도중에 주는 비료 를 하면 스프링플러시가 완화되어 하고현상도 완화될 수 있다.

- 스프링플러시 spring flush : 목초 등이 봄에 온도의 영향에 따라 급히 자라는 현상이다.

② 관개

고온건조기에 관개 灌漑 irrigation 물을 인공적으로 농지에 공급해 주는 일 를 통해 수분을 공급하면서 지온을 낮추면 하고현상이 경감된다.

③ 초종의 선택

지역 환경에 따른 초종의 하고현상을 고려하여 초종을 선택한다. 예를 들어 고랭지 高冷地 alpine region, high land 표고 600m 이상으로 높고 한랭한 지역 라면 티머시 재배가 유리하지만, 평지 平地 plain 라면 상대적으로 하고현상이 적은 오처드그라스를 재배하는 것이 유리하다고 볼 수 있다.

㉠ 하고피해가 심한 작물 : 티머시, 블루그라스, 레드클로버
㉡ 하고피해가 적은 작물 : 오처드그라스, 라이그라스, 화이트클로버

④ 혼파 混播 섞어뿌림 mix seeding, mixed seeding 두 가지 이상의 작물종자를 혼합해서 파종하는 방법

하고현상이 작은 초종인 남방형 목초 등을 북방형 목초와 혼파하는 경우 여름의 목초생산량이 감소되는 하고현상을 줄일 수 있다.

⑤ 방목과 채초의 조절

목초가 너무 무성하게 자라면 병충해가 많아지고 토양의 수분이 부족해질 수 있다. 그런데 이를 억제하기 위해 채초를 행할 때 목초를 너무 바싹 베어서 밑이 드러나는 경우라면 오히려

지온이 높아지고 뿌리작용이 쇠퇴될 수 있다. 따라서 방목과 채초를 적절하게 하면서 하고현상을 완화시킬 필요가 있다.

📝더 알아보기 토양의 온도 변화에 영향을 끼치는 요인

1 경사의 방향 : 햇빛이 비치는 방향에 직면한 경사면(남서면)은 태양의 열을 많이 흡수하여 온도가 높아지게 된다.

2 토양의 수분 : 수분은 온도변화에 민감하지 않다. 따라서 토양이 수분을 많이 함유하는 경우 토양의 온도변화가 쉽게 나타나지 않는다. 예를 들어 사토의 경우 포함하고 있는 수분량이 적어 온도가 급격히 변하지만 상대적으로 식토의 경우 온도상승이 용이하지 않으나 일단 온도가 상승하게 되면 쉽게 하락하지도 않는다.

3 토양의 색깔 : 토양의 색깔이 짙은 경우 태양열을 많이 흡수하고, 백색에 가까울수록 오히려 열반사량이 많아진다.

4 식물의 피복 : 토양에 식물의 피복이 이루어진 경우 온도변화가 적게 나타난다.

5 토양의 조직 : 토양의 조직이 엉성하면 열전도율이 낮고 조직이 조밀할수록 열전도율이 높다.

제4절 광(光)

1 광합성(동화작용)의 개요

(1) 의의

① 태양광 太陽光 을 에너지원으로 하여 기공을 통해서 흡수하는 이산화탄소($6CO_2$)와 물관을 통해 흡수된 물($6H_2O$)을 포도당($C_6H_{12}O_6$)으로 합성하고 그 부산물로 O_2가 생성되는 과정이다.

② 광합성 단계와 반응식

엽록체 내에서는 빛이 필요한 명반응과 빛이 필요 없는 암반응의 2단계로 진행된다.

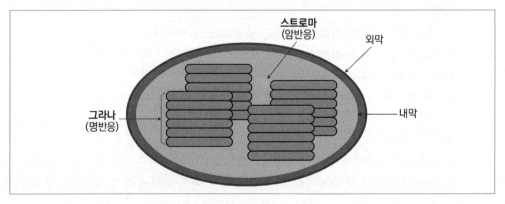

㉠ 명반응 明反應 light reaction : 광합성 단계 중 빛이 관여하는 화학 반응이다. 엽록체에 의해 흡수된 빛에너지가 화학에너지로 전환되는 과정을 말한다. 엽록체 내의 구조물인 그라나 granum 가 빛에너지를 흡수해 에너지의 저장 수단인 ATP를 생성하면서 부산물로 O_2를 방출하는 과정이다.

> ◦ 그라나 grana : 광합성이 일어나는 엽록체의 내부 구조물이며 틸라코이드 디스크 thylakoid disk 라고 불리는 납작한 막이 쌓여서 구성된 것이다.
> ◦ ATP adenosine triphosphate : 아데노신에 인산기가 3개 달린 유기화합물로 아데노신3인산이라고도 한다. 모든 생물의 세포 내 존재하며 에너지대사에 중요한 역할을 한다. 나중에 ATP는 가수분해 加水分解 hydrolysis 생물체를 이루는 여러 유기화합물들을 물분자를 이용하여 분해하는 과정 를 통해 다량의 에너지를 방출하면서 생물활동에 이용된다.

$$18ADP + 12NADP^+ + 12H_2O \xrightarrow{\text{빛에너지}} ATP + 12NADPH_2 + 6O_2$$

㉡ 암반응 暗反應 dark reaction : 광합성 과정 중 빛이 관여하지 않는 반응단계로서 명반응에 대응되는 개념이다. 암반응에서는 명반응으로 생긴 ATP나 환원력이 있는 물질이 스트로마 stroma 에 의해 이산화탄소(CO_2)가 환원되어 포도당이나 녹말이 형성된다. ATP는 포도당을 생성하는 열에너지를 방출하기 위해 분해되면서 ADP로 변하게 된다.

> ◦ 스트로마 stroma : 엽록체 내부의 그라나를 제외한 기질 부분이다. 스트로마는 무색의 단백질을 주성분으로 하며 이산화탄소 고정에 관계하는 효소가 들어 있다.

$$6CO_2 + 12NADPH_2 + 18ATP \longrightarrow 포도당(C_6H_{12}O_6) + 12NADP + 6H_2O$$

㉢ 전체반응식

$$6CO_2 + 12H_2O \xrightarrow{\text{빛에너지}} 포도당(C_6H_{12}O_6) + 6O_2 + 6H_2O$$

(2) 기능

① 무기물인 이산화탄소($6CO_2$)와 물($6H_2O$)을 생물체의 주요 에너지원이 될 수 있는 유기물(포도당)로 합성한다.
② 광합성 과정에서 발생하는 부산물인 O_2를 생성시켜 생물체의 호흡에 이용된다.
③ 광합성 과정에서 대기 중의 CO_2를 흡수하여 유기물의 형태로 저장한다.

(3) 광합성에 직접적인 영향을 미치는 요인

① 빛의 세기
빛의 세기가 증가할수록 광합성은 증가한다. 그러나 광합성 속도가 더 이상 증가하지 않는 수준인 광포화점 이상에서는 더 이상 증가하지 않는다.

② 빛의 파장

가시광선 중에서 $400 \sim 510$nm(청색)와 $610 \sim 700$nm(적색)에서 가장 유효하다.

③ 온도

온도가 높아질 때 광합성작용은 $30℃$에서 최고가 되며, 호흡작용은 $32 \sim 35℃$에서 최고가 된다. 이 후에는 그 정도가 급격히 감소한다.

④ 이산화탄소(CO_2)의 농도

이산화탄소의 농도가 증가할수록 광합성 속도는 증가하지만, 일정 수준(0.1%) 이상이 되면 더 이상 증가하지 않는다.

2 광(光)과 작물의 생리작용

(1) 광합성작용

① 녹색식물綠色植物은 빛에너지를 통한 광합성에 의해 엽록소를 만들고 녹말 등의 유기물을 만든다.

② 주로 청색광($400 \sim 510$nm)과 적색광($610 \sim 700$nm)의 빛의 파장이 광합성에 가장 유효하다.

③ 녹색광과 황색광은 그대로 반사되거나 투과되므로 광합성에 거의 이용되지 않는다.

〈광선의 파장별 식물생육에 대한 작용〉

구분	파장(nm)	작용
적외선	1,000 이상	식물체에 흡수되면 열로 변한다.
	$700 \sim 1,000$	식물을 신장시키고 기공의 개폐를 촉진시킨다.
가시광선	$650 \sim 700$(적색)	광합성에 가장 유효하고, 광주성에도 유효하다.
	$500 \sim 650$ (녹색 및 황색)	광합성에 거의 영향을 미치지 못한다.
	$400 \sim 500$(청색)	광합성에 가장 유효하고 광주성에도 유효하다.
자외선	$315 \sim 400$	키를 짧게 하고 잎을 두껍게 하며 안토시안계의 색소 발현을 촉진시킨다.
	$280 \sim 315$	식물에 해롭다.
	280 이하	식물을 고사枯死 나무나 풀이 말라 죽음 시킨다.

- 광주성 光週性 광주기성 光週期性, 일장효과 : 생물이 일조 日照 시간의 변화에 대하여 반응하는 성질이다.
- 적외선 : 근적외선($700 \sim 1,400$nm)과 중적외선($1,400 \sim 3,000$nm) 그리고 원적외선($3,000$nm 이상)으로 나눌 수 있는데 이 중 근적외선($700 \sim 1,400$nm)이 식물을 신장시키고 기공의 개폐를 촉진시킨다. 또한 적색광/근적외선의 비가 작으면 절간신장이 촉진되어 초장이 커진다.

PART 03

(2) 증산작용

① 광이 조사되면 온도가 상승하여 증산 蒸散 증발하여 흩어져 없어짐 이 활성화된다.

② 광이 있으면 광합성에 의해서 동화작용의 물질이 축적되고 공변세포의 삼투압이 높아져서 물의 흡수가 이루어지며 기공을 열게 함으로써 증산이 활성화된다.

> • 공변세포 孔邊細胞 : 식물체 안의 기공 氣孔 을 닫고 열어서 수분을 조절하고 내부를 보호하는 반달 모양의 두 개의 세포를 말한다(개폐 세포, 주변 세포).

(3) 호흡작용

① 생명체가 유기물(포도당)을 분해하여 생명활동을 유지하기 위해 필요한 에너지를 얻는 과정이다.

$$C_6H_{12}O_6 + 6O_2 + 6H_2O \rightarrow 6CO_2 + 12H_2O + 38ATP(40\%) + 열에너지(60\%)$$

② 산소($6O_2$)와 결합하는 산화반응과 열에너지를 방출하는 발열반응이 나타난다.

③ 이 과정에서 만들어진 $6CO_2$와 $12H_2O$는 광합성에 다시 이용된다.

④ 저장된 ATP가 ADP로 분해될 때 에너지가 방출되며, 방출되는 에너지는 여러 형태의 에너지로 전환되어 생명활동에 쓰인다. 이때 만들어진 ADP는 다시 광합성에 이용된다.

(4) 신장 및 개화작용

① 짧은 파장인 청색광이나 자외선은 식물의 줄기생장을 오히려 억제시켜 식물의 잎이 두꺼워지거나 식물의 키가 작아진다. 적색광은 생장을 촉진시키는 효과가 있다.

② 일조가 부족하여 광부족이나 자외선의 투과가 적은 환경에서는 광합성 저하, 신초의 웃자람 도장 徒長, 꽃눈형성 억제, 과실비대와 착색의 지연, 과실품질 저하가 일어난다.

③ 광의 조사가 많으면 광합성이 활성화되어 탄수화물의 축적이 많아져 C/N율이 높아지고 화성 꽃이 됨 이 촉진된다.

④ 광이 조사되는 시간, 즉 일장의 장단도 화성·개화에 큰 영향을 끼친다.

⑤ 꽃눈의 분화와 씨앗의 싹이 트는 데 있어서는 적색광(650 ~ 700nm)이 도움이 되고 적외선(700 ~ 1,000nm)은 오히려 불리하다.

> 🔖 더 알아보기 C/N율(탄질률 = 탄수화물 ÷ 질소 = C/N)
>
> **1** 뿌리는 토양에서 수분과 질소 등 양분을 흡수하여 물관을 통해 가지·잎·열매 등에 공급한다. 한편 잎에서 탄소동화작용에 의해서 만들어진 탄수화물은 체관부를 타고 뿌리에 공급된다.
>
> **2** 이때 뿌리에서 흡수된 질소(N) 성분에 대비해서 탄소동화작용에 의해 잎에서 만들어진 탄수화물(C) 간의 비율을 C/N율이라고 한다. 이러한 C/N율을 통해 식물에서의 가지의 생장, 꽃눈의 형성, 열매의 결실 등에 미치는 영향을 측정할 수 있다.

(5) 굴광현상 屈光現像 phototropism

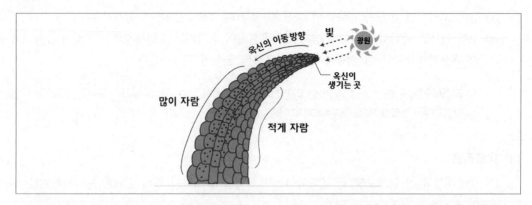

> ◦ 양성굴광성 향광성 positive phototropism : 줄기나 잎처럼 광원 光源 의 방향으로 굽어 자라는 성질이다.
> ◦ 음성굴광성 배광성, 배일성 negative phototropism : 뿌리처럼 광원 光源 의 방향과 반대로 굽어 자라는 성질이다.

① 식물이 광조사 光照射 빛이 쬠 의 방향에 반응하여 굴곡 屈曲 굽어 꺾임 반응을 나타내는 현상 을 의미하며, 청색광(400 ~ 510nm)의 경우에 가장 효과가 크다.

② 광원은 식물에 옥신 auxin 줄기의 신장에 관여하는 식물생장호르몬의 일종 을 발생시키는데 이는 줄기의 그늘진 쪽(광원이 닿지 않은 쪽)으로 이동하여 그 영역에서 농도가 높아지며 그 그늘진 쪽의 생장속도는 빨라진다. 이 결과 마치 식물이 광원을 향해 구부러지는 모습을 보이게 되는데, 이것을 굴광현상이라고 한다.

3 광보상점과 광포화점

(1) 광합성과 호흡

① 광합성작용과 호흡작용
   ㉠ 광합성작용 : 이산화탄소(CO_2)를 흡수하여 산소(O_2)를 방출하는 작용이다.
   ㉡ 호흡작용 : 산소(O_2)를 흡수하여 이산화탄소(CO_2)를 방출하는 작용이다.

② 광합성량과 호흡량
   ㉠ 낮 : 일반적으로 광(光)이 풍부할 가능성이 큰 경우를 가정하는 경우이다.

광합성량 > 호흡량 ⇨ 이산화탄소(CO_2)를 흡수하고 산소(O_2)를 방출함

   ㉡ 아침·저녁 : 이후에 학습할 내용으로 「광보상점」이 나타나기 쉽다.
   광합성 결과 만들어진 산소가 모두 호흡에 이용되고, 호흡의 결과로 발생한 이산화탄소가 모두 광합성에 이용된다.

광합성량 = 호흡량 ⇨ 겉보기에 기체의 출입 없음

ⓒ 밤 : 일반적으로 광(光)이 부족할 가능성이 큰 경우를 가정하는 경우이다.

> 호흡만 일어남 ⇨ 산소(O_2)를 흡수하고 이산화탄소(CO_2)를 방출함

③ 총(진정) 광합성량

호흡량을 무시한 절대적인 광합성량을 말한다.

④ 광보상점과 광포화점

ⓐ 광보상점 : 식물이 광합성을 하며 흡수한 이산화탄소량과 호흡으로 인해서 방출된 이산화
탄소량이 같은 빛의 세기이다. 광보상점 이상일 때 식물은 생장한다.

> 광합성량 = 호흡량

ⓑ 광포화점 : 광합성량이 더 이상 증가하지 않는 수준의 빛의 세기이다.

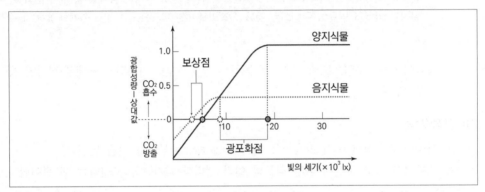

(2) 양지식물陽地植物과 음지식물陰地植物

① 양지식물과 음지식물은 빛의 세기에 적응하는 유형을 두 가지로 나누는 경우이다.

② 양지식물은 빛의 세기가 강한 곳에서 잘 자라는 식물이라면, 음지식물은 빛의 세기가 약한
곳에서도 잘 자라는 식물이다.

③ 식물이 광합성을 하며 흡수한 이산화탄소량과 호흡으로 인해서 방출된 이산화탄소량이 같은
빛의 세기인 광보상점에서 그 차이가 있다.

ⓐ 양지식물 : 광보상점이 높은 수준이어서 높은 빛의 세기에서 광합성이 활발히 나타나지만
낮은 빛의 세기에서는 광합성보다는 호흡량이 더 많아서 잘 자라지 못하는 식물이다.

ⓑ 음지식물 : 광보상점이 양지식물보다 낮은 수준이어서 낮은 빛의 세기에서도 광합성이 활
발히 나타날 수 있는 식물이다.

제5절   **생장발육과 환경**

1 생장과 발육

(1) 생장

① 작물의 종자가 발아하여 잎, 줄기, 뿌리와 같은 영양기관의 양적 증가를 의미한다.

② 식물체의 중량 또는 크기의 증가를 의미한다.

(2) 발육

① '발육상'을 차례차례로 완료하여 가는 과정을 의미한다.

> ◦ 발육상 發育相 developmental phase : 식물의 여러 가지 단계적 양상을 말하며, 순차적인 여러 발육상을 거쳐서 발육이 완성되는 것을 상적발육 相的発育 phasic 국면의, 형세의 development 이라고 한다.

② 작물이 화아, 분얼, 화성, 개화, 등숙 등의 생육단계를 거치면서 체내에 질적인 재조정작용이 이루어진다.

(3) 상적발육

① 작물이 순차적인 여러 발육상을 거쳐서 발육이 완성되는 것을 말한다.

② 피토크롬은 빛 조건에 따라 식물의 여러 생리학적 기능을 조절하는 데 관여한다.

> ◦ 피토크롬 phytochrome : 모든 식물 내에 존재하며 '빛을 감지하는 색소'로서 식물들은 피토크롬을 통해 낮과 밤의 길이를 인지하여 활동일주기를 설정한다.

③ 1년생 종자식물의 전 발육과정은 개개의 단계, 즉 서로 다른 발육상으로써 성립되어 있다.

④ 개개의 발육상은 서로 경과과정들이 접속해서 성립되고 있으며, 앞의 발육상을 경과하지 못하면 다음의 발육상으로 이행할 수 없다.

⑤ 1개의 식물체가 개개의 발육상을 경과하려면 발육상에 따라 서로 다른 특정 한 환경조건이 필요하다.

> ※ 리생코(Lysenko)의 발육상 : 1927년 러시아의 리생코는 추파성 낮은 기온이 일정기간이 지속되어야만 꽃을 피우는 경우 맥류는 감온기와 감광기로 구분되는 2개의 발육상을 가지며 하나의 발육상을 반드시 완료해야 다음 발육상으로 넘어갈 수 있다는 상적발육설을 주창하였다.

(4) C/N율설(탄질율)

잎에서 만들어진 탄수화물(C)과 뿌리에서 흡수된 질소(N) 성분의 비율이 화성(花成) 유도와 영양생장관계(생육과 화성·결실과의 관계)에 영향을 준다는 이론이다.

① C/N율

식물체 내의 탄수화물과 질소의 비율(탄질률)을 의미한다.

② C/N율설

C/N율이 식물의 생육, 화성, 결실을 지배하는 기본 요인이 된다는 견해이다.

③ 크라우스와 크레이빌(Kraus & Kraybil, 1918)의 연구 결과(토마토)

　㉠ '수분'과 '질소'를 포함한 광물질 양분이 풍부해도 '탄수화물' 생성이 불충분하면 생장이 미약하고 화성 및 결실도 불량하다.

　㉡ '탄수화물' 생성이 풍부하고 수분과 광물질 양분, 특히 '질소'가 풍부하면 생육은 왕성하나 화성 및 결실이 불량하다.

　㉢ 수분과 질소의 공급이 약간 적어 '탄수화물'의 생성이 조장되어 탄수화물이 풍부해지면 화성 및 결실이 양호하게 되지만, 생육은 감퇴한다.

　㉣ 탄수화물의 증대를 저해하지 않고 수분과 질소의 공급이 더욱 감소되면 생육이 더욱 감퇴하고 화아는 형성되나 결실하지 못하고 더욱 심해지면 화아도 형성되지 않는다.

　㉤ 작물의 개화, 결실에 C/N율설이 적용되는 경우가 많다.

2 작물의 기상생태형

(1) 기상생태형의 구성

① 기본영양생장성(basic)

기본영양생장 기간의 길고 짧음에 따라 크다(B), 작다(b)로 표시한다. 작물의 출수 및 개화에 알맞은 온도와 일장에서도 일정의 기본영양생장이 덜 되면 출수, 개화에 이르지 못하는 성질이다.

② 감온성(temperature)

감온성이 크다(T)와 작다(t)로 표시한다. 온도에 의해서 출수 및 개화가 촉진되는 성질이다.

③ 감광성(light)

감광성이 크다(L)와 작다(l)로 표시한다. 일장에 의해 출수 및 개화가 촉진되는 성질이다.

(2) 기상생태형의 분류

① 기본영양생장형(Blt형)

기본영양생장성은 크고, 감광성과 감온성은 작아서 생육기간이 주로 기본영양생장성에 지배되는 형태이다.

② 감광형(bLt형)

기본영양생장성과 감온성은 작고, 감광성은 커서 생육기간이 주로 감광성에 지배되는 형태이다.

③ 감온형(blT형)

기본영양생장성과 감광성이 작고, 감온성이 커서 생육기간이 주로 감온성에 지배되는 형태이다.

④ blt형

세 가지 성질이 모두 작아서 어떤 환경에서도 생육기간이 짧은 형태이다.

(3) 기상생태형의 지리적 분포

① 저위도 적도에 가까운 위도 지대

기본영양생장성이 크고 감온성·감광성이 작아서 고온 단일인 환경에서도 생육기간이 길어 수량이 많은 기본영양생장형(Blt형)이 재배된다.

② 고위도 남극과 북극에 가까운 위도 지대

여름의 고온기에 일찍 감응되어 출수·개화하여 서리가 오기 전에 성숙할 수 있는 감온형(blT형)이 재배된다.

③ 중위도 저위도와 고위도의 중간. 대략 위도 20~50도 지대

위도가 높은 북쪽으로는 감온형이 재배되며, 위도가 낮은 남쪽에서는 감광형이 재배된다.

(4) 우리나라 작물의 기상생태형

① 우리나라는 북쪽으로 갈수록 감온형인 조생종, 남쪽으로 갈수록 감광성의 만생종이 재배된다.

② 감온형은 조기파종하고 조기수확하며, 감광형은 윤작관계상 늦게 파종한다.

📌 더 알아보기 **우리나라 주요작물의 기상생태형**

감광형〈남쪽〉	⇐⇒	감온형〈북쪽〉
만생종		조생종
우리나라 남부		우리나라 북부
늦게 파종		조기파종(조기수확)
만생종 벼		조생종 벼
그루갈이 콩		올콩
그루갈이 조		봄조
가을 메밀		여름 메밀

3 **일장효과** 日長效果 photoperiodism 광주기성 光週期性 광기성, 광주율, 광주기율, 광주반응

(1) 의의

낮과 밤의 상대적 길이에 따라 생기는 생물의 반응을 의미한다. 일장 日長 일조시간의 장단은 식물의 화아분화꽃눈 형성·개화·결실 등에 현저한 영향을 미치는데 이에 대해 식물이 반응을 나타내는 현상을 의미한다.

> ◦ 유도일장 誘導日長 inductive day-length : 식물의 화성 花成 flowering 꽃을 피우게 하는 성질을 유도할 수 있는 일장이다.
>
> ◦ 비유도일장 非誘導日長 noninductive day-length : 식물의 화성을 유도할 수 없는 일장이다.
>
> ◦ 블라인드(불개화 현상) : 분화된 꽃눈(화아)이 꽃봉오리로 발달하지 못하거나 꽃봉오리가 만들어지다가 도중에 퇴화하거나 탈락 혹은 쇠약해지는 경우를 의미한다. 장미의 경우 광도, 야간 온도, 잎 수 따위가 부족하여 분화된 꽃눈이 꽃으로 발육하지 못하고 퇴화하는 현상이다.

(2) 작물의 일장형

<table>
<tr><th colspan="5">〈식물의 일장감응에 따른 분류 9형〉</th></tr>
<tr><th rowspan="2">일장형</th><th rowspan="2">종래의 일장형</th><th colspan="2">최적일장</th><th rowspan="2">대표작물</th></tr>
<tr><th>꽃눈분화 전</th><th>꽃눈분화 후</th></tr>
<tr><td>SL</td><td>단일식물</td><td>단일</td><td>장일</td><td>프리뮬러(앵초), 시네라리아, 딸기</td></tr>
<tr><td>SS</td><td>단일식물</td><td>단일</td><td>단일</td><td>코스모스, 나팔꽃, 콩(만생종)</td></tr>
<tr><td>SI</td><td>단일식물</td><td>단일</td><td>중성</td><td>벼(만생종), 도꼬마리</td></tr>
<tr><td>LL</td><td>장일식물</td><td>장일</td><td>장일</td><td>시금치, 봄보리</td></tr>
<tr><td>LS</td><td>－</td><td>장일</td><td>단일</td><td>피소스테기아(physostegia 꽃범의 꼬리)</td></tr>
<tr><td>LI</td><td>장일식물</td><td>장일</td><td>중성</td><td>사탕무</td></tr>
<tr><td>IL</td><td>장일식물</td><td>중성</td><td>장일</td><td>밀</td></tr>
<tr><td>IS</td><td>단일식물</td><td>중성</td><td>단일</td><td>국화</td></tr>
<tr><td>II</td><td>중성식물</td><td>중성</td><td>중성</td><td>벼(조생종), 메밀, 토마토, 고추</td></tr>
</table>

① **장일식물** 長日植物 long-day plant
  ㉠ 봄부터 여름을 지나 낮이 길어지고 밤의 길이가 짧아질 때 개화되거나 개화가 촉진되는 식물을 장일식물이라고 한다. 장일식물이 개화하기 위해서는 낮의 길이가 특정한 임계일장 이상으로 증가해야 한다.
  ㉡ 장일상태(16~18시간 정도)에서 화성이 유도·촉진되며, 단일상태에서는 개화가 저해된다.
    예 시금치, 상추, 배추, 양파, 무, 완두, 감자, 밀, 보리, 페튜니아, 금어초, 양귀비, 아주까리, 티머시, 과꽃·누에콩 등
② **단일식물** 短日植物 short-day plant
  ㉠ 늦여름부터 가을을 지나 낮의 길이가 짧아지고 밤의 길이가 길어질 때 개화하는 식물이다. 단일식물이 개화하기 위해서는 낮의 길이가 특정한 임계일장 이하로 떨어져야만 한다.
  ㉡ 밤의 길이가 길어지는 것이 정상적인 성숙과 개화에 필수적이다. 대부분의 여름에 왕성히 자라고 낮의 길이가 짧아지는 늦여름이나 가을에 꽃핀다.
    예 국화, 벼, 칼랑코에, 포인세티아, 대두(콩), 기장, 피, 담배, 들깨, 코스모스, 과꽃, 나팔꽃, 삼, 홍성초 등
③ **정일식물(중간식물)** definite daylength plant
  단일이나 장일에서 개화하지 않고 좁은 범위의 특정 일장에서만 화성이 유도·촉진되는 식물이다. 예 사탕수수의 F-106 품종 : 12시간에서 12시간 45분의 일장에서만 개화
④ **장단일식물** 長短日植物 long-short-day plant
  처음은 장일이고, 뒤에 단일이 되면 화아분화 꽃눈 형성 가 유도되지만 만약 일정한 일장에만 두면 장일이나 단일을 막론하고 개화하지 못하는 식물이다. 또한 양쪽의 조건 모두가 필요하지만 순서가 반대가 되면 꽃눈을 형성하지 않는다. 예 돌나무, 야래향, 새끼꿩의 비름 등

⑤ **단장일식물** 短長日植物 short-long-day plant

처음은 단일이고, 뒤에 장일이 되면 화아분화가 유도되지만 만약 일정한 일장에만 두면 단일이나 장일을 막론하고 개화하지 못하는 식물이다. 또한 양쪽의 조건 모두가 필요하지만 순서가 반대가 되면 꽃눈을 형성하지 않는다.

📵 풍경초, 딸기, 토끼풀, 오리새, 펠라고니, 초롱꽃, 앵초프리뮬러 등

⑥ **중성식물(중일식물)** 中性植物 day-neutral plant

일조시간의 장단과 관계없이 일정 영양생장을 하면 꽃눈을 만들어 열매를 맺는 식물이며 장일식물과 단일식물에 대비해 중일식물이라고도 한다.

📵 고추, 가지, 당근, 오이, 강낭콩, 토마토, 장미, 호박, 메밀, 목화, 시클라멘, 제라늄 등

(3) 일장효과에 영향을 미치는 조건

① 발육단계와 일장감응

㉠ 일장처리에서 감응하는 부위는 '잎(성엽)'이다.

㉡ 발아 당초의 어린 식물의 잎은 일장에 잘 감응하지 않으며, 어느 정도 발육과정이 진행된 잎(성엽)이 감응을 잘한다. 그러나 발육단계가 더욱 진전되어 노엽이 될수록 점차 감수성이 저하된다.

② 일장처리의 정도

㉠ 민감한 식물은 극히 단기간의 처리에도 감응하지만, 상당한 정도의 연속처리를 하는 것이 화아의 형성도 빠르고, 화아수도 많아진다.

㉡ 나팔꽃은 단일처리에 의하여 화아가 형성되지만, 코스모스는 5 ~ 11회 단일처리 후에 장일조건에 옮기면 일부가 개화하고, 12회 이상 단일처리 후에 장일조건에 옮기면 모든 꽃이 개화한다.

③ **암기** 暗期 dark period **와 명기** 明期 light period

㉠ 장일식물

ⓐ 명기의 길이가 암기의 길이보다 상대적으로 길면 개화가 촉진된다.

ⓑ 명기의 중간에 암기를 넣어서 명기를 분단하더라도 명기의 합계가 암기의 합계보다 길 때에는 개화가 촉진된다.

㉡ 단일식물(연속암기) : 개화유도에 일정 한도 이상의 연속암기가 절대로 필요하다.

④ 연속암기와 야간조파

㉠ 장일식물은 24시간 주기가 아니더라도 명기의 길이가 암기보다 상대적으로 길면 개화가 촉진되나 단일식물은 일정 시간 이상의 연속암기가 절대로 필요하다.

㉡ 암기가 극히 중요하므로 장야식물 또는 암장기식물이라 하고, 장일식물을 단야식물 또는 단야기식물이라 하기도 한다.

㉢ 단일식물의 연속암기 중 광의 조사는 연속암기를 분단하여 암기의 합계가 명기보다 길어도 단일효과가 발생하지 않는다. 이것을 야간조파 또는 광중단이라고 한다.

> • 야간조파 夜間照破 dark break, light interruption 광중단 : 단일식물의 밤의 연속적인 암기 중에 일정 시간 동안만 광을 조사함으로써 연속적인 암기를 소정 이하의 길이로 분단하게 되면 암기의 합계가 명기보다 길어도 단일의 효과가 발생하지 않고 장일과 같은 효과를 나타낸다.

ⓔ 야간조파에 가장 효과가 큰 광은 600 ~ 660nm의 적색광이다.

⑤ 질소비료와 일장

ⓐ 장일식물은 질소가 적을 때 장일효과가 잘 나타나고, 단일식물은 질소가 많아야 단일효과가 잘 나타난다.

ⓑ 장일식물에서는 질소 성분의 결핍으로 출수·개화가 촉진된다.

ⓒ 단일식물에서는 질소 성분이 풍부하여야 생장속도가 빨라져서 단일효과가 잘 나타난다.

(4) 일장효과의 기구

① 자극의 발생

ⓐ 일장처리에 감응하는 부분은 성엽 成葉 mature leaf 성숙한 잎 이다.

ⓑ 일장반응은 잎에서 개화촉진 물질이 만들어져서 이것이 생장점에 전달되고 그로 말미암아 줄기의 생장점에 있어서 꽃눈이 형성되는 것이다.

② 화학물질과 일장효과

ⓐ 옥신 처리 : 장일식물은 화성이 촉진되는 경향이 있고, 단일식물은 화성이 억제되는 경향이 있다.

ⓑ 지베렐린 처리 : 저온, 장일을 대체하는 효과가 커서 1년생 히요스 등은 지베렐린의 공급 시 단일에서도 개화한다.

③ 일장효과(광주기성)의 자극 및 효과

ⓐ 광주기 자극은 광합성에 효과가 없는 약광에서도 일어난다. 따라서 날이 흐리거나 비가 오는 날의 자연일장에서도 가능하다.

ⓑ 광주기성에는 적색광의 효과가 가장 크며 청색광은 효과가 적고 녹색광은 효과가 없다. 따라서 광중단처리를 하는 경우 적색광이 가장 효과적이고 원적색광은 효과가 없다.

> • 일장효과(광주기성) : 하루 중 낮의 길이의 장단에 따른 식물체의 반응을 뜻하며, 식물은 영양생장에서 생식생장으로 접어들 때 광주기성이 어떻게 영향을 받느냐에 따라 단일, 장일, 중일, 중성식물로 구분할 수 있다.
> • 원적색광 遠赤色光 far-red light : 가시광선보다 파장이 긴 적외선이며 종자발아, 생장에 영향을 미친다.

(5) 일장효과의 이용

① 인위개화의 유도

고구마의 순을 나팔꽃의 대목 臺木 rootstock, stock 나무에 접붙이기를 할 때 밑에 위치한 뿌리를 가진 바탕 나무 에 접목하고 8 ~ 10시간의 단일처리를 하면 개화가 유도되어 교배육종이 가능해진다.

② 개화기의 조절

일장처리에 의해서 개화기를 조절할 수 있다. 국화는 단일처리에 의하여 촉성 또는 반촉성 재배를 하거나, 장일처리에 의해서 억제재배를 하여 연중 어느 때나 개화시킬 수 있는데, 이를 주년재배周두루 주 年栽培year round culture 한 곳에서 연중 작물을 재배하는 것 라고 한다.

③ 육종연한의 단축

벼의 F_1종자를 10월 하순경 온실(20 ~ 28℃)에 파종하고 11월 하순부터 약 70일 동안 전등조명을 하여 장일조건을 만들어 영양생장을 조장하고 2월 초순부터 단일 환경에 옮기면 약 40일 후에 출수하고 3월 말에는 성숙기에 달하므로 육종연한을 단축시킬 수 있다.

④ 파종기의 조절

등숙기登熟期 출수로부터 성숙까지의 기간, 곡실이 여무는 시기 가 재해의 위험기간과 일치되지 않도록 파종·이식기를 조절할 수 있다.

⑤ 증수효과

장일식물에 대하여 가을철의 단일기에 보광을 해주거나, 심야에 1 ~ 2시간 야간조파하여 연속적인 암기를 분단하는 경우 장일과 같은 효과로 인해 증수增收 효과가 나타난다.

⑥ 성전환에 이용

모시풀 등은 8시간 이하의 단일조건에서는 완전히 자성(암컷)으로, 14시간 이상의 장일에서는 모두 웅성(수컷)으로 표현된다.

4 군락상태에서 작물

(1) 군락상태의 의의

포장圃場field 작물을 키우는 땅 에서 작물이 밀생密生 빈틈없이 빽빽하게 남 하고 있는 경우 잎이 서로 겹쳐져 직사광을 받지 못하고 그늘에 있는 상태를 말한다.

 더 알아보기 **최적엽면적지수**最適葉面積指數 optimum leaf area index

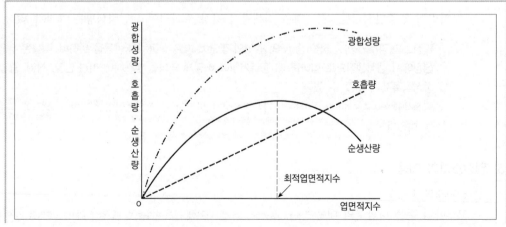

군락群落 같은 생육 조건에서 떼를 지어 자라는 식물 집단의 엽면적葉面積 leaf area 잎의 면적을 토지면적에 대한 배수치倍数値 배수의 수치로 표시한 것을 엽면적지수 leaf area index 라고 한다. 건물 dryweight 작물이 생산한 유기물 중에서 수분을 제외한 물질 생산이 최대로 되는 단위면적당 군락 엽면적을 최적엽면적이라고 하며 최적엽면적일 때의 엽면적지수를 최적엽면적지수라고 한다. 최적엽면적은 일사량日射量과 군락의 수광태세受光態勢에 따라서 달라진다. 식물의 건물생산乾物生産은 진정광합성真正光合成에서 호흡량을 차감하여 고려한 외견상광합성外見上光合成에 의하여 결정된다. 식물군락에서 엽면적이 증대하면 군락의 진정광합성량은 그에 따라서 증대하지만 호흡량은 엽면적에 정비례하여 증가하기 때문이다.

(2) 군락상태에서 작물의 포장동화능력

① 포장군락의 단위면적당 광합성 능력(동화능력)을 말한다.
② 총엽면적과 수광상태에 따라 군락의 잎들이 어느 정도 광을 효율적으로 받아서 광합성에 이용하는가 하는 수광능력이 결정된다.
③ 수광능력을 높이려면 총엽면적을 알맞은 한도로 조절하고 군락 내부의 광투사를 좋게 하는 방향으로 개선해야 한다.

5 수광受光 빛을 받음 관리

(1) 군락의 수광태세

① 의의
  ㉠ 군락의 최대엽면적지수는 군락의 수광태세가 좋을 때 커진다.
  ㉡ 동일 엽면적이라면 수광태세가 좋을 때 군락의 수광능률은 높아진다.
  ㉢ 수광태세가 좋다는 것은 군락의 광투과율이 높다는 것을 의미한다.
  ㉣ 수광태세의 개선은 광에너지의 이용도를 높일 수 있으며 우수한 초형의 품종 육성, 재배법의 개선으로 군락의 잎 구성을 좋게 해야 한다.
② 벼의 초형
  ㉠ 잎이 너무 두껍지 않고 약간 좁으며 상위엽이 직립한다.
  ㉡ 키가 너무 크거나 작지 않다.
  ㉢ 분얼分蘖은 개산형開散型 gathered type 으로 포기 내 광의 투입이 좋아야 한다.
  ㉣ 각 잎이 공간적으로 되도록 균일하게 분포해야 한다.
③ 옥수수의 초형
  ㉠ 상위엽은 직립하고 아래로 갈수록 약간씩 기울어 하위엽은 수평이 된다.
  ㉡ 숫이삭이 작고 잎혀葉舌가 없다.
  ㉢ 암이삭은 1개인 것보다 2개인 것이 밀식에 더 적응한다.

④ 콩의 초형

ㄱ 키가 크고 도복이 안 되며 가지를 적게 치고 가지가 짧다.

ㄴ 꼬투리가 원줄기에 많이 달리고 밑까지 착생한다.

ㄷ 잎은 작고 가늘며, 잎자루 葉柄 잎병 가 짧고 직립한다.

(2) 광과 식물의 생육

① 광이 충분한 경우의 생육

ㄱ 잎은 작고 두꺼워지고 짙은 녹색을 띤다.

ㄴ 마디 사이가 짧고 굵어진다.

② 광이 부족한 경우의 생육

ㄱ 잎이 얇고 작아지며 가늘고 길어진다.

ㄴ 잎의 색도 미미하며 연하게 된다.

ㄷ 불충분한 광합성 작용으로 탄수화물 생성이 부족해 측지 곁가지 가 발생하거나 암꽃 수가 줄고 낙과와 낙화의 수가 증가하며 과실의 비대도 불량해진다.

(3) 광부족과 작물의 재배

① 광부족에 민감한 작물

벼·감자·조·목화·기장·알팔파 등은 일사가 좋은 곳이 알맞다.

② 광부족에 민감하지 않은 작물

강낭콩·당근·딸기·목초·비이트 등은 일사가 좋지 못한 곳에도 적응한다.

(4) 수광개선재배법

① 벼의 경우 잎을 직립화시키기 위해 규산·가리(칼륨)를 넉넉히 시비한다.

② 무효분얼기 이삭이 형성안됨 에 질소를 적게 주어 상위엽을 직립회한다.

③ 벼나 콩에서 밀식 密植 빽빽하게 심음 을 하는 경우 열간 줄 사이 을 넓히고, 주간 포기 사이 을 좁혀 파상 波狀 물결의 모양 군락을 형성하는 경우 군락의 하부로의 투사광을 좋게 한다.

④ 맥류에서는 광파재배 넓은 골 재배 보다는 드릴파재배 골 너비와 골 사이를 좁게 하여 여러 줄로 파종 를 하는 것이 수광태세가 좋아진다.

⑤ 초생재배를 하는 경우에는 내음성 일조량의 부족에 강한 정도 이 강한 작물이 알맞다.

> ◦ 초생재배 草生栽培 sod culture, grass planting : 과수원 같은 곳에서 깨끗이 김을 매주는 대신에 목초, 녹비 등을 나무 밑에 가꾸는 재배법이다. 토양침식 방지, 제초노력 절감, 지력증진, 수분보존 등의 효과를 얻을 수 있다.

⑥ 간작 사이짓기·혼작 섞어짓기·교호작 엇갈려짓기 의 경우 어느 한쪽의 작물은 그늘지게 되므로 광부족에 적응할 수 있는 작물을 선택하거나, 다른 한쪽의 작물은 키가 작은 것을 택하는 것이 좋으며, 재식밀도를 조절하여 그늘이 적게 생기도록 하는 것이 좋다.

⑦ 이랑의 방향선택

　　㉠ 남북이랑은 동서이랑에 비하여 수광시간은 약간 짧지만 작물의 생장기에 수광량이 많은 점에서 유리하다. 그러나 토양의 건조가 심해질 우려가 있다.

　　㉡ 봄에 감자를 심는 경우 동서이랑을 세우고 골의 북쪽에 밀착해 심으면 수광량이 많고 지온이 높아져 싹이 보다 빨리 돋는다.

(5) 전조재배(보광 및 야파처리)

① 전조재배電照栽培 light culture 란 인공광원을 이용해서 일장(日長) 시간을 인위적으로 연장하거나 야간을 중단함으로써 휴면타파, 화성(花成)의 유기 등의 효과를 얻는 재배방법이다.

② 아침 · 저녁에 보광을 한다거나 한밤중인 오후 10시부터 새벽 2시 사이에 야파처리(광중단)를 하기도 한다.

> ◦ 화성 花成 flowering, flower formation : 상적발육에서 가장 중요한 발육상의 경과는 영양생장에서 생식생장으로 이행하는 것으로 화성이라고 한다.
> ◦ 보광 : 장일조건을 만들어 주기 위하여 인공광으로 계속 조명해주는 것을 말한다.
> ◦ 광중단(야파처리) : 암기 중의 적당한 시기에 단시간의 빛을 조사할 때 기대되는 광주성반응의 효과와 반대의 결과가 나타나는 경우의 광처리법을 말한다. 예를 들면 광중단에 의해 단일식물의 개화는 저해되고 장일식물의 개화는 유도된다. 국화가 단일성 식물이라고 하는 것은 바꿔 말하면 장야성 長夜性 식물이라고 할 수 있다. 실용적인 면에서도 일장을 연장해서 장일은 만들지 않고 암기 暗期 밤 의 중간에 조명을 하게 되면 긴 암기가 절단되므로 화아분화 꽃눈 형성 를 억제할 수 있다. 이와 같이 한밤중에 전등조명을 하여 화아분화를 억제하는 기술을 광중단 光中斷 광으로 암기를 중단시킴 이라고 한다.
> ◦ 교호조명 : 심야조명 중에서도 계속 조명하지 않고 일정 주기로 조명을 반복하여 전력 소비량을 줄이는 방법이다.

(6) 차광 遮光 shade 해가림

① 그늘에서 생육하는 인삼 같은 작물은 미리 해가림을 해주고 재배한다.

② 고온강광기 온도가 높고 빛이 강한 시기 에는 초자실 硝子室 glass house 유리로 만든 온실 · 묘포 묘목을 길러내는 곳 등에 해가림을 해준다.

③ 파 · 부추 · 아스파라거스 · 셀러리 · 땅두릅 등을 연화재배 조직을 이용하는 식물체를 부드럽게 이용할 수 있도록 인위적으로 조절하여 가꾸는 것 할 때에는 천 · 왕겨 · 암실 등을 이용하여 차광을 해준다.

④ 일장이 긴 계절에 단일성 식물의 꽃눈을 형성시켜 개화를 촉진시킬 때 사용한다.

🖊️더 알아보기 잎의 구조

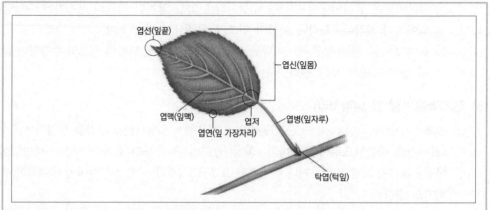

> 엽선(잎끝)
> 엽신(잎몸)
> 엽맥(잎맥)
> 엽저
> 엽연(잎 가장자리)
> 엽병(잎자루)
> 탁엽(턱잎)

1️⃣ **엽신** 葉身 잎몸 : 식물에 필요한 영양분을 얻기 위해 광합성작용을 하는 부분이며, 모양은 식물에 따라 다양한 형태로 관찰된다.

2️⃣ **엽선** 葉先 잎끝 : 엽신의 윗부분을 말한다.

3️⃣ **엽연** 葉緣 잎 가장자리 : 잎의 가장자리를 말한다.

4️⃣ **엽저** 葉底 : 엽신에서 아랫부분을 말한다.

5️⃣ **엽병** 葉柄 잎자루 : 엽신을 줄기와 연결해주는 역할을 하며 식물에 따라 엽병이 없는 경우도 있다.

6️⃣ **탁엽** 托 맡기다 葉 턱잎 : 엽병 끝부분에 붙어 있는 작은 잎을 말한다. 〈출처 : 산림청〉

6 무기성분

(1) 무기성분의 개요

① 탄소, 수소, 산소는 공기 중에서 얻을 수 있으며, 이들을 제외한 나머지 13가지 원소는 토양 중 모암 母岩 에서 직·간접적으로 얻게 된다.

② 필수무기원소

  ㉠ 다량영양원소 : 식물이 영양분을 섭취하는 데 많이 필요로 하는 영양원소이다.

  📗 탄소, 수소, 산소, 질소, 인산, 칼륨, 칼슘, 마그네슘, 황

  ㉡ 미량영양원소 : 미량만 공급해도 작물생육이 가능하기 때문에 미량원소라 하지만 생물의 존재에 있어서 없어서는 안 되는 영양원소이다.

  📗 철, 망간, 구리, 아연, 붕소, 몰리브덴, 염소

> **더 알아보기 무기원소의 상승작용과 길항작용**
>
> 무기원소의 여러 성분들이 공존하는 과정에서 발생한다.
> **1 상승작용** : 서로 흡수를 도와 효과를 상승시키는 작용을 말한다.
> 　　**예** 마그네슘과 인
> **2 길항작용** : 서로 흡수를 방해해 효과를 반감시키는 작용을 말한다.
> 　　**예** 철과 망간

(2) 비필수원소의 생리작용

① 규소(Si)

  ㉠ 규소는 모든 작물에 필수원소는 아니나, 화본과 식물에서는 필수적이며, 화곡류에는 함량
  　이 매우 높다.

  ㉡ 화본과작물의 가용성 규산화 유기물의 시용은 생육과 수량에 효과가 있으며, 벼는 특히
  　규산 요구도가 높으며 시용효과가 높다.

  ㉢ 해충과 도열병 등에 내성이 증대되며, 경엽의 직립화로 수광태세가 좋아져 광합성에 유리
  　하고, 증산을 억제하여 한해를 줄이고, 뿌리의 활력이 증대된다.

  ㉣ 불량환경에 대한 적응력이 커지고, 도복저항성이 강해진다.

  ㉤ 줄기와 잎으로부터 종실로 P과 Ca이 이전되도록 조장하고, Mn의 엽내 분포를 균일하게
  　한다.

② 코발트(Co)

  ㉠ 콩과작물의 근류균 활동에 코발트가 필요한 것으로 여겨지고 있다.

  ㉡ 비타민 B_{12}의 구성성분이다.

③ 나트륨(Na)

  ㉠ 필수원소는 아니나 셀러리, 양배추, 사탕무, 순무, 목화, 근대, 크림슨클로버 등에서는 시
  　용효과가 인정되고 있다.

  ㉡ 기능면에서 칼륨과 배타적 관계이나 제한적으로 칼륨의 기능을 대신할 수 있다.

  ㉢ C_4식물에서 요구도가 높다.

④ 알루미늄(Al)

  ㉠ 토양 중 규산과 함께 점토광물의 주체를 이룬다.

  ㉡ 산성토양에서는 토양의 알루미나가 활성화되어 용이하게 용출되어 식물에 유해하다.

  ㉢ 뿌리의 신장을 저해, 맥류의 잎에서는 엽맥 사이의 황화, 토마토 및 당근 등에서는 지상부
  　에 인산결핍증과 비슷한 증세를 나타낸다.

  ㉣ 알루미늄의 과잉은 칼슘, 마그네슘, 질산의 흡수 및 인의 체내이동이 저해된다.

(3) 필수원소의 생리작용

① 탄소, 산소, 수소

　㉠ 식물체의 약 90 ~ 98%를 차지한다.

　㉡ 엽록소의 구성 원소이며 광합성에 의한 여러 가지 유기물의 구성 재료가 된다.

② 질소(N)

질소는 암모늄이온(NH_4^+)이나 질산이온(NO_3^-) 형태로 식물체로 흡수된다. 단백질의 중요한 구성 성분으로서 엽록소, 효소 또한 질소화합물이다.

　㉠ 결핍 : 노엽의 단백질은 분해되어 생장이 왕성한 부분으로 질소분이 이동하게 되면 하위엽에서 황백화 현상이 일어나고 화곡류의 분얼 分蘖tillering 화본과 식물 줄기의 밑동에 있는 마디에서 곁눈이 발육하여 줄기와 잎을 형성되는 것 이 저해된다.

　㉡ 과다 : 식물체는 수분함량이 높아지고 잎이 짙은 녹색이 되며 웃자라서 도복 뿌리가 뽑히거나 줄기가 꺾여 식물체가 넘어짐 이 발생한다. 세포벽이 얇고 연해져서 한발, 저온, 기계적 상해, 해충 및 병해에 대한 각종 저항성이 약해진다.

③ 인(P)

인은 인산 이온($H_2PO_4^-$, HPO_4^{2-})의 형태로 식물체에 흡수되며 식물체 내 세포의 막을 구성하는 성분이 되어 세포의 분열, 광합성 등에 관여한다. 세포핵, 분열조직, 효소, ATP 등의 구성 성분으로서 종자나 어린 조직에 많이 함유되어 있다.

　㉠ 결핍 : 결핍 시 영양생장의 저하, 뿌리생육의 불량, 화아분화 꽃눈 형성 의 저하, 개화결실이 늦어지고 과실 및 종자의 형성과 성숙이 저하된다. 어린잎은 암녹색이 되며 심하면 황화하고 결실이 저해된다.

　㉡ 과다 : 아연, 철, 구리 같은 미량원소의 흡수를 방해하여 이들 원소의 결핍증상을 초래하여 황백화현상 등이 발생한다.

④ 칼륨(K)

광합성, 탄수화물과 단백질 형성, 세포 내의 수분공급과 증산에 의한 수분상실을 제어하는 역할을 하며, 효소의 활성화 작용과 여러 물질대사의 촉매작용을 한다.

칼륨은 탄소동화작용을 촉진하므로 일조가 부족한 때에 효과가 크며, 단백질 합성에 필요하므로 칼륨과 질소 흡수량의 비율은 거의 같은 것이 좋다. 체내에서 이동성이 매우 크고 잎, 생장점, 뿌리의 선단 등 분열조직에 많이 함유되어 있다.

　㉠ 결핍 : 생장점이 말라 죽거나 줄기가 약해지고, 잎의 끝이나 둘레의 황화와 하위엽의 조기 낙엽 현상을 보여 결실이 저해된다.

　㉡ 과다 : 칼슘이나 마그네슘의 흡수를 억제 길항작용 하여 양분결핍을 초래한다.

⑤ 칼슘(Ca)

칼슘은 분열조직의 생장, 뿌리 끝의 발육과 작용에 반드시 필요한 필수원소에 해당한다. 체내에서의 이동률이 매우 낮으며 세포막 중간막의 주성분으로서 잎에 많이 존재한다.

　㉠ 결핍 : 칼슘이 결핍되면 뿌리나 눈의 생장점이 붉게 변하여 죽게 된다.

> **더 알아보기 칼슘 결핍으로 나타나는 증상**
>
> **1** 상추, 부추, 양파, 마늘, 대파, 백합 등 : 잎끝마름증상
>
> **2** 토마토, 수박, 고추 등 : 배꼽썩음병
>
> **3** 사과 : 고두병
>
> **4** 벼, 양파, 대파 : 도복
>
> **5** 참외 : 물찬참외증상

ⓛ 과다 : 토양 중 석회가 과다하게 되는 경우 마그네슘, 철, 아연, 코발트, 붕소 등의 흡수가 저해되는 길항작용이 나타나서 이들의 결핍을 일으키게 된다.

⑥ 황(S)

원형질과 식물체의 구성 물질 성분이며 엽록소의 형성, 효소 생성 등 여러 특수기능에 관여한다. 체내에서의 이동성은 낮으며, 결핍증세는 새로운 조직에서부터 나타난다.

㉠ 결핍 : 엽록소의 형성이 억제되며, 콩과작물에서는 뿌리혹박테리아 근류균 : 콩과 식물의 뿌리 에 뿌리혹을 만들어 식물과 공생하면서 공기 중의 질소를 고정하는 질소고정세균 Diazotroph 의 질소고정능력이 저하되고 세포분열이 억제되기도 한다.

ⓛ 과다 : 토양을 산성으로 만들며 벼뿌리썩음병의 원인이 된다.

⑦ 마그네슘(Mg)

엽록체 구성 원소로서 잎에서 함량이 높다. 광합성, 인산대사 燐酸代謝 에 관여하는 효소를 활성화시키고 종자 중의 지유 脂油 지방유(脂肪油) 의 집적을 도와준다. 체내 이동성이 비교적 높은 편이며 부족해지면 늙은 조직으로부터 새 조직으로 이동한다.

> ◦ 인산대사 燐酸代謝 phosphorus metabolism : 인은 무기 인산염이나 유기 인산 화합물의 형태로 생물에 존재하여 생체에서 화학반응을 나타낸다.

㉠ 결핍 : 엽록소의 형성이 감소되고 황백화 현상이 나타나며 줄기나 뿌리 생장점의 발육이 저하된다. 체내에 비단백태질소가 증가하면서 탄수화물이 감소되고 종자의 성숙이 저하된다. 석회가 부족한 산성토양, 사질토양, 칼륨 또는 염화나트륨이 지나치게 많은 토양과 석회가 과다하게 사용된 토양에서 결핍현상이 나타나기 쉽다.

ⓛ 과다 : 인의 인산대사에 도움이 되는 상승작용이 있더라도 칼슘, 칼륨의 흡수를 억제하는 길항작용이 나타난다.

⑧ 철(Fe)

엽록소의 구성 성분은 아니지만 엽록소 합성과 밀접한 관련이 있다.

㉠ 결핍 : 어린잎에서 항상 황백화 현상이 나타나고 엽맥(잎맥) 사이(엽신 = 잎몸)가 퇴색되며 마그네슘의 결핍에서도 나타나는 엽록소의 형성을 감소시킨다.

> ◦ 엽맥 葉脈vein : 잎맥이라고도 한다. 식물의 잎에 있는 관다발을 말하며 물과 양분의 이동 통로이다. 잎맥은 줄기의 관다발과 연결되어 있다.

> ◦ 관다발篤— : 양분의 통로인 체관부와 물의 통로인 물관부로 이루어져 있다.

  ⓛ 과다 : 철이 과잉되는 경우 망간 등의 흡수를 저하 길항작용 시킨다. 한편 pH가 높거나(알칼리에 가까울수록) 인산과 칼슘의 농도가 높을수록 흡수가 크게 저하되며, 니켈, 코발트, 크롬, 아연, 몰리브덴, 망간 등의 과잉도 철의 흡수를 저하시킨다.

⑨ 망간(Mn)

여러 효소를 활성화하여 광합성물질의 합성과 분해, 호흡작용 등에 관여한다.

  ㉠ 결핍 : 생리작용이 왕성한 곳에 많이 함유되어 있고 체내 이동성은 낮아서 결핍증은 새 잎에서부터 나타난다. 엽맥 사이가 황색으로 변하며 화곡류에서는 세로로 줄무늬가 생긴다. 토양이 과습 또는 강한 알칼리성이 되거나 철분이 과다한 경우에는 망간의 결핍을 초래하게 된다.

  ⓛ 과다 : 잎의 끝에 갈색과 자주색의 작은 반점이 생긴다. 길항작용으로 철의 결핍이 생기기 쉽다.

⑩ 붕소(B)

촉매 또는 반응조절물질로 작용하며, 석회 결핍의 영향을 완화시킨다. 붕소 함유량은 생장점 부근에 많고 이동성이 낮아 결핍증상은 생장점이나 저장기관에 나타나기 쉽다.

  ㉠ 결핍 : 붕소가 결핍되면 분열조직이 괴사壞死 necrosis 되는 경우가 많다. 채종재배 採種栽培 seed production culture 우량한 종자를 생산할 목적으로 재배하는 것를 하는 경우 수정·결실이 나빠지고 콩과작물의 근류형성 뿌리혹의 형성과 질소고정이 저해된다. 석회가 과다하거나 토양의 산성화는 붕소결핍을 낳는 주 원인이 되는데, 이는 산야의 신개간지에서 잘 나타난다.

  ⓛ 과다 : 식물의 잎이 누렇게 시들어간다.

⑪ 아연(Zn)

  ㉠ 효소의 촉매나 반응조절물질로 작용하며 단백질과 탄수화물의 대사에 관여한다.

  ⓛ 아연이 결핍되는 경우 오래된 잎의 엽병이나 엽맥 간에서 갈색의 작은 반점이 발생하며, 신엽의 엽맥 사이에서는 황백화 현상이 나타난다. 엽신과 절간의 신장이 정지되는 왜화현상과 사과나무의 경우 로제트병(외엽병)이 유발된다.

⑫ 구리(Cu)

  ㉠ 엽록체의 복합단백 구성 성분으로서 비교적 엽록체 안에 많이 함유되어 있으며 광합성에 관여하고, 산화효소의 구성 원소로 작용한다.

  ⓛ 구리가 결핍되는 경우 단백질 합성이 저해되며 잎 끝에는 황백화 현상이 나타나고 고사하게 된다. 철과 아연은 구리와 길항작용 서로 흡수를 방해해 효과를 반감시키는 작용 관계에 있다.

⑬ 몰리브덴(Mo)

  ㉠ 질산환원효소의 구성 성분으로 질소대사에 필요하며 콩과작물의 질소고정에 필요한 성분이다.

  ⓛ 몰리브덴이 결핍되는 경우 잎이 황백화되고 모자이크병에 가까운 증세가 나타난다. 콩과작물에서의 질소고정력은 떨어진다.

⑭ 염소(Cl)

   ⑦ 광합성 작용과 물의 광분해에 촉매 작용을 하여 세포의 삼투압을 높이고 식물조직 수화작용 水化作用 의 증진, 아밀로오스 amylose 활성의 증진, 세포즙액의 pH조절 기능을 한다.

> ◦ 수화작용 水化作用 hydration : 물질이 물과 화합 또는 결합하여 수화물을 생성하는 것을 말한다.
> ◦ 아밀로오스 amylose : 식물에서 존재하는 다당류의 일종. 아밀로펙틴과 함께 녹말을 구성하는 주요 성분이다.

   ⓛ 염소가 결핍되는 경우 어린잎이 황백화되고 전 식물체의 위조현상 식물체가 수분부족으로 마르는 현상 이 나타난다.

7 환경요인과 생육

(1) 작물의 개화촉진 요소

① 일장효과	② 춘화처리	③ C/N율
④ 식물호르몬 처리	⑤ 온도와 일장	

(2) 대기오염

① 아황산가스(SO_2, SO_3)

   ⑦ 대표적 유해가스 : 대표적 유해가스로 독성이 있으며 배출량이 많고, 산성비를 유발한다.

   ⓛ 배출 : 화력발전소, 자동차, 중유를 원료로 하는 각종 공장, 제련소 등에서 배출된다.

   ⓒ 피해

      ⓐ 피해기구 : 기공을 통해 체내에 축적되어 유해농도에 도달하면 세포에 손상이 나타나며, 손상된 세포는 수분보유능력이 상실된다. 광합성의 부산물인 산소와 결합하여 산화된 후 증산하는 물을 따라 이동하여 잎의 가장자리에 축적된다.

      ⓑ 피해증상 : 잎과 줄기가 갈변하며 광합성 속도가 저하된다.

      ⓒ 피해농도 : 농도가 높을수록 피해시간은 짧아지는데, 농도에 따른 피해시간은 다음과 같다.

농도	피해시간
3ppm	10분
0.33ppm	10시간
0.22ppm	1일
0.11ppm	1개월
0.01ppm	1년

　　　ⓔ 대책

　　　　　ⓐ 저항성 작물 및 품종을 선택한다. 저항성 품종에는 벼, 밀, 감자, 수박, 포도, 오이, 보리, 상추, 고구마, 가지 등이 있다.

　　　　　ⓑ 칼리와 규산질 비료를 시비한다.

② 불화수소(HF)

　　ⓐ 매우 강한 독성 : 독성이 매우 강하여 낮은 농도에서도 피해가 발생한다.

　　ⓑ 배출 : 알루미늄 정연, 인산비료 제조, 요업, 제철할 때 철광석으로부터 배출된다.

　　ⓒ 피해

　　　　ⓐ 피해기구 : 효소활성 저해, 석회결핍, 엽록소 파괴 등이 있다.

　　　　ⓑ 피해증상 : 잎의 끝 또는 가장자리의 백변이 생기고 누에에 피해가 발생한다.

　　　　ⓒ 피해농도 : 10ppb에서 10 ~ 20시간이면 식물에 피해가 발생한다.

　　　　　　° ppb(parts per billion) : PPM의 1,000분의 1, 즉 10억분의 1을 나타내는 단위이다.

　　ⓓ 대책 : 소석회액(0.3 ~ 3%)에 요소, 황산아연, 황산망간, 그 외 미량원소를 첨가하여 살포한다.

③ 오존가스(O_3)

　　ⓐ 배출 : NO_2가 자외선하에서 광산화되어 생성된다.

　　ⓑ 피해

　　　　ⓐ 피해기구 : 기공을 통해 들어간 오존가스는 세포막의 구조와 투과성에 영향을 끼치고, 세포 내 산소와 세포기관에 작용하여 주요 대사과정을 저해하며, 엽록체나 미토콘드리아 막의 산화 등의 피해가 발생한다.

　　　　ⓑ 피해증상 : 잎이 황백화 또는 적색화되고, 암갈색 점성의 반점 또는 대형 괴사가 발생하며 어린잎보다 성엽의 피해가 크다.

　　　　ⓒ 피해농도 : 0.15ppm 농도에서 1시간이면 피해가 발생한다.

　　ⓒ 대책 : 저항성 작물과 품종을 선택한다.

④ 암모니아가스(NH_3)

　　ⓐ 배출 : 비료공장, 냉동공장, 자동차, 질소질 비료의 과다시용 등에서 배출된다.

　　ⓑ 피해

　　　　ⓐ 피해기구 : 기공 또는 표피를 통해 체내로 들어가면 색소를 파괴하여 잎이 변색된다.

　　　　ⓑ 피해증상 : 잎 표면에 흑색 반점이 생기고, 잎 전체가 백색 또는 황색으로 변하거나 급격히 회백색으로 퇴색된다.

　　　　ⓒ 피해농도 : 해바라기 3ppm, 토마토·메밀·양파 등은 400ppm에서 피해가 발생한다.

　　ⓒ 대책 : 밀폐된 시설 내에서는 환기를 철저히 하고, 질소질 비료와 유기질 비료를 과용하지 않아야 한다.

⑤ 질소화합물(NO_2)

　　ⓐ 배출 : 고온에서 연소되는 물체에 질소와 산소가 있을 때 많이 발생하며, 시설하우스 내 토양에서는 아질산균에 의하여 생성된다.

ⓛ 피해

ⓐ 피해기구 : 식물의 급격한 조직괴사 또는 심한 낙과현상이 발생한다.

ⓑ 피해증상 : 엽맥 사이에 백색 또는 황백색의 불규칙한 형상을 한 조그마한 괴사부위을 형성한다.

ⓒ 피해농도 : 담배의 경우 2ppm에서 8시간이면 피해가 발생한다.

ⓒ 대책 : 저항성 작물 및 품종을 선택한다.

⑥ 염소계 가스(Cl_2)

㉠ 배출 : 염산 및 가성소다 제조공장, 펄프공장, 화학공장 등에서 배출된다.

ⓛ 피해

ⓐ 피해기구 : 세포 내 유기물질을 산화상태로 만들어 세포가 괴사하고, 세포 내 엽록소가 파괴된다.

ⓑ 피해증상 : 미세한 회백색 반점이 잎 표면에 무수히 나타나고, 가스접촉 시 햇빛이 강하면 피해가 크다.

ⓒ 피해농도 : 무·앨팰퍼는 0.1ppm에서 1시간, 양파·옥수수·해바라기 등은 0.1ppm에서 2시간이면 피해가 발생된다.

ⓒ 대책 : 저항성 작물 및 품종을 선택하고, 석회물질을 시용한다.

⑦ 기타 유해가스

㉠ PAN peroxyacetyl nitrates

ⓐ 생성 : 탄화수소, 오존, 이산화질소가 화합하여 발생한다.

ⓑ 피해기구 : 광화학적 반응에 의하여 식물에 피해를 유발시킨다.

ⓒ 피해증상 : 잎의 뒷면에 백색 반점이 엽맥 사이에 나타난다.

ⓓ 피해농도 : 담배, 피튜니아는 10ppm에서 5시간이면 피해가 발생한다.

ⓛ 복합가스 : 아황산가스, 불화수소가스, 암모니아가스 등이 복합된 것으로 농작물에 피해를 유발시킨다.

⑧ 산성비

㉠ 산성비의 의의 : 대기 중 아황산가스(SO_2), 이산화질소(NO_2), 불화수소가스(HF), 염화수소(HCl) 등에 의해 pH 5.5 이하의 강우를 산성비라 한다.

ⓛ 피해 : 식물체의 엽록소 파괴, 양분의 일탈, 개화 및 결실 장해, 광합성 저하, 저항성 감소 등의 피해가 발생한다.

ⓒ 피해가 현저하게 발생하는 pH는 활엽수의 경우 3.0이고, 침엽수는 2.0 정도이다.

⑨ 연무 煙霧 smog

알데히드 aldehyde, 유기산, 아황산가스, 질소화합물, 먼지, 증기, 연기, 과산화물 등이 관여하여 생성된다.

재배의 기술

제1절 | 종자와 육묘

1 종자

(1) 종자의 의의

① 생물의 번식에 필요한 기본물질인 씨앗을 의미한다.

② 식물의 경우 작물을 재배할 때 번식의 기본단위로 사용되는 것에는 종자와 그 밖에 뿌리·줄기·잎 등의 영양기관도 있는데 이들을 총칭하여 종묘種苗 라고 한다.

(2) 종자의 형태 및 구조

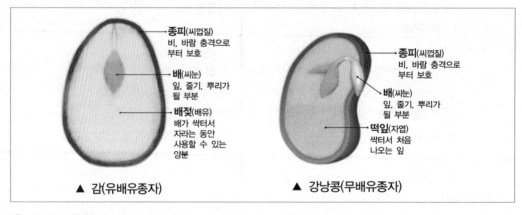

| 종피(씨껍질)
비, 바람 충격으로부터 보호 |
| 배(씨눈)
잎, 줄기, 뿌리가 될 부분 |
| 배젖(배유)
배가 싹터서 자라는 동안 사용할 수 있는 양분 |

종피(씨껍질)
비, 바람 충격으로부터 보호

배(씨눈)
잎, 줄기, 뿌리가 될 부분

떡잎(자엽)
싹터서 처음 나오는 잎

▲ 감(유배유종자)　　　▲ 강낭콩(무배유종자)

① 종자의 형태

　㉠ 유배유종자(감) : 종피, 배, 배젖(배유)으로 구성되어 있다.

　㉡ 무배유종자(강낭콩) : 종피, 배, 떡잎(자엽)으로 구성되어 있다.

② 종자의 구조

　㉠ 종피(씨껍질) : 배를 보호하고 발아를 조절하고 산포를 돕는다.

> ° 산포散布 dispersion : 개체가 몸에 여러 가지 산포체를 준비하고 분산하여 다음 세대의 개체수를 확대하는 것이다.

　㉡ 배젖(배유) : 배의 생장에 필요한 양분을 저장하는 기관이다.

　㉢ 배(씨눈) : 장차 식물개체로 발전해 가는 요소로 유아, 자엽, 배축, 유근 등이 발달되어 있으며 이들의 발달 정도는 종자에 따라 다르다.

  ⓔ 떡잎(자엽) : 유배유종자의 배유의 역할을 하는 기관

(3) 종자의 분류

수정으로 배주胚珠 밑씨 ovule 가 발육한 것을 식물학상 종자라 하며 아포믹시스 apomixis 무수정생식, 무수정종자형성 에 의해 형성된 종자도 식물학상 종자로 취급하며 체세포배를 이용한 인공종자도 종자로 분류한다.

① 형태에 의한 분류

  ㉠ 식물학상 종자 : 두류, 유채, 담배, 아마, 목화, 참깨, 배추, 무, 토마토, 오이, 수박, 고추, 양파 등

  ㉡ 식물학상 과실

    ⓐ 과실이 나출된 것 : 밀, 쌀보리, 옥수수, 메밀, 들깨, 호프, 삼, 차조기, 박하, 제충국, 상추, 우엉, 쑥갓, 미나리, 근대. 시금치, 비트 등

    ⓑ 과실이 영穎에 쌓여 있는 것 : 벼, 겉보리, 귀리 등

    ⓒ 과실이 내과피에 쌓여 있는 것 : 복숭아, 자두, 앵두 등

  ㉢ 포자 : 버섯, 고사리 등

  ㉣ 영양기관 : 감자, 고구마 등

② 배유의 유무에 의한 분류

  ㉠ 배유종자 : 벼, 보리, 옥수수 등 화본과 종자와 피마자, 양파 등

  ㉡ 무배유종자 : 콩, 완두, 팥 등 두과 종자와 상추, 오이 등

③ 저장물질에 의한 분류

  ㉠ 전분종자 : 벼, 맥류, 잡곡류 등 화곡류

  ㉡ 지방종자 : 참깨, 들깨 등 유료종자

  ㉢ 단백질 종자 : 두과작물

④ 종자번식의 종류

  ㉠ 자가수정과 타가수정

    ⓐ 종자번식은 자가수정과 타가수정 두 종류가 있다. 자가수정 또는 타가수정에 따라 채종의 방법, 육종방법이 달라진다.

    ⓑ 자가수정과 타가수정의 확인을 위해서는 작물에 방충망을 씌운 망실에서 재배하며 수분매개 곤충의 접근을 차단한 상태에서 종자의 결실 여부를 확인하여 종자가 생기지 않으면 타가수정률이 높은 작물로 종자가 많이 생기면 자가수정률이 높은 작물로 판단할 수 있다.

  ㉡ 교잡률 : 종자로 번식하는 작물에서 다른 개체로부터의 화분에 의해 종자가 형성되는 정도를 의미한다.

  ㉢ 자가수정번식

    ⓐ 완전자가수정 : 교잡률은 4% 이하이다.

     예 토마토, 상추, 완두, 강낭콩 등

ⓑ 부분자가수정 : 교잡률은 5~79%이다.

　　예 가지, 고추, 부추, 오이, 호박, 수박, 잠두, 셀비어, 금어초 등

ⓔ 타가수정번식 : 교잡률은 80% 이상이다.

　　예 배추, 무, 양파, 파, 당근, 시금치, 쑥갓, 단옥수수, 과수류, 메리골드, 베고니아, 피튜니아 등

(4) 종묘로 이용되는 영양기관의 분류

분류		예
눈芽 : 아		포도나무, 마, 꽃의 아삽 등
잎葉 : 엽		베고니아, 산세베리아 등
줄기莖 : 경	지상경 또는 지조 Stalk	사탕수수 · 포도나무 · 사과나무 · 굴나무 · 모시풀 등
	땅속줄기 지하경	생강 · 연 · 박하 · 홉 등
	덩이줄기 괴경	감자 · 토란 · 돼지감자 등
	알줄기 구경	글라디올러스 등
	비늘줄기 인경	나리 · 마늘 등
	흡지 吸枝 suckers : 땅속에 있는 뿌리(지하경)에서 발육한 부정아 不定胚 가 생겨 이것이 땅위로 나타난 것	박하 · 모시풀 등
뿌리根 : 근		달리아 · 고구마 · 마 등

(5) 종자의 수명

① 종자가 발아력을 보유하고 있는 기간을 말한다.

구분	단명종자(1 ~ 2년)	상명종자(3 ~ 5년)	장명종자(5년 이상)
농작물류	콩, 땅콩, 목화, 옥수수, 해바라기, 메밀, 기장	벼, 밀, 보리, 완두, 페스큐, 귀리, 유채, 켄터키블루그래스, 목화	클로버, 앨팰퍼, 사탕무, 베치
채소류	강낭콩, 상추, 파, 양파, 고추, 당근	배추, 양배추, 방울다다기양배추, 꽃양배추, 멜론, 시금치, 무, 호박, 우엉	비트, 토마토, 가지, 수박
화훼류	베고니아, 팬지, 스타티스, 일일초, 콜레옵시스	알리섬, 카네이션, 시클라멘, 색비름, 피튜니아, 공작초	접시꽃, 나팔꽃, 스토크, 백일홍, 데이지

〈출처 : 中村, 1985 ; HARTMANN, 1997〉

② 종자의 함수량, 주변의 습도, 온도, 산소조건 등은 종자의 수명에 영향을 미치는 조건이다.

③ 종자의 발아력을 상실(종자의 퇴화)하는 가장 큰 요인은 단백질의 응고이다.

(6) 종자의 저장

종자의 수명은 수분함량, 저장온도, 저장습도, 통기상태 등의 영향을 받는다. 종자가 보유하고 있는 저장양분의 소모와 변질을 최소화할 필요가 있다.

① 건조저장 : 종자를 건조상태로 저장하면 생리적 휴면이 끝난 것이라도 휴면상태가 유지되므로 생명의 보유기간이 연장되고 발아력이 감퇴되지 않는다. 벼와 보리 같은 곡류는 수분함량을 13% 이하로 건조시켜 저장하면 안전하다.

② 저온저장 : 종자를 저온상태에서 저장하는 방법이다. 감자의 경우 3℃로 저장하면 수년간이나 발아가 억제되고 발아력을 유지하는 것으로 알려져 있다.

③ 밀폐저장 : 건조한 종자를 용기에 넣고 밀폐해서 저장하는 방법이다. 소량의 종자를 저장하는 경우에 적당하다.

④ 토중저장 : 종자를 용기 등에 넣어 땅 속에 저장하는 방법이다. 종자의 과숙過熟 지나치게 익음을 억제하고 여름철의 고온 및 겨울철의 저온을 피하기 위한 저장법이다.

(7) 종자의 발아

① 의의

종자에서 유아어린 눈, 유근어린 뿌리이 출현하는 것을 발아 發芽라고 한다.

> ° 출아 出芽 budding, emergence : 토양에 파종했을 때에 발아한 새싹이 지상으로 출현하는 것을 출아라고 하며, 출아도 발아라고 하는 경우가 많다.
> ° 맹아 萌芽 sprout, coppice shoot, stump plant : 정상적인 눈에서 발달한 가지가 아닌 잠아나 혹은 부정아에서 발달한 움가지, 새싹을 말한다.
> ° 최아 催 재촉할 최 芽 hastening of germination, germination forcing : 벼, 맥류, 땅콩, 가지 등에서는 발아, 생육을 촉진할 목적으로 종자의 싹을 약간 틔워서 파종하는 일이 있는데, 이것을 최아라고 한다.

② 발아과정

수분의 흡수 ⇨ 저장양분 분해효소 형성 및 활성화 ⇨ 저장양분의 분해 ⇨ 배(씨눈)의 생장개시 ⇨ 종피(씨껍질) 열림 ⇨ 유묘(어린 뿌리·싹) 출현

③ 발아의 조건

㉠ 수분

ⓐ 모든 종자는 일정량의 수분을 흡수하여야 발아한다.

ⓑ 종자무게 대비 발아에 필요한 수분함량

| • 벼 : 23% | • 밀 : 30% | • 쌀보리 : 50% | • 콩 : 100% |

㉡ 산소 : 종자가 발아하는 중에는 많은 산소를 필요로 하지만 볍씨의 경우 산소가 없는 경우에도 무기호흡으로 발아에 필요한 에너지를 얻기도 한다.

발아에 있어서 산소를 요구하는 정도는 작물의 종류나 온도조건 등에 따라 달라지는데 수중 발아 상태를 보고 산소요구도를 파악할 수 있다.

ⓐ 수중에서 잘 발아하는 종자(산소요구도 적음)

   예 벼, 상추, 당근, 셀러리, 티머시 등

ⓑ 수중에서 발아를 하지 못하는 종자(산소요구도 많음)

   예 밀, 콩, 귀리, 메밀, 옥수수, 수수, 호박, 율무, 고추, 무, 양배추, 가지, 파, 알팔파 등

ⓒ 수중에서 오히려 발아가 감퇴되는 종자

   예 담배, 토마토, 화이트클로버, 카네이션 등

ⓒ 온도

ⓐ 발아에 있어서 온도는 최저온도, 최적온도 그리고 최고온도가 있다. 이는 작물의 종류와 품종에 따라 다르다.

> • 최저온도 : 0 ~ 10℃   • 최적온도 : 20 ~ 30℃   • 최고온도 : 35 ~ 50℃

ⓑ 저온작물은 고온작물에 비해 발아온도가 낮다.

ⓔ 광(光) : 광은 대부분 작물에서 발아와 무관하지만 광에 의해 발아가 조장되거나 억제되는 작물도 있다.

ⓐ 광무관성 : 광에 관계없이 발아를 하는 종자이다.

   예 벼 · 보리 · 옥수수, 대부분의 콩과작물

ⓑ 광발아성(호광성) : 광은 발아를 조장하나 암조건에서는 발아하지 않거나 발아가 매우 불량해지는 종자이다.

   예 담배, 당근, 상추, 우엉, 금어초, 베고니아 등

ⓒ 암발아성(혐광성) : 광이 있으면 오히려 발아가 저해되고 암조건에서 잘 발아하는 종자이다.

   예 토마토, 가지, 오이, 호박 등

(8) 종자의 휴면

성숙한 종자에 수분, 산소, 온도 등의 발아조건이 주어져도 일정 기간 동안 발아하지 않는 성질을 말한다.

① 유형

㉠ 자발적 휴면 : 발아능력이 있는 종자가 환경조건이 알맞더라도 내적 원인에 의한 휴면으로서 본질적 휴면이다.

㉡ 타발(강제)적 휴면 : 종자의 외적 환경조건이 부적당하여 생기는 휴면이다.

② 휴면의 원인

㉠ 경실 종피의 불투수성 : 종피가 단단하여 수분의 투과를 저해하여 종자가 수분을 흡수할 수 없어서 장기간 발아하지 않은 종자를 말하며 몇 년에 걸쳐 조금씩 발아하는 경우가 많다.

> ※ 고구마, 연, 콩과작물, 화본과 목초 등의 결실종자 휴면의 주된 원인은 종피의 불투수성 때문이다.

ⓛ 종피의 불투기성 : 귀리, 보리 등은 종피가 호흡에 필요한 산소를 투과시키지 못해 이산화 탄소가 내부에 축적되어 발아하지 못하고 휴면한다.

ⓒ 종피의 기계적 저항 : 종자가 수분을 흡수하더라도 씨껍질의 기계적 저항에 의해서 배가 함수상태 물을 머금은 상태로 휴면하게 되는데 잡초의 종자에서 흔히 볼 수 있다.

ⓔ 배의 미숙 : 인삼, 은행, 장미과식물, 미나리아제비 등은 종자가 모주에서 이탈할 때 배가 미숙한 상태이므로 발아하지 못한다. 따라서 후숙기간이 필요하다.

> ◦ 후숙기간(휴면기간) : 수확 당시에 발아력이 없었던 종자를 일정한 기간 단독으로 또는 과실이 나 식물체에 분리되지 않은 채로 잘 보관하면 발아력을 가지게 되는데, 이것을 후숙이라고 하 며, 후숙에 필요한 기간을 후숙기간 또는 휴면기간이라고 한다.

ⓜ 배휴면胚休眠 생리적 휴면 : 종자가 형태적으로는 완전히 발달하였지만 배(씨눈) 자체의 생리 적 원인에 의한 휴면이다. 생리적 휴면이라고 볼 수 있다.

ⓗ 발아억제물질의 존재 : 고구마, 콩과, 화본과 목초, 연 등의 휴면은 일종의 발아억제물질 과 관련되어 있다고 알려져 있다. 종자를 물에 잘 씻거나 과피를 제거하면 발아하게 된다. 종자가 휴면상태에 들어가면서 증가하는 식물호르몬은 아브시스산abscisic acid 이 있다.

> ※ 2차 휴면 : 휴면이 끝난 종자라도 고온 · 과습 · 저온 · 통기불량 · 암흑 등의 발아에 불리한 환경조건에서 장기간 보존되게 되면 그 후에 적당한 환경조건이 부여되더라도 발아하지 못 하고 휴면이 유지되는 것을 말한다.

(9) 휴면타파와 발아촉진

① 경실의 발아촉진법

ⓐ 종피파상법(씨껍질에 상처를 내는 것) : 콩, 자운영, 고구마 등이 있다.

ⓑ 진한 황산처리 : 종자를 진한 황산에 일정한 시간 담그고 저어서 종피를 침식 액체 또는 고체 에 의해 마모되는 것 시키고 물에 씻은 후 파종한다.

• 목화 : 5분	• 레드클로버 : 15분	• 씨감자 : 20분
• 화이트클로버 : 30분	• 씨고구마 : 1시간	• 오크라 : 4시간
• 연 : 5시간		

ⓒ 온도처리 : 저온처리, 고온처리, 습열처리 온탕처리, 변온처리 서로 다른 온도로 번갈아 처리 가 있다.

ⓓ 진탕처리(진동으로 떨침) : 종자를 적당한 용기에 넣어 심하게 흔들면 마찰에 의해 종피가 연하게 되어 발아를 촉진한다.

ⓔ 기타 : 질산처리, 알코올, 이산화탄소, 펙티아나제 처리 등이 있다.

② 화곡류와 감자의 발아촉진법

ⓐ 벼 종자 : 섭씨 40℃에 3주간 또는 50℃에서 4~5일 보존하여 발아억제물질을 불활성화 시켜 휴면을 타파 규칙이나 질서를 깨뜨려 버리는 것 시킨다.

　　　　ⓛ 맥류 종자 : 0.5 ~ 1%의 과산화수소(H_2O_2) 용액에 24시간 정도 침지 후 5 ~ 10℃ 저온에
　　　　젖은 상태로 보관하면 종피의 불투기성이 제거되어 휴면이 타파된다.

　　　　ⓒ 감자 종자 : 절단하여 2ppm 정도의 지베렐린 수용액에 30 ~ 60분 정도 침지 浸漬 물속에
　　　　담가 적심 하여 파종한다.

　　③ 목초 종자의 발아촉진법

　　　　㉠ 질산염류액 처리 : 화본과 목초의 종자는 질산 수용액에 처리를 하면 발아가 현저하게 조
　　　　장된다.

　　　　ⓛ 지베렐린(GA)의 처리 : 브롬그래스, 휘트그래스, 화이트클로버 등의 목초종자는 지베렐린
　　　　수용액에 처리하면 휴면이 타파되고 발아가 촉진된다.

　　④ 기타

　　에스렐처리, 시토키닌처리 등이 있다.

(10) 휴면연장과 발아억제

　　① 온도조절

　　감자는 0 ~ 4℃, 양파는 1℃ 내외로 저온에 저장하면 장기간 발아가 억제된다.

　　② 약제처리

　　　　㉠ 수확 전에 MH-30 수용액을 경엽에 살포한다.

　　　　ⓛ 수확 후 저장할 때 TCNB tetrachloro-nitrobenzene 분제를 분의 粉衣 dust coating 종자 등을 약제
　　　　등 가루로 입힘 해서 저장한다.

　　③ γ(감마)선 조사

　　감자, 당근, 양파, 밤 등을 γ선을 쬐면 발아가 억제된다.

2 육묘

(1) 묘 苗

뿌리가 있는 어린작물, 즉 재배에 있어서 번식용으로 이용되는 어린식물을 묘 苗 nursery plant,
seedling 라고 한다.

(2) 육묘 育苗

종자를 파종하여 정식 定植 planting 본포에 옮겨 심는 것. 끝까지 그대로 둘 장소에 옮겨 심는 것 하기까지 일정
한 기간 동안 정식하기에 가장 적합한 양질의 묘로 키우는 모든 작업 과정을 육묘 育苗 라고 한다.

　🖋더 알아보기 **육묘용 상토에 이용하는 경량 혼합 상토 재료**

1 무기물 재료 : 버미큘라이트, 펄라이트, 제올라이트 등
2 유기물 재료 : 피트모스, 코코넛더스트, 팽연왕겨 등

(3) 육묘용 상토

① 상토의 구비조건

상토는 육묘의 가장 기본 요소로 물리성, 화학성, 생물성 등이 적합한 조건을 갖추어, 육묘기간 뿌리에 적절한 양분과 수분, 산소를 공급하는 기능을 담당한다.

㉠ 배수성, 보수성, 통기성 등 물리성이 우수해야 한다.

㉡ 적절한 pH를 유지해야 한다.

㉢ 각종 무기양분을 적정 수준으로 함유하고 있어야 한다.

㉣ 병해충, 잡초종자가 없어야 한다.

㉤ 사용 중 유해가스 발생이 없어야 한다.

㉥ 가격이 싸고 쉽게 구할 수 있어야 한다.

② 상토의 종류

㉠ 관행상토(숙성상토) : 퇴비와 흙을 섞어 쌓아 충분히 숙성된 것이다.

㉡ 속성상토 : 단시일에 대량으로 만든 상토로, 유기물과 흙을 5 : 5 또는 3 : 7의 비율로 하고 화학비료와 석회를 적당량 배합하여 만든 것이다.

㉢ 플러그육묘상토(공정육묘상토) : 속성상토로 피트모스 peatmoss, 버미큘라이트 vermiculite, 펄라이트 perlite 등을 혼합하여 사용한다.

(4) 육묘의 필요성

① 직파가 심히 불리한 경우

딸기, 고구마, 과수 등은 직파가 불리하다.

② 증수(수확 증가)

과채류 果菜類 채소의 종류 중에서 과실과 씨를 식용으로 하는 것, 벼, 콩, 맥류 등은 직파를 하는 것보다 육묘이식을 하는 것이 생육이 조장되고 생육기간이 연장되어 증수에 유리하다.

③ 조기 수확

과채류 등은 육묘해서 이식하면 수확 및 출하의 시기를 앞당길 수 있다.

④ 토지 이용도 증대

벼의 경우 육묘이식을 하면 벼와 맥류, 감자 등 1년 2작이 가능하게 된다.

⑤ 용수 절약

벼의 경우 못자리 기간 동안은 본답의 용수가 절약된다.

⑥ 노력 절감

중경제초 등에 소요되는 노력이 직파해서 처음부터 넓은 분포를 관리하는 것보다 절감된다.

> ∘ 중경제초 中耕除草 cultivation : 작물이 생육 중에 있는 포장의 표토를 갈거나 쪼아서 부드럽게 하는 것을 중경 中耕 cultivation 이라 하고, 포장의 잡초를 없애는 것을 제초 除草 weed control 라고 한다.

⑦ 추대 방지

봄결구배추를 보온육묘해서 이식하면 직파할 때 포장에서 냉온의 시기에 저온 감응하여 추대하고 결구하지 못하는 현상이 방지된다.

> ◦ 추대 抽苔 bolting, flower stalk formation : 식물이 영양생장 단계에서 생식생장 단계로 전환되면서 꽃대가 생겨서 올라오는 것을 말한다.
> ◦ 결구 結球 : 채소 잎과 비늘이 여러 겹으로 겹쳐서 둥글게 속이 드는 현상이다. 잎채소 또는 비늘줄기채소 중에서 잎과 비늘잎이 분화하여 생장하다가 어느 시기에 도달하면 잎이 오므라들어 속이 차고, 비늘줄기 채소의 경우는 엽초기부가 비대하여 구를 형성하는 현상이다. 채소 가운데 결구 현상을 나타내는 잎채소로서 배추, 양배추, 상추가 있고 비늘줄기(인경) 채소는 양파와 마늘이 있다.

⑧ 종자 절약

직파하는 것보다 소요되는 종자량이 훨씬 적게 들기 때문에 비싼 종자의 경우에는 크게 유리하다.

⑨ 재해 방지

직파재배를 하는 것보다 집약관리가 가능해 병충해, 한해 및 냉해 등을 방지하기 쉽다. 벼에서는 도복 倒伏 lodging 뿌리가 뽑히거나 줄기가 꺾여 식물체가 넘어짐이 경감되고 감자의 가을재배에서는 고온해가 경감된다.

⑩ 육묘와 재배의 분업화

육묘는 따로 전문가에게 맡길 수도 있어서 육묘와 재배의 분업화가 가능해진다.

(5) 공정육묘 工程育苗 = 플러그육묘 plug seedling production

육묘의 생력화, 효율화, 안정화 및 연중 계획생산을 목적으로 상토 제조 및 충전, 파종, 관수, 시비, 환경관리 등 제반 육묘작업을 일관되게 체계화·장치화한 묘 생산 시설에서 질이 균일하고 규격화된 묘를 연중 계획적으로 생산하는 것을 말한다.

플러그육묘는 공정육묘보다는 다소 좁은 의미를 갖는 것으로 육묘에 사용되는 용기가 규격화되어 있고 생산된 묘가 성형화되어 있어 플러그와 같이 꽂을 수 있다는 의미에서 플러그 묘 plug seedling 플러그 트레이에 종자를 파종하여 기른 묘로 불리기도 한다.

① 플러그육묘는 기계화 및 자동화로 대량생산이 가능하고 노동력이 절감되며 관리가 용이하다.
② 좁은 면적에서 대량육묘가 가능하다.
③ 최적의 생육조건으로 다양한 규격묘 생산이 가능하다.
④ 정밀기술이 요구된다.

(6) 묘상 苗床

① 의의

㉠ 모를 양성하는 장소를 묘상 Seed bed 이라고 하는데, 벼의 경우에는 특히 '묘대'(못자리)라고
하며, 수목의 경우에는 '묘포'라고 한다.

㉡ 화훼는 분파를 하는 수도 있다.

> ◦ 묘대 苗垈 nursery bed : 벼의 묘를 길러내는 장소, 즉 못자리를 말한다.
> ◦ 묘포 苗圃 nursery : 5년생 이하의 어린 나무를 길러내는 밭이다. 평탄한 지형의 물이 잘 빠지는
> 토양이 적합하다.
> ◦ 분파 盆播 : 모종을 가꾸기 위해 화분 등에 직접 종자를 뿌리는 일을 말한다. 분의 종류에는
> 화분, 종이분, 짚분, 플라스틱분 등이 있다.

② 묘상의 설치장소

묘상의 설치장소는 다음과 같은 조건을 구비한 장소가 바람직하다.

㉠ 관리를 위해 집과 멀지 않고, 관개용수의 수원과 가깝고 본포에서 멀지 않은 곳이 좋다.

㉡ 배수가 잘 되는 곳으로서 오수와 냉수가 침투되지 않는 곳이 좋다.

㉢ 지력이 지나치게 비옥하거나 척박하지 않은 곳이 좋다.

③ 벼의 묘상(못자리)의 종류

㉠ 못자리의 높낮이에 따른 분류

ⓐ 양상(揚床, 고설상) : 못자리 바닥이 주위 땅바닥보다 높은 높이로 만든 묘상이다.

ⓑ 평상(平床) : 땅바닥과 비슷한 높이로 만든 묘상이다.

ⓒ 지상(池床, 저설상) : 땅바닥보다 낮은 높이로 만든 묘상이다.

㉡ 온도조절방법에 따른 분류

ⓐ 온상 : 태양열은 물론 다른 열원을 이용해 인위적으로 온도를 높일 수 있도록 설치한
묘상이다.

ⓑ 냉상 : 태양열만을 유효하게 이용하도록 설치한 묘상이다.

ⓒ 노지상 : 자연의 포장상태 그대로 설치한 묘상이다.

㉢ 물과 피복상태에 따른 분류

ⓐ 물못자리

가. 못자리를 만든 초기부터 관개 灌漑 irrigation 물을 인공적으로 농지에 공급해 주는 일 하고
씨앗을 뿌려 모를 기르는 방식이다.

　　　나. 물이 초기에 냉기를 보호하고, 모가 균일하게 비교적 빨리 자라며, 잡초, 병충해
　　　　　등의 피해가 적은 편이다. 하지만 모가 연약해질 수 있고 발근력이 약하여 속히
　　　　　노쇠해질 수 있다.

　　ⓑ 밭못자리

　　　가. 못자리 기간에는 관개하지 않고 밭상태 토양에서 모를 기르는 방식이다.

　　　나. 모가 단단해지고 발근력이 강하며 노쇠가 더디다. 그러나 도열병과 잡초가 많고
　　　　　조류의 피해가 생길 수 있다.

　　ⓒ 절충못자리

　　　가. 물못자리와 밭못자리를 절충한 방식이다.

　　　나. 못자리 초기에는 물못자리로 하고 후기에는 밭못자리를 하거나 또는 그 순서를
　　　　　바꾸어 모를 기르는 방식이다.

　　ⓓ 보온절충못자리

　　　가. 초기에 비닐이나 폴리에틸렌으로 피복하여 보온을 하면서 통로에만 물을 대주다
　　　　　가 묘가 어느 정도 자란 후 보온자재를 벗기고 못자리 전체를 담수하여 물못자리
　　　　　로 전환하는 방식이다.

　　　나. 우리나라에 가장 널리 보급되고 있는 형태이다.

　　ⓔ 보온밭못자리 : 밭못자리에 폴리에틸렌필름과 같은 보온자재로 터널식 프레임을 만들
　　　어 그 속에서 육묘를 하는 방식이다.

　　ⓕ 상자육묘 벼기계 이앙을 위한 상자육묘 : 상자이앙 묘의 구분은 다음과 같다.

> 가. 어린모(유묘) : 파종 후 8 ～ 9일 경에 이앙하는 모
> 나. 치묘 : 파종 20일 경에 이앙하는 모
> 다. 중묘 : 파종 후 35일 경에 이앙하는 모

제2절　파종 및 이식

1 정지

(1) 의의

① 파종, 이식 이전에 작물 생육에 적당한 토양상태를 만들기 위하여 토양에 가해지는 처리를
　정지 整地 라고 한다.

② 파종, 이식 이전에 행하는 경기 耕起 큰 흙덩이를 대강 부스러뜨림, 쇄토 碎土 경운한 토양의 큰 덩어리를
　알맞게 분쇄하는 것, 작휴 作畦 이랑을 만드는 작업, 진압 鎭壓 종자 파종 후 롤러 등으로 눌러주어 토양수분 이용
　을 극대화하는 작업 등이 이에 해당된다.

PART 03

(2) 경기耕起 또는 경운 耕耘 tillage

① 작물의 재배에 적합하도록 작물을 재배하기 전에 토양을 교반攪拌 휘저어 섞음 또는 반전 反轉 반대 방향으로 구름 하여 부드럽게 하고 흙덩이를 작게 부수며 지표면을 평평하게 하는 작업을 말한다.

② 효과

    ㉠ 토양 물리성의 개선 : 토양을 연하게 하여 파종이나 관리 작업이 용이하게 하고 투수성과 투기성를 개선하여 근군根群 root system 뿌리의 무리모양 의 발달을 좋게 한다.

    ㉡ 토양 화학성의 개선 : 투수성, 투기성이 좋아지면 유기물의 분해가 왕성해지며 토양 중에는 유효한 비료성분이 증가하게 된다.

    ㉢ 잡초의 경감 : 잡초가 땅 속에 묻히므로 잡초의 발아와 생육을 억제시킨다.

    ㉣ 해충의 경감 : 토양 속에 숨어 있는 해충의 유충 등을 표층에 노출시켜 죽게 한다.

(3) 쇄토碎土 soil harrowing

① 경기한 토양의 큰 덩어리를 더 알맞게 분쇄하는 것을 말한다.

② 쇄토를 하는 경우 파종과 이식 작업이 편해지고 작물의 생육도 좋아진다.

> ◦ 써레질 : 쇄토의 한 형태로서 모내기를 하기 전에 갈아놓은 논에 물을 대고 흙덩어리를 부수면서 논바닥을 편평하게 고르는 작업을 말한다. 흙덩어리를 부수어 흙을 부드럽게 하며 논바닥을 편평하게 하여 모내기작업을 쉽게 하고, 물의 침투 및 유실을 적게 하며 비료를 흙과 고루 섞어서 벼의 균등한 생육을 꾀할 수 있다. 습답濕畓 과 같이 물이 안 빠지는 논은 써레질을 줄이고, 산간지의 누수답漏水畓 의 경우는 써레질을 곱게 하는 것이 유리하다.

(4) 작휴作畦(밭두둑 휴)

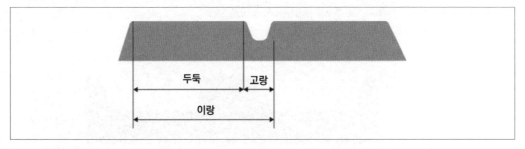

작물을 재배할 토지에 이랑(두둑과 고랑)을 만드는 작업이다.

> ◦ 이랑 ridge : 작물을 재배할 때 일정한 간격의 선을 두고 그 선을 중심으로 땅을 돋아 솟아오르게 만들 경우 두둑과 고랑을 포함하는 개념이다. 작물을 심은 부분과 심지 않은 부분이 반복될 때 이 반복되는 1단위를 이랑이라고 한다.
> ◦ 고랑 furrow : 작물을 재배할 때 경작지의 땅을 돋아 높낮이가 생길 때 아래로 움푹 팬 부분을 말한다. 일명 '골'이라고도 한다.

① **평휴법** 平 평평할 평, 畦 밭두둑 휴

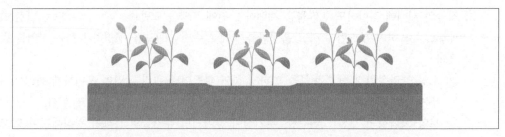

ⓐ 이랑을 평평하게 하여 두둑과 고랑의 높이가 같도록 하는 방법이다.

ⓑ 채소, 밭벼에서 주로 실시하며 건조해나 습해를 동시에 완화시키는 형태이다.

② **휴립휴파법** 畦 밭두둑 휴, 立 설 립, 畦 밭두둑 휴, 播 뿌릴 파

ⓐ 흙을 돋우어 만든 이랑의 두둑에 종자를 파종하는 방법이다.

ⓑ 비가 많이 오는 계절이나 강우가 심한 지역이라면 이랑의 두둑에 파종하는 것이 습해를 막기 유리하다.

ⓒ 배수와 토양의 통기에 유리하므로 물 빠짐이 좋지 않는 경작지라면 휴립휴파가 바람직하다.

③ **휴립구파법** 畦 밭두둑 휴, 立 설 립, 構 얽을 구, 播 뿌릴 파

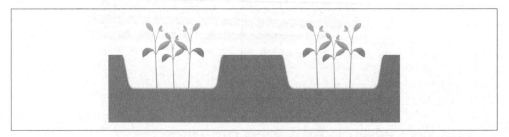

ⓐ 흙을 돋우어 이랑을 만들어 고랑에 종자를 파종하는 방법이다.

ⓑ 한발 旱魃 이 심한 때 또는 가뭄이 심한 지역이나 장소는 고랑에 종자를 파종하여 가뭄피해를 줄일 수 있다.

ⓒ 물 지님이 나쁜 토양이라면 휴립구파가 유리하다.

ⓓ 감자의 발아촉진과 배토 培土 골 사이나 포기 사이의 흙을 포기(그루) 밑으로 긁어모아 주는 것 가 용이하다.

④ **성휴법**盛 담을 성, 畦 밭두둑 휴

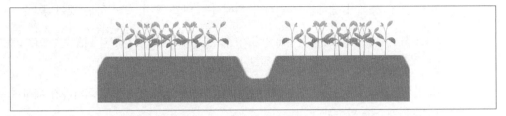

ⓐ 이랑을 크고 넓게 만들어 파종하는 방법이다.
ⓑ 파종의 노력을 절감시키며 답리작 맥류 재배에 주로 이용된다.
ⓒ 건조해와 장마철에 습해를 방지할 수 있다.

2 파종

(1) 의의
① 파종이란 작물의 번식에 쓰이는 씨앗을 흙 속에 뿌려 심는 일이다.
② 파종시기는 작물의 종류와 품종, 재배지역, 작부체계, 토양조건, 출하시기 등에 따라 결정된다.

(2) 파종의 시기
① 작물의 종류 및 품종에 따른 파종시기
  ㉠ 일반적으로 월동작물은 가을에 파종하며, 여름작물은 봄에 파종한다.
  ㉡ 같은 월동작물일지라도 내한성耐寒性이 강한 호밀의 경우는 만파晩播 때늦게 파종하는 것 의 경우에 적응을 해내지만, 상대적으로 내한성이 약한 쌀보리의 경우에는 만파에 적응하지 못한다.
  ㉢ 같은 여름작물일지라도 낮은 온도를 견디는 춘파성 맥류는 초봄에 파종되지만, 생육온도가 높은 옥수수의 경우에는 늦봄에 파종된다.

  > ◦ 춘파성 맥류 : 맥류의 품종 가운데에는 추파성이 없어 봄에 파종을 해도 정상적으로 출수하는 생리적 성질을 지닌 것이 있다. 봄보리나 봄밀의 경우가 춘파성 맥류에 속하며 겨울을 거치지 않고 봄에 파종해도 이삭이 형성되고 결실이 잘 된다.

  ㉣ 추파맥류 중에서도 추파성 정도가 높은 품종의 경우는 조파무播 일찍 파종하는 것 가 좋고, 추파성 정도가 낮은 품종은 다소 만파하는 것이 좋다.

  > ◦ 추파성 秋播性 winter growing habit : 식물 중에서는 낮은 기온이 일정 기간 지속되어야만 꽃을 피우는 경우가 있다. 씨앗을 가을에 뿌려서 겨울의 저온기간을 경과하지 않으면 개화·결실하지 않는 식물의 성질이다.

② 재배지역
  같은 작물일지라도 중부지방과 남부지방, 평지와 산간지 등에 따라 파종시기가 다를 수 있다.

③ 재해회피

　㉠ 벼의 경우 풍해와 냉해를 회피하기 위해서는 벼를 조파, 조식하는 것이 좋다.

> ◦ **조식** 早植 early planting : 주로 생육기간을 연장시켜 수량을 늘리기 위한 방법으로 이용되며 제철보다 다소 일찍 심는 것을 말한다.

　㉡ 봄채소는 조파하는 것이 한해가 경감되며, 하천부에서는 수해를 회피하기 위하여 홍수기 이후에 채소를 파종한다.

(3) 파종양식

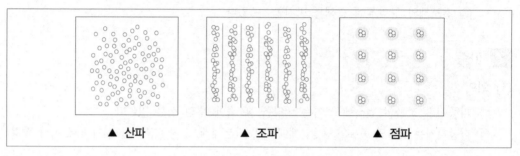

▲ 산파　　　　▲ 조파　　　　▲ 점파

① **산파** 散播 broadcast seeding

　포장 전면에 종자를 흩어 뿌리는 방법으로서 노력이 적게 드는 편이다.

② **조파(골뿌림)** 條播 drilling

　작조 作條 이랑을 만듦를 하고 종자를 줄지어 뿌리는 방법이다. 맥류와 같이 개체가 차지하는 공간이 넓지 않은 작물에 적합하다.

③ **점파(점뿌림)** 點播 dibbling, hill seeding

　일정한 간격을 두고 하나 또는 여러 개의 종자를 띄엄띄엄 파종하는 방식이다. 일반적으로 콩과, 감자 등 개체가 차지하는 면적이 넓은 작물에 적합하다.

④ **적파** 摘播, seeding in group

　점파를 할 때 한 곳에 여러 개의 종자를 파종할 경우로 개체가 평면공간을 적게 차지하는 작물을 집약적으로 재배할 경우 사용된다. 조파와 점파에 비해 상대적으로 파종에 노력이 많이 드는 편이나, 수분, 비료, 수광, 통풍 등의 조건이 좋아 생육이 양호하고 비배관리 肥培管理 거름을 잘 뿌려 토지를 걸게 하여 식물을 가꿈 작업도 편하다.

(4) 파종량 播種量 seeding rates

정식할 모수, 발아율, 성묘율 成苗 다 자란 모의 비율 등에 의해 산출하며, 일반적으로 소요되는 묘수의 2~3배의 종자가 필요하다.

① 파종량이 적을 경우

　㉠ 토양의 수분 및 비료분의 이용도가 낮아 성숙이 늦어지고 수량이 적어진다.

　㉡ 잡초의 발생이 많아진다.

② 파종량이 많을 경우
  ㉠ 과번무로 오히려 수광상태가 낮아진다.

> •과번무 過繁茂 : 탄소동화에 따른 산물을 수용하는 과실이나 뿌리 등의 발육과 착색 등이 불량하게 되는 현상이다. 영양생장이 과도하게 일어날 경우에 줄기나 잎이 무성하게 된 식물체에서 나타난다.

  ㉡ 식물체가 연약해서 도복, 병충해, 한해 旱害 토양의 수분 부족에 의해 발생하는 작물의 생육장해 가 조장되고, 수량과 품질이 저하된다.
③ 파종량을 결정할 때 고려할 사항
  ㉠ 작물의 종류 : 파종량은 작물의 종류, 종자의 크기, 파종기, 재배지역, 재배법, 토양 및 시비, 종자의 조건 등에 따라 다르므로 파종량은 1차적으로 작물의 종류에 의해 지배된다.
  ㉡ 종자의 크기 : 동일 작물의 경우라 하더라도 종자의 크기가 차이가 나므로 이에 따라 생육이 왕성한 품종은 파종량을 줄이고 그렇지 않은 경우 파종량을 늘린다.
  ㉢ 파종기 : 파종시기가 늦어질수록 대체로 작물의 개체 발육도가 작아지므로 파종량을 늘리는 것이 바람직하다.
  ㉣ 재배지역 : 한랭지일수록 개체의 파종량을 늘릴 필요가 있다.
  ㉤ 토양 및 시비
    ⓐ 토양이 척박하고 시비량이 적을 때 : 파종량을 다소 늘린다.
    ⓑ 토양이 비옥하고 시비량이 많을 때 : 파종량을 늘릴 부담이 적어지며 만약 다수확을 원한다면 파종량을 늘리는 것이 유리하다.
  ㉥ 종자의 조건 : 병충해 종자가 혼입되었거나, 경실이 많이 포함되어 있는 경우, 쭉정이나 협잡물이 많이 섞여 있거나, 발아력이 감퇴한 종자의 경우에는 파종량을 늘린다.

> •경실 硬實 hard seed : 종피가 단단한 종자를 말한다. 종피 種皮 씨앗 껍질 가 수분의 투과를 막게 되는데 수개월에서 수년의 장기간 발아하지 않는 종자를 경실종자 硬實種子 라고 한다.

(5) 파종절차
파종의 주요 절차는 다음과 같다.

> 작조 ⇨ 시비 ⇨ 간토 ⇨ 파종 ⇨ 복토 ⇨ 진압 ⇨ 관수

① 작조 作條 골타기
  파종할 때에 종자를 뿌리는 골을 만드는 것이다. 점파에서는 작조 대신에 구덩이를 만들어 뿌리기도 하며, 산파와 부정지파에서는 작조를 하지 않는다.

> •부정지파 不整地播 non-tillage seeding : 파종할 때 경운을 하지 않고 파종하는 경우를 말한다.

② 시비 施肥

작조로 만든 골과 포장의 전면에 비료를 뿌린다.

> ◦ 시비 施肥 fertilization, fertilizer application : 작물의 생장을 촉진시키거나 수확량 또는 품질을 높이기 위해 질소, 인산, 칼리질 비료 등을 토양 중에 공급하는 것을 말하며, 토양의 개량을 목적으로 석회를 시용하는 것도 이에 해당된다.

③ 간토(비료섞기)

비료를 뿌린 곳 위에 약간 흙을 넣어서 종자가 비료에 직접 닿지 않게 하는 것이다.

④ 파종

토양에 종자를 직접 뿌리는 것이다.

⑤ 복토

파종한 종자 위에 흙을 덮는 것이다. 복토는 종자의 발아에 필요한 수분을 유지해주거나 조수해 鳥獸害 damage by birds and mammals 새나 짐승으로부터 입는 재해를 방지하거나 파종된 종자가 이동하는 것을 막을 수 있다.

ㄱ 볍씨를 물못자리에 파종하는 경우 복토를 하지 않는다.

ㄴ 소립 종자는 얕게, 대립 종자는 깊게 하며, 보통 종자 크기의 2~3배 정도 복토한다.

ㄷ 혐광성 종자는 깊게, 광발아 종자는 얕게 복토하거나 하지 않는다.

ㄹ 점질토는 얕게, 경토는 깊게 복토한다.

ㅁ 토양이 습윤한 경우 얕게, 건조한 경우는 깊게 복토한다.

ㅂ 저온 또는 고온에서는 깊게, 적온에서는 얕게 복토한다.

⑥ 진압

ㄱ 발아를 조장할 목적으로 파종을 하고 난 후 복토의 전이나 후에 종자 위를 가압 加壓 압력을 가함 하는 것이다.

ㄴ 이는 파종된 종자와 토양을 밀착시켜 주어 수분이 모관상승을 통해 흡수되는데 유리하여 발아가 촉진된다.

ㄷ 바람이 센 곳이나 경사지의 경우 풍식과 우식을 경감시킨다.

3 이식

(1) 의의

① 이식(옮겨심기)

현재 자라고 있는 장소(묘상)로부터 다른 장소(일반적으로 본포)에 작물을 옮겨 심는 것을 말한다.

② 정식(아주심기)

끝까지 그대로 둘 장소(본포)에 옮겨 심는 것을 말한다. 노지 정식 전에 경화과정(정식 후에 시들지 않도록 하는 순화처리과정)이 필요하다.

> ∘ 경화 硬化 hardening 모종굳히기 : 모종을 정식하기 전에 외부 환경에 적응하고 견딜 수 있도록 하는 것으로 대개 정식 5일 전부터 물주는 양을 줄이고 육묘상의 기온을 낮추며 직사광선을 받도록 해 준다. 낙엽과수는 가을 노화기간 동안 자연적인 기온의 저하와 함께 내한성 耐寒性 이 증대된다. 이와 같이 내한성을 증진시키기 위해서는 점진적으로 저온에 노출되어야 하는데 이를 순화 또는 경화라 한다.

③ 가식

정식할 때까지 잠시 이식해 두는 것을 말한다.

④ 이앙

벼의 경우 이식을 하는 것을 말한다.

(2) 가식의 이점

① 묘상의 절약

작은 면적에 파종을 했다가 자라는 대로 가식을 하면 처음부터 큰 면적의 묘상이 필요하지 않다.

② 활착의 증진

가식을 할 때 단근을 하면 밑동 가까이에 세근이 밀생하여 정식 후에 활착이 좋아진다.

> ∘ 단근(뿌리돌림) : 이식 후의 뿌리 발달과 활착을 증진시키기 위해 나무뿌리의 일부를 절단하거나 박피처리하는 작업이다.
> ∘ 세근 細根 : 풀이나 나무 따위의 굵은 뿌리에서 돋아나는 작은 뿌리로, 양분과 수분을 직접 흡수한다.

③ 재해의 방지

천수답의 경우 한발로 모내기가 몹시 늦어지는 때 무논물이 있는 논에 가식했다가 비가 온 뒤에 이앙하면 한해 旱害 가뭄으로 말미암아 입은 재해 를 막을 수 있다.

(3) 이식의 시기

① 토양수분이 넉넉하고 바람이 없는 흐린 날, 한해 寒害 추위로 인한 피해 의 우려가 없는 시기, 하루 중에는 늦은 오후가 적당하다.

② 과수, 수목 등 다년생 목본식물이라면 싹이 움트기 전 이른 봄에 춘식을 하거나 가을에 낙엽이 진 후 추식을 하는 것이 활착이 잘된다.

③ 가을에 보리를 이식하는 경우 월동 전에 뿌리가 완전히 활착할 수 있는 기간을 두면서 그 이전에 이식하는 것이 안전하다.

(4) 이식의 방식

① 조식

골에 줄을 지어 이식하는 방법이다.

예 파, 맥류 등

② 점식

포기를 일정한 간격을 두고 띄어서 이식하는 방법이다.

예 콩, 수수, 조 등

③ 혈식

포기를 많이 띄어서 구덩이 혈를 파고 이식하는 방법이다.

예 양배추, 토마토, 오이, 수박 등의 채소류와 과수·수목·화목 등

④ 난식

일정한 질서가 따로 없이 점점이 이식하는 방법이다.

예 콩밭에 들깨나 조 등

(5) 벼를 이앙하는 양식

① 난식(막모)

㉠ 줄을 띄우지 않고 눈어림으로 이식하는 방식이다.

㉡ 노력이 적게 드는 장점이 있지만, 제 포기수를 심지 못하여 대체로 감수減收 수확이 줆 가 되며 관리가 불편하다.

② 정조식(줄모)

㉠ 줄을 띄우고 줄 사이와 포기 사이를 일정하게 줄을 맞추어 이식하는 방식이다.

㉡ 예정한 포기수를 정확히 심을 수 있고 생육간격이 균일하며, 수광과 통풍이 좋아지므로 증수增收 수확이 늚 가 되며 관리가 편리하지만, 노력이 다소 많이 든다.

③ 병목식

㉠ 줄 사이를 넓게 하는 대신에 포기 사이는 좁게 하는 이앙방식이다.

㉡ 수광과 통풍이 좋아지며, 초기의 생육은 억제되는 반면에 후기에 생육이 조장되는 경향이 있다.

> **더 알아보기 벼 재배방식**
>
> ❶ 이앙재배 : 모를 키우고 이후 이앙으로서 모내기를 하는 재배방식이다.
>
> ❷ 직파재배 : 논에 직접 파종하는 재배방식이다.
>
>   1) 건답재배 : 마른 논에 파종기로 파종하는 재배방식이다.
>
>   2) 담수재배 : 물이 있는 논에 파종하는 재배방식이며, 볍씨를 손으로 산파하거나 동력살포기로 살포하여 파종한다.

제3절 종자번식 · 영양번식 · 조직배양

1 종자번식의 의의 및 특징

(1) 의의

① 교배에 의한 수분과 수정을 통해 형성된 종자로 새로운 개체를 얻는 방식이다.

② 양성 유성생식과 단성 유성생식으로 구분된다.

(2) 양성 유성생식

유성생식의 일반적인 유형으로 암수 양성의 배우자의 접합 또는 수정에 의한 생식방법을 말한다. 양성 유성생식은 암수가 같은 식물체에서 만들어진 것인가 아니면 서로 다른 개체에서 만들어진 것인가에 따라 자식성(자가수정)과 타식성(타가수정)으로 나누어진다.

① 자식성 식물

자웅동주雌雄同株 식물로서 한 꽃 속에 암술과 수술이 동시에 있어 이들만으로 열매, 씨앗을 맺는 식물이다.

> ○ 자웅동주雌 암컷 자 雄 수컷 웅 同株 : 종자식물에서 수술만을 가진 수꽃과 암술만을 가진 암꽃이 같은 그루에 생기는 현상을 말한다.

ㄱ 곡류 : 벼, 보리, 밀, 귀리, 조 등

ㄴ 콩류 : 대두, 완두, 강낭콩, 땅콩, 팥 등

ㄷ 과수 : 복숭아, 캠벨얼리 포도, 일부 살구, 일부 감귤 등

ㄹ 채소류 : 토마토, 가지, 피망, 갓 등

ㅁ 기타 : 담배, 아마, 참깨, 목화 등

② 타식성 식물

ㄱ 서로 다른 개체의 정세포와 난세포가 만나 수정되어 열매, 씨앗을 맺는 식물이다.

ㄴ 고구마, 옥수수, 딸기, 양파, 마늘, 메밀, 호밀, 유채 등이 있다.

③ 자식과 타식을 겸하는 작물

수수, 목화, 해바라기, 수단그라스 등이 있다.

(3) 수정유도기구

① 자식성 식물(자가수정)

꽃이 피기 전에 꽃밥이 터져서 꽃가루가 암술머리에 쏟아져 수분이 되는 형태이다.

② 타식성 식물(타가수정)

ㄱ 자웅이숙雌雄異熟 : 암술과 수술의 성숙시기 차이 때문에 동시에 성숙하지 못하는 경우 자가수정이 일어날 수 없는 형태이다.

ⓐ 웅예선숙雄蕊 꽃술 예先熟 : 수술이 암술보다 먼저 성숙하는 것을 말한다.

예 물봉선

ⓑ 자예선숙 雌蕊 꽃술 예 先熟 : 암술이 수술보다 먼저 성숙하는 것을 말한다.

　　예 질경이, 달맞이꽃

ⓛ 자웅동주 雌雄同株 : 암수의 생식세포가 한 그루에 모두 있는 암수 한 그루 식물을 말하며, 종자식물의 대부분이 이에 해당한다.

　　예 호박, 오이, 옥수수, 소나무 등

ⓒ 자웅이주 雌雄異株 : 종자식물 중에서 암수의 생식기관 및 생식세포가 다른 개체에 생기는 식물로서 암수 딴그루라고도 한다.

　　예 은행나무, 시금치, 뽕나무, 삼, 식나무, 초피나무 등

ⓔ 자가 불화합성 自家不和合性 : 암수의 생식기관에는 형태적으로나 기능적으로 전혀 이상이 없지만 자기 꽃가루 또는 같은 계통 간의 수분에 의해서는 수정이 되지 않거나 수정이 극히 어려운 식물이다.

　　예 십자화과의 채소, 과수류, 목초류 등

ⓜ 이형예 불화합성 異型蕊不和合性 : 수술이나 암술의 길이가 꽃에 따라서 다른 이형예 현상을 보이고, 이 때문에 자가불화합성을 나타내는 식물이다.

　　예 메밀, 아마, 앵초 등

(4) 단성 유성생식

암수의 형성과정은 있지만 수정을 하지 않고 단성적으로 발육하여 새로운 개체를 만드는 생식이다.

① 처녀생식(단위생식)

난세포가 수정을 하지 않고 발육하여 배를 형성하는 생식이다.

② 무핵란생식 無核卵生殖 = 이배체동정생식 二倍體童貞生殖

핵을 잃은 난세포의 세포질 속으로 웅핵이 들어가 이것이 단독으로 발육하여 배가 되는 생식이다.

③ 무배생식 無配生殖 = 무배자생식

넓은 뜻의 단위생식의 한 형식으로 본다. 속씨식물의 배낭 胚囊 속에 있는 조세포 助細胞 나 반족세포 反足細胞 에서 직접 소포자(조포체)가 생기는 것이다.

> ∘ 배낭모세포, 배낭세포, 배낭, 난세포, 조세포, 극핵, 반족세포 : 꽃이 피기 전 씨방의 밑씨 속에는 핵상이 2n인 배낭모세포가 있고, 이것이 감수분열을 하여 4개의 핵상이 n인 배낭세포를 만들게 된다. 이 중에서 3개는 자연적으로 퇴화되고 나머지 1개는 3회 분열하여 8개의 핵을 갖는 배낭이 되는데, 8개 중 1개는 난세포로 자라서 아래쪽에 위치하며, 2개는 조세포, 2개는 극핵, 그리고 나머지 3개는 반족세포가 된다.
> ∘ 소포자 小胞子 microspore : 관다발식물의 포자체 胞子體 sporophyte 조포체(포자를 만들어 무성생식을 하는 세대의 생물체) 에 생기는 웅성 雄性 male 수컷 의 무성 생식세포를 말한다. 소포자는 웅성의 포자로 발아하여 웅성배우체가 된다.

④ 주심배생식

한 개의 주심 속에 정상적인 수정으로 이루어진 한 개의 정상배 이외에 몇 개의 주심배가 존재하는 생식이다.

> ◦ 주심배 珠心胚 nucellar embryo : 난세포의 수정이 아닌 배낭 embryo sac 의 주위를 싸고 있는 체세포에서 영양적으로 발달된 배를 말한다.

⑤ 다배생식

한 개의 배낭 속에 정상적인 배가 형성됨과 동시에 무배생식 또는 주심배생식도 함께 이루어지면서 여러 개의 배가 형성되는 경우이다.

2 영양번식

(1) 의의

번식하는 데에 있어서 생식기관이 아닌 영양기관을 이용하는 경우를 말한다.

- 생식기관 : 꽃, 열매, 종자 등을 말한다.
- 영양기관 : 식물체의 영양을 맡아보는 기관으로서 뿌리, 잎, 줄기 등을 말한다.

(2) 종자번식과 영양번식

① 종자번식(실생번식)

ㄱ 장점

ⓐ 번식방법이 쉽고 다수의 묘를 생산할 수 있다.

ⓑ 품종개량의 목적으로 우량종의 개발이 가능하다.

ⓒ 종자의 수송이 용이하며 원거리 이동이 용이하다.

ⓓ 수명이 길고 생육이 왕성하다.

ㄴ 단점

ⓐ 교잡에 의하므로 변이가 나타나서, 모체와 동일한 특성이 나타나지 않는 것이 많다.

ⓑ 불임성이나 단위결과성 화훼의 경우에는 종자번식을 할 수가 없다.

ⓒ 목본류의 경우에는 개화와 결실이 되기까지 장기간 걸리는 경우가 있으며 성장이 느리다.

② 영양번식

ㄱ 장점

ⓐ 모본이 지니고 있는 내한성, 내병성 등 유전적인 특성을 그대로 유지할 수 있으며, 식물체의 크기나 형태가 균일한 품종을 많이 생산할 수가 있다.

ⓑ 종자번식 묘보다 성장이 빠르다.

예 감자・모시풀・꽃・과수 등

ⓒ 종자로는 번식이 불가능한 경우에 많이 이용하고 있다.

　　예 고구마·마늘 등

ⓓ 암수의 어느 한쪽 그루만을 재배할 때에도 이용된다.

　　예 홉

> ※ 홉은 암그루가 재배되는데, 종자번식에서는 암그루와 숫그루가 함께 나오므로 암그루를 영양번식시킨다.

ⓔ 종자번식에 비해 개화, 결실에 걸리는 시간이 짧다.

ⓛ 단점

ⓐ 모본에서 식물체의 조직 등을 확보하므로 종자번식의 경우처럼 다량의 묘를 일시에 확보하기가 어렵다.

ⓑ 작업이 번거롭고 많은 노동력이 필요하다.

3 영양번식의 방법

(1) 취목 取木 layerage

① 모식물의 줄기나 가지의 일부분에 흙이나 물이끼 등으로 덮어 뿌리가 나오게 하여 모식물에서 떼어내는 방법이며, 식물의 영양번식법(무성번식)의 일종이다.

② 주로 휘어지는 줄기나 가지를 땅에 묻어서 뿌리를 내는 저취법을 의미하며 식물의 가지를 잘라내지 않고 뿌리를 내어 번식시키는 방법이다.

(2) 취목의 종류

① **성토법** 盛 성할 성 土法 stool layerage 묻어떼기

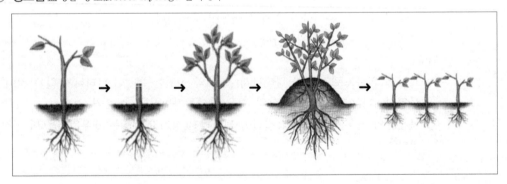

모주어미 나무를 짧게 자르는 경우 여기서 여러 개의 가지가 나오게 된다. 이후 이 새가지에 흙을 북돋아 쌓아 뿌리를 내어서 뿌리와 함께 가지를 떼어내어 취목하는 방법이다.

　예 뽕나무·사과나무·양앵두·자두

② 휘묻이법

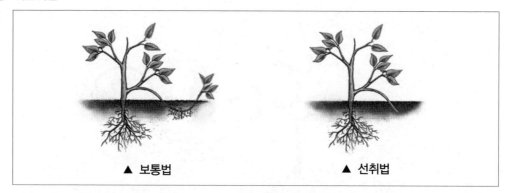

▲ 보통법   ▲ 선취법

휘는 줄기나 가지를 흙 속에 묻어 뿌리를 내는 방법이다. 꺾꽂이나 접붙이기가 어려운 덩굴성 화훼류나 나무딸기 등의 번식에 주로 이용된다.

㉠ 보통법普通法 simple layering : 가지를 잡아당겨서 그 중간을 흙에 파묻는 방법이다.
  예 포도, 자두, 양앵두 등

㉡ 선취법先取法 tip layerage : 가지의 선단부先端部 앞쪽 끝부분를 휘어 묻는 방법이다.
  예 나무딸기 등

㉢ 당목취법撞木取法 trench layering : 가지를 수평으로 묻고, 각 마디에서 발생하는 새가지에 뿌리를 발생시켜 한 가지에서 여러 개를 취목하는 방법이다. 예 포도, 양앵두, 자두 등

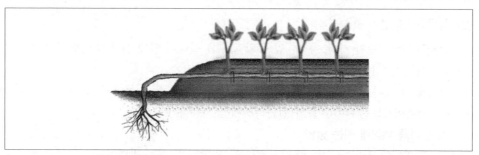

㉣ 파상취법波狀取法 serpentine layering : 연약한 가지를 가진 식물이나 덩굴성 식물처럼 잘 구부러지고 길이가 긴 식물의 가지나 덩굴을 흙에 묻어 뿌리를 낸 후 취목하는 방법이다. 이 때 구부러진 면은 지상에 나오게 한다. 예 포도 등

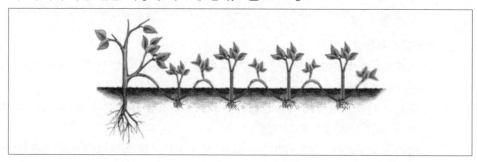

③ **고취법** 高取法 high layering, air layering 높이 떼기, 양취법

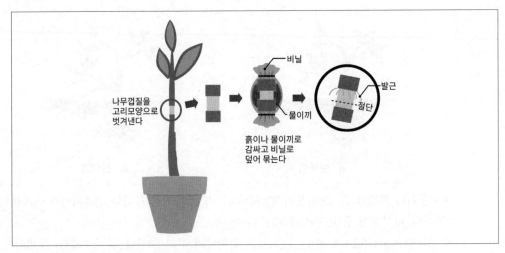

나무껍질을 고리모양으로 벗겨낸다

비닐

물이끼

흙이나 물이끼로 감싸고 비닐로 덮어 묶는다

발근

절단

㉠ 어미나무의 가지를 지표면까지 이어 내리지 못하는 큰 나무에서 가지를 취목하고자 할 때 행하는 방법이다.

㉡ 어미나무의 가지에 흙이나 물이끼로 싸매어 뿌리가 내리도록 하고 뿌리가 내리면 뿌리와 함께 가지를 잘라내어 새로운 개체로 취목하는 방법이다.

　예 고무나무와 같은 관상수목

(3) 삽목 挿 꽂을 삽 木 cuttage 꺾꽂이

식물의 영양기관인 가지, 뿌리, 잎 등의 일부를 잘라서 땅에 꽂아 뿌리를 내리게 하여 새로운 식물개체를 만드는 번식방법이다.

뿌리를 잘 내기 위해 절단면에 식물호르몬 옥신의 일종인 인돌아세트산(IAA), 인돌부틸산(IBA), 나프탈렌아세트산(NAA) 등의 발근촉진제를 사용하기도 한다.

① 뿌리를 내리게 하는 방법

　㉠ 마디의 사이에 있는 뿌리 근원체를 발달하게 하는 방법이다.

　㉡ 삽수의 절단면 주위에서 생성되는 부정근을 발달하게 하는 방법이다.

> ◦ **삽수** 挿穗 scion, cutting : 삽목에 쓰이는 줄기, 뿌리, 잎을 말한다.
> ◦ **부정근** 不定根 adventitious root : 뿌리가 아닌 조직에서 발생하는 뿌리를 말한다.

② 꺾꽂이의 유용성

　㉠ 기본적으로 꺾꽂이는 영양생식이기 때문에 모본과 같은 일정한 유전형질을 계속 얻고 싶을 때 유용하다.

　㉡ 식물의 특정 체세포 유전자에 돌연변이가 생긴 경우 그 부분을 꺾꽂이하여 다른 유전자를 가진 식물을 얻어낼 수도 있다.

　㉢ 종자를 이용하는 것이 시간과 노력이 많이 드는 경우라면 꺾꽂이가 유용하다.

② 씨를 맺지 않는 화초 등의 증식 수단으로 적합하며 짧은 기간 안에 꽃을 피울 수 있는 장점이 있다.

③ 꺾꽂이의 형태

　㉠ 지삽 枝揷 stem cutting 가지꽂이

　　ⓐ 녹지삽 綠枝揷 greenwook cutting : 새해 봄에 자라나는 연하고 부드러운 새순을 이용한 꺾꽂이이다.

　　　예 국화, 카네이션, 제라늄, 펠라고늄 등

　　ⓑ 숙지삽 熟枝揷 hard wood cutting 경지삽 : 전년도에 자라 휴면 중인 딱딱한 나뭇가지의 줄기를 이른 봄에 이용하는 꺾꽂이이다.

　　　예 포도, 개나리, 장미, 석류, 무궁화, 남천, 배롱나무 등

　　ⓒ 신초삽(반숙지삽) : 생장 중인 1년 미만의 가지를 이용한 꺾꽂이이다.

　　　예 동백나무, 사철나무, 치자나무, 철쭉, 수국, 회양목, 포인세티아 등

　㉡ 근삽 根揷 root cutting 뿌리꽂이

　　ⓐ 뿌리의 일부를 잘라서 삽수로 이용하여 삽목하는 번식방법이다. 줄기처럼 눈과 뿌리가 잠재되어 있는 뿌리를 이용하는 번식방법이다.

　　ⓑ 근맹아 根萌芽 root sucker 뿌리에서 돋아나는 싹를 잘 발생시키는 수종에 주로 이용된다.

　　　예 감, 사과, 국화, 산수유, 명자나무, 조팝나무, 자두, 앵두, 오동, 땅두릅, 라일락 등

　㉢ 엽삽 葉揷 leaf cutting 잎꽂이 : 잎을 잘라내어 이를 이용하는 꺾꽂이이다.

　　　예 베고니아, 산세베리아, 펠라고늄, 차나무, 국화, 레몬 등

　㉣ 엽아삽 葉芽揷 leaf bud cutting 잎눈꽂이 : 잎을 이용하는 삽목법으로서 잎의 엽아를 절취해서 삽목하는 방법이다.

> ◦ 엽아 葉芽 leaf bud : 엽눈이라고도 하며 꽃잎을 형성하는 꽃눈에 대응하는 이름이며 발아 후 꽃이 피지 않고 새가지나 잎으로 자라는 눈을 말한다. 보통 꽃눈보다 가늘고 길게 생겼다.

　　　예 국화, 고무나무, 동백나무, 몬스테라, 감귤류, 치자나무 등

　㉤ 단아삽 : 단아 單芽 하나의 눈를 삽상 揷床 꺾꽂이모를 꽂아 놓는 판 에 꽂아 새로운 개체를 번식시키는 영양번식법이며 가지접의 일종으로 볼 수 있다.

　　　예 실내 재배를 하는 유럽 포도

(4) 접목 接木 grafting 접붙이기

같은 식물개체 또는 서로 다른 식물개체의 영양체를 서로 밀착시켜 접착함으로써 상호 유착 癒着 서로 들러붙음을 통한 생리작용이 교류되어 생장하는 새로운 식물개체를 형성하도록 하는 방법이다.

> ◦ 접수 接穗와 대목 臺木 : 새로운 식물개체를 형성하는 것으로서 접합을 하는 지상부 쪽을 접수 接穗 scion 라고 하고 기초가 되는 부분인 뿌리가 있는 쪽을 대목 臺木 stock 이라고 한다.
> ◦ 활착 活着 : 접목한 것이 잘 유착해서 생리작용의 교류가 원만하게 이루어지는 것을 말한다.
> ◦ 접목친화 接木親和 graft-affinity : 접목한 것이 잘 활착하고, 그 뒤의 발육과 결실이 좋은 것을 말한다.

① 접목의 장점

　㉠ 모수의 특성을 그대로 계승하거나 품종을 개량할 수 있다.

　㉡ 종자결실이 되지 않는 수종의 번식법으로 쓸 수 있다.

　㉢ 개화결실이 활성화된다.

　㉣ 수세를 조절하고 수형을 변화시킬 수 있다.

　㉤ 병·해충에 대한 저항성이 증가한다.

　㉥ 기후·풍토에 적응이 쉬워 특수한 풍토에 대한 대응이 용이하다.

② 접목의 단점

　㉠ 접목하는 숙련도를 필요로 한다.

　㉡ 접수와 대목 간의 생리작용 관계를 이해해야 한다.

　㉢ 양질의 대목을 양성해야 하며 접수의 관리·보존 등의 어려움이 있다.

　㉣ 많은 묘목을 한꺼번에 얻기 어렵다.

③ 접목의 종류

　㉠ 접목장소에 따른 분류

　　ⓐ 제자리접 fild working : 대목(접본)을 양성한 그 자리에 둔 채로 직접 접목하는 것으로서 활착(活着)이 잘되고 생육이 좋으나 일의 능률이 떨어진다.

　　ⓑ 들접 indoor grafting : 대목을 굴취 掘取 땅속에 묻힌 것을 파냄 하여 접목을 한 다음 다시 정식하는 것으로서 활착률이 떨어지나 일의 능률은 높다.

　㉡ 접목시기에 따른 분류 : 춘접 春接, 하접 夏接, 추접 秋接 의 구별이 있다.

　㉢ 접목부위에 따른 분류

　　ⓐ 고접 高接 top grafting, top working : 가지 또는 눈을 포장에 심겨진 대목의 줄기나 가지의 높은 곳에 접목하는 것으로서 연령이 오래된 큰 나무를 우량품종으로서 갱신하고자 할 때 실시된다.

　　ⓑ 복접 腹接 side-grafting : 대목의 나뭇가지 옆구리 측면을 T자형으로 절개하고 그 부위에 접수를 꽂아 접목하는 방법이다.

　　ⓒ 근두접 根頭接 : 대목의 뿌리 부근이나 지표면 가까운 부위에 접목하는 방법이다.

　　ⓓ 근접 根接 : 대목의 뿌리에 접목하는 방법이다.

　㉣ 접수 또는 접목방법에 따른 분류

　　ⓐ 가지접 枝接 scion grafting 지접 : 대목 臺木 에 다른 우량종 優良種 나무의 접순을 접붙이는 형태이다. 과수 果樹 에 주로 하며 3월 상순부터 4월 하순까지 실시한다. 가지접 枝接 scion grafting 지접 은 접목방법에 따라 다음과 같이 나누어진다.

　　　가. 박접 剝接 bark grafting 피하접 皮下接 : 대목의 껍질을 한 줄 또는 두 줄로 칼자국을 내어 약간 벗기고 박피된 부분에 접수를 넣어 접목하는 방법이다.

　　　나. 할접 割接 cleft grafting 짜개접이 : 대목은 굵은데 접수가 상대적으로 가늘 때 적용하는 방법이다. 접수를 알맞은 방법으로 끊어서 하단 양쪽에 쐐기모양의 삭면 削面 cut surface exposed surface 삽목이나 접목에 있어서 칼로 절단되어 노출된 조직의 면 을 만들고

대목은 줄기의 흐름을 따라 중심부를 지나는 방향으로 칼을 넣어 쪼개고, 그 길이를 접수의 삭면 길이와 비슷하게 해 접수를 갈라진 사이에 끼워 접목하는 법이다.

다. 복접 腹接 side-grafting : 대목의 나뭇가지 옆구리 측면을 T자형으로 절개하고 그 부위에 접수를 꽂아 접목하는 방법이다.

라. 합접 合接 ordinary grafting : 대목과 접수의 크기가 같은 것을 골라 단면을 서로 비스듬히 깎아 접목하는 방법이다.

마. 설접 舌接 tongue grafting 혀접 : 대목과 접수의 굵기가 비슷한 것에서 대목과 접수를 혀 모양으로 깎아 맞추고 졸라매는 접목방법이다. 대목과 접수를 각각 비스듬히 자르고 절단면을 옆에서 봤을 때 N자 형태의 홈을 만들어 접지의 뾰족한 끝을 접본의 베어 가른 곳에 맞게 끼워 넣는 방법이다.

바. 절접 切接 veneer grafting 쐐기접, 깎기접 : 접가지 接枝 scion 접목의 목적을 위한 식물의 가지 또는 지상부 와 접밑동의 굵기가 같지 않을 때 접가지와 접밑동의 옆을 각각 깎아서 붙이는 접목법이다. 대목의 절접부위로 지표면에서 7 ~ 19cm 되는 곳을 절개한다. 그리고 충실한 눈 2 ~ 3개 붙은 6 ~ 9cm 크기로 잘라 한쪽 면을 깎아낸 접수를 상호형성층이 접착되도록 끼워 넣어 접목하는 방법이다.

ⓑ 아접 芽接 bud grafting 눈접 : 대목의 새가지에서 잎을 제거한 잎자루에다 여름·가을의 가지에서 충실한 접눈을 채취하여 붙이는 형태이다. 접눈을 부착시키는 방법에 따라 T자형 눈접과 깎기눈접으로 구분된다.

ⓒ 호접 呼接 inarching, approach grafting 접, 기접, 유접, 맞접 : 뿌리가 있는 두 식물을 옆으로 접촉하여 활착케 하는 방법이다.

ⓓ 기타의 분류

가. 삽목접 挿木接 : 뿌리가 없는 두 식물의 가지끼리 접목하는 것이다.

나. 교접 橋接 bridge-grafting : 나무줄기의 상처로 수분의 상승과 양분의 하강에 지장을 초래하는 상처부위 중간에 가지 또는 뿌리를 교량처럼 삽입하여 상하조직을 연결하는 접목법이다.

다. 2중접 二重接 : 세 가지 식물을 A, B, C의 형식으로 연결하는 것이다.

라. 녹지접 綠枝接 greenwood grafting : 여름에 그해 자란 가지에 접을 붙이는 것이다.

(5) 박과채소류 접목

① 장점

㉠ 토양전염성 병의 발생을 억제한다.

　예 수박, 오이, 참외의 덩굴쪼김병

㉡ 불량환경에 대한 내성이 증대된다.

㉢ 흡비력이 증대된다.

㉣ 과습에 잘 견딘다.

㉤ 과실의 품질이 우수해진다.

② 단점

⊙ 질소의 과다흡수 우려가 있다.

ⓛ 기형과 발생이 많아진다.

ⓒ 당도가 떨어진다.

ⓔ 흰가루병에 약하다.

(6) 분주 分株 division 포기 나누기

① 모주 母株 번식의 근원이 되는 식물. 모본(母本)에서 발생하는 흡지 吸枝 sucker 를 뿌리 채로 떼어 내서 심는 번식법이다.

> ◦ 흡지 吸枝 sucker : 지하경 地下莖 subterranean stem 땅속줄기의 관절에서 뿌리가 나와 자란 싹의 줄기가 지상으로 나타나 모체 母體에서 분리되는 독립개체를 말한다.

② 흡지 자체에 뿌리가 붙어 있어서 상대적으로 안전한 번식법이다.

4 영양번식에서 발근을 촉진하는 처리

(1) 황화

새가지의 일부를 흙으로 덮거나 종이로 싸서 일광을 차단하면 엽록소의 형성이 억제되고 황화가 일어나면서 이 부분에서 뿌리가 내린다.

> ◦ 황화 黃化 yellowing : 햇빛을 보지 못하여 엽록소가 형성되지 않아 엽록체 발달이 없어지고 누렇게 되며 생육 장애현상이 일어나는 현상이다.

(2) 생장호르몬 처리

삽목할 때 옥신류를 처리하면 발근이 촉진된다. 옥신 auxin 류에는 β-인돌 부틸산(IBA), 나프탈렌 아세트산(NAA) 등이 있다.

(3) 자당액 침지

포도에 단아삽을 적용하는 경우 6%의 자당액에 60시간 이상 침지를 하면 발근이 활성화된다.

> ◦ 단아삽 單芽揷 : 하나의 눈을 삽상에 꽂아 새로운 개체를 번식시키는 영양번식법이다.

∘ **자당액** 蔗糖液 cane liquid sugar : 사탕수수 액상 설탕이다.

∘ **침지** 浸漬 : 액체에 담가 적시는 것이다.

(4) 환상박피 · 절상 · 절곡

취목을 할 때 발근시킬 부위에 환상박피 · 절상 · 절곡 등의 처리를 하면 탄수화물이 축적되고 상처호르몬이 형성되어 발근이 촉진된다.

① **환상박피** 環狀剝皮 girdling

수목과 같은 다년생식물의 형성층 바깥 부분 껍질의 체관부를 벗겨내어 잎에서 만들어진 유기양분이 아래로 이동하지 못하도록 하여 남아있는 위쪽 껍질의 아랫부분이 두툼하게 되는 현상을 나타내며, 도관부에는 손상이 없어서 생육에는 큰 문제가 없는 상태가 유지된다.

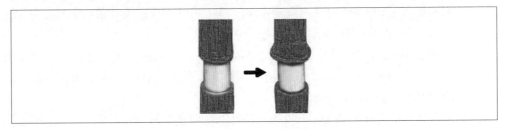

② **절상** 切傷 notching

눈이나 어린 가지에 가로로 깊은 칼금을 넣어 그 눈이나 가지의 발육을 촉진하는 것이다.

③ **절곡** 折曲

줄기가 꺾이면 가장 높은 곳에 위치한 눈이 잘 자라며 기부基部 뿌리와 만나는 줄기의 아랫부분 에서 가지가 많이 나온다.

5 조직배양(기내배양)

(1) 의의

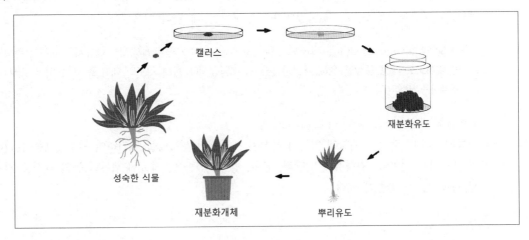

① 식물의 조직배양은 식물의 잎, 줄기, 뿌리와 같은 조직이나 기관의 세포를 분리해 영양분이 포함된 인공배지에서 무균적인 배양을 하여 캘러스callus를 만들거나 식물체를 유지, 분화, 증식시키는 기술이다.

> ° 캘러스 callus : 식물체에 상처가 났을 때 생기는 조직화되지 않은 '유세포 덩어리'를 말한다.

② 세포는 전형성능全形成能 totipotency 단세포 혹은 식물 조직 일부분으로부터 완전한 식물체를 재생하는 능력이 있어 이를 가능하게 한다. 모든 세포는 전형성능이 있지만 세포의 분화 정도, 채취 부위, 배지의 조성, 배양 환경 등에 따라 차이가 있을 수 있다.

(2) 조직배양의 종류

① 배배양 胚培養 embryo culture
㉠ 보통 무균상태에서 아직 성숙되지 않은 배나 이미 성숙한 배의 종피를 벗긴 후 배를 분리하여 이를 인공배지에서 배양하는 것이다.
㉡ 육종연한을 단축시키거나 불화합성 不和合性 sexual incompatibility 정상적인 수분을 해도 암술이 종자를 맺지 못하는 현상(불임성) 및 휴면을 극복하기 위한 수단으로 많이 이용된다.

② 절편배양 切片培養 slice culture
㉠ 모체에서 잘라낸 조직이나 기관의 조직으로 배양을 하는 것이다.
㉡ 영양계 식물체를 만들기 위한 부정기관 不定器官 의 형성, 건전 식물체의 획득, 돌연변이체 선발 및 육종, 배수성 倍數性 의 획득, 기관과 배형성을 통한 식물체의 영양계 형성을 위해 사용한다.

> ° 부정기관 不定器官 adventitious organ : 전형적 기관의 생성부위 외에서 발생하는 기관을 말한다.
> ° 배수성 倍數性 polyploidy(ploidy) : 생물의 염색체 染色體 의 수가 통상의 개체의 것의 배수로 되어 있는 현상을 말한다.

③ 캘러스 배양 callus culture
식물의 기관에서 분리해 상처낸 절편체 조직으로부터 세포분열 증식시키는 것을 말한다. 계대배양, 형태형성, 세포구조 및 물질대사를 연구하는 데 널리 이용된다.

> ° 계대배양 繼代培養 subculture, successive transfer culture : 제한된 배양접시 내에서는 세포가 증식을 멈추므로 세포 증식을 위해 새로운 공간의 배양접시에 옮겨 세포의 대代 를 계속 이어가면서 배양하는 방법이다.

④ 원형질체 배양 原形質體培養 protoplast culture
식물의 세포나 캘러스 배양에 의하여 형성된 세포에서 세포막을 제거하여 원형질체를 분리하여 배양하는 것이다. 원형질체의 단리, 융합, 증식, 선발 및 식물체 재분화 등의 과정을 거쳐 새로운 식물을 만들어 낸다.

⑤ **현탁배양** 懸 매달 현 濁 흐릴 탁 培養 suspension culture, cell culture

일종의 세포 배양이며, 캘러스화한 작은 세포 덩어리 또는 세포 집단을 액체 배지에 옮겨 진탕 振蕩 또는 공기를 불어 넣어 주면서 기르는 것이다. 진탕의 횟수나 첨가한 배지의 양에 따라 세포생장에 차이가 있으며, 캘러스 배양보다 세포의 기관분화가 적게 일어난다.

> ○ **진탕** 振蕩 shaking : 균배양 시 일정한 속도로 흔들리게 하는 것을 말한다.

⑥ **약배양** 葯 꽃밥 약 培養 anther culture

㉠ 꽃가루에서 캘러스, 부정배 또는 식물체를 얻을 목적으로 약을 배양하는 것이다.

㉡ 개화가 되지 않은 꽃눈 floral bud 으로부터 약 葯 anther 꽃밥 을 무균상태에서 분리한 후, 배양배지에서 배양함으로써 꽃밥 내의 소포자 小胞子 를 캘러스로 유도하고, 이후 반수체 haploid 나 반수성 배 haploidy embryo 를 생산하여 식물체를 얻는 기술이다.

> ○ **소포자** 小胞子 microspore : 관다발식물의 포자체 胞子體 sporophyte 조포체(포자를 만들어 무성생식을 하는 세대의 생물체) 에 생기는 웅성 雄性 male 수컷 의 무성 생식세포를 말한다. 소포자는 웅성의 포자로 발아하여 웅성배우체가 된다.
> ○ **반수체** 半數體 haploid : 염색체 수가 반감해 있는 상을 반상이라고 하며, 자연 혹은 인위적으로 만들어진 염색체가 반수인 개체를 반수체라고 한다.

㉢ 일반적인 수정 과정을 거쳐 개체를 형성하는 것이 아니라, 수컷배우체에서 새로운 식물을 유도하여 웅성발생 androgenesis 을 할 수 있다.

㉣ 육종연한을 단축시키거나 유용한 열성 유전자를 지닌 식물체를 획득할 수 있다.

(3) 조직배양의 이용

① **급속 대량증식 가능**

㉠ 온도, 습도, 광량, 영양성분 및 식물생장조절물질 등을 통해 조건을 자유롭게 조절할 수 있어서 자연상태에서보다 빠른 생장을 가져올 수 있다.

㉡ 화분배양, 약배양 등을 통해 육종연한을 단축할 수 있다.

② **공간의 효율적 이용**

다른 방법에 비해서 한정된 공간에서도 많은 양의 배양이 가능하다.

③ **무병주 생산으로 생산성과 품질의 향상**

균류, 세균류, 바이러스 및 곤충 등에서 자유롭게 무병주 개체를 생산할 수 있어 작물의 생산성과 품질을 향상시킬 수 있다.

> ○ **무병주** 無病株 disease-free stock : 병에 걸리지 않은 건전한 식물체를 말한다. 조직의 생장점 배양을 통해서 얻을 수 있는 영양번식체로서 특히 조직의 도관 내에 존재하는 바이러스 등의 병이 제거된 식물체를 말한다.

④ 영양계번식을 통한 균일한 개체증식

종자를 받아 심는 경우 후대에 품종의 고유 특성이 없어질 수도 있지만 조직배양을 이용하면 영양번식식물의 급속하면서도 유전적으로 균일한 개체를 증식시킬 수 있다.

> ○ 영양계(clone) 번식 營養系繁殖 : 배양용기 내에서 번식이 이루어지는 것으로 기내영양번식 또는 미세번식이라고도 한다. 식물의 모체로부터 영양기관의 일부가 분리되어 발육함으로써 독립적인 한 개체로 발전하는 생식방법이다. 영양계는 무성적으로 번식되어 유전적으로 모식물체와 동일한 형질을 가지는 개체를 말하며 영양계에서 유래된 모든 개체는 같은 영양계에 속한다.

⑤ 신품종 육성

돌연변이나 유용한 변이체 식물을 선발하여 신품종으로 육성할 수 있다.

⑥ 2차대사산물의 생산(유용물질 생산)

식물의 특수한 조직배양 방법을 통해 염료, 시약 및 공업원료 등으로 쓰이는 중요한 물질들을 대량으로 생산가능하다.

> ○ 2차대사산물 二次代謝産物 secondary metabolite : 생물의 생명 유지, 발육 증식에 관여하는 산물을 1차대사산물이라고 하면, 2차대사산물은 주로 세포 성장이 정체되는 시점에서 생성되며 생물체의 기본적인 기능 유지에 직접적으로 관여하지는 않지만 생존에 도움을 줄 수 있는 물질로 항생제, 색소 등을 말한다.

⑦ 생식질의 보존과 보관

조직배양을 이용하여 생장점 등을 생식질로 이용하면 좁은 공간에서 많은 유전자원의 보존 및 보관이 용이하다.

> ○ 생식질 生殖質 germ plasm : 생식을 통하여 자식을 만들 때 그 몸을 만드는 근원이 되는 것으로서 정소 精巢 testis 수컷의 생식세포인 정자를 만드는 기관, 난세포 등이 있다.

⑧ 생육기간이 긴 수목의 개량

생육기간이 긴 수목은 기존 육종방법에 의해 우량개체를 얻기 힘들다. 따라서 삽목 또는 접목이 어려운 소나뭇과 식물 등의 경우라면 군락지에서 우량개체를 선발하여 조직배양을 통해 모주 母株 mother plant, stock plant 번식의 근원이 되는 식물. 모본(母本) 와 동일한 소질을 지닌 개체를 증식시킬 수 있다.

⑨ 인공종자 人工種子 artificial seed 의 생산

인공종자란 조직배양 또는 세포배양에 의해 완전한 개체로 생육할 수 있는 식물의 싹이나 체세포배를 친수성 알긴산, 젤라틴 등을 사용한 캡슐에 담고 그 속에 영양액을 넣어서 캡슐화한 배양체를 말한다. 마치 자연종자처럼 포장에 직접 파종할 수 있도록 한 것이다. 실제는 종자라기보다는 모종에 가까운 것이다.

⑩ 식물생장조절물질 및 환경의 자유로운 조절가능

PGR(식물생장조절물질) 및 광량, 온도 등의 조절로 개화시기, 뿌리유도 등 식물 생육을 조절할 수 있고, 희귀식물의 보존 및 번식이 용이하다.

제4절 재배관리

1 수량삼각형 收量三角形 yield triangle

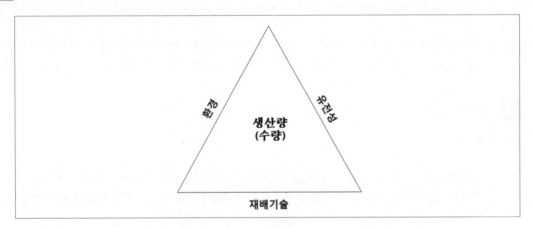

(1) 일정한 면적에서 작물의 최대수량을 얻기 위해서는 작물의 유전성, 환경, 재배기술 등 세 가지가 유기적으로 관계되는데 이것을 수량삼각형이라 한다.

(2) '유전성', '환경', '재배기술'의 상호관계를 나타내면 위와 같다. 세 변은 각각 세 가지 조건의 힘을 나타내며 삼각형의 면적은 생산량을 의미한다. 유전성, 환경 및 재배기술이 균형 있게 발달되어야 생산량이 커질 수 있게 된다.

2 보파(추파)와 보식 및 솎아내기

(1) 보파와 보식

① 생산력이 저하되거나 발아가 불량한 곳에 보충적으로 파종하는 것을 보파 補播 supplemental seeding 라고 하며 추파 追播 라고도 한다.

② 그리고 발아가 불량한 곳이나 이식 후에 고사 枯死 한 곳에 보충적으로 이식하는 것을 보식 補植 supplemental planting, supplementary planting 이라고 한다.

③ 보파나 보식이 필요한 경우 빨리 시행할수록 좋다.

(2) 솎기 thinning 솎아내기

① 식물 재배에 있어서 발아 후 밀생密生 thick stand, dense 간격이 좁게 모여서 난 상태 한 경우 어린 식물을 없애 남아 있는 식물이 자랄 수 있는 공간을 넓히거나 식물의 과일 가운데 촘촘히 있는 것을 따서(= 적과摘果) 남은 과일이 더 크게 자랄 수 있게 하는 일이다.

② 솎기는 빠를수록 좋지만 재해나 병충해의 우려가 있다면 오히려 늦게 행하는 것이 바람직하다.

> ° 적과摘果 fruit thinning : 과수에 있어서 과실의 착생수가 과다할 때 양분공급이 부족하여 과실이 떨어지며 다음 해의 화아분화 및 발달의 불량으로 격년결과의 원인이 되기도 한다.
>
> ° 격년결과隔年結果 biennial bearing, alternate year bearing : 과실이 한 해는 많이 열리고 다음 한 해는 적게 열리는 등 해마다 결실이 고르지 않은 현상으로서 '해거리'라고 한다. 완전 방임한 나무나 과수의 관리가 합리적으로 이루어지지 않은 밭에서 많이 발생된다.

③ 조, 기장, 배추, 무 등은 종자가 작고 포장圃場 논밭과 채소밭에서의 발아율이 떨어지는 편이므로 이들은 직파할 때에는 빈 곳이 없이 종자를 넉넉히 뿌려서 밀생密生 된 곳을 솎아준다.

3 중경과 제초

(1) 중경 中耕 intertillage

> ° 기경과 중경 : 기경起耕 plowing 이 지금까지 묵혀 두었던 땅을 갈아엎어서 논밭을 만드는 것을 의미한다면, 중경中耕 intertillage 은 작물의 생육 도중에 작물 사이의 토양을 가볍게 긁어주는 작업을 의미한다.

① 의의
작물의 생육 도중에 포장의 표토表土 지표면을 이루는 토양 를 갈거나 가볍게 긁고 쪼아서 부드럽게 하는 것을 말한다.

② 중경의 이점
　㉠ 발아 조장 : 파종 후 비가 와서 토양 표층이 굳어 피막 덮어 싸고 있는 막이 생겼을 때에 가볍게 중경을 하여 피막을 부숴서 발아를 조장시킨다.

　㉡ 토양통기의 조장과 유해가스 배출 : 중경은 토양의 통기를 조장하여 토양 중에 산소공급이 많아져 뿌리의 생장과 활동이 왕성해지고 유기물의 분해도 촉진된다. 또한 토양의 통기가 조장되면 토양 중 유해가스가 빨리 발산되고 유해한 환원성 물질의 생성도 억제된다.

　㉢ 토양 내부의 수분 증발 경감 : 중경으로 인한 천경 淺耕 shallow cultivation, shallow plowing 평균경심 이하로 경운하는 것 의 효과는 표토가 부서지면서 토양의 모세관도 절단해 토양 내부의 수분 증발을 억제하여 한해旱害 를 경감시킬 수 있다.

　㉣ 비효 증진 : 논에 요소·황산암모니아 등을 추비追肥 작물의 생육 도중에 주는 비료 하고 중경하면 비료가 환원층으로 섞여 들어서 비효肥效 fertilizer response 비료를 주었을 때 효과 가 증진된다.

　㉤ 잡초 방제 : 토양을 갈아엎기 때문에 잡초도 제거되므로 제초의 효과를 볼 수 있다.

③ 중경의 단점

    ㉠ 단근斷根에 따른 감수減收 : 중경제초는 작물의 뿌리를 끊어서 한발이 있을 때 해가 커질 수 있다. 또한 유수형성幼穗形成 이후의 중경은 뿌리가 끊어져 감수減收 수확량 감소의 원인이 된다.

> ◦ 유수형성幼穗形成 : '영양생장'을 마친 후 '생식생장'으로 전환하면서 어린 이삭이 분화 발달되는 것을 의미한다.

    ㉡ 풍식의 조장 : 고지대에서 표토가 건조하고 바람이 심한 곳은 풍식이 조장된다.

> ◦ 풍식風蝕 wind erosion 바람 침식 : 바람에 의한 토양의 유실이나 암석이 삭마되는 침식작용 현상을 의미한다.

    ㉢ 동상해의 조장 : 중경은 토양 중의 온열이 지표까지 상승하는 것을 경감시키는데 발아發芽 germination 싹이 발생(생장)·개시하는 현상 도상途上 일이 진행되는 과정에 있는 어린 식물의 경우에는 냉온이나 서리에 노출되었을 때 그 피해는 더 커진다.

> ◦ 동상해凍霜害 frost injury : 겨울추위로 받는 피해를 한해寒害라고 하며, 이 중에서 저온에 의해 식물 조직 내에 결빙이 생기는 피해를 동해凍害, 그리고 0℃ ~ 2℃ 온도에서 서리에 의한 피해를 상해霜害라고 한다. 여기서 동해와 상해를 합쳐서 동상해凍霜害라고 한다.

(2) 제초 除草 weeding

① 의의

제초는 작물을 보호하기 위해서 잡초를 없애는 관리 작업이다. 넓게는 잡초의 발생을 억제하는 의미로도 쓰인다.

② 처리부위에 따른 분류

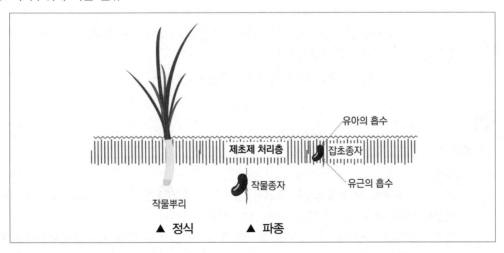

㉠ 토양에 처리하는「토양처리제제초제」와 작물과 잡초가 싹튼 후 잡초에 직접 처리하는「경엽처리제초제」로 나눌 수 있다.

㉡ 토양 표면에 토양처리제를 살포하면 1 ~ 2cm의 얇은 처리층이 형성된다. 그런데 잡초종자는 대개 광발아성이므로 표토 1 ~ 2cm에 위치하는 종자만 발아하고, 그 아래에 있는 종자는 발아하지 않는다. 따라서 처리층에 있는 잡초의 유아나 유근이 제초제를 많이 흡수하게 되어 잡초가 죽게 된다.

③ 사용장소에 따른 분류

사용장소에 따라「논 제초제」,「밭 제초제」,「과원 제초제」,「잔디밭 제초제」등으로 구분한다.

④ 대상잡초에 따른 분류

대상잡초의 형태적 특징에 따라「광엽(쌍떡잎식물) 제초제」와「화본과(외떡잎식물) 제초제」로 구분한다.

⑤ 처리시기에 따른 분류

㉠ 발아 전 처리제 : 잡초가 발아하기 전에 토양에 처리하는 제초제

㉡ 발아 후(생육기) 처리제 : 잡초의 발아 초기 ~ 생육기간 중 토양 또는 경엽에 처리하는 제초제

⑥ 선택성 여부에 따른 분류

㉠ 선택성 제초제 selective herbicide : 특정한 초종에만 약효를 보이는 것으로 대부분의 제초제가 이 범주에 속하며, 실제 포장에는 다양한 잡초가 혼재하므로 2가지 이상의 성분을 섞은 혼합제형 제초제가 사용되고 있다.

㉡ 비선택성 제초제 non-selective herbicide : 초종에 관계없이 효과를 보이는 제초제로 작물이 자라지 않는 비농경지에만 사용해야 한다.

⑦ 물리적 제초방식

㉠ 깊이 땅을 갈아엎어 지면에 있는 잡초 씨를 질식시키거나 출아를 억제한다.

㉡ 비닐이나 짚으로 지면을 덮어 잡초의 발아를 억제한다.

㉢ 손으로 뽑거나 지면에 싹이 난 잡초를 휘저어 죽인다.

㉣ 밭이랑 사이를 갈아엎어 잡초를 죽이는 중경제초 中耕除草 를 행한다.

㉤ 배토 培土 로 잡초를 묻어버린다.

㉥ 깊이 물을 대서 잡초를 물에 잠기게 하여 산소를 차단해 죽인다.

4 멀칭 · 배토 · 토입

(1) 멀칭 Mulching

① 의의

농작물을 재배할 때 포장토양의 표면을 덮어주는 것을 말한다. 여기서 포장토양의 표면을 덮어주는 여러 가지 재료를 멀치 mulch 피복 被覆 라고 한다.

예전에는 볏짚 · 보릿짚 · 목초 등을 썼지만 오늘날에는 폴리에틸렌이나 폴리염화비닐 필름 등을 주로 이용하고 있다.

② 유형

ᄀ 소일 멀칭 soil mulching 흙 멀칭 : 고운 흙으로 토양의 표면을 덮거나, 작물이 자라는 도중에 중경을 하여 멀칭을 한 것과 같은 상태로 만드는 것을 말한다.

ᄂ 비닐(필름) 멀칭 vinyl mulching : 폴리에틸렌이나 폴리염화비닐 필름 등의 플라스틱 필름으로 땅의 표면을 덮어 주는 방법이다.

ᄃ 스터블 멀칭 농법 stubble(그루터기) mulching farming : 미국의 건조 또는 반건조 지방에서 밀을 재배할 때 토양을 갈아엎지 않고 이전 작물의 그루터기 풀이나 나무 따위들을 베고 남은 아랫동아리를 그대로 남겨서 풍식風蝕과 수식水蝕을 경감시키는 농법이다.

③ 멀칭의 효과

ᄀ 토양의 수분유지 : 지표면에서의 증발이 억제되며 아울러 토양의 수분을 많이 뺏어가는 잡초의 발생이 억제됨으로써 수분유실이 방지된다.

ᄂ 토양침식과 수분손실의 방지 : 빗방울이나 관수灌水 물을 논밭에 대는 것 등에 따른 충격이 완화되며, 수분의 이동속도가 줄어들어 수분이 충분히 토양 내로 침투하도록 해 준다.

ᄃ 토양의 비옥도 증진 : 볏짚·보릿짚·목초 등 멀칭재료가 썩을 때 유기물의 함량이 증대됨으로써 토양의 비옥도를 증진시킨다.

ᄅ 잡초발생의 억제

ⓐ 잡초종자는 호광성 종자가 많아 흑색필름멀칭을 하면 잡초종자의 발아를 억제하고 발아하더라도 생장이 억제된다.

ⓑ 흑색필름멀칭은 이미 발생한 잡초라도 광을 제한하여 잡초의 생육을 억제한다.

ᄆ 토양구조 개선 : 멀칭재료가 썩을 때 유기물화되면서 통기성이 양호해지며, 토양온도 및 토양습도가 높아져 근계의 발달에 좋다.

> ° 근계 根系(뿌리계) root system : 식물을 구성하는 기관 중 지하에서 생장하는 부분이다.

ᄇ 토양의 굳어짐 방지 : 관수灌水 물을 논밭에 대는 것 또는 통행 시 토양의 굳어짐을 줄일 수 있어 통기성을 양호하게 유지할 수 있다.

ᄉ 염분의 농도 조절 : 지표면의 수분증발이 억제되므로 적절한 수분유지를 통해 염분의 농도가 희석될 수 있다.

ᄋ 토양의 온도 조절 : 여름에는 토양온도를 낮추며 겨울에는 보온작용으로 인해 지표면의 온도를 높여주는 역할을 한다. 토양온도는 근계의 발육에 중요한 역할을 해주기 때문에 특히 겨울철의 경우 수목에 대한 멀칭은 중요하다.

ᄌ 비료의 유실 방지

ᄎ 병충해 발생 억제

④ 필름의 종류에 따른 멀칭의 효과

작물이 멀칭한 필름 내에서 상당한 기간 생육을 하는 경우라면 흑색필름, 녹색필름은 큰 피해를 줄 수 있으며, 상대적으로 투명필름이 안전하다.

ᄀ 투명필름 : 지온상승의 효과가 크고, 잡초억제의 효과는 적다.

ⓒ 흑색필름 : 지온상승의 효과가 적고, 잡초억제의 효과가 크며, 지온이 높을 때는 지온을 낮추어 준다.

ⓒ 녹색필름 : 녹색광과 적외광의 투과는 잘되나 청색광, 적색광를 강하게 흡수하여 지온상승과 잡초억제 효과가 모두 크다.

⑤ 멀칭 시 주의점

㉠ 비닐멀칭 시 한낮에 지나치게 고온이 될 수 있다.

㉡ 포장 전면을 멀칭하였을 때는 빗물의 이용이 곤란하므로 알맞은 조치가 필요하다.

㉢ 멀칭의 제거시기를 조절하는 것도 중요하다.

(2) 배토 培土 ridging 북주기

① 의의

작물의 생육기간 중에 골 사이나 포기 사이의 토양을 작물의 포기 밑으로 긁어 모아 주는 것을 말한다.

② 배토의 목적

㉠ 신근(새뿌리) 발생의 조장 : 콩·담배 등에서 줄기의 밑동이 굳어지기 전에 여러 차례 배토를 해주면 새뿌리가 발생하고 생육이 증진된다.

㉡ 도복의 경감 : 배토에 의해서 줄기의 밑동이 잘 고정되어 도복 倒伏 lodging 뿌리가 뽑히거나 줄기가 꺾여 식물체가 넘어짐 이 경감된다. 맥류, 옥수수, 담배 등은 도복을 방지하기 위하여 출수 전에 배토를 한다.

㉢ 무효분얼의 억제 : 유효분얼 종지기 분얼수가 최종 이삭수와 일치되는 시기 이후에는 이삭이 맺지 않는 무효분얼 無效分蘖 non-productive tiller 분얼은 되었어도 이삭을 맺지 못하거나 죽은 것 을 하게 된다. 이때 포기 밑에 두툼하게 배토를 하면 분얼절이 흙 속에 묻히게 되어 무효분얼이 억제된다. 밭벼, 맥류 등은 유효분얼 종지기에 배토를 하면 무효분얼을 방지하여 증수효과가 있다.

㉣ 연백 및 괴경(덩이줄기)의 발육 조장 : 파, 셀러리 등의 채소는 배토에 의해 연백 軟白 을 유도하여 품질을 좋게 하며, 감자의 경우 덩이줄기의 비대를 조장하게 된다.

> ◦ 연백 軟白 blanching : 일반적으로 다 자란 채소류는 잎, 줄기에 섬유소가 많아 다소 조악하고 쓴맛이 강하며 부드럽지 못하다. 이때 수확 전에 일정기간 빛을 차단하면 식물체의 엽록소가 분해되고 황화 또는 백화되어 연하게 되는 것을 연백이라 한다.

㉤ 배수 및 잡초 방제 : 콩 등을 평이랑 level row 평평하게 만든 이랑 에 재배하였다가 장마철이 되기 전에 배토를 깊게 하면 자연히 배수로가 생기며 과습기에 이르러 배수가 좋게 된다. 또한 배토를 하면서 잡초도 방제된다.

(3) 토입 土入 topsoiling 흙 넣기

① 의의

주로 보리 또는 밀 등 맥류 재배에서 월동 전이나 해빙기에 이랑 사이의 흙을 중경하여 부드럽게 하여 작물의 포기 사이에 뿌려 넣어 주는 작업을 말한다.

② 효과

　㉠ 분얼 증가와 잡초 방제 : 보온의 효과가 있어 분얼 分蘖 tillering 화본과 식물 줄기의 밑동에 있는
　　마디에서 곁눈이 발육하여 줄기와 잎이 형성되는 것을 증가시키고 잡초 방제 효과도 있다.

　㉡ 포기의 보호 : 가을에서 겨울까지의 어린 모에 토입을 하면 포기를 보호하며 바람과 비에
　　의한 뿌리의 노출을 방지할 수 있다.

　㉢ 무효분얼 억제 : 봄에 생육이 왕성하여 마디 사이가 자라기 시작할 때나 그 이후의 토입은
　　무효분얼 無效分蘖 non-productive tiller 분얼은 되었어도 이삭을 맺지 못하거나 죽은 것을 억제한다.

　㉣ 줄기 발육의 조장 : 포기의 간격을 넓혀 통풍을 좋게 하며 일광이 잘 쬐게 함으로써 줄기의
　　발육을 돕는다.

　㉤ 도복의 방지 : 이삭이 패기 전에 토입으로 줄기의 밑동을 고정시키면 이삭이 나온 후 넘어
　　지는 것을 예방하기도 한다.

(4) 답압 踏壓 trampling

① 의의

주로 맥류의 경우에 작물이 자라고 있는 골을 발로 밟아주거나 답압롤러를 이용해 다져주는
것을 말한다. 일반적으로 씨가 매우 작은 식물이거나 토양이 건조한 경우에 하는 작업이다.

② 답압의 시기와 효과

　㉠ 월동 전 : 맥류의 생장이 과도한 경우 오히려 답압이 월동을 좋게 한다.

　㉡ 월동 중 : 상주(서릿발)가 많이 설 경우에는 답압하여 상주해를 방지한다.

> ◦ 상주 霜柱 frost pilar, ice column : 서릿발이라고도 하며 땅 속의 물이 기둥모양으로 얼어 땅
> 　위에 솟아 오른 것을 말한다.
> ◦ 상주해 霜柱害 frost heaving : 토양으로부터 빙주 氷柱 가 다발로 솟아난 것을 상주(서릿발)라고
> 　하며, 맥류 등에서 서릿발이 생기는 경우 뿌리가 끊어지고 식물체가 솟아오르는 피해를 입는다.

　㉢ 봄철 : 봄철 건조한 토양을 밟아주면 토양의 비산 飛散 이 줄고, 수분이 유지되어 건조해
　　乾燥害 를 줄일 수 있다.

> 비산 飛散 drift : 농약이나 비료를 처리하는 경우에 미립자나 유효성분이 목표물이 아닌 다른 곳
> 으로 이동해 가는 현상을 말한다.

③ 답압의 폐해

토양이 너무 다져지는 경우 오히려 식물의 서식처인 토양공극 孔隙 이 사라져 통기성 通氣性 과
통수성 通水性 이 불량하게 되고 또한 매몰 埋沒 종자의 발아가 저해 沮害 되며, 호우에 지상에서
빗물 유출이 급격히 발생하여 오히려 쉽게 건조할 수 있다.

5 작부체계

(1) 연작 連作 continuous cropping 이어짓기

① 의의

㉠ 계속해서 동일한 포장에 '같은 종류의 작물'을 재배하는 방식이다.

㉡ 이어짓기(연작)의 경우 인위적으로 지력을 보강하지 않는 한 지력이 저하되어 생육이 나빠져 수확량이 감소한다. 그리고 기지현상 忌地現象 sickness of soil 이 나타난다. 따라서 연작을 하는 경우 기지현상이 별로 없고 수익성과 수요량이 큰 작물에 바람직하다.

> ◦ 기지현상 忌地現象 sickness of soil : 밭작물을 이어짓기(연작)하는 경우에 작물의 생육이 뚜렷하게 나빠지는 현상으로 그루타기 현상이라고도 한다.

> 🖊 더 알아보기 **이어짓기의 피해가 매우 적은 작물**
>
> 벼·맥류·조·수수·옥수수·연근·순무·양배추·미나리·딸기 등이며, 특히 목화·담배·양파·사탕수수·삼·호박 등은 이어짓기에 의하여 오히려 품질이 향상되는 것으로 알려져 있다.

② 이어짓기 장해에 따른 피해 원인

㉠ 토양비료분의 소모 : 특정한 양분이 결핍되고 양분이 불균형해지기 쉽다.

㉡ 토양의 물리적 성질 악화 : 화곡류 禾穀類 처럼 뿌리가 얕게 퍼지는 작물의 이어짓기는 토양의 긴밀화 緊密化 서로의 관계가 매우 가까워 빈틈이 없음 를 가져와 물리성이 악화된다. 그리고 석회와 같은 성분이 집중적으로 수탈되면 토양의 반응은 더 악화된다.

> ◦ 화곡류 禾穀類 cereal crops, cereals : 녹말이 많은 종자를 식용으로 하는 화본과(벼과) 작물이다.

㉢ 토양 중의 염류 집적 : 특히 비닐하우스의 경우 용탈 溶脫 이 적어 거름을 많이 주면서 이어짓기를 하면 경토 耕土 에 과잉 집적된 염류가 작물의 생육을 저해한다.

> ◦ 용탈 溶脫 leaching : 토양 중에 침투한 물에 용해된 가용성 성분이 용액의 상태로 표층에서 하층으로 이동하거나, 또는 토양 단면 외부로 제거되는 과정을 말하며 용탈되는 물을 용탈수 溶脫水 leachate 라 한다.
> ◦ 경토 耕土 plow layer, arable soil stratum, cultivation layer, 작토 : 경작하기에 적당한 땅. 갈이흙. 땅의 위층의 토질 土質 이 부드러워, 갈고 맬 수 있는 부분의 흙. 작물의 뿌리가 분포되는 표층 흙. 경토를 작토 作土 surface 라고도 부른다.

㉣ 유독물질의 축적 : 작물의 찌꺼기나 뿌리의 분비물 등의 유해작용이 유지된다.

㉤ 잡초의 번성 : 잡초가 잘 발생되는 작물이라면 잡초가 번성하여 피해가 커진다.

ⓑ 토양선충의 피해 : 이어짓기는 토양선충의 번성을 막지 못해 직접 피해를 받으며 2차적 병균침입을 조장해서 병해를 유발해 기지의 원인이 된다.

> 例 밭벼·콩·땅콩·감자·인삼·무·호박·토란·감귤류·복숭아나무 등에서 많이 나타남

> • 토양선충 土壤線蟲 soil nematode : 선형동물 중 토양에서 자유생활을 하거나 식물에 기생하는 것들을 총칭한다. 토양의 중형동물에 속하며 부생성 선충, 초식성 선충, 기생성 선충 등이 있다.

ⓐ 토양전염병의 피해 : 토양 중 특정 미생물이 번성하며 그중에서 병원균인 것은 병해를 유발함으로써 기지의 원인이 된다.

> 例 토마토(풋마름병)·인삼(뿌리썩음병)·강낭콩(탄저병)·수박(덩굴쪼김병)·완두(잘록병)·가지(풋마름병) 등

③ 이어짓기 장해 대책

㉠ 토양물리성 개선 : 토양이 딱딱하거나 배수 불량 등을 고려해야 한다. 물리성이 좋고 배수에 문제가 없을 때 화학성도 개선할 수 있다. 볏짚, 왕겨 등 식물성이 거친 유기물을 꾸준히 시용하며 과도한 경운이나 농기계 답압은 피하는 것이 좋다.

㉡ 유해물질 축적 대책 : 이어짓기의 경우 잔재물을 퇴비로 만들거나 썩기까지 작기를 늦출 필요가 있다. 덜 썩은 두엄 등은 분해 과정에서 가스와 해로운 물질이 다량 만들어진다. 비료 성분이 축적된 토양은 유해물질 분해가 늦으므로 제염작물, 담수 등의 방법을 동원하여 염류를 제거해야 한다.

㉢ 토양화학성 개선 : 토양화학성 개선을 위해서는 토양검정에 따른 시비량이 중요하다. 과다 시비를 할 경우 단기적으로 수량 증가 효과가 있지만 이어짓기 장해가 심각해질 수도 있다. 유기물 시용량을 인산과 칼리를 기준으로 결정하고 부족한 질소는 웃거름으로 보충하는 시비체계를 구축할 필요가 있다.

㉣ 토양미생물 개선 : 미생물은 유기물을 작물이 흡수할 수 있는 형태로 변환시켜 주는 역할을 한다. 염류농도가 높으면 미생물이 사멸하고 시들어 병균이 많아지며, 산도가 낮을 때는 부식성 곰팡이가 많아진다. 15℃ 이상의 지온, 약산성과 중성, 유기물 함량이 2.5% 이상, 염류농도가 EC 2.0dS/m 이하이며 호기성 조건 등을 유지할 필요가 있다.

㉤ 토양전염성 병충해 대책 : 방제 방법으로 약제 방제, 물리적 방제, 생태적 방제, 저항성 품종의 이용 등과 양질의 유기물 시용, 심경(= 깊이갈이), 적정한 시비조절 등의 보조 수단이 필요하며, 가능한 한 돌려짓기를 통해 병을 피하는 것이 가장 효과적이다.

ⓑ 유해가스 발생 대책 : 특히 시설하우스에서 주로 썩힘이 되지 않은 퇴비나 과다한 비료가 가스 피해를 가져온다. 그리고 표층시비나 골시비 등의 국부적 시비는 암모니아 가스 발생 위험이 크다. 비료는 토양과 잘 섞고 토양산도를 미산성으로 맞추고 지온을 적절히 하여 질산화 미생물들의 활력을 높여야 가스 발생이 적다.

(2) 작물의 종류와 기지

① 작물의 기지 정도

㉠ 연작의 해가 적은 것 : 벼, 맥류, 조, 옥수수, 수수, 사탕수수, 삼, 담배, 고구마, 무, 순무, 당근, 양파, 호박, 연, 미나리, 딸기, 양배추, 꽃양배추, 아스파라거스, 토당귀, 목화 등

㉡ 1년 휴작 작물 : 파, 쪽파, 생강, 콩, 시금치 등

㉢ 2년 휴작 작물 : 오이, 감자, 땅콩, 잠두, 마 등

㉣ 3년 휴작 작물 : 참외, 쑥갓, 강낭콩, 토란 등

㉤ 5~7년 휴작 작물 : 수박, 토마토, 가지, 고추, 완두, 사탕무, 우엉, 레드클로버 등

㉥ 10년 이상 휴작 작물 : 인삼, 아마 등

② 과수의 기지 정도

㉠ 기지가 문제 되는 과수 : 복숭아, 무화과, 감귤류, 앵두 등

㉡ 기지가 나타나는 정도의 과수 : 감나무 등

㉢ 기지가 문제 되지 않는 과수 : 사과, 포도, 자두, 살구 등

(3) 윤작 輪作 crop rotation 돌려짓기

① 의의

돌려짓기(윤작)는 이어짓기(연작)와는 반대로 동일 작물이 아닌 '여러 작물'을 규칙적인 순서로 재배하는 것을 말한다.

② 윤작법의 종류

㉠ 삼포식 윤작법 : 유럽에서 초기에는 사료용 초지와 곡식을 심는 밭으로 나누고 밭의 지력이 떨어지면 초지와 교체하여 경작지를 이용했으나 밭의 비율이 많아짐에 따라 경작지를 3등분하여 한 쪽은 휴한하고 나머지는 봄보리나 가을보리를 심어 해마다 번갈아 재배하는 삼포식 돌려짓기를 하였다.

㉡ 개량 삼포식 윤작법 : 삼포식 이후에는 휴한하는 땅에는 콩과식물을 심어서 지력을 배양하는 개량 삼포식 돌려짓기로 변천하였다.

㉢ 노포크식 윤작법 Norfolk 4-course system : 19세기 영국의 Norfork지방을 중심으로 보급된 가장 이상적인 윤작의 방식으로 알려져 있다. 휴한 休閑 fallow 하는 땅(쉬는 땅) 없이 농지를 4구획으로 나누고, 「춘파(보리) – 추파(밀) – 순무 – 클로버」를 순환 재배하는 방식이다. 곡류 생산과 심근성 작물 재배는 물론, 지력 증진을 위한 윤작 방식이다.

③ 윤작(돌려짓기)의 이점

㉠ 유기물 공급과 유지 : 수확 후 남은 뿌리나 잎, 줄기 등 작물의 잔사가 지력 유지에 필수적인 부식 등 양질의 토양 유기물이 된다. 작물의 잔사를 고려하여 작물을 조합하면 유기물 함량이 저하되는 것을 막을 수 있다.

㉡ 질소함량의 증대 : 콩과작물인 콩, 팥, 녹두, 알팔파, 클로버, 헤어리베치 등은 유기물을 생산하기도 하며 뿌리혹박테리아로 불리는 질소고정균이 공중의 질소를 식물이 이용 가능한 암모니아태 질소로 변환시켜서 식물에 공급하는 능력이 있다.

ⓒ 토양물리성 개선 : 작물에 따라 미생물 활동을 촉진하는 물질의 분비와 뿌리의 분포가 다르므로 토양의 투수성과 통기성 등 물리성이 개선된다. 알팔파와 클로버는 토양을 입단구조(떼알)로 만드는 효과가 뛰어난 것으로 알려져 있다.

ⓔ 토양 양분의 균형 유지 : 작물마다 선호하는 양분이 달라서 돌려짓기를 통해 양분의 균형을 유지할 수 있다. 화본과작물은 양분흡수량이 많고, 콩과작물은 질소를 공급하며, 근채류는 많은 양분을 제공한다. 미량요소 결핍을 해결하는 데에도 유리하다.

ⓜ 병해충 발생의 억제 : 매년 작부되는 작물을 다르게 하면 작물에 따라 토양 미생물상과 토양 병해충 발생이 달라서 병해충의 발생을 억제하는 효과가 있다. 역병이 있는 고추·토마토 등에는 역병이 없는 배춧과를, 무름병이 있는 배추에는 무름병이 없는 고추를 돌려짓기를 하는 경우처럼 생태적 방제를 할 수 있다.

ⓗ 잡초 방제 : 발생하는 잡초의 초종은 작물에 따라 다르므로 돌려짓기를 하면 특정 잡초가 번성하는 문제가 적어진다.

ⓢ 토지 이용률 향상과 경영 안정화 : 전작과 후작을 적절히 조합하여 시장의 수요와 공급에 대응하면서 노동력을 효율적으로 배분할 수 있다. 노동력이 충분할 때는 딸기, 고추, 오이와 같은 작물을, 노동력이 부족할 때는 배추처럼 노동력이 적게 드는 작물을 재배하는 것이 바람직하다.

(4) 답전윤환 畓田輪換 paddy-upland rotation 윤답·환답·변경답·논밭 돌려짓기

① 의의

물이 있는 담수된 '논상태'와 물이 빠진 배수된 '밭상태'로 몇 해씩 돌려가면서 논 또는 밭을 이용하는 것을 의미한다. 이는 답리작이나 답전작과는 다르다.

> ° 답리작 畓裏作 cropping after rice harvest : 일정한 논에 재배한 다음 이어서 다른 겨울 작물을 재배하여 논의 토지 이용률을 높이는 논 2모작 작부양식이다.
> ° 답전작 畓前作 cropping before rice transplanting : 논에 벼를 심기 전에 다른 작물을 재배하는 것이다.

② 답전윤환의 형태 및 효과

답전윤환의 형태는 「벼 – 콩」 방식, 「벼 – 콩 – 밀」 방식, 「벼 – 벼 – 채소 – 채소」 방식, 「클로버 – 클로버 – 벼 – 벼 – 벼」 방식 등이 있다.

ⓐ 입단화 및 건토효과 진전 : 밭으로 이용하는 기간 동안은 논으로 이용하는 기간에 비해 토양의 입단화 및 건토효과가 진전된다.

ⓑ 지력 증강 : 미량요소 등의 용탈이 적고, 환원성인 유해물질의 생성이 억제되며, 채소나 콩과목초는 토양을 비옥하게 하여 지력이 증강된다.

ⓒ 기지현상의 회피와 잡초의 감소 : 예를 들어 벼를 재배하다가 채소를 재배한다면 채소의 기지현상이 회피된다. 담수상태인 경우 건생잡초의 발생이 줄어들고, 배수상태인 경우에는 습생잡초의 발생이 줄어들게 된다.

② 수량의 증가와 비료의 시용량 절약 : 예를 들어 클로버 등을 2 ~ 3년 재배한 후 벼를 재배하면 벼의 수량이 초년도보다 1.3배 증가하며, 질소질비료의 시용량도 절반 이하로 절약된다.

(5) 간작 間作 intercropping 사이짓기

① 의의와 종류

같은 농경지에서 동시에 두 가지 이상의 작물을 재배하는 것이다. 간작의 종류는 다음과 같다.

㉠ 조간작 條間作 row intercropping : '작물별'로 '뿌림골을 일정하게 배치'하여 재배하는 형태이다.

㉡ 교호작 交互作 strip intercropping 엇갈아짓기 : '생육기간이 비슷한 두 종류 이상의 작물'을 '몇 이랑씩 띠 또는 두둑'을 만들어 다른 작물과 번갈아 재배하는 형태이다. 예를 들어 두 개 이랑에는 콩을, 한 개 이랑에는 옥수수를 재배하는 것처럼 생육기간이 비슷한 작물들을 서로 건너서 교호로 재배하는 방식이다.

㉢ 릴레이식 간작 relay intercropping : 첫 번째 작물의 성숙기의 일부 기간과 두 번째 작물의 생육초기 일부 기간이 겹쳐 릴레이식으로 이어지는 형태이다.

② 간작의 특징과 이점

㉠ 두 작물의 재배시기나 수확기가 다른 경우 노동력을 효율적으로 활용할 수 있다.

㉡ 경지 면적이 한정된 곳에서는 토지 이용률을 높이는 이점이 있다.

㉢ 후작 後作의 초기 발육에 유리한 조건을 제공하는 경우가 많다.

◦ 후작 後作 after crops 뒷그루 : 주가 되는 작물을 수확한 후 다음의 재식기 栽植期 planting time 작물을 심는 시기 까지의 기간을 이용하여 다른 작물을 재배하는 일을 말한다. 뒷그루라고도 하며 반면에 뒷그루를 하지 않는 경우를 단작 單作 홑짓기 이라고 한다.

③ 간작의 단점

㉠ 나중 작물이 먼저 심은 작물의 그늘에 들게 되어 나쁜 영향을 받을 때도 많다.

㉡ 밭갈이와 파종작업, 수확작업이 곤란할 때도 있다.

㉢ 대형기계화 작업이 어려운 결점이 있다.

(6) 주위작(둘레짓기)

① 의의

포장의 '주위'에다 포장 내의 작물과는 '다른 작물'을 재배하는 것을 말한다.

② 주위작의 특징

㉠ 콩·참외밭 주위에 옥수수·수수와 같은 초장 草長 식물의 높이 이 큰 작물을 심으면 방풍의 효과가 있다.

㉡ 경사지 주위에다 뽕나무·닥나무 등을 심으면 토양침식을 방지하는 한편 내측의 작물을 보호한다.

㉢ 논두렁에 콩을 심는 것은 주위작의 대표적인 예이다.

6 생력(기계화)재배 省 덜 생 力載培

(1) 의의

노동력이 귀해지고 생산비가 증가하는 등의 영농의 어려움을 타개하고자 연구되었으며 제초제의
사용 등을 통한 작업단계의 간략화, 농기계의 사용 등 노동력을 덜 들이는 재배방법이다.

(2) 생력(기계화)재배의 전제조건

① 경지정리가 잘 되어 있어야 한다.
② 동일한 품종을 동일하게 재배할 수 있는 집단재배체제가 유리해야 한다.
③ 제초제의 합리적인 사용이 있어야 한다.
④ 생력(기계화)재배에 따른 잉여 노동력을 수익화에 활용할 수 있어야 한다.

(3) 생력(기계화)재배의 효과

① 농업 노력비의 절감과 농업경영의 개선
농업에 대한 노력과 생산비가 절감되고, 수량이 증대하면 농업경영은 크게 개선될 수 있다.
② 작부체계의 개선과 재배면적의 증대
생력(기계화)재배는 작부체계를 개선하고 더 넓은 재배면적의 농업이 가능하게 한다.

7 특수재배

(1) 조기재배

① 조생종을 가능한 한 일찍 파종, 육묘하고 조기에 이앙하여 조기에 벼를 수확하는 재배형이다.

> ○ 조생종 早生種 early maturing cultivar, early maturing variety : 같은 시기에 파종하더라도 일찍
> 개화되어 성숙됨으로써 종자를 단시일 내에 형성할 수 있는 품종(종자)을 말한다.

② 조기재배를 하면 벼의 수확기가 크게 앞당겨지기 때문에 쌀의 조기출하가 가능하여 벼농사의
후작으로 사료작물, 녹비작물 및 채소류와 같은 작물의 재배가 가능하고, 논 이용의 고도화를
기할 수 있다.
③ 남부평야지대가 답리작에 적합하다.

(2) 조식재배

① 중생종 中生種·만생종 晩生種 인 다수성 품종을 조기육묘를 한 후, 일찍 이앙하여 영양생장기간
을 연장해줌으로써 다수확을 얻는 재배형태이다.

> ○ 중생종 中生種 mid-season cultivar, mid-season variety : 자라는 데 걸리는 시간이 중간 정도에
> 속하는 작물 또는 그 씨앗을 말한다.
> ○ 만생종 晩生種 late variety : 생태적으로 자라는 데 걸리는 시간이 정상보다 늦되는 품종을 말한다.
> 조생종 早生種 에 대응되는 형태이다.

② 조식재배를 통해 출수기 이삭이 팰 때를 좀 더 앞당겨 한랭지 寒冷地 cold temperature area 일반적으로 여름이라도 기온이 낮은 고위도 지방이나 고산지 에서는 생육 후기의 냉해의 위험성을 줄일 수 있고, 또 영양생장기간을 길게 함으로써 이삭 수를 많이 확보할 수 있다.

③ 출수기 전후에 가장 큰 풍수해를 받는 벼의 경우 8월 하순~9월 상순에 태풍이 상습적으로 오는 남부지방에서는 조식재배로써 그 시기를 피할 수 있으며, 답리작 畓裏作 cropping after rice harvest : 일정한 논에 재배한 다음, 이어서 다른 겨울작물을 재배하여 논의 토지 이용률을 향상시키는 논 2모작 작부양식 인 보리와 밀의 적기파종을 가능하게 한다.

(3) 만식재배 晚植栽培

① 적기재배 適期栽培 보다 늦게 씨앗을 뿌리거나 모를 옮겨 심는 재배법으로서 만파재배 晚播栽培 또는 만기재배 晚期栽培 라고도 한다.

② 논의 이용도를 높이고 생산성 증대를 위해 이작물 및 답전작물의 도입, 병충해 상습지대에서의 회피 등의 목적으로 늦게 심기로 정한 계획된 만식재배를 '정시만식재배' 定時晚植栽培 라고 하고, 그렇지 않은 경우를 '부정시만식재배'라고 한다.

③ 일반적으로 만식재배를 하는 경우 농작물의 생육기간이 짧아지므로 여름작물은 생육 후기에 저온의 피해를 많이 입게 되며, 겨울작물은 동해 凍害 에 피해를 입음으로써 수확량이 감소하는 등의 불리한 점이 있다.

(4) 적파만식재배 適播晚植栽培

벼농사에서 '적기에 파종'하고 '모내기는 늦게' 하는 형태이다. 수리불안전답 水利不安全畓 partially irrigated paddy field 관개시설이 안 되어 가뭄 피해를 받을 우려가 높은 논 에서 모내기철에 가뭄이 계속될 때 불가피하게 실시된다.

(5) 만파만식재배 晚播晚植栽培

벼농사에서 '파종도 늦게' '모내기도 늦게' 하는 형태이다. 작부체계상 만식이 예측되었을 때 실시된다.

📌 더 알아보기 **도정** 搗精 milling

1 의의

1) 도정이라 함은 현미의 과종피(강층), 배아, 배유부의 3부분 중에서 과종피(강층)와 배유부의 중간에 있는 호분층을 제거하고 배아의 일부와 배유부를 남게 하는 기계 공정이다.

2) 현미 : 배유 + 배아 + 강층(= 겨층 : 과피·종피·호분층)

3) 백미 : 배유 + 배아, 현미에서 강층을 제거한 알곡

② 정백률 : 백미와 현미의 양의 비율

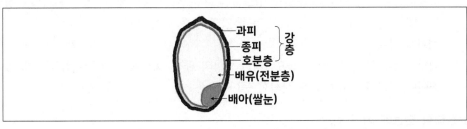

1) 5분 도미 : 쌀눈이 거의 전부 남게 도정한 것으로서 현미에 대한 중량이 97% 정도가 되도록 한 것
2) 7분 도미 : 쌀눈이 70% 정도 남게 도정하는 것으로 현미에 대한 중량이 95% 정도가 되도록 한 것
3) 10분 도미(정백미) : 현미에서 겨층과 쌀눈을 제거하여 중량의 93% 이내로 만든 것

8 비료

(1) 의의

식물에 영양을 주거나 식물의 재배를 돕기 위한 것으로 흙에서 화학적 변화를 가져오게 하는 물질과 식물에 영양을 주는 물질을 총칭한다.

① 직접비료
　㉠ 토양의 생산력을 유지 또는 증진시키고, 작물을 잘 생장시키기 위하여 토양 또는 생물에 직접 투입하는 영양물질이다.
　㉡ 비료의 3요소로서 **질소 · 인산 · 가리(칼륨)** 등을 들 수 있다.
② 간접비료
　작물의 영양물질이 되지는 않더라도 석회의 경우처럼 토양의 물리적 화학성 등을 개선하고 유용한 미생물들을 증진시키며, 토양 중에 식물에 이용될 수 없는 형태로 있는 양분을 이용이 가능한 형태로 바꾸어 준다든지, 유독성 물질의 독성을 저감시키는 등 간접적으로 작물의 생육에 도움을 주는 물질이다.

(2) 비료의 유형

① 질소질 비료
　질소비료는 잎의 생장에 좋고 주로 작물의 생장 초기에 이용된다. 질산태질소, 암모늄태질소 등이 있다.
② 인산질 비료
　인산비료는 열매의 생장에 도움을 준다. 유기태 인산, 무기태 인산 등이 있다. 유기태 인산으로는 쌀겨, 깻묵 등의 식물성 인산과 골분, 어분 등의 동물성 인산이 있다.

③ 칼륨질 비료

칼륨비료는 생장 및 뿌리의 발달에 도움을 준다. 탄산칼륨, 황산칼륨, 염화칼륨, 질산칼륨 등 무기태 칼륨과 쌀겨, 녹비, 퇴비 등 유기태 칼륨 등이 있다.

④ 석회질 비료

석회는 식물의 영양분으로 중요하지만 토양의 물적, 화학적 성질을 개량하는 데 있어서 효과적이다. 생석회, 소석회, 탄산석회 등이 있다.

(3) 생리적 반응에 따른 비료

비료는 토양에 시비한 후에 식물이 이를 흡수한 후 토양에 나타나는 반응을 기준으로 분류할 수 있다.

① 생리적 염기성비료

석회질소, 용성인비, 나뭇재, 퇴비, 구비, 칠레초석

② 생리적 중성비료

질산암모늄, 요소, 과인산석회, 중과인산석회

③ 생리적 산성비료

황산암모늄, 황산칼륨, 염화암모늄, 염화칼륨

(4) 시비의 원리

① 최소양분율

양분 중 식물이 필요한 양에 대비해서 공급이 가장 부족한 양분에 의해 생육이 저해되는데 이 양분을 최소양분이라고 하며, 최소양분의 공급량에 의해 작물의 수량이 지배되는 것을 '최소양분율'이라고 한다.

② 수량점감의 법칙

시비량의 증가에 따라 초기에는 작물의 수량이 늘어나지만, 어느 정도 증가하고 나면 그 후에는 시비량이 증가해도 수량증가의 효과는 점차 적게 나타나고 결국 수량이 증가하지 못하는 단계에 도달하는 경향을 '수량점감의 법칙'이라고 한다.

(5) 시비의 시기에 따른 유형

① 밑거름 기비 基肥 씨를 뿌리거나 모종하기 전에 주는 거름

파종 또는 이식할 때 주는 비료를 말한다.

② 덧거름 추비 追肥

생육도중에 주는 비료를 말한다.

(6) 시비의 위치에 따른 유형

① 표층시비 表層施肥

비료를 표토층에 분포하게 시비하는 방법으로 비료의 효율이 높다.

② **심층시비** 深層施服 deep placement of fertilizer

비료의 손실을 막고자 작토 속에 비료를 시용하는 방식이다.

③ **전층시비** 全層施肥 total layer application of fertilizer

비료가 작토의 전 층에 골고루 혼합되도록 시비 후 경운을 해주는 방식이다.

④ **측조시비** 側條施肥 sideband placement

이랑의 측면이나 작물의 줄과 줄 사이에 시비하는 방법이다.

⑤ **엽면시비** 葉面施肥 foliar fertilization, foliar application

ⓐ 액체비료 또는 비료를 물과 섞어서 식물의 잎에 시비하는 방법이다. 잎의 표면表面의 경우 큐티클 층이 더 발달하여 물질의 투과가 용이하지 않으나 잎의 이면裏面이 보다 용이하다.

ⓑ 엽면시비가 필요한 경우

   ⓐ 미량요소 결핍 : 미량요소 결핍이 나타났을 경우 그 결핍요소를 엽면살포하는 것이 토양에 주는 것보다 효과가 빠르고 시용량도 상대적으로 적게 들어 경제적이다.

   ⓑ 나쁜 생육상태의 신속한 회복이 필요할 때 : 동상해, 풍수해, 병해충 등의 해를 받아 생육이 나빠졌을 때 엽면시비를 통해 빠르게 회복시킬 수 있다.

   ⓒ 토양시비로는 뿌리 흡수가 곤란할 때 : 뿌리가 병해충, 유해물질 등에 의해 해를 받아 토양시비로는 뿌리 흡수가 곤란할 때 엽면살포는 생육을 좋아지게 하고 신근을 발생하게 하여 피해를 어느 정도 회복시킬 수 있다.

   ⓓ 토양시비가 곤란한 작물이거나 특수목적을 위한 경우 : 참외나 수박과 같이 덩굴이 지상에 포복, 만연하여 웃거름 주기가 곤란한 경우 또는 플라스틱필름 등으로 표토가 덮혀있는 경우와 작물의 품질향상 등의 특수목적을 위해서 엽면시비를 실시한다.

ⓒ 엽면시비 시 흡수에 영향을 미치는 요인

   ⓐ 잎의 표면보다는 이면이 흡수가 더 잘 된다.

   ⓑ 잎의 호흡작용이 왕성할 때 흡수가 더 잘 되므로 가지 또는 정부에 가까운 잎에서 흡수율이 높고, 노엽보다는 성엽이, 밤보다는 낮에 흡수가 더 잘 된다.

   ⓒ 살포액의 pH는 미산성이 흡수가 잘 된다.

   ⓓ 살포액에 전착제를 가용하면 흡수가 조장된다.

   ⓔ 작물에 피해가 나타나지 않는 범위 내에서 농도가 높을 때 흡수가 빠르다.

   ⓕ 석회의 시용은 흡수를 억제하고 고농도 살포의 해를 경감한다.

   ⓖ 작물의 생리작용이 왕성한 기상조건에서 흡수가 빠르다.

9 **식물생장조절제** plant growth regulators

(1) 의의

식물의 생육에 적은 양으로도 큰 영향을 끼치는 합성된 호르몬성 화학물질을 총칭한다. 이러한 식물호르몬에는 옥신, 시토키닌, 지베렐린 등이 있다.

◦ 식물호르몬 plant hormon : 식물체 내에서 생성되어 체내를 이행하면서 다른 조직이나 기관에 대하여 미량으로도 형태적, 생리적인 특수한 변화를 일으키는 화학물질이다.

(2) 종류와 기능

① 생장호르몬

 ㉠ 옥신(Auxin) : 옥신의 어원은 그리스어의 '성장한다' auxein 에서 나왔다. 천연옥신인 인돌아세트산 외에도 디클로로페녹시아세트산, 나프탈렌아세트산 등이 있으며 루톤(rootone)은 옥신(auxin)계 생장조절물질로 발근을 촉진한다.

  ⓐ 줄기나 뿌리의 선단에서 생성 : 구체적으로 분열조직이나 경정莖頂 줄기의 정단 분열 조직에서 생겨난 주변 부분, 유아幼芽 종자의 배(胚)의 일부분으로, 발아하여 줄기나 잎이 되는 부분, 미숙 종자 등의 젊은 조직에서 생합성된다.

  ⓑ 줄기의 세포신장 촉진 : 식물호르몬의 일종으로서 생장소生長素 라고도 한다. 특히 저농도에서 줄기의 세포신장을 촉진한다. 옥신은 세포벽을 완화시키고 신전성伸展性 늘어나는 성질 을 증가시킴으로써 세포에서 보다 많은 흡수가 가능하도록 작용하여 세포신장을 촉진시킨다.

  ⓒ 잎눈의 분화 억제 : 잎눈의 분화는 부정근과는 반대로 옥신 처리에 의하여 억제된다.

  ⓓ 굴광현상의 발생 : 옥신은 줄기의 선단부(성장점이 있는 부분)에서 기부基部 기초가 되는 부분으로 뿌리와 만나는 줄기의 아랫 부분 를 향하여 위에서 아래로 수송되는데 이같이 방향성 있는 이동을 극성이동 polar transport = 극성수송 이라 한다. 식물이 빛을 향해 굽어지는 현상인 굴광현상은 이러한 옥신의 영향 때문이다.

> ◦ 굴광현상 : 광원은 식물에 옥신을 발생시키는데, 옥신은 줄기의 그늘진 쪽(광원이 닿지 않은 쪽)으로 이동하여 그 영역에서 농도가 높아져 그 그늘진 쪽의 생장속도가 빨라진다. 이 결과 마치 식물이 광원을 향해 구부러지는 모습을 보이게 되는데 이것을 굴광현상이라고 한다.

  ⓔ 세포신장을 촉진시키는 작용 외에 부정근 不定根 뿌리 이외의 부분인 줄기에서 2차적으로 발생하는 뿌리 = 막뿌리 의 형성과 단위결실 單爲結實 속씨식물이 수정하지 않고도 씨방이 발달하여 열매가 되는 현상, 과실의 생장, 형성층 분열 등을 촉진한다.

 ㉡ 시토키닌(Cytokinin)

  ⓐ 눈의 분화 촉진 : 시토키닌 생합성은 분열조직이나 혹은 생장 잠재력을 보유하고 있는 조직에서 일어나며 눈의 분화를 촉진한다.

  ⓑ 잎의 노화 지연 : 잎의 노화는 뿌리에서 생산된 시토키닌이 목부를 통해 중력과 반대로 잎으로 이동(음성굴지성)하는 시토키닌에 의해서 조절된다.

ⓒ 휴면타파 작용 : 시토키닌은 알려지지 않은 기작 機作 mechanism : 식물이 생리적인 작용을 일으키는 기본적인 원리 에 의해서 불활성화에서 활성화된 형태로 전환시키는 휴면타파 작용을 가지고 있다.

> ◦ 휴면타파 休眠打破 dormancy breaking, breaking of dormancy : 휴면상태가 깨어지는 현상으로 일시적으로 정지되었던 생육이 여러 가지 휴면의 요인이 제거되면서 생육이 다시 시작되는 현상을 말한다.

ⓓ 앱시스산(아브시스산 : ABA)과의 길항작용 : 내생 시토키닌은 ABA abscisic acid 잎과 열매 등의 탈리(abscission)를 유도하는 물질 의 노화 촉진 효과를 방해할 뿐 아니라 내생 ABA 함량에도 영향을 미치며 서로 길항작용 서로 흡수를 방해해 효과를 반감시키는 작용 을 한다.

ⓒ 지베렐린(Gibberellin) : 벼키다리병균 Gibberella fujikuroi 이 벼에 감염되면 줄기나 잎을 비정상적으로 웃자라게 한다. 벼키다리병균의 배양액 중에서 병원물질을 결정체로 분리하여 지베렐린이라고 명명했는데, 이는 미숙종자에 많이 함유되어 있으며, 씨 없는 포도 재배에 많이 이용된다.

> ※ 콜히친(colchicine) : 세포분열 시 염색체를 배로 증가시키는 작용이 있어, 그 작용을 이용하여 씨없는 수박이나 씨 없는 포도를 만든다.

ⓐ 발아의 촉진 : 종자휴면타파, 호광성 종자의 암발아를 유도한다.
ⓑ 화성유도 및 촉진 : 저온·장일에 대체로 화성을 유도·촉진한다.
ⓒ 경엽 莖葉 줄기와 잎 신장의 촉진 : 왜성식물 키가 작은 식물 등에서 현저하다.
ⓓ 단위결과의 유도 : 토마토 등의 단위결과를 유도한다.
ⓔ 수량 증대 : 채소, 감자의 가을재배 시 지베렐린 처리로 증수한다.

> ※ 플로리겐 Florigen : 화아의 분화를 유기한다고 생각되는 호르몬으로 개화 호르몬이다.

② 억제호르몬
　㉠ 앱시스산(아브시스산) ABA abscisic acid 잎과 열매 등의 탈리(abscission)를 유도하는 물질 식물호르몬의 일종으로 일반적으로 식물 성장현상의 여러 과정을 억제하는 조절물질이다.
　　ⓐ 종자휴면 유도 : 낙엽을 촉진하고, 휴면아의 생성을 촉진하여 겨울 휴면을 유도한다. 보통 발아되는 경우에는 그 함량은 감소한다.
　　ⓑ 이층의 형성 : 이층을 형성시켜 잎의 노화와 낙엽을 촉진한다.

> ◦ 이층 離層 absciss layer : 잎, 과실, 꽃잎 등이 식물의 몸에서 떨어져 나갈 때, 연결되었던 부분에 생기는 특별한 세포층이며 탈리층 또는 떨켜라고도 한다.

　　ⓒ 기공의 닫힘 : 식물체에 수분이 결핍되는 상태가 되면 앱시스산의 합성이 활발히 일어나 공변세포의 수축을 통한 기공이 닫혀 식물의 수분손실을 방지한다.
　㉡ 에틸렌 Ethylene
　　ⓐ 무색 무취의 가스형태이며 강력한 살균·소독효과가 있다.

    ⓑ 원예작물의 숙성호르몬으로 식물의 개화를 촉진하고 숙성 속도를 증가시켜 과실이 익거나 색깔을 선명하게 하는 데 관여하지만, 과다한 발생은 역으로 식물의 노화의 촉진과 낙엽을 촉진하는 효과가 있다.

    ⓒ 에틸렌에 의한 피해는 과일의 경우 일반적으로 숙성의 진행에 따른 과육의 연화현상이 관찰되지만, 아스파라거스와 같은 줄기 채소의 경우 조직이 질겨지는 육질경화를 촉진한다.

    ⓓ 옥신과 상호작용하여 높아지는 옥신의 농도는 에틸렌의 합성을 촉진하여 식물의 생장이 억제된다.

> ◦ 에테폰 ethephon : 에테폰이 분해되면서 식물의 노화를 촉진하는 식물호르몬의 일종인 에틸렌(ethylene)을 생성함으로써 과채류 및 과실류의 착색을 촉진하고 숙기를 촉진하는 작용을 하여 토마토·고추·담배·사과·배·포도 등에 널리 사용되고 있다.
> ◦ 에틸렌합성저해제 ethylene inbibitor : 에틸렌 합성을 저해하는 물질로서 rizobitoxine, AVG aminoethoxyvinylglycine, MVG mithox- yvinylglycine 등이 있다.

✏️ 더 알아보기 **채소작물 재배 시 에틸렌에 의한 현상**

> 1️⃣ 토마토 열매의 엽록소 분해를 촉진한다.
> 2️⃣ 가지의 꼭지에서 이층(離層) 형성을 촉진한다.
> 3️⃣ 아스파라거스의 육질경화를 촉진한다.
> 4️⃣ 상추의 갈색 반점을 유발한다.

제5절 병해충관리

1 작물의 병해와 방제

(1) 병해의 종류와 발병 원인

  ① 병해의 의의

    어떤 원인으로 작물의 정상적 대사활동이 장해를 받아 본래의 기능을 상실하고 잎이 시들거나 생육이 정지되는 등 이상 증상을 나타내는 것을 총칭한다.

  ② 병해의 종류

    ㉠ 전염성 : 주변으로 확대해가는 전염성을 가지고 있는 사상균(진균), 세균, 바이러스 등에 의한 병해를 말한다.

    ㉡ 비전염성 : 주변으로 확산이 없는 형태로, 부적합한 토양, 기상, 환경오염물질 등이 원인이 되는 병해를 말한다.

③ 발병 원인의 구분

작물의 병해는 하나의 원인만으로 발생하는 경우보다 여러 원인이 복합적으로 작용하여 발생하는 경우가 많다.

㉠ 주인 主因 가장 근본되는 원인. 주원인 : 병해를 일으키는 '병원체'를 말한다.

㉡ 유인 誘因 어떤 일이나 현상을 일으키는 직접적인 동기나 원인 : 발병을 유발하는 '환경조건'이다.

㉢ 소인 素因 병에 걸리기 쉬운 신체적인 소질 : 병에 걸리기 쉬운 '작물의 성질'이다.

(2) 사상균(진균)에 따른 병해

① 사상균의 특징

작물의 병해 중 가장 많은 유형이다. 사상균은 곰팡이 또는 균류라고 하며, 식물에 속하지만 엽록소가 없어서 다른 식물에서 영양을 취해 유지한다. 진균류 중에서 특히 사상(絲狀)의 균체로 된 곰팡이류의 별칭이다.

㉠ 부생균 : 죽은 식물의 사체에서 영양을 취하는 사상균이다.

㉡ 기생균 : 살아 있는 작물에 기생하여 영양을 취하는 사상균이다.

㉢ 절대적 기생균 : 오직 살아 있는 식물에서만 영양을 취한다.

　　예 녹병균, 뿌리혹병균 등

㉣ 조건적 기생균 : 사체에서 영양을 취하지만 작물의 생육이 약해졌을 때 기생을 하는 균이다.

　　예 입고병균, 잎집무늬마름병균 등

㉤ 조건적 부생균 : 살아 있는 작물에 기생하지만 조건에 따라 죽은 식물 사체에서도 부생적으로 영양을 취하는 사상균이다.

　　예 도열병균, 역병균, 깨씨무늬병 등 대부분의 병원균

② 사상균병의 종류

병원균이 전염되는 방식에 따라 공기전염성과 토양전염성 병해로 구분된다.

㉠ 공기전염성 : 병원균이 물, 바람, 종자, 곤충 등에 의해 전염되는 형태이다.

　　예 벼의 도열병과 잎집무늬마름병, 감자의 역병, 맥류의 깜부기병, 사과의 적성병 등

㉡ 토양전염성 : 병원균이 토양을 통해 작물의 뿌리나 줄기 밑부분으로 침입하는 형태이다.

　　예 벼의 입고병, 배추의 뿌리혹병, 오이나 토마토의 역병 등으로, 연작에 장해가 되는 주요 원인

(3) 세균에 의한 병해

① 세균의 특징

세균은 독립된 작은 단세포 형태의 미생물이며, 모양을 기준으로 간상(막대형), 구상(구형), 나선상 등으로 나뉘는데, 작물의 병해는 대부분 간상 모양의 세균과 관련된다.

② 작물에 침입하는 유형

㉠ 유조직병 : 작물의 유조직에 세균이 침입하여 반점, 엽고, 썩음 등의 병징을 나타내게 된다.

　　예 벼의 흰빛잎마름병, 채소의 연부병(무름병), 오이의 반점세균병, 양배추의 검은썩음병 등

> ◦ 유조직 柔組織 parenchyma : 물렁하고 유연한 조직을 의미하며 식물체의 대부분을 점하는 유세
> 포로 이루어진 조직이다. 세포막은 얇으며 원형질을 포함하고 있어 동화나 저장 등의 여러 생
> 리작용을 한다.
> ◦ 엽고 葉枯 leaf withering : 잎이 어떤 피해를 입거나 수명을 다할 때 마르는 현상으로 병으로는
> 엽고병이 있다.

ⓛ 도관병 : 작물의 도관 vessel 식물의 뿌리에서 흡수한 물이 이동하는 통로 에 세균이 침입·증식하여
주변 조직을 파괴하거나 도관을 막아 물의 상승억제로 인한 위조현상을 보인다.

　例 토마토와 가지의 청고병, 담배의 입고병, 백합의 입고병 등

> ◦ 청고병 靑枯病 : 토마토, 가지, 감자 따위의 잎과 줄기, 뿌리 따위의 상처에 세균이 들어가 급성
> 으로 푸른 채 시들어 말라 버리는 병으로 온도가 높고 배수가 불량한 땅에 많이 발생한다.
> ◦ 입고병 立枯病 take-all : 작물에 기생균 때문에 잎, 줄기가 말라죽는 병이다.

ⓒ 증생병 增生病 hyperplastic disease : 세균이 방출한 호르몬 작용으로 병든 식물의 세포수의
이상 증가와 세포의 크기가 이상 비대의 증상을 나타내게 된다.

　例 배, 감, 포도, 사과, 당근 등의 근두암종병

> ◦ 근두암종병 根頭癌腫病 crown gall : 식물의 종양의 일종으로, 배, 사과, 장미 등에 주로 생기는
> 병이다. 뿌리혹병이라고도 한다.

③ 세균병의 전염
ⓛ 세균은 광(光)과 건조에 약하여 작물의 조직이나 토양 등의 수분이 많은 곳에서 생활한다.
ⓛ 이러한 세균의 전염은 빗물, 관개수 등 물과 흙에 혼합하여 운반되고 또는 종묘나 곤충에
의해 일어나게 된다.
ⓒ 세균은 사상균과는 달리 작물 표피를 뚫고 침입할 수 있는 기관이 없다. 따라서 작물에
생긴 상처나 기공, 수공, 밀선 등 자연개구부와 보호층이 발달하지 않은 근관 등으로 침입
한다.

> ◦ 밀선 蜜腺 honey gland : 꿀(糖)을 분비하는 다세포 구조이다.
> ◦ 자연개구부 自然開口部 : 식물의 기공이나 수공 또는 밀선처럼 형태적으로 처음부터 뚫려 있는
> 구멍이다.

(4) 바이러스에 의한 병해

① 바이러스의 특징
바이러스 병은 거의 모든 작물에서 발생하며 병원체는 식물바이러스라고 한다. 본체는 DNA
또는 RNA의 핵산이고 단백질 껍질에 둘러싸여 있으며 모양은 간상, 사상, 구상 등 여러 모양
으로 존재한다.

　　㉠ 크기가 작아 일반 광학현미경으로는 잘 보이지 않는다.
　　㉡ 오로지 세포 내에서만 증식하며 인공배양이 되지 않고 특정 식물을 감염하여 병해를 일으
　　　 키는 성질이 있다.
② 작물에 발생하는 바이러스 병의 종류
　　㉠ 위축병 : 벼, 맥류, 담배, 콩 등

> ◦ 위축병 萎縮病 오갈병 : 농작물이 병원체의 침입을 받아서 잎·줄기가 불규칙하게 오그라들어
> 　기형이 되는 병이다.

　　㉡ 위황병 : 백합 등

> ◦ 위황병 萎黃病 yellows, chlorosis : 오갈 현상과 황화 현상이 겹쳐서 나타나는 병이다.

　　㉢ 모자이크병 : 감자, 토마토, 오이, 튤립, 수선 등

> ◦ 모자이크병 ─病 mosaic disease : 식물체의 잎에 얼룩얼룩한 무늬가 형성되는 증상으로 주로 바
> 　이러스에 의해 초래되는 일반적인 병징이다.

　　㉣ 괴저모자이크병 壞疽─病 necrotic mosaic disease : 담배, 토마토 등

> ◦ 괴저현상 壞疽現象 : 식물 생체의 특정 부위의 조직이 죽거나 썩어 허물어지는 현상이다.

　　㉤ 잎말림병 : 감자 등
③ 바이러스 병의 전염
　　진딧물, 멸구, 매미충 등과 선충 및 곰팡이 등을 매개로 하는 것이 많다. 또한 작물 간의 접촉,
　　종묘, 토양, 접목 등에 의한 전염, 표피에 생긴 상처의 즙액에 의한 전염 그리고 꽃가루에 의
　　한 전염도 있다.

(5) 예방과 방제
① 병해의 예방
　　㉠ 저항성 품종을 선정하고 건강한 생육으로 저항력을 증진시킨다.
　　㉡ 재배환경의 조절로 병원균 활동을 억제한다.
　　㉢ 종자 및 토양 소독과 윤작 등으로 병원균의 밀도를 낮춘다.
② 방제
　　㉠ 병해는 예방이 최선의 방법이며 발병 후에는 이미 늦은 경우가 많다.
　　㉡ 발병 전 정기적으로 예방제의 살포가 필요하다.
　　㉢ 병이 발병한 경우에는 가능한 한 빨리 구제 驅除 해충 따위를 몰아내어 없앰 하여야 한다.
　　㉣ 발병 후 치료제를 살포하는데 치료제의 지속적 사용은 병원균의 내성을 키울 수 있으므로
　　　 사용횟수를 가능한 한 줄일 필요가 있다.

2 작물의 해충과 방제

(1) 해충의 종류와 피해

① 해충의 종류

곤충이 대부분이며 그 외 진드기류, 선충류, 갑각류, 복족류 등과 소형 무척추동물도 있다. 입의 모양에 따라 '흡즙성'吸 마실 흡汁性과 '저작성'咀 씹을 저 嚼 씹을 작性 해충으로 분류한다.

② 해충의 가해와 피해

㉠ 가해 : 작물에 상처나 장해를 주어 작물을 직접적으로 쇠약하게 하는 해로움이다.

㉡ 피해 : 해충의 가해로 인해 이후 발생하는 작물의 증상을 말한다.

③ 해충의 가해 유형

㉠ 식해 해충이 식물의 잎이나 줄기 따위를 갉아 먹어 해치는 일 : 이화명나방, 혹명나방, 멸강나방, 벼잎벌레, 줄기굴파리, 벼물바구미 등이 있다.

㉡ 흡즙해(즙액흡수) : 멸구, 애멸구, 진딧물, 진드기, 방귀벌레, 깍지진디, 미국선녀벌레, 패각충 등이 있다.

㉢ 산란, 상해 : 포도뿌리진딧물, 진드기, 선충류 등이 있다.

㉣ 벌레혹 형성 : 끝동매미충, 잎벌, 콩잎굴파리 등이 있다.

㉤ 중독물질 : 벼줄기굴파리, 벼심고선충 등이 있다.

(2) 해충의 방제

① 의의

해충의 방제는 병해와 달리 발생 후에도 약제살포로 방제가 가능하지만 약제를 다량 사용하는 경우 천적류를 해치거나, 환경오염, 해충의 내성, 잔류독성 등 부정적인 면도 생긴다.

해충의 방제는 예방과 방제를 조합한 종합적 방제가 필요하다.

② 예방

해충의 발생을 사전에 억제하여 해충의 가해를 피하는 것이다. 윤작과 휴한, 저항성 품종의 선택, 천적의 이용, 재배시기의 이동, 차단, 전등조명에 의한 기피 등의 방법이 있다.

③ 방제

이미 발생한 해충을 살충하는 것이다. 살충제 살포, 유살 및 포살 포획하여 살충, 대항식물의 이용, 천적의 이용 등이 있다.

> ° 유살법 誘殺法 luring method : 빛, 냄새 등으로 해충의 특수한 습성 등을 이용하거나 또는 유인미끼, 유살기구 등으로 유인하여 살충하는 해충구제법이다.

④ 천적의 이용

특정 곤충을 포식하거나 기생 또는 침입하여 병을 일으키는 생물을 그 곤충의 천적이라 한다. 밀폐공간인 시설원예에서는 천적의 이용이 유리하다.

㉠ 천적의 분류 : 천적은 기생성, 포식성, 병원성 천적으로 구분할 수 있다.

ⓐ 기생성 천적 : 기생벌, 기생파리, 선충 등이 있다.

ⓑ 포식성 천적 : 무당벌레, 포식성 응애, 풀잠자리, 포식성 노린재류 등이 있다.

ⓒ 병원성 천적 : 세균, 바이러스, 원생동물 등이 있다.

ⓛ 대상 해충의 천적과 이용작물

해충	천적(적합한 환경)	이용작물
점박이응애	칠레이리응애(저온)	딸기, 오이, 화훼 등
	긴이리응애(고온)	수박, 오이, 참외, 화훼 등
	캘리포니아커스이리응애(고온)	수박, 오이, 참외, 화훼 등
	팔리시스이리응애(야외)	사과, 배, 감귤 등
온실가루이	온실가루이좀벌(저온)	토마토, 오이, 화훼 등
	Eromcerus eremicus(고온)	토마토, 오이, 멜론 등
진딧물	콜레마니진디벌	엽채류, 과채류 등
총채벌레	애꽃노린재류(큰 총채벌레 포식)	과채류, 엽채류, 화훼 등
	오이이리응애(작은 총채벌레 포식)	과채류, 엽채류, 화훼 등
나방류 잎굴파리	명충알벌	고추, 피망 등
	굴파리좀벌(큰 잎굴파리유충)	토마토, 오이, 화훼 등
	Dacunas sibirica(작은 유충)	토마토, 오이, 화훼 등

∘ 응애 mite : 거미강 '진드기'목의 마디응앳과, 나비응앳과 따위의 절지동물을 통틀어 이르는 말이다. 0.2 ~ 0.8mm 내외의 아주 작은 동물에 몸은 머리, 가슴, 배의 구별이 없고, 부화 약충(若蟲)은 다리가 3쌍, 어미벌레는 4쌍이다. 거의 모든 지역에 살고 있으며, 먹이도 식물성, 동물성, 부식질 등 매우 다양하다.

ⓒ 천적의 운용방법 : 천적의 이용 효과를 높이기 위해 가능하면 무병 종묘를 이용하고 천적 활동에 알맞은 환경을 조성하고 가급적 조기에 투입할 필요가 있다.

ⓓ 천적 유지식물 banker plant 뱅커플랜트 : 천적의 먹이가 되어 천적의 증식과 유지에 이용되는 식물이다.

ⓐ 유연관계가 먼 작물의 경우 해당되는 해충 종류가 서로 달라 천적 유지식물의 해충은 주작물의 해충으로 작용하지 않는다.

ⓑ 해충 발생 전에 준비하며 천적이 발생하는 시기와 주작물에 대한 해충이 발생하는 시기를 일치시켜야 한다.

> ※ 딸기의 뱅커플랜트와 보리 : 딸기의 뱅커플랜트에는 단자엽식물인 보리가 이용된다. 보리에는 초식자인 보리두갈래진딧물과 그 천적인 콜레마니진디벌이 동시에 증식하게 되는데 증식한 진디벌은 딸기에서 발생하는 진딧물을 공격하는 천적이 된다.

ⓜ 천적 이용 시 문제점

ⓐ 대상 해충이 제한적이어서 모든 해충의 구제는 불가능하며, 해충밀도가 지나치게 높은 경우 방제효과가 높지 않다.

　　　ⓑ 천적도 환경 영향을 크게 받으므로 방제효과가 환경에 따라 달라지며 천적의 관리 및 이용에 대한 기술적 어려움과 경제적 측면도 고려해야 한다.

　　　ⓒ 천적의 이용은 농약과 같이 그 즉시 효과가 나타나지 않는다.

⑤ 해충의 가해로부터 회피

해충의 발생시기와 가해시기를 피해서 작물의 재배시기를 이동시키며 해충의 차단, 유인, 포살, 조명 등도 이용한다.

⑥ 약제를 통한 방제(화학적 방제)

　㉠ 재배방법에도 제약이 없고 효과가 단시간에 확실히 나타나지만 예방효과는 적은 편이다.

　㉡ 약제 사용 시 주의점

　　　ⓐ 해충 또는 작물에 알맞고 포장환경과 작물의 생육에 맞는 제형을 선택한다.

　　　ⓑ 적기에 살포하고 약제의 농도 및 살포량을 잘 지켜야 한다.

　　　ⓒ 동일 약제를 연용하는 경우 해충에 내성이 생기므로 성분이 다른 약제를 조합하여 사용한다.

　　　ⓓ 천적에게는 해를 주지 말아야 하므로 선택성이 있는 약제를 사용한다.

> ※ 과수 작물의 조류(鳥類) 피해 방지 대책 : 방조망 설치, 폭음기 설치, 광 반사물 설치

3 병충해종합관리 IPM : integrated pest management

(1) 의의 및 종류

① 경제적, 환경적, 사회적 가치를 고려해 종합적, 지속 가능한 병충해 관리전략이다. IPM은 병충해를 전멸시키는 것이 목표가 아니며 일정 수준의 병충해의 존재와 피해 속에서도 작물의 수익성과 상품성이 있는 생산이 지속 가능하도록 하는 데 목적이 있다.

② 농약 사용의 절감을 위한 병충해종합방제

　㉠ 재배적(경종적) 방제법 : 작물의 품종·재배시기·환경 등을 바꾸어 피해를 경감시키는 병충해 발생을 억제할 수 있는 재배적(경종적) 방제법을 적용한다.

　㉡ 생물학적 방제법 : 천적·길항미생물을 이용하는 생물학적 방제법을 도입한다.

　㉢ 물리적 방제법 : 빛·방사선 등 물리적 에너지를 이용하거나 장벽 등을 만드는 차단방법과 토양가열, 토양소독, 증기소독, 소각, 담수, 유인·포살 및 채란 등의 방제법을 적용한다.

　㉣ 화학적 방제법 : 화학적 방제법인 농약은 최후 수단으로 꼭 필요한 경우에만 사용한다.

(2) 재배적(경종적) 방제법

① 토지의 선정
② 품종의 선택
③ 무병종자의 선택
④ 윤작

기지의 원인이 되는 병충해는 윤작을 통해 경감시킬 수 있다.

> 기지현상 忌地現象 sickness of soil : 밭작물을 이어짓기(연작)하는 경우에 작물의 생육이 뚜렷하게
> 나빠지는 현상으로, 그루타기 현상이라고도 한다.

⑤ 재배양식의 변경

벼에 있어서 보온육묘를 하면 묘부패병이 방제되며, 직파재배하면 줄무늬잎마름병의 발생이
경감된다.

⑥ 혼식

팥(小豆)의 심식충 나비목에 속하는 해충 은 논두렁에 콩과 혼식하면 피해가 적어지며, 서로 다른
작물을 적당히 배치하여 충해를 방지할 수 있다.

⑦ 생육기의 조절

㉠ 감자를 조파조수하는 경우 역병·뒷박벌레의 피해가 줄어든다.

㉡ 밀의 수확을 조기에 하면 수병 樹病 tree disease 수목의 정상적인 생활을 저해하는 병해 의 피해가
줄어든다.

㉢ 벼에서 조식을 하면 도열병이 경감되고, 만식을 하는 경우에는 이화명나방이 줄어든다.

⑧ 시비법의 개선

모든 작물의 경우 질소질 비료를 과용하면서 칼륨, 규산 등이 결핍되면 각종 병충해의 발생이
많아진다.

⑨ 수확물의 건조

보리를 잘 건조하면 보리나방의 피해를 막을 수 있으며, 밀의 경우 그 수분함량이 12% 내외로
건조하면 바구미의 피해를 막을 수 있다.

⑩ 중간 기주 寄 부칠 기 主 식물의 제거

적성병은 주변에 중간 기주식물인 향나무가 있으면 그 발생이 심해지므로 이를 제거하여야
한다.

> 적성병 赤星病 : 사과나무, 배나무, 담배에 발생하는 붉은별무늬병을 말한다. 향나무와 기주교대 寄主
> 交代 하는 이종 기생성 병으로서 5~6월에 흔히 볼 수 있으며 잎 뒷면에 털 같은 돌기가 무리 지어
> 돋아나고 심하면 일찍 떨어진다.
> 기주교대 寄主交代 : 균류 중에 녹병균은 그의 생활사를 완성하기 위해 전혀 다른 2종의 식물을 기주
> 로 하는데 홀씨의 종류에 따라 기주를 바꾸게 되는 현상을 말한다.

(3) 생물학적 방제법(천적 등을 이용한 방제법)

환경조건을 천적에게 유리하도록 개선하여 그의 활동을 증대시키는 방법과 병원 미생물을 이용하
는 방법이다.

> ※ 페로몬트랩 pheromone trap : 성유인 물질을 이용하여 곤충을 포획하는 장치이다. 주로 해충의 예찰
> 豫察 forecasting 병해충의 발생이나 증가 가능성을 미리 예측 에 많이 쓰인다.

(4) 물리적(기계적) 방제법

① 포살 및 채란

포살 포획하여 살충 하거나 채란 흙속의 유충을 잡거나 잎에 산란한 것을 채취 하는 등의 방법이다.

② 소각

낙엽 등을 소각하면 숨어 있는 병원균과 해충도 사멸하여 병충해가 방지된다.

③ 토양소독

흙을 모아 불에 태우거나, 고압의 수증기를 구멍이 뚫린 철관 파이프를 통해 토양에 분출시키는 방법을 사용한다.

④ 담수

밭 토양의 경우 장기간 담수를 통해 토양전염의 병원충을 살충할 수 있다.

⑤ 차단

작물을 폴리에틸렌 등으로 피복하거나, 과실에 복대를 하거나, 도랑을 파서 경계를 만들어 해충 등의 접근을 막는 방법이다.

📌 **더 알아보기** **멀칭 및 자외선차단 필름의 활용**

> ❶ 은백색비닐멀칭으로 표토를 덮어주는 방법 : 은백색의 광선을 싫어하는 진딧물, 총채벌레류, 굴파리, 오이잎벌레 등의 해충을 방지할 수 있다.
> ❷ 자외선차단필름 : 비닐하우스나 비닐터널 등에서 자외선 제거 필름으로 큰회색곰팡이병, 검은썩음병 등이나 총채벌레류, 진딧물류, 굴파리류 등을 방제할 수 있다.

⑥ 유살 등

유살 해충이 좋아하는 먹이 등으로 해충을 유인하여 살충 하거나, 소살 포장에 짚단을 깔거나 나무에 가마니나 짚을 둘러서 이에 잠복하는 해충을 불태워 살충 하는 등의 방법이다.

⑦ 온도처리

종자의 온탕으로 일부 병해충을 방제할 수 있다.

(5) 화학적 방제법

살균제, 살충제 등을 살포해서 병충해를 방제하는 방법이다. 화학적 방제법은 다른 방제법에 비해 효과가 빠르지만 최대한 환경과 천적을 해치지 않는 방법을 모색해야 한다.

각종 재해

제1절 저온해(냉해)와 고온해

1 저온해(냉해)

(1) 의의

① 냉해라고 하는 것은 더운 여름철에 오히려 낮은 기온이나 수온으로 인해 '여름작물'의 생육이 매우 나빠지고 수확량이 감소되는 기상장해를 의미한다.

② 벼의 경우 냉해는 감수분열기에 가장 심하고, 그 다음 출수기 이삭이 팰 때에 심하다.

> ◦ 감수분열기 減數分裂期 reduction division stage : 2n의 염색체가 n으로 염색체 수가 반감하는 세포 분열 시기를 말한다. 염색체 수는 생물의 종류에 따라 일정하므로 세포마다 같은 수의 염색체를 가지고 있다. 유성생식을 하는 생물이 세대를 거듭해도 일정한 수의 염색체를 가질 수 있는 것은 생식세포가 생기는 과정에서 염색체 수가 반으로 줄어들기 때문이며, 이 반감된 염색체를 가진 암수가 수정에 의해서 비로소 정상적인 수를 갖추게 된다.

(2) 냉해의 구분

① 지연형 냉해

생육기간 초기부터 출수기에 걸쳐서 오랜 시간 저온에 의하여 생육의 지연과 어린 이삭의 발육이 늦어져 이삭수가 감소하고 출수가 지연되는 형태로서 결국 수량에까지 영향을 미치는 유형의 냉해이다.

② 장해형 냉해

생식세포의 감수분열기에 저온이 찾아와 생식기관이 정상적으로 형성되지 못하여 비정상적인 꽃가루가 만들어지고 수정이 불량해져 불임이 발생하는 형태의 냉해를 말한다.

③ 병해형 냉해

냉온의 조건하에서 생육이 저조하여 규산의 흡수도 적어지고, 조직의 규질화가 충분히 형성되지 못한 경우 그 만큼 도열병 등의 병균 침입에 대한 저항성이 적어진다. 또한 광합성의 저하로 체내의 암모니아 축적이 늘어감으로써 병의 발생을 더욱 조장하게 되는 등의 저온장해이다.

> ◦ 규질화 珪質化 : 규소(Si)를 합성하면 체내의 표피세포에 규산으로 퇴적되어 표피조직이 단단하고 까칠해지는 현상이다.

④ 혼합형 냉해

저온이 장기적으로 계속되는 경우 여러 장해가 복합적으로 발생하는 장해이다.

(3) 냉해에 의한 작물의 생육장해

① 증산과잉

저온으로 뿌리에서 수분 및 양분의 흡수기능은 감퇴되는 반면에 호흡이 과다하게 일어나면서 증산 蒸散 / 烝散 기능은 증대되어 체내의 수분 부족으로 위조 萎凋 잎이 시듦 되고 심하면 건조고사 어떤 요인에 의해 말라 죽음 증상이 나타나게 된다.

> ◦ 증산 蒸散 / 烝散 : 식물체 안의 수분이 수증기가 되어 공기 중으로 나오는 것이다.

② 호흡과다 및 이상호흡

저온에 처하면서 호흡의 과다로 체내물질의 소모는 증가하고, 유독물질이 집적되어 중독을 초래하게 된다.

③ 생리기능의 저하

원형질 유동이 순조롭지 못하여 동화물질의 전류와 식물 호르몬의 이동, 광합성 능력 등이 저해된다.

> ◦ 동화물질전류 同化物質轉流 assimilate translocation : 광합성에 의해 잎에서 생성된 탄수화물을 동화물질이라고 하고, 이 물질들이 저장 또는 소비기관으로 이동하는 것을 전류라고 한다.

④ 양분의 전류 및 축적 장해

저온에 의해 생장점으로의 양분집적이 줄어 들고, 등숙기 登熟期 출수로부터 성숙까지의 기간, 곡실이 여무는 시기 에서의 지나친 저온은 광합성의 산물인 탄수화물의 전류를 저해한다.

⑤ 꽃밥 및 화분의 세포학적 이상

벼의 감수분열기에서의 저온은 꽃밥 꽃가루를 만드는 주머니 이나 화분 종자식물 수술의 꽃밥 안에서 만들어지는 생식세포 의 이상발육을 초래하여 불임현상을 초래한다.

(4) 냉해의 대책

① 내냉성 품종의 선택

냉해에 저항성이 높은 품종이나 냉해 회피성 품종을 선택한다.

② 입지조건의 개선

방풍시설의 설치, 지력 배양, 객토나 다지기로 누수답 등의 개량, 습답의 암거배수 땅 속에 배수용 수로를 매설 설치로 물빼기 등을 한다.

③ 파종, 육묘, 이식

조파, 조식, 조기재배로 영양생장량을 증대시키고 등숙기 登熟期 출수로부터 성숙까지의 기간, 곡실이 여무는 시기 를 단축하여 냉해 방지와 증수를 꾀할 수 있다.

④ 천식 및 소주밀식 재배

천식淺植 식물을 옮겨 심을 때 보통보다 얕게 심는 일 과 소주밀식은 건실한 생육을 꾀한다.

> ◦ **소주밀식** 小株密植 : 모를 낼 때 모 한 포기의 '모 수'를 적게 하고 전체 면적에 심는 '포기 수'를 많게 하는 방법이다. 한 포기의 모 수는 2∼3대로 하고, 한 평(坪)에 90포기 이상을 심는다.

⑤ 적정시비 및 균형시비

질소비료의 과용은 조직의 삼투압을 낮추어서 냉해저항성을 저하시키므로, 칼륨, 인산, 규산 질비료를 증가시켜 시비하여 생육을 증진시킨다.

⑥ 냉온기 심수관개담수 물 깊이대기 + 일정 깊이로 물을 담아둠

냉온기에 심수관개하면 냉해가 경감 내지 방지된다.

> ◦ **관개** 灌 물댈 관 漑 물댈 개 irrigation : 작물을 재배하는 생육기간에 걸쳐 필요한 양의 물을 계획적으로 대주는 작업을 관개 또는 관수라고 한다.

⑦ 관리

수온의 상승과 작물체온 저하 방지를 위해 제초횟수를 줄이며, 망시忘施를 조기 완료하는 등의 방법을 취한다.

> ◦ **망시** 忘 잊을 망 施 베풀 시 final weeding : 작물 재배기간 중에 마지막으로 하는 김매기이다.

2 고온해(열해)

(1) 의의

작물은 생육최고온 이상의 온도에서는 생리적 장해가 초래되고 한계온도 이상에서는 고사하게 된다. 이렇듯 과도한 고온으로 인하여 받는 피해를 고온해 또는 열해라고 한다.

열해에 의해서 보통 1시간 정도 내에 작물이 고사하는 것을 열사라고 하고, 이때 열사를 초래하는 온도를 열사점 또는 열사온도라고 한다.

(2) 열해의 원인

① 유기물의 과잉 소모

고온에서는 광합성보다 호흡작용이 우세해지고, 이러한 고온이 오래 지속되면 유기물의 소모가 많아지면서 당분이 감소한다.

② 질소대사의 이상

고온에서는 단백질의 합성이 저해되면서 암모니아의 축적이 많아진다. 이렇게 축적된 암모니아는 유해물질로 작용하여 질소대사의 이상 현상을 초래한다.

③ 철분의 침전

고온에 의해서 철분이 침전되면서 황백화현상이 일어난다.

> ◦ 황백화chlorosis : 영양분 결핍이나 병균 감염 등 다양한 원인으로 인하여 엽록소가 제대로 생성되지 않아 녹색을 띠어야 할 식물의 잎이나 줄기가 비정상적으로 노란색 또는 흰색에 가깝게 되는 현상을 황백화라고 한다. 즉, 황백화는 대개 엽록소가 부족하여 노랗게 보이는 현상이다.
> ◦ 일소현상日燒 불사를 소現象 : 강한 직사광선을 오래 받아서 노출된 식물의 잎, 과실, 줄기 따위의 조직에 이상이 생기는 고온장해를 말한다. 토양수분의 대량 증발을 막기 위해 이랑에 부직포나 차광막을 피복하여 일소를 경감시킬 수 있다.

(3) 고온해의 대책

① 작물의 종류
월하越夏 여름을 넘김 할 수 있는 내열성이 강한 작물을 선택한다.

② 재배시기 조절
혹서기酷暑期 몹시 무더운 시기 의 위험을 회피한다.

③ 환기
비닐터널이나 하우스재배의 경우 환기를 조절하여 지나친 고온을 회피한다.

④ 기타
밀식·질소 과용 등을 피하고 그늘을 만들어 주거나 관개를 해서 지온을 낮춘다.

제2절 습해, 수해 및 관개

1 습해

(1) 의의

토양의 과습상태가 지속되는 경우 토양산소가 부족하여 각종 환원성 유해물질이 생성되어 작물생리작용이 저해되고 뿌리가 상하며 황화와 위조, 고사가 나타나는 경우를 습해라고 한다.

> ◦ 환원성 물질reducing agents(reductant), 還元性物質, 還元劑 환원제 : 타물질에 환원이 일어나게 하는 물질을 말하며, 산화환원반응에서 산화되는 쪽의 반응물을 환원제라고도 한다. 산화되기 쉬운 물질, 즉 다른 분자들에 전자를 주기 쉬운 성질을 가진 원자로, 분자 또는 이온은 모두 환원제로 작용한다.

(2) 습해의 생리

① 토양 중의 산소결핍으로 호흡작용이 장해를 받게 된다.
② 호흡작용의 장해는 에너지의 방출 저하, 뿌리 흡수작용의 저해, 증산 및 광합성작용도 저하되어 생장이 쇠퇴하고 감수가 초래된다.

③ 유기물, 무기물의 불완전 산화로 유해물질이 생성되고, 혐기성의 유해 미생물이 발생하여 병
충해를 유발하며, 뿌리의 발육을 불량하게 하여 심하면 뿌리를 썩게 한다.

④ 이러한 습해는 생육 초기보다 생육 성기에 더 심하게 나타난다.

(3) 작물의 내습성

① 논벼·골풀·연뿌리 등의 논작물은 지상부의 줄기, 잎으로부터 뿌리에 산소를 공급하기 위한
통기조직이 밭작물보다 발달되어 있으므로 논에서도 습해를 받지 않고 잘 자란다.

② 뿌리조직의 목화木化 식물의 세포벽에 리그닌이 축적되어 단단한 목질을 이루는 현상 는 환원성 유해물질
의 침입을 막아내어 내습성을 증대시킨다.

③ 내습성이 강한 것은 막뿌리 不定根 부정근 adventitious root 줄기에서 2차적으로 발생하는 뿌리 의 발생력
이 크다.

④ 뿌리의 피층 皮層 cortex 표피와 중심주 사이에 있는 세포층 세포가 사열로 배열되어 있는 것보다 직렬
로 배열되어 있는 것이 세포간극이 커서 내습성이 강하다.

> ○ **사열** 斜 비낄 사 列 oblique arrangement : 내습성이 약한 식물에서 볼 수 있는 것으로 세포의 배열이
> 엇갈리게 된 것이다.
>
> ○ **직렬** 直列 orthostichy : 잎 또는 인편 등의 직열배치. 하나의 열로 배열된 비늘의 배열이다.

(4) 습해대책

① 배수

배수는 습해를 방지하는 데 가장 효과적이고, 적극적인 방책의 하나이다.

㉠ 객토법 : 객토를 하여 지반을 높임으로써 배수를 꾀하는 방법이다.

㉡ 기계배수법 : 인력·축력·기계력을 이용하여 배수하는 방법이다.

㉢ 자연배수법 : 토지의 경사에 배수로를 만들어서 배수하는 방법이다.

　ⓐ 명거배수 : 지하매설물을 통하지 않고 표토면 바로 밑으로 눈에 띄게 오수와 빗물을
배출시키는 방법이다.

　ⓑ 암거배수 : 너무 습윤해서 생산성이 낮은 농지의 땅 속에다 암거 배수용 수로 를 매설하
고, 이를 통해 유해한 과잉수를 배출시키는 방법이다.

② 내습성 품종 선택

㉠ 내습성 강한 작물 : 벼, 미나리, 연, 골풀, 택사 등

㉡ 내습성 약한 작물 : 파, 양파, 당근, 자운영, 멜론 등

③ 정지를 통한 대책

밭에서는 휴립휴파하여 고휴재배하고, 습답에서는 휴립재배(이랑재배)와 횡와재배를 한다.

> ○ **휴립휴파** 畦立畦播 : 흙을 돋우어 만든 이랑의 두둑에 종자를 파종하는 방식이다.
>
> ○ **고휴재배** 高畦栽培 : 비가 많이 오는 지역 또는 물 빠짐이 좋지 않은 밭에서 습해를 방지할 목적으
> 로 이랑을 높게 세워 작물을 재배하는 방식이다.

> ○ 습답 濕畓 pooly drained paddy
> - 지하수위가 높고 배수가 불량하여 논토양에 항상 물이 고여 있는 논을 말한다.
> - 지온이 낮고 유기물의 분해가 늦으며 통기가 나쁘기 때문에 토양의 이화학적 성질이 떨어지고 미생물의 번식이 불량하여 수량생산성이 낮다.
> - 유기물의 집적이 많고 비료분을 간직할 수 있는 힘이 크며 환원도가 높기 때문에 불가급태 不可 給態 토양 중에 존재하는 양분 중 식물이 직접 이용할 수 없는 형태 의 인산을 가용태로 하는 이점도 있다.
> ○ 휴립재배 畦立栽培 이랑재배 : 넓은 이랑을 만들어 두둑에다 작물을 재배하는 방식이다.
> ○ 횡와재배 橫臥栽培 : 습답에서 발생할 수 있는 습해를 막기 위한 재배방법이다. 벼를 이앙할 때 담수하지 않은 상태에서 지면과 벼의 각도를 5°정도 유지하여 눕혀서 이앙하고, 활착 후 벼가 완전히 일어서면 수회에 걸쳐 복토를 하고 그 이후는 보통재배와 같이 관리한다.

④ 토양의 개량

  ㉠ 토양통기를 조장하기 위하여 세사 가는 모래 를 객토하거나, 중경을 실시하고, 부숙유기물, 석회, 토양개량제 등을 시용한다.

  ㉡ 유기물은 충분히 부숙 腐熟 분해가 충분히 진전되어 완전히 썩음 시켜서 사용하며, 표층시비 걸거름 주기 를 실시한다. 습답에서는 산소가 부족해 뿌리가 길게 자라지 못하므로 심층시비 작토의 하부에 거름주기 를 해도 효과가 적다.

⑤ 과산화석회(CaO_2)의 시용

  과산화석회를 종자에 분의 粉衣 종자 따위를 약제 등의 가루로 입히는 일 해서 파종하거나 토양에 혼입하면 습지에서의 발아와 생육이 촉진된다.

2 수해

(1) 의의

① 작물이 많은 비와 홍수로 인해 침관수 피해를 입는 것을 수해라고 한다.

> ○ 침관수 侵灌水 : 벼의 침관수란 벼의 엽선 일부가 수면 밖으로 노출되는 침수 侵水 인 경우와 노출되지 않고 완전히 잠기는 관수 灌水 인 경우를 말한다.

② 비와 홍수로 유수 경사진 사면을 따라 흐르는 물 에 의한 작물의 손상, 도복·매몰·병충해 발생과 표토유실·토양붕괴·사력침전 등이 유발된다.

> ○ 도복 倒伏 lodging : 수직된 위치 位置 또는 처음 위치에서 엎어지는 것과 같은 식물의 탄력 彈力 이 없는 변형이다. 작물이 땅 표면 쪽으로 쓰러지는 것을 말한다.
> ○ 사력침전 砂 모래 사 礫 자갈 력 沈澱 stony sedimentation : 수해의 양상으로 표토는 유실되고 모래와 자갈만 남아 있는 것을 말한다.

(2) 수해발생의 조건

① 작물의 종류와 품종

화본과 목초, 피, 기장, 옥수수 등이 침수에 강하며, 콩과작물, 채소, 감자, 고구마, 메밀 등은 침수에 약하다.

② 생육단계에 따른 피해 정도

감수분열기(수잉기) > 출수기 > 유수형성기 > 유숙기 > 분얼기

③ 수질의 피해 정도

・관수 > 침수	・탁수 > 청수
・정체수 > 유동수	・고온수 > 저온수

④ 관수피해에 의한 청고와 적고

㉠ 청고靑枯 : 고수온의 정체탁수에서는 단백질의 소모가 없이 잎이 녹색을 유지한 채 급속하게 죽으므로 청고라고 한다. 작물이 생육 중 침수될 경우에 탁수濁水 의 경우가 청수淸水 보다, 정체수停滯水 의 경우가 유수流水 보다 수온이 높고 산소가 적어 그 피해가 크다.

㉡ 적고赤枯 : 탁수濁水, 오수汚水 또는 탁수濁水가 정체해 있을 때 작물이 극난한 산소부족으로 말미암아 탄수화물이 급속히 소모되고 단백질로부터 호흡재료의 보급도 받지 못하고 급히 죽게 되며, 이때 단백질의 분해가 생길 경우에는 갈색으로 변해서 죽으므로 적고라고 한다.

⑤ 침수기간

4 ~ 5일 이상의 침수는 격심한 피해를 가져온다.

⑥ 재배적 요인

질소질비료를 많이 시비하면서 웃자란 쓸데없이 보통 이상으로 많이 자란 식물체가 관수되는 경우 피해를 많이 받는다.

(3) 수해대책

① 사전대책

㉠ 경지정리를 잘 해서 배수가 잘 되게 하고 배수시설을 강화한다.

㉡ 경사지에는 피복작물을 재배하거나 피복을 하여 토양의 유실을 방지한다.

㉢ 수해 상습지에서는 작물의 종류나 품종의 선택에 유의한다.

㉣ 파종기, 이식기를 조절해서 수해를 회피, 경감시키고 질소의 과다 사용을 피한다.

② 침수 중인 경우의 대책

㉠ 배수에 노력을 기울이며 관수의 기간을 짧게 한다.

㉡ 물이 빠질 때 작물 잎의 흙 앙금을 씻어 준다.

㉢ 키가 큰 작물은 서로 결속해서 유수에 의한 도복을 막는다.

③ 사후대책

㉠ 쓰러진 포기의 경우 땅이 굳기 전에 일으켜 세운다.

㉡ 물이 빠진 후 뿌리가 노출된 곳은 북주기 작업을 한다.

㉢ 표토가 많이 씻겨 내렸을 때에는 새 뿌리의 발생 후에 추비를 주도록 한다.

㉣ 침수 후에는 병충해의 발생이 많아지므로, 그 방제를 위해 노력한다.

㉤ 피해가 격심할 때에는 추파 追播, 보식 補植, 개식 改植, 대작 代作 등을 고려한다.

> ◦ 추파 追播 : 발아가 불량한 곳에 보충적으로 파종하는 것을 말하며 보파 補播 라고도 한다.
> ◦ 보식 補植 : 발아가 불량한 곳이나 이식 후에 고사 枯死 한 곳에 보충적으로 이식하는 것을 말한다.
> ◦ 개식 改植 replanting : 임목 식재 후 식재목의 대부분이 고사하여 임분조성이 불가능할 경우 그 자리에 다시 식재하는 것을 말한다.
> ◦ 대작 代作 substitute cropping : 주작물의 수확이 가망 없을 때 대신 대용작물을 재배하는 것을 말한다. 예를 들면 조, 피, 기장, 메밀, 고구마, 감자 등을 이용한다.

3 관개 灌漑

(1) 의의

농작물의 관리에 필요한 물을 인공적으로 농지에 공급하는 일이다. 수분공급 목적 이외에도 농경지에 비료성분을 공급, 지온 조절, 동상해 방지, 작물에 대한 해독 害毒 제거, 작업상의 편의 도모, 저습지의 지반 개량, 풍식 風蝕 을 방지하는 등의 목적이 포함된다.

① 작물이 물을 많이 필요로 하는 시기는 다음과 같다.

> 수잉기 이삭이 들 때 > 활착기와 유수발육전기 > 출수기 이삭이 팰 때 전후

② 하지만 무효분얼기 이삭을 형성하지 못함 에는 관개가 필요 없으며, 유효분얼기 이삭을 형성와 등숙기 登熟期 출수로부터 성숙까지의 기간, 곡실이 여무는 시기 의 경우에는 많은 물이 필요하지 않아 적은 관개로 족하다.

(2) 관개의 효과

① 논에서의 효과

㉠ 생리적으로 필요한 수분의 공급

㉡ N, K, 석회, 규산, 마그네슘 등 비료성분의 공급

㉢ 벼의 생육조절과 온도의 조절작용

㉣ 잡초 억제와 병충해 경감

㉤ 염분이나 그 밖의 유해물질 제거

㉥ 작업의 능률화

② 밭에서의 효과

    ⊙ 생리적으로 필요한 수분공급

    ⊙ 비료성분의 보급과 재배수준의 향상

    ⊙ 지온의 조절, 동상해의 방지와 풍식 방지

(3) 관개의 방법

① 지표관개

땅 위로 물을 대는 방법

    ⊙ 전면관개 지표면 전면에 물을 보내는 관개방식

        ⓐ 일류관개 溢 넘칠 일 流灌漑法 side hill flooding flood irrigation

            가. 지표관개의 한 방법으로 유럽지방에서 목초지의 관개에 이용되고 있는 방식이다.

            나. 경사진 곳의 높은 곳에다 주관개구를 만들고 임의로 지구地區 의 군데군데를 막아서 흘러 넘는 물이 구배 기울기의 정도 에 따라서 포장의 낮은 곳으로 흘러 퍼지게 한다.

            다. 급한 경사지에서는 이용하기 힘들며 길이는 10 ~ 60m의 범위로 한다.

        ⓑ 보오더관개 border 경계, 가장자리 irrigation : 낮은 논둑으로 나누어진 포장에 상단의 수로로부터 표면 전체에 물을 얇게 흘려 내리게 하는 관수방법이다.

        ⓒ 수반관개 水盤 자그마한 밥상 灌漑 basin method irrigation

            가. 밭의 둘레에 두둑을 만들고 그 안에 물을 가두어 두는 저류법貯溜法 이며 수반법이라고도 한다.

            나. 주로 과수원에서 이용하고 있으며, 보통 한 그루 또는 몇 그루의 과수를 두둑으로 둘러싼 다음 바닥을 수평으로 고른 후 관개를 한다.

    ⊙ 휴간관개 畦間灌漑 furrow irrigation : 고랑관개 또는 고랑물대기라고도 한다. 포장에 이랑을 세우고, 이랑 사이의 고랑에 물을 흘리는 방법이다.

② 살수관개 撒水灌漑 spray irrigation

물에 압력을 가해 노즐로부터 물을 빗방울 모양으로 분사시켜 관수灌水 하는 방법이다. 스프링클러나 작은 구멍이 뚫린 파이프 등을 이용한다. 공중으로부터 물을 뿌려 대는 방법으로 다공관관개, 스프링클러관개, 물방울관개 drip irrigation 등이 있다.

지하로의 침투 손실이 적고, 밭에 균등하게 관개할 수 있다. 밭이랑이나 소수로 작은 수로 등을 만들기 위한 정지整地 노동이 절감되며, 농작업의 기계화가 가능하고 게다가 살수는 작물의 생리상으로도 효과가 있다.

> ° 정지 整地 soil preparation, seedbed preparation : 파종, 이식에 앞서서 알맞은 토양상태를 조성하기 위하여 토양에 가해지는 처리를 말한다.

    ⊙ 다공관관개 perforated pipe system : 일정한 간격으로 가는 구멍을 뚫어 만든 살수용 파이프로 살수하는 방법이다.

　　ⓒ 스프링클러관개 sprinkler irrigation : 압력수를 노즐로 분사시켜 빗방울이나 안개모양으로
　　만들어 관개하는 방법이다.

③ 점적관개

　　㉠ 플라스틱 파이프 또는 튜브에 분출공을 만들어 물이 방울방울 떨어지게 하거나, 천천히
　　흘러나오게 하는 방법이다.

　　ⓒ 저압으로 물의 양을 절약할 수 있다.

　　ⓒ 잎, 줄기, 꽃에 살수하지 않으므로 열매 채소의 관수에 특히 유리하다.

④ 저면관개

　　㉠ 배수공을 통해 물이 스며 올라가게 하는 방법이다.

　　ⓒ 채소의 육묘와 분화재배 등에 이용된다.

⑤ **지하관개** 地下灌漑 subsurface irrigation

　　관개수를 지하로부터 유입시키는 밭관개의 한 방법이다. 이 방법을 사용할 경우, 물이 계속
　　지하로부터 상향 이동하므로 관개수나 비료로서 준 과잉염류가 표토에 집적될 우려가 있으므
　　로 유의해야 한다.

　　㉠ 명거법 明渠法 open ditch, 개거법 開渠法 : 겉도랑 형식이며 일정한 간격으로 수로를 마련하고 이
　　곳에 물을 흐르게 하여 수로 옆과 바닥으로 침투하게 하여 뿌리에 물을 공급하는 방식이다.

　　ⓒ 암거법 暗渠法 closed conduit : 속도랑 형식이며 땅속 30 ~ 60cm 깊이에 토관이나 기타 급
　　수관을 묻어 관의 구멍으로부터 물이 스며 나와 뿌리에 물이 공급되게 하는 방식이다.

　　ⓒ 압입법 壓入法 press fitting : 주로 도시의 가로수나 과수에 사용하고 있으며 과수의 주변에
　　구멍을 뚫고 기계적으로 물 등을 압입 눌러서 밀어 넣음 하는 방법이다.

제3절　한해(寒害) – 동해 및 상해

1 의의

(1) 동해

기온이 영하로 심하게 떨어져 작물의 조직 내에 결빙이 생겨서 받는 피해이다. '월동작물'은 흔히
동해를 입는다.

(2) 상해

서리가 생기면서 농작물의 조직이 얼고, 그로 인해 작물의 추위에 약한 부분이 해를 입게 되어
생기는 피해이다. 주로 봄에 일찍 파종하는 작물 또는 과수의 꽃이 상해를 입는다.

> ※ 상주해霜柱害 frost heaving : 토양으로부터 빙주氷柱 얼음기둥 가 다발로 솟아난 것을 서릿발 상주霜
> 柱 이라고 하며, 맥류 등에서 뿌리가 끊기고 식물체가 솟아올라 피해를 받는다.

🖋 **더 알아보기** **과수작물의 동해 및 상해(서리피해)**

> 1️⃣ 과수작물의 동해 및 서리피해에서 배나무의 경우 꽃이 일찍 피는 따뜻한 지역에서 늦
> 서리 피해가 많이 일어난다.
> 2️⃣ 최근에는 온난화의 영향으로 개화기가 빨라져 핵과류에서 서리피해가 빈번하게 발생한다.
> 3️⃣ 과수원이 강이나 저수지 옆에 있을 때 발생률이 높다.
> 4️⃣ 잎눈이 꽃눈보다 내한성이 강하다.
> 5️⃣ 서리를 방지하는 방법에는 상층의 더운 공기를 아래로 불어내려 과수원의 기온 저하를
> 막아주는 방상팬을 이용하는 송풍법, 톱밥 및 왕겨 태우기 등이 있다.

2 작물의 내동성

(1) 생리적 요인(내동성 증가요인)

① 세포의 수분함량이 적을 것

세포 내의 자유수 함량이 많으면 세포 내 결빙이 생기기 쉬워 내동성이 저하한다.

② 세포액의 삼투압이 높을 것

세포액의 무기질 및 당함량이 높아 삼투압이 높아지면 빙점이 낮아지고, 내동성이 증대한다.

③ 전분綠末 starch 함량이 적을 것

전분함량이 많으면 당분함량이 저하되며, 내동성은 저하한다.

④ 당분當分 Sucre 함량이 높을 것

당분함량이 높을수록 전분함량이 저하되며, 내동성도 증대된다.

> 전분함량 높음(내동성 저하) ◀──────▶ 당분함량 높음(내동성 증대)

⑤ (세포 내) 원형질의 친수성 콜로이드가 많을 것

원형질의 친수성 콜로이드가 많으면 세포 내의 결합수가 많아지고 세포의 결빙이 경감되므로
내동성이 커진다.

⑥ (세포 내) 원형질의 점도가 낮고 연도가 클 것

점도 유체가 고체면에 부착하는 정도. 점성도. 점성률 가 낮고 연도軟度 가 크면, 원형질의 변형이 적어
내동성이 크다.

> ◦ 연도軟度 tenderness : 물체의 단단함과 연한 정도를 말한다. 점질의 액체가 그 모양을 변형시킬
> 때 저항하는 힘의 정도이다.

⑦ 칼슘(Ca) 및 마그네슘(Mg)

칼슘과 마그네슘은 내동성을 크게 한다.

(2) 내동성의 변화

① 경화 硬化 hardening

월동작물이 저온에 계속 노출되면 내동성이 커지는데, 이것을 경화라고 한다.

  ㉠ 의의

    ⓐ 저온, 고온, 건조 등 불량한 환경에 노출되며 그러한 환경에 점점 내성이 증대되는 현상이다.

    ⓑ 월동작물이 5℃ 이하의 저온에 계속 처하게 되면 내동성이 커지는 것이다.

    ⓒ 월동하는 겨울작물의 내동성은 기온 저하에 따라 차차 증대하고, 다시 높아지면 점점 감소한다.

  ㉡ 원인

    ⓐ 당분과 수용성 단백질이 증가하여 세포액의 삼투압이 높아진다.

    ⓑ 원형질의 수분투과성이 증대되어 수분함량이 저하된다.

② 연화 軟化 softening

  ㉠ 경화상실 Dehardeninig 이란 경화된 것을 다시 높은 온도에 처리하면 원래 상태로 되돌아오는 것을 말한다.

  ㉡ 내열성, 내건성의 경우에도 상온, 습윤 환경에 처리되면 저항성이 약해지는데 이것도 연화에 해당된다.

③ 휴면 休眠

가을철의 저온·단일은 수목에서 낙엽 및 휴면을 촉진하는데, 휴면아(휴면 중인 종자나 눈)는 내동성이 극히 강하다.

④ 추파성

맥류는 추파성이 있어서 생육 초기에 일정한 저온을 경과하지 않으면 유수형성 및 출수·개화에 이르지 못하며 이 때 내동성은 높다. 저온 처리를 해서 추파성을 없애면 생식생장이 속히 유도되어 내동성이 약해진다.

> ◦ 추파성 秋播性 winter growing habit : 식물 중에서는 낮은 기온이 일정 기간 지속되어야만 꽃을 피우는 경우가 있다. 씨앗을 가을에 뿌려서 겨울의 저온기간을 경과하지 않으면 개화·결실하지 않는 식물의 성질이다.

(3) 작물의 형태와 내동성

① 초형이 포복성인 것이 직립성인 것보다 내동성이 크다.

② 관부 冠部 crown 종자의 뿌리와 줄기가 만나는 지점 가 깊어서 생장점이 땅속 깊이 박히는 것이 내동성이 크다.

③ 엽색이 진한 품종이 내동성이 크다.

(4) 발육단계와 내동성

① 영양기관이 생식기관보다 내동성이 크다.

② 영양생장기가 생식생장기보다 내동성이 크다.

3 작물의 동상해대책

(1) 내동성(내한성 耐寒性)의 크기에 따른 작물 선택

① 과수의 내동성 크기

사과 > 배 > 복숭아, 포도 > 감

사과(-30℃) > 서양배(-27℃) > 미국계 포도(-22℃) > 복숭아(-20℃) > 유럽계 포도(-15℃)

② 맥류의 내동성 크기

호밀 > 밀 > 보리 > 귀리

(2) 입지조건의 개선

배수와 토질을 개선하여 서리발생을 억제하고 방풍시설로 찬바람을 경감시킨다.

(3) 재배적 대책

① 비닐, 폴리에틸렌 등의 보온 재료를 이용한 보온재배를 한다.

② 이랑을 세워 줄뿌림과 뿌림골을 깊게 한다.

③ 적기 파종과 파종량을 늘린다.

④ 인산·칼륨의 비료를 증시한다.

⑤ 적절한 답압을 한다.

(4) 응급대책

① 관개법

저녁에 관개를 하면 물의 열이 토양에 보급되고 낮에 더워진 지중열을 흡수하며 수증기가 지열의 발산을 막아서 동상해를 방지할 수 있다.

② 송풍법

밤에는 기온역전현상으로 인해 지면에 가까울수록 온도가 낮다. 이때 상공의 따뜻한 공기를 송풍을 통하여 지면으로 보내서 작물 부근의 온도를 높이게 되면 상해를 방지할 수 있다.

③ 피복법

이엉 짚, 억새 등을 엮은 것, 거적 짚과 새끼를 이용하여 만든 자리처럼 생긴 물건, 폴리에틸렌필름 등으로 작물을 직접 피복하는 방법이다.

④ 발연법

불을 피워 연기를 발산하여 방열을 방지한다.

⑤ 연소법

땔감 등의 연료를 태워서 그 열을 작물에 보내는 적극적인 방법이다.

⑥ 살수 빙결법

스프링클러 등의 시설로써 작물체의 표면에 물을 뿌려 주어 물이 얼 때 잠열潛熱 외부로부터 흡수하는 열량이 발생되는 점을 이용한다.

제4절 도복 및 풍해

1 도복 倒伏 lodging

(1) 의의

① 화곡류, 두류 등의 작물이 등숙기 登熟期 출수로부터 성숙까지의 기간, 곡실이 여무는 시기 에 비바람 등에 쓰러지는 것을 도복이라고 한다.

② 도복은 다비 비료를 많이 줌 증수 수확량을 늘림 재배의 경우에 심하다.

(2) 도복의 유발조건

① 유전적 조건

키가 크고 대가 약한 품종, 이삭이 무겁고 근계의 발달 정도가 약할수록 도복이 심하다.

② 재배조건

대를 약하게 하는 밀식, 질소다용, 칼륨부족, 규소부족 등은 도복을 유발한다.

③ 병충해

잎집무늬마름병의 발생, 가을멸구의 발생이 많으면 대가 약해져서 도복이 심해진다.

④ 도복의 시기

화곡류에서는 '등숙 후기', 두류에서는 '개화 후 10일 전후'가 도복에 가장 약한 시기이다.

⑤ 재배형태

맥류에서 광파재배가 협폭파재배나 세조파재배법에 비해 도복이 심하다.

> • 광파재배 넓은 골 재배 : 수량을 높이기 위하여 골비를 보통보다 넓게 하여 파종하는 재배법이다
> • 협폭파재배 좁은 이랑 뿌림 : 골뿌림에서 이랑과 이랑 사이를 좁게 하는 재배법이다.
> • 세조파재배 드릴파 재배, 줄뿌림 재배 : 골 사이를 20cm 정도로 좁게 하여 여러 줄로 뿌리는 재배법이다.

(3) 도복의 유형

① **좌절도복** 挫 꺾을 좌 折 꺾을 절 倒伏 꺾여쓰러짐

벼의 3 ~ 4절간이 부러지는 양상의 도복으로서 우리나라에서 빈번하게 발생하고 가장 극심한 도복 양상이다.

② **만곡도복** 彎 굽을 만 曲 굽을 곡 倒伏 활 모양으로 굽음

줄기가 연약해 부러지지 않고 휘어지는 형태의 도복이다.

③ **뿌리도복**

작물을 얕게 심거나 직파재배의 경우 포기 전체가 쓰러지는 도복이다.

④ **분얼도복**

벼 품종에 따라 차이가 있으나 분얼이 심하게 벌어지면 등숙기 登熟期 grain filling stage, ripening stage 곡실이 여무는 시기 에 벼이삭이 지면에 닿아서 수발아 穗發芽 viviparous germination 종자가 이삭에 붙은 채로 싹이 나는 현상 등의 피해를 가져오는 형태의 도복이다.

> ◦ 분얼 tiller : 분얼은 벼, 밀, 보리, 수수와 같은 '외떡잎식물의 줄기'를 뜻한다. 종자로부터 최초로 형성된 가지 및 그 이후 형성된 모든 지상부 가지를 분얼이라고 부른다.

(4) 도복의 피해

① **감수**

수량이 감소한다.

② **품질의 손상**

결실이 불량해져서 품질이 저하된다.

③ **수확작업의 불편**

수확작업이 불편해진다.

④ **간작물에 대한 피해**

⑤ **도복으로 인한 수량감소 크기**

수량감소는 이삭이 나온 후 쓰러지는 시기가 빠르면 빠를수록 피해는 커진다. 유숙기에 수량이 가장 많이 감소된다.

> 수량감소 크기 : 유숙기 > 호숙기 > 황숙기

(5) 도복의 대책

① **품종의 선택**

키가 작고 대가 실한 품종을 선택하면 도복 방지에 가장 효과적이다.

② **시비**

질소 편중의 시비를 피하고, 가리(칼륨), 인산, 규산, 석회 등도 충분히 시용해야 한다.

③ 파종 및 이식

㉠ 재식밀도가 높으면 대가 약해져서 도복이 유발될 우려가 크고 맥류에서는 복토를 깊게 하는 것이 도복을 경감시킨다.

㉡ 직파재배보다 이앙재배를 하면 도복이 경감된다.

④ 병충해 방제

대를 약하게 하는 병충해를 방제한다.

⑤ 생장조절제(생장억제제)의 사용

생장억제제 처리로 지베렐린 생합성을 억제하는 경우 키 자람을 억제시켜 도복을 효과적으로 막을 수 있다.

> ∘ 도복경감제 倒伏輕減劑 lodging inhibitor : 작물, 특히 수도 水稻 논에 물을 대어 심는 벼 등의 도복을 경감하고자 처리하는 약제로 지베렐린 생합성을 억제하는 이나벤화이드 inabenfide 등이 있다.

⑥ 벼재배와 도복

㉠ 직파재배

ⓐ 담수직파

가. 담수표면산파 : 논에 물을 얇게 댄 상태에서 동력살분기를 이용하여 파종하는 형태이다.

나. 무논(물이 있는 논) 골뿌림 : 물이 있는 논에 골을 만들어 손이나 동력살분기로 파종하는 형태이다.

ⓑ 건답직파(평면줄뿌림, 휴립줄뿌림) : 트랙터에 파종기를 부착시켜 경운과 파종, 복토를 동시에 작업하는 방법이다.

㉡ 이앙재배 : 노력과 시간이 많이 드는 육묘 및 모내기 작업이 필요하다.

⑦ 재배양식에 따른 도복 정도

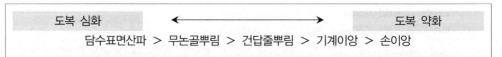

도복 심화	←───────→	도복 약화
	담수표면산파 > 무논골뿌림 > 건답줄뿌림 > 기계이앙 > 손이앙	

2 수발아 穗 이삭 수 發芽

(1) 의의

① 성숙기에 가까운 맥류가 장기간 비를 맞아서 젖은 상태로 저온조건에 있거나, 우기에 도복으로 이삭이 젖은 땅에 오래 접촉해 있는 경우 이삭에 달린 채로 싹이 트는 것을 수발아라고 한다. 벼의 경우 결실기에 종실이 이삭에 달린 채로 싹이 트는 것을 말하며, 태풍으로 벼가 도복이 되었을 때 고온·다습 조건에서 자주 발생한다.

② 우리나라의 자연환경에서는 2 ~ 3년마다 한 번씩 밀의 등숙기가 장마철과 겹칠 때가 있어 성숙기가 늦은 품종이나 비가 많이 오는 지역에서는 등숙 후기에 수발아의 위험이 크다. 수발아가 발생하면 수량감소는 물론 품질이 매우 저하되게 된다.

(2) 대책

① 예취 가능한 시기에 지체 없는 수확

가장 좋은 대책은 예취 刈取 곡식이나 풀을 베는 것 가능한 시기가 되면 지체 없이 수확하여 건조시키는 방법이다.

② 품종의 선택

수발아 저항성 품종 및 조숙 품종을 재배하여 강우와 조우 우연히 서로 만남 하는 기회를 적게 하고 후숙기간 後熟期間 수확 후 배가 발아할 때까지의 일정한 기간 이 긴 품종을 재배하는 것이 좋다.

③ 발아억제제와 작물건조제 살포

수발아 억제제인 MH를 출수 후 20일경에 약 1%로 처리하는 방법 또는 작물건조제인 Diquat를 살포하는 방법이 있다.

3 풍해

(1) 연풍

① 의의

풍속이 4 ~ 6km/h 이하인 바람을 의미한다.

② 연풍의 효과

㉠ 작물 주변의 습기를 제거하여 증산을 조장하여 양분의 흡수를 증대시키고 이로 인해 작물의 생육을 건전화시킨다.

㉡ 잎을 흔들어 그늘진 잎에 광을 조사하여 광합성이 증대된다.

㉢ 이산화탄소의 농도 저하를 경감시켜 광합성을 조장한다.

㉣ 풍매화의 화분의 매개가 된다.

㉤ 여름철 기온 및 지온을 낮추는 효과가 있다.

㉥ 봄, 가을 서리를 막아준다.

㉦ 수확물의 건조를 촉진시킨다.

㉧ 바람이 있으면 규산 등의 흡수가 촉진되고, 작물군락 내 과습을 해소하여 병해가 감소된다.

③ 연풍의 해작용

㉠ 잡초의 씨 또는 균을 전파한다.

㉡ 건조 시기에 더욱 건조상태를 조장한다.

㉢ 저온의 바람은 작물의 냉해를 유발하기도 한다.

(2) 풍해

① 의의

㉠ 최대순간풍속이 14m/sec 이상의 강풍, 특히 우리나라에서는 태풍에 의한 피해를 말한다.

㉡ 풍해는 대개 풍속이 높고 공기습도가 낮아 건조할 때 심하다.

② 기계적 장해

　　㉠ 1차적으로 절상 부러짐, 열상 찢어짐, 낙과, 도복, 탈립 곡류의 낟알이 떨어짐 등을 초래하며, 2차적으로는 이에 따른 병해, 부패 등이 발생하기 쉽다.

　　㉡ 작물이 도복하여 수발아와 열매가 썩거나, 수분과 수정의 장해로 인하여 불임립 등이 발생할 수 있다.

> ° 불임립 不稔粒 sterile(unfertilized) grain : 환경적, 유전적, 성적, 형태적 결함에 의해 제대로 수정이 되지 않아 다음 세대를 계승할 수 없는 열매이다.

③ 생리적 장해

　　㉠ 호흡증대로 체내 양분 소모 증대

　　㉡ 작물 체온의 저하

　　㉢ 이산화탄소 흡수 감소로 광합성 감퇴

　　㉣ 수정률 감소

　　㉤ 병해충 감염위험 증가

④ 풍해대책

　　㉠ 풍세의 약화 : 방풍림을 조성하거나 방풍울타리를 설치한다.

　　㉡ 재배적 대책

　　　　ⓐ 내풍성 작물과 내도복성 품종의 선택

　　　　ⓑ 작기의 이동

　　　　ⓒ 담수, 배토, 지주세우기 및 결속

　　　　ⓓ 낙과방지제의 살포

제5절　우박 및 기타 재해

1 우박

(1) 의의

하늘에서 눈의 결정 주위에 차가운 물방울이 얼어붙어 땅 위로 떨어지는 덩이를 말한다. 주로 적란운에서 발생하며 전체가 투명하거나 불투명한 핵을 중심으로 투명한 얼음층과 불투명한 얼음층이 번갈아 싸고 있다. 우박은 농작물이나 과실에 큰 피해를 일으킨다.

(2) 피해

우박은 국지적으로 발생하는 경우가 많고 5 ~ 6월(연중 50 ~ 60%), 9 ~ 10월(연중 20 ~ 30%) 중에 발생한다. 비교적 단시간에 많은 피해를 일으키고, 작물체에 직접적인 기계적 손상은 물론 그에 따른 생리적, 병리적 장해가 발생한다.

① 우박으로 잎 또는 과실이 떨어지거나 가지가 부러지게 된다. 부러진 가지의 상처를 통해 병원균 침입 등 생리적 및 병리적 장해를 일으키는 경우가 있다.

② 잎이 우박에 맞아 찢어지거나 그 상처로 낙엽이 된다. 꽃눈이나 잎눈이 상처가 나거나 탈락되면 결실에도 문제를 일으킨다.

③ 사과, 배의 경우 착과기와 성숙기에 우박의 피해가 클 수 있다.

④ 우박과 충돌한 열매는 그 부위에 구멍 등의 상처가 생기거나 낙과된다.

(3) 대책

① 예방대책

과수나무보다 높게 그물을 씌우는 것이다. 이는 우박피해뿐만 아니라 부수적으로 조류해의 예방과 태풍으로 인한 낙과도 줄일 수 있다. 그러나 빗물이 직접 과실이나 잎에 닿지 않아서 응애와 진딧물이 발생할 수도 있다.

② 피해대책

㉠ 항생제 살포와 추비 : 상처를 통해 병원균 침입 등 생리적·병리적 장해를 막기 위해 항생제 살포와 더불어 수세회복을 위한 추비를 시비한다.

㉡ 새순 유도 : 가지에 상처가 생겨 새순이 부러진 경우 피해를 입은 바로 아랫부분까지 절단하여 새순이 나오게 유도한다.

㉢ 적과 및 신초 제거 : 피해과원의 적과 및 신초 제거 등의 수체관리로 이듬해 결실률을 높인다.

2 한해 旱害 가뭄해, 건조해 drought injury, drought damage

(1) 의의

토양수분이 결핍되거나 대기가 건조한 조건에서 수분의 공급이 저하되면 식물이 정상적인 생리활동을 할 수 없게 되고, 생육이 불량하게 되어 수량감소를 일으키거나, 극단의 경우에는 생장 도중에 고사하게 되는 현상이다.

(2) 한해의 발생기구

① 세포 내 수분이 감소하는 경우 수분이 제한인자 制限因子 요구 조건을 가장 충족시키지 못하고 있는 인자가 되어 광합성이 감퇴되고 양분흡수와 물질전류 등 여러 생리작용이 저해된다.

② 위조 萎凋 쇠약하여 마름 상태를 넘어 심한 건조가 초래되면 세포가 탈수될 때 원형질은 세포막에서 이탈되지 못한 상태로 수축하면서 기계적 견인력을 받아서 파괴된다.

③ 탈수된 세포가 갑자기 수분을 흡수할 때에도 세포막이 원형질과 이탈되지 않은 상태로 먼저 팽창하므로 원형질이 기계적인 견인력을 받아서 파괴되는 일이 있다.

④ 효소작용의 교란으로 광합성이 감퇴되고, 강한 이화작용 異化作用 조직 내 물질이 분해되어 에너지원으로 사용되는 일 으로 단백질, 당분이 과다하게 소모되어 피해를 입는다.

⑤ 세포에서의 심한 탈수는 원형질의 회복할 수 없는 응집을 초래하여 작물의 위조萎凋 쇠약하여 마름, 고사枯死 나무나 풀 따위가 말라 죽음를 일으킨다.

(3) 작물의 내건성耐乾性 = 내한성 耐旱性

작물이 가뭄을 견디어 내는 성질을 의미하며 여러 요인에 의해서 지배된다.

① 내건성이 강한 작물의 특성

　　㉠ 체내의 수분의 손실이 적고 수분의 흡수능과 수분보유력이 크다.

　　㉡ 수분함량이 낮은 상태에서도 생리기능이 높다.

② 형태적 특성

　　㉠ 작물의 표면적과 체적의 비가 작고 왜소하며 잎이 작다.

　　㉡ 지상부에 비하여 뿌리가 깊고 근군의 발달이 좋다.

　　㉢ 잎조직이 치밀하고 잎맥과 울타리 조직이 발달되어 있다.

　　㉣ 표피에 각피가 잘 발달되어 있고 기공이 작으며 그 수가 많다.

　　㉤ 저수능력이 크고, 다육화多肉化 조직이 다량의 즙을 가지는 상태 의 경향이 있다.

　　㉥ 기동세포機動細胞 잎을 말고 펴지도록 조절하는 세포 가 발달되어 탈수되는 경우 잎을 말려서 표면적을 축소시킨다.

③ 세포적 특성

　　㉠ 세포 크기가 작아 수분이 부족해도 원형질의 변형이 적다.

　　㉡ 세포 내에 원형질과 저장양분이 차지하는 비율이 높아 수분보유력이 강하다.

　　㉢ 원형질의 점성이 높고 세포액의 삼투압이 높아 수분보유력이 강하다.

　　㉣ 탈수될 때에도 원형질의 응집이 덜하다.

　　㉤ 원형질막에서의 수분, 요소, 글리세린 등에 대한 투과성이 크다.

④ 물질대사적 특성

　　㉠ 건조할 때 증산이 억제되지만 급수될 때에는 수분 흡수기능이 크다.

　　㉡ 건조할 때 호흡을 크게 낮추고, 광합성이 감퇴되는 정도가 작다.

　　㉢ 건조할 때 단백질, 당분의 소모가 늦다.

(4) 생육단계 및 재배조건과 한해

① 내건성은 작물의 생육단계에 따라 다르며, 생식생장기에 가장 약하다.

② 퇴비, 인산, 칼륨의 결핍과 질소의 과다는 한해를 조장한다.

③ 퇴비가 적은 경우 토양 보수력 저하로 한해가 심해진다.

④ 휴립휴파는 평휴나 휴립구파보다 한해에 약하다.

> ◦ 휴립휴파畦立畦播 : 흙을 돋우어 만든 이랑의 두둑에 종자를 파종하는 방법이다. 강우가 심한 지역 또는 비가 많이 오는 계절에는 이랑에 파종하는 것이 습해를 막을 수 있어 유리하다. 그리고 물 빠짐이 좋지 않는 경작지에서도 휴립휴파가 바람직하다.
> ◦ 평휴 平畦 : 이랑을 평평하게 하여 두둑과 고랑의 높이가 같도록 하는 방법이다.

> ◦ 휴립구파畦立構播 : 이랑을 만들면서 이랑 사이에 패인 부분인 고랑에 종자를 파종하는 것을 말한
> 다. 이랑의 두둑(그냥 이랑이라고 칭하기도 함)에 파종하는 것보다 가뭄의 피해를 줄일 수 있으므로
> 한발이 심한 때 또는 가뭄이 심한 지역 또는 장소에 따라 물 지님이 나쁜 토양에서는 휴립구파가
> 바람직하다.

✎ 더 알아보기 **벼의 한해旱害 정도**

감수분열기 > 출수개화기와 유숙기 > 분얼기

(5) 한해旱害 : 가뭄해, 건조해의 대책

① 관개

가장 근본적인 대책으로서 충분한 관수를 통해 한해를 막는다.

② 내건성 작물 및 품종의 선택

③ 토양수분의 보유력 증대와 증발 억제

ㄱ 토양구조의 입단조성

ㄴ 드라이파밍 dry farming 농법의 도입 : 휴작기에 비가 올 때 땅을 갈아서 빗물을 지하에 잘
저장하고, 재배기간에는 토양을 잘 진압하여 지하수의 모관상승을 조장해서 작물이 가뭄
에 적응하도록 하는 농법이다.

> ◦ 드라이파밍 dry farming 乾燥農業 : 강수량이 적은 건조지대에서 활용되는 농사법이다. 작물의
> 선택, 지표면 물의 증발 방지 또는 소량의 비를 효과적으로 이용하는 방법 등이 고려되어야
> 하고 우리나라에서는 서북부지방에서 많이 발달되었던 건조농법이다.

ㄷ 피복과 중경제초

> ◦ 중경제초 中耕除草 cultivation : 작물이 생육 중에 있는 포장의 표토를 갈거나 쪼아서 부드럽게
> 하는 것을 중경 中耕 cultivation 이라 하고, 포장의 잡초를 없애는 것을 제초 除草 weed control
> 라고 한다.

ㄹ 증발억제제의 살포 : OED oxyethylene docosanol 유액을 지면이나 엽면에 뿌려서 수분의 증
발이나 증산을 억제시킨다.

3 염해

(1) 의의

식물 생산에 부정적인 영향을 미치는 수준으로 수용성 염이 축적되는 토양의 염분화로 작물에
피해를 일으키는 경우이다. 조풍에 의한 농작물의 피해도 이에 해당한다.

> ◦ 조풍피해 潮風被害 salt wind damage : 소금기를 지닌 강한 해풍이 불어 농작물의 잎과 눈에 주는 피해를 말한다.

(2) 염해의 발생기구

① 토양수분의 증발량이 강수량보다 많은 경우 발생할 수 있다.

② 시설재배를 할 때 비료의 과용으로 생길 수 있다.

③ 토양용액 중에 염분이 과다한 경우 토양의 삼투압 증가로 더 이상 뿌리에서의 수분흡수가 이루어지지 못해 작물의 영양소 불균형을 초래한다.

④ 토양용액으로부터 염분의 이상흡수로 물질대사에 저해를 받을 수도 있다.

> 줄기·잎 수분함량 감소 ⇨ 엽록소 감퇴·소실 ⇨ 효소 활력저하로 동화작용 저해 ⇨ 탄수화물 생성 감소, 질소 과잉축적 ⇨ 생육 및 출수지연 ⇨ 수량감소

(3) 간척지답

① 의의

㉠ 간척지 토양의 모재는 암석풍화성분의 퇴적물로 일반적으로 비옥하나 간척 당시에는 벼농사에 불리한 여러 조건을 가지고 있다.

㉡ 간척지처럼 염류가 많은 토양을 염류토 鹽類土 라고도 한다.

② 간척 당시 토양의 특징

㉠ 염분의 해작용

ⓐ 토양 중 염분이 과다하면 물리적으로 토양용액의 삼투압이 높아져 벼 뿌리의 수분 흡수가 저해되고 화학적으로는 특수 이온을 이상흡수하여 영양과 대사를 저해한다.

ⓑ 염분농도와 벼재배 : 염화나트륨(NaCl) 함량이 0.3% 이상에서는 벼재배가 불가능하고, 0.1 ~ 0.3%에서는 벼재배가 가능하나 염해 발생의 우려가 있으며 0.1% 이하에서 벼 재배가 가능하다.

㉡ 황화물의 해작용 : 해면하에 다량 집적되어 있던 황화물이 간척 후 산화되면서 황산이 되어 토양이 강산성이 된다. 유기물, 황 등이 표층토에 집적되어 강산성을 띠는 토양을 특이산성토라고 한다.

㉢ 지하수위가 높아 쉽게 심한 환원상태가 되어 유해한 황화수소가 생성된다.

㉣ 토양 물리성의 불량 : 점토가 과다하고 나트륨 이온이 많아 토양의 투수성, 통기성이 매우 불량하다.

③ 간척지 토양의 개량

㉠ 관배수 시설로 염분, 황산의 제거 및 이상 환원상태의 발달을 방지한다.

㉡ 석회를 시용하여 산성을 중화하고 염분의 용탈을 쉽게 한다.

㉢ 석고, 토양 개량제, 생짚 등을 시용하여 토양의 물리성을 개량한다.

㉣ 염생식물을 재배하여 염분을 흡수하게 한 다음 제거한다.

④ 제염법

제염법으로 담수법, 명거법, 여과법, 객토 등이 있는데 노력, 경비, 지세를 고려하여 합리적 방법을 선택한다.

   ㉠ 담수법 湛水法 : 물을 10여일 간씩 담수하여 염분을 녹여 배수하는 것을 반복하는 방법이다.

   ㉡ 명거법 明渠法 : 5 ~ 10m 간격으로 도랑을 내어 염분이 씻겨 내리도록 하는 방법이다.

   ㉢ 여과법 濾過法 = 암거배수법 : 지중에 암거를 설치하여 염분을 제거함과 동시에 토양통기도 촉진하는 방법이다.

⑤ 내염재배

   ㉠ 염분이 많은 간척지 토양에 적응하는 재배법이다.

   ㉡ 내염성이 강한 품종을 선택한다.

   ㉢ 작물의 내염성 정도

구분	밭작물	과수
강	사탕무, 유채, 양배추, 목화, 순무, 라이그라스	
중	앨팰퍼, 토마토, 수수, 보리, 벼, 밀, 호밀, 고추, 아스파라거스, 시금치, 양파, 호박	무화과, 포도, 올리브
약	완두, 셀러리, 고구마, 감자, 가지, 녹두, 베치	배, 살구, 복숭아, 귤, 사과, 레몬

   ㉣ 조기재배 및 휴립재배를 한다.

   ㉤ 논의 물을 말리지 않고 자주 환수한다.

   ㉥ 석회, 규산석회, 규회석 등을 충분히 시비하고 황산근 비료를 시용하지 않는다.

원예작물

• 원예작물 園藝作物 horticultural(garden) crop : 일반적으로 원예에 속하는 작물, 즉 과수, 채소, 화훼 등을 통틀어 원예작물이라 하며 쌀, 맥류, 감자 등의 농작물과 임업에 속하는 임목과는 구별된다.

제1절   채소의 분류

1   식용부위에 따른 분류

(1) 엽경채류

잎, 꽃, 줄기를 식용으로 하는 채소이다. 배추, 양배추, 갓, 상추, 셀러리, 미나리, 아스파라거스, 양파, 마늘 등이 있다.

① **엽채류** : 배추, 양배추, 시금치
② **화채류(꽃채소)** : 콜리플라워, 브로콜리
③ **경채류(줄기채소)** : 아스파라거스, 죽순
④ **인경(비늘줄기)채류** : 양파, 마늘, 파, 부추

> • 인경 bulb 비늘줄기 : 인경은 짧은 줄기에 다육질의 잎을 갖고 있어 휴면기간 동안 영양분을 저장하는 기능을 하며 겨울과 같이 생장이 좋지 않은 시기에 식물이 땅 속에서 살아남기 위한 수단이다. 비늘 모양의 잎 아랫부분에는 영양물질이 저장되어 있고 부풀어 있으며, 줄기 둘레에 여러 겹으로 붙어 있다. 짧고 납작한 줄기의 아래쪽에 여러 개의 부정근이 난다. 비늘줄기를 형성하는 식물은 대부분 외떡잎식물로 양파, 마늘, 수선화, 백합 등이 있다.

(2) 근채류(뿌리채소)

뿌리나 땅 속 줄기 따위를 식용으로 하는 채소이다.

① **직근류(뿌리가 곧은 채소)** : 무, 당근, 우엉
② **괴근류(덩이뿌리 채소)** : 고구마, 마
③ **괴경류(덩이줄기 채소)** : 감자, 토란
④ **근경류(뿌리줄기 채소)** : 생강, 연근, 고추냉이

> • 괴근 塊根 tuberous root, swollen : 고구마 등과 같이 저장기관으로 살찐 뿌리이며 영양분을 저장하고 덩어리 모양을 하고 있다.

> ° 괴경 塊莖 tuber : 저장기관으로서의 역할을 하는 땅 속의 줄기로 지하경이 비대하여 육질의 덩어리
> 로 변한 줄기이다. 감자나 튤립 등에서 볼 수 있다.

(3) 과채류

열매를 식용으로 하는 채소이다.
① 두과(콩과) : 완두, 강낭콩, 잠두
② 박과 : 오이, 호박, 수박, 참외, 멜론
③ 가지과 : 가지, 고추, 토마토
④ 기타 : 딸기, 옥수수

> ※ 조미채소 : 음식에 맛을 내는데 쓰이며 마늘, 고추, 생강, 양파, 파(대파, 쪽파) 등이 있다.

2 생태적 특성에 따른 분류

(1) 온도적응성에 따른 분류

① 호온성 채소
  ㉠ 25℃ 안팎의 비교적 높은 온도에서 잘 생육하는 채소이다.
  ㉡ 고추, 가지, 오이, 토마토, 수박, 참외 등이 있다.
② 호냉성 채소
  ㉠ 18 ~ 20℃ 안팎의 비교적 낮은 온도에서 잘 생육하는 채소이다.
  ㉡ 양파, 마늘, 무, 배추, 상추, 파, 시금치, 딸기 등이 있다.

(2) 광(光)의 요구도에 따른 분류

① 호광성 채소(양생채소) : 강한 광선을 요구하는 채소이다.
  예 가지과, 박과, 콩과, 무, 배추, 상추, 당근 등
② 호음성 채소(음생채소) : 그늘을 좋아하는 채소이다.
  예 마늘, 파, 부추, 토란, 생강, 아스파라거스 등

3 저항성에 따른 분류

내산성	감자, 귀리, 호밀 등
내건성	조, 수수, 기장, 호밀 등
내습성	벼, 미나리, 연 > 밭벼, 옥수수, 율무 > 토란 > 고구마 > 보리, 밀, 감자, 고추, 토마토, 메밀
내한성	호밀, 밀, 보리 등
내염성	시금치, 배추, 무, 사탕무, 옥수수, 양배추 등

제2절　**과수재배 및 관리**

1 과수의 분류

(1) 꽃의 발육부분에 따른 분류

① 진과(참열매)

씨방 부분만이 발달하여 생긴 열매이다.

예 감, 밤, 복숭아, 자두, 살구, 포도, 감귤류 등

② 위과(헛열매)

꽃받침·꽃대의 부분이 씨방과 함께 비대해져서 이루어진 열매이다.

예 사과, 배, 딸기, 오이, 무화과 등

(2) 나무의 형태에 따른 분류

① 교목성喬 높을 교 木性

식물 높이가 7 ~ 8미터 이상 되는 키가 큰 나무 종류를 말한다. 참나무, 소나무, 벚나무 등이 이에 해당한다.

② 관목성灌 물대다 관 木性

식물 줄기가 여러 개가 갈라져 나오며 키가 2미터 이내 작게 자라는 나무 종류를 말한다. 나무딸기, 블랙베리, 블루베리 등이 있다.

③ 덩굴성

포도, 머루, 다래, 키위 등이 있다.

(3) 재배지 기후에 따른 분류

① 온대과수

㉠ 온대 : 열대와 한대 사이에 있는 지역으로, 위도로는 대체로 양 회귀선(남위·북위 $23.5°$)에서 남극권, 북극권(남위·북위 $66.5°$)까지의 사이를 가리킨다.

㉡ 온대성 과수의 분류

ⓐ 북부온대과수 : 연평균기온이 8 ~ 12℃이고 하반기에 비가 적은 지역에서 재배하는 과수로서 사과, 양앵두, 서양배 등이 있다.

ⓑ 중부온대과수 : 연평균기온이 11 ~ 16℃인 곳에서는 감, 밤, 동양배, 포도, 핵과류 등이 있다.

ⓒ 남부온대과수 : 연평균기온이 15 ~ 17℃인 곳에는 상록과수가 분포한다.

> ° 상록과수 evergreen fruit tree : 겨울에도 낙엽이 지지 않는 늘 푸른 잎을 가지는 열매 나무로, 감귤, 비파, 사과, 복숭아, 매화, 자두, 버찌, 무화과, 밤, 호두 등의 과수가 있다.

② 아열대과수

연평균기온이 17~20℃의 아열대에 원생하고 있는 상록과수로서 감귤류, 비파, 올리브 등이 이에 속한다.

③ 열대과수

열대지방에서 주로 재배되는 과일나무로서 망고, 바나나, 리찌, 야자나무, 잭프룻, 포멜로, 파인애플 등이 있다.

(4) 과실의 생장곡선에 의한 분류

과실의 생장곡선은 과실의 무게를 시기별 증가량으로 표시하는데, 대부분의 과실은 단일 또는 2중 S자형의 생장곡선을 나타내지만 참다래는 3중 S자형 생장곡선을 나타낸다.

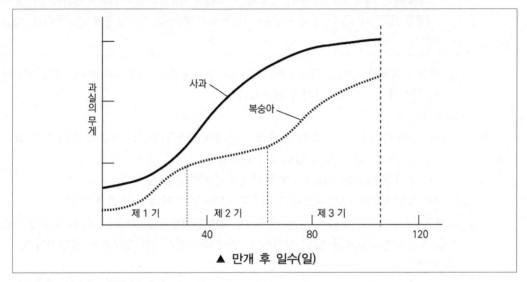

▲ 만개 후 일수(일)

① 단일 S자형 생장곡선 single sigmoid growth curve

급속한 생장기가 1회만 존재하는 과수이다.

예 사과, 배, 밤, 호두, 비파, 감귤류, 파인애플, 바나나, 아보카도 등

② 2중 S자형 생장곡선 double sigmoid growth curve

중간에 생장 중지기가 1회 존재해서 급속한 생장기가 2회 존재하는 과수이다.

예 핵과류(복숭아, 자두, 살구 등), 포도, 감, 무화과, 블루베리, 올리브, 나무딸기 등

③ 3중 S자형 생장곡선 triple sigmoid growth curve

중간에 생장 중지기가 2회 존재해서 급속한 생장기가 3회 존재하는 과수이다.

예 참다래

2 재배환경

(1) 토양

토양관리에 중점을 둘 분야는 토양수분, 통기성, 토양산도, 유기물 공급, 토양유실 방지 등이다.

① 과수원의 표토관리

과수원은 경사지 재배가 많아 토양이 침식되기 쉽다. 과수원의 표토관리 방법에는 청경재배, 초생재배, 멀칭재배 등이 있다.

㉠ 청경재배 淸耕栽培 clean culture : 과수원의 재배과수 이외의 잡초를 깨끗하게 관리하는 방법이다. 즉, 김을 매서 잡초가 자라지 못하게 하거나 제초제를 사용하는 방법이 있다.

> ※ 〈다른 의미〉 청경재배 淸耕栽培 hydroponic : 토양을 이용하지 않는 재배로 생육에 필요한 영양분을 작물 고유 흡수성분의 구성치로 적정농도의 배양액과 산소를 공급하여 재배하는 방법이다.

ⓐ 장점 : 잡초가 없어 초생식물과의 양분과 수분에 대한 경합이 없으며, 병해충이 잠복할 장소가 없어지고 관리가 편리하다.

ⓑ 단점

　가. 표토를 덮는 잡초 등이 없어 토양이 유실되면서 양분의 수탈이 쉬워 토양 유기물이 소모되고 토양의 물리성이 나빠진다.

　나. 주간과 야간의 지온 교차가 심하고 수분증발이 심하다.

　다. 청경재배를 위해 제초제를 사용할 경우 농약 피해의 우려가 있다.

㉡ 초생재배 草生栽培 sod culture : 과수원에 자연적으로 발생하는 잡초나 일정한 초종을 파종해 풀을 유지하면서 표토를 덮는 방법이다. 과수원이 경사지인 경우라면 필수적이다.

ⓐ 장점

　가. 유기물이 적당히 환원되어 지력이 유지되고 침식이 억제되므로 양분의 수탈이 줄어든다.

　나. 과실의 당도가 높아지고 착색이 좋아지며 이외에도 어느 정도 지온을 조절하는 효과를 기대할 수 있다.

ⓑ 단점

　가. 과수와 초생식물 간에 양분과 수분에 대한 경합이 있어서 유목기에 양분이 부족하기 쉽다.

> ° 유목기 幼木期 : 과수 따위에서 나무가 완전히 자라지 않고 결실이 안정되지 않은 상태에서 영양생장이 왕성한 어린 시기이다.

　나. 저온기에 지온의 상승이 더디고 초생식물이 병해충의 잠복장소가 되기 쉽다.

㉢ 멀칭재배 mulching – 부초법 敷 펼 부 草法 grass mulch system : 볏짚, 보릿짚, 풀, 왕겨, 톱밥 등으로 표토를 덮어주는 방법이다.

청경재배가 곤란하고 가뭄이 심하거나 가뭄에 약하고 관수시설이 없는 곳은 멀칭재배가 권장된다. 풀로 피복하면 '부초', 짚으로 피복하면 '부고'가 된다.

ⓐ 장점

    가. 토양의 침식과 토양수분의 증발을 억제하며 지온이 조절되고 잡초발생이 억제된다.

    나. 멀칭재료에서 양분이 공급되고 토양에는 유기물이 증가되어 토양의 물리성이 개선된다.

    다. 낙과하는 경우에 압상이 경감된다.

> ∘ 압상 壓傷 bruise : 과실이나 채소를 취급할 때 생기는 기계적인 상처의 일종으로 표면 조직의 파괴로는 보이지 않으나 내부조직은 연화되었거나 변색이 되는 것이다.

ⓑ 단점

    가. 표토가 덮여 있어서 이른 봄에 지온상승이 늦어질 수 있고 만상 晩霜 의 피해를 입기 쉽다.

    나. 근권이 표층으로 발달하게 되고 과실착색이 지연된다.

    다. 건조기에 화재 우려가 있으며 겨울동안 쥐 피해가 많다.

> ∘ 만상 晩霜 late frost : 늦은 봄이나 초여름에 내리는 서리를 말한다. 겨울에 내리는 서리는 농작물에 거의 피해를 주지 않지만, 늦서리는 발아기나 개화기에 있는 작물에 큰 피해를 입혀 만상해 또는 늦서리 피해라고 한다.
> ∘ 근권 根圈 rhizosphere, rooting zone : 식물 뿌리 부근에서 뿌리의 영향하에 있는 토양 부분을 말한다. 근권은 뿌리표면으로부터 수 mm ~ 1cm 범위에 해당된다. 이곳에는 근권미생물이라고 부르는 많은 미생물이 살고 있는데 토양의 다른 부분보다 더 많고 그 종류도 다양하다.

② 토양개량

영년생작물 永年生作物 인 과수는 근군 根群 root system 뿌리의 무리모양 의 깊이가 과수생육에 많은 영향을 미치므로 심토의 물리성과 화학성이 중요하다.

> ∘ 영년생작물 永年生作物 perennial crop : 반영구적으로 출현, 생육, 수확, 번식 등을 거쳐 매년 스스로 자랄 수 있는 어떤 목적으로 재배되는 작물이다. 즉, 다년간 생육이 계속되는 작물이다.

㉠ 심경에 의한 토양의 물리성 개량 : 깊이갈이의 깊이는 50㎝ 정도로 하되 그 위치를 수관 가장자리 바로 밑 굵은 뿌리 일부가 잘리도록 해서 새뿌리 발생을 조성한다.

  ⓐ 심경에 의한 효과

    가. 심경을 통해 토양공극 확대와 물리성 회복을 극대화시킬 수 있다.

    나. 유목 어린 나무 보다 뿌리활력이 낮은 성목에서 특히 중요하다.

    다. 토양 중 산소함량이 일반적으로 15% 이상 되어야 수체의 정상적인 생육이 가능해진다.

　　　　라. 심경으로 토층이 깊어지면 통기성, 투수성 등의 물리성이 양호해져 뿌리는 깊게
　　　　　　신장하고 유효토층의 잠재된 지력을 많이 이용해 뿌리활력은 증가한다.
　　　　마. 뿌리활력이 높아지면 시용한 비료의 흡수도 잘되어 시비량도 절감될 수 있다.
　　ⓑ 심경 시 주의점
　　　　가. 일시에 너무 많은 부분을 심경하는 경우 낙엽, 수세 약화 등을 야기할 수 있으므
　　　　　　로 수년동안 장기에 걸쳐서 완성해야 한다.
　　　　나. 심경의 시기는 2월 하순 ~ 3월 상순이 적당하다.
　　　　다. 깊이갈이 후 나뭇가지 등을 묻어 주면 유기물 공급에도 도움이 된다.
　ⓛ 토양의 화학성 개량

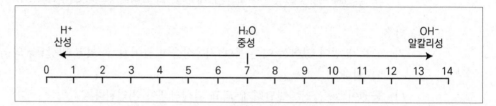

　　ⓐ 작물은 일반적으로 약산성 내지 중성 토양에서 잘 자란다. 질소, 인산, 가리(칼륨) 등
　　　　다량요소의 흡수가 용이해지기 때문이다.
　　ⓑ 강산성 토양의 경우 알루미늄, 망간 등 중금속 성분이 과다하게 용해되어 있어서 이상
　　　　낙엽 등 생리장해를 일으키기도 하며 인산, 칼슘, 마그네슘 등의 성분의 흡수를 방해
　　　　하여 결핍증상이 나타날 수도 있다.
　　ⓒ 강산성 토양에 대한 시비는 효율적 이용이 어렵고 오히려 장해를 일으키기 쉽다.
　　ⓓ 우리나라 과원은 pH 5.5 이하의 산성토양이 많다. 특히 인산과 유기물, 질소의 함량
　　　　도 낮은 편이다. 따라서 과원을 조성할 경우 200 ~ 300kg/10a의 석회를 시용하고
　　　　심경한 후에는 유기물과 인산비료를 충분히 넣고 2 ~ 3kg/10a의 붕사도 함께 시용할
　　　　필요가 있다.
　　ⓔ 기존 과원에는 토양을 검정 檢定 하여 2 ~ 3년에 한 번씩 고토석회를 시용할 필요가
　　　　있다. 석회를 표층살포할 경우 효과가 적으므로 땅 속의 뿌리와 인접되도록 심경 시용
　　　　하여야 한다.

> ◦ 고토석회 苦土石灰 dolomitic limestone : 돌로마이트성 석회라고도 하며 탄산마그네슘과 탄
> 산석회의 혼합으로 고토(산화마그네슘)의 함량이 높다. 주로 돌로마이트(고회석)를 원료로
> 하여 제조하며, 석회 40 ~ 50%, 고토 10 ~ 30%를 함유하고 있다.

　ⓒ 산성토양
　　ⓐ 토양산성화의 영향
　　　　가. 산성비료의 사용(염화가리, 황산가리, 분뇨 등)
　　　　나. 빗물에 의한 염기 용탈

다. 유기물 분해 시 수소이온 방출

라. 식물 뿌리에서 양분 흡수를 위해 수소이온 방출

ⓑ 산성토양과 작물 생육의 관계

가. 수소이온이 과다하면 작물 뿌리에 해를 준다.

나. 알루미늄이온(Al^{+3}), 망간이온(Mn^{+2})이 용출되어 작물에 해를 준다.

다. 인, 칼슘, 마그네슘, 붕소 등 필수원소가 결핍된다.

라. 산성토양은 석회가 부족하고 토양미생물의 활동이 저하되어 토양의 입단형성이 저하된다.

마. 탄질비가 높은 유기물 토양에서는 미생물 밀도가 높아져 부숙 시 토양 질소함량이 감소하게 된다.

바. 산성이 강해지면 질소고정균, 근류근 등의 활동이 약화된다.

ⓒ 산성토양에 대한 작물의 적응성

가. 가장 강한 작물 : 벼, 귀리, 감자, 수박, 봄무, 기장, 호밀, 토란, 아마, 땅콩 등

나. 강한 작물 : 옥수수, 당근, 오이, 포도, 호박, 딸기, 토마토, 수수, 메밀, 목화 등

다. 약간 강한 작물 : 유채, 피, 무 등

라. 약한 작물 : 보리, 고추, 가지, 배추, 상추, 완두, 크로바, 양근대, 겨자 등

마. 가장 약한 작물 : 콩, 팥, 시금치, 양파, 부추, 셀러리, 자운영, 알파파, 사탕무 등

바. 알칼리 토양에 강한 작물 : 사탕무, 수수, 양배추, 유채, 목화, 보리, 버뮤다그라스 등

ⓓ 산성토양에 대한 과수의 적응성

가. 산성토양이 유리한 과수 : 밤, 복숭아, 블루베리

나. 약산성 또는 중성이 유리한 과수 : 사과, 감귤류, 무화과

다. 중성·알칼리성이 유리한 과수 : 포도

(2) 수분

① 수분부족의 결과

㉠ 식물체 내의 위조현상이 나타난다.

㉡ 동화기능이 저하된다.

㉢ 잎의 증산량이 감소하고 위조현상과 엽소현상이 나타난다.

㉣ 과실의 발육이 정지되어 비대가 나빠지고 수량이 적어지며 일소과 日燒果가 생길 수 있다.

◦ 위조현상 萎凋現象 wilting phenomena : 식물체가 수분부족으로 마르는 현상이다.

◦ 증산량 蒸散量 : 일정한 기간에 증산에 의해 손실된 물의 양이다.

◦ 엽소 葉燒 : 일광의 열에 의하여 잎의 일부가 괴사하는 것을 말하며 그러한 현상을 '엽소현상'이라고 한다.

◦ 일소과 日燒果 : 일광의 열에 의하여 과일의 일부가 괴사하는 것을 '일소현상'이라고 하고 그렇게 된 과일을 '일소과'라고 한다.

② 내건성

핵과류 > 배, 감

> ◦ 내건성耐乾性 drought resistance = 내한성 耐旱性 : 작물이 건조(한발)에 견디어 생명을 유지하려는 성질이다. 일반적으로 내건성인 작물은 체내수분의 상실이 적고, 수분의 흡수능력이 크며, 체내의 수분보유력이 커서 뿌리의 흡수능력이 저하되고 증산에 의하여 위조상태가 되어도 최소의 함수량을 유지하여 회복될 수 있는 성질이 높다.

③ 내수성

인과류 > 핵과류, 감귤류

> ◦ 내수성耐水性 water tolerance : 작물이 물속에 잠겼을 때 이를 견디어 생명을 유지하려는 성질이다.

(3) 내음성(일조량의 부족에 대한 수목의 대응능력)

① 내음성이 강한 수목 : 무화과, 감, 포도
② 내음성이 중간 수목 : 복숭아, 배
③ 내음성이 약한 수목 : 사과, 밤

> ◦ 내음성耐陰性 shade tolerance : 식물은 보상점 이상의 광을 받아야 지속적인 생육이 가능한데, 이러한 보상점이 낮은 식물이라면 숲속 그늘 등의 약광에서도 광포화점에 달하고 그것 이상의 강한 빛에서도 잎의 광합성 속도는 증가하지 않는다. 이러한 식물은 내음성이 강하다고 할 수 있다.

(4) 바람

① 바람의 장점

㉠ 기온을 낮추며 공기의 오염물질의 농도를 저하시키고 서리 피해를 방지한다.
㉡ 증산작용을 촉진시켜서 뿌리의 양분과 수분의 흡수가 활성화된다.
㉢ 고온다습에 의한 수확물의 생리적 장애가 경감되고 수확물의 건조를 촉진시킨다.
㉣ 광합성에 필요한 탄산가스의 농도를 일정하게 유지해주며, 바람은 가려진 잎이 노출되도록 해서 높아진 수광량은 광합성을 증가시킨다.
㉤ 바람은 꽃가루(풍매화)를 운반하는 역할도 한다.

② 바람의 단점

㉠ 바람을 타고 잡초의 종자가 유입되거나 병원균의 침투를 조장할 수 있다.
㉡ 가지에 상처가 나거나 부러질 수 있으며 낙화, 낙과, 도복을 가져올 수 있어서 수확물의 품질을 저하시키거나 수량감소를 가져올 수 있다.
㉢ 건조에 의해 냉해를 입을 수도 있다.

3 과수의 정지와 전정

(1) 의의

① **정지**整枝 training

수관을 구성하는 가지의 골격을 계획적으로 구성·유지하기 위하여 유인·절단하는 것을 말한다.

② **전정**剪定 pruning

과실의 생산과 직접 관계되는 가지를 잘라주는 것을 뜻한다.

(2) 수체樹體 나무형상의 명칭과 기능

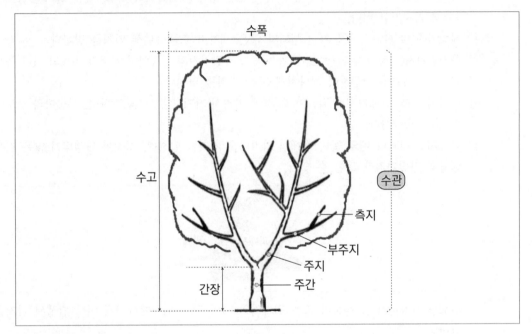

① **수고**樹高

지면으로부터 나무 꼭대기까지의 수직거리이다.

② **수관**樹冠

줄기와 잎 등 지상부의 나무 전체이다.

③ **수폭**樹幅

수관, 즉 나무의 옆폭을 말한다.

④ **간장**幹長

주간(원줄기)의 지면에서 최하단 주지(원가지, 제1원가지)까지의 길이이다.

⑤ **주간** 主幹 원줄기

나무의 주축으로 주지(원가지)를 발생한다.

⑥ **주지** 主枝 원가지

주간(원줄기)에서 발생한 굵은 가지로 이 가지에서 부주지 副主枝 덧원가지 와 측지 側枝 곁가지 가 착생한다.

⑦ **결과모지** 結果母枝

결과지를 착생시키는 전년도 봄가지 또는 여름가지이다. 단, 결과모지에서 직접 열매를 맺는 경우(직과)가 있다.

⑧ **결과지** 結果枝 열매가지

과실이 직접 달리는 가지로 결과모지에 착생한다.

⑨ **가지의 생장상태에 따른 명칭**

ㄱ 새가지(신초)와 1년생 가지 : 잎이 붙어 있는 상태를 새가지라 하고, 잎이 떨어진 상태를 1년생 가지라고 한다.

ㄴ 자람가지(발육지) : 꽃눈이 착생되지 않은 새가지 또는 1년생 가지를 말한다.

ㄷ 웃자람가지(도장지 徒 무리 도 長 나아갈 장 枝) : 자람가지의 일종이며 질소질 비료의 과다 등으로 특히 세력이 왕성하여 지나치게 자란 가지를 말한다.

ㄹ 덧가지(부초) : 새가지의 곁눈이 그 해에 자라서 가지가 된 것을 말하며, 복숭아와 포도에서 흔히 발행한다.

ㅁ 과대지 : 사과나 배의 꽃눈 속에서 자라나온 가지를 말하며, 꽃눈이 착생되지 않은 것은 일종의 자람가지라고 할 수 있다.

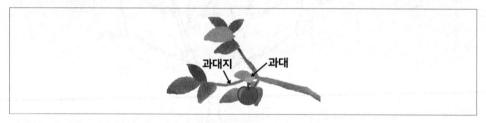

ㅂ 바퀴살가지(차지) : 원줄기 또는 원가지의 거의 같은 위치에서 3개 이상 발생된 가지를 말한다.

ㅅ 대생지 : 가지 선단의 같은 위치에서 비슷한 세력으로 자란 2개의 가지를 말한다.

ㅇ 평행지 : 가까운 거리를 두고 같은 방향으로 자란 가지를 말한다.

ㅈ 견제지 : 어떤 가지의 세력을 억제시키기 위해 임시로 남겨두는 가지를 말한다.

ㅊ 장과지, 중과지 및 단과지 : 30cm 이상 길게 자라 꽃눈이 착생된 가지를 '장과지'라 하고, 10 ~ 20cm 정도로 신장하여 꽃눈이 착생된 가지를 '중과지', 3cm 미만의 짧은 가지에 꽃눈이 착생된 가지를 '단과지'라고 한다.

ㅋ 흡지 吸枝 : 지하부의 대목 臺木 접붙이기를 할 때 바탕이 되는 뿌리쪽 나무 에서 발생한 가지를 말한다. 각 마디에서 로제트 Rosette 장미(rose)처럼 동그랗게 배열되어 있는 형태로 발생한 땅속줄기 또는 가는 줄기의 일부로 나온 눈이다.

(3) 정지와 전정의 목적

묘목을 심은 뒤 정지·전정 없이 키우면 키가 너무 커지고 가지가 복잡해져서 수관 내부에 약제 살포나 수확 등의 관리가 불편하다. 또한 햇빛의 투과가 불량하여 수관 내부에 꽃눈 형성이 적어 무효용적이 늘어나므로 수관의 크기에 비해 과실수량이 감소하고 품질이 불량하며, 결실조절이 어려워 해거리가 심하게 나타난다.

① **저수고** 低樹高 나무의 키가 낮음 **재배**

작업관리의 편리함을 위해 주간 主幹 trunk, main culm 원줄기 의 길이를 단축시키고 주지 主枝 main branch 나무에서 주가 되는 가지 를 하부 쪽에 밀생 密生 thick stand 빈틈없이 빽빽하게 자람 하도록 주지 간격을 좁혀 수직적 자람을 억제하고 생장의 안정을 도모한다.

② **개장형** 開張型 나무가 옆으로 퍼짐 **재배**

수광상태를 좋게 하기 위해 주지의 수를 줄이고 분지 分枝 ramification 원줄기에서 갈라져 나간 가지 각도를 45° 정도로 유지하며, 부주지 副主枝 sub-main branch 주지에서 분지된 주지 다음으로 굵은 가지 이하의 가지를 고루 분포시키고 상향지 上向枝 위로 뻗는 가지 를 억제하며 수평공간에 고루 분포 하도록 하여 그늘지는 부분을 적게 한다.

③ **수세** 樹勢 수목(樹木)의 기세 **조절**

㉠ 결과수 結果樹 fruit bearing tree 열매가 열리는 나무 는 생장과 개화결실의 균형을 유지하고 해거리를 방지하기 위해 여름가지 이후의 자람이 강한 나무는 솎음전정 위주의 약전정을 하여 화아분화를 유도하고, 미약한 봄가지만 발생되는 세력이 약한 나무는 시비 施肥 fertilizer application 비료공급 와 함께 절단전정 위주로 약간 강하게 전정하여 결실량을 줄여주어 생육을 촉진시킨다.

> ◦ 절단전정 切斷剪定 back pruning, cutting, heading : 전정할 때 가지의 일부분을 잘라내는 것을 말한다. 튼튼한 나무의 골격으로 만들거나, 인접한 공간을 새가지를 여러 개 내서 채우고자 하거나 또는 가지가 적당하지 못한 방향으로 자라는 경우에 실시한다.

㉡ 정지전정으로 착과수를 조절하는 데 있어 지나친 절단은 오히려 엽수가 감소하여 수세를 약화시키게 되므로 주의해야 한다.

> ※ 적화 摘花 와 적과 摘果 : 과수 등에서 개화수 開花數 가 너무 많을 때에 꽃망울이나 꽃을 솎아서 따주는 것을 적화 摘花 라고 하고, 착과수 着果數 가 너무 많을 때에 과수를 솎아주는 것을 적과 摘果 라고 한다.

(4) **수체** 樹體 나무의 형상 **의 기본생리**

① **잎의 탄소동화작용(광합성)**

잎에 있는 엽록소는 빛 에너지와 공기 중의 탄산가스(CO_2), 토양 중의 물을 이용하여 탄수화물을 만들어 낸다. 따라서 잎이 적당하고 균일한 분포를 이룰 때 수광상태를 좋게 하여 안정된 수세유지와 개화결실에 도움이 된다.

② 가지의 세력

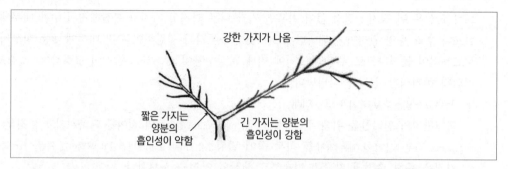

가지는 발생 각도가 '수직방향'일수록, '굵을수록', '길수록' 생장이 좋고, 같은 굵기의 가지라도 양분의 '직상성'과 '흡인성'으로 인해 '위쪽'에 위치한 가지가 잘 자란다.

> ○ 양분의 직상성 直上性 : 양분은 위쪽으로 향하여 곧바로 상승하는 성질이 강하다. 늘어진 가지보다 직립지에서 발아나, 새가지의 자람이 빠르다.
> ○ 양분의 흡인성 吸引性 : 가지길이, 크기에 따라 수액 유동에 차이가 있다. 긴 가지, 큰 가지일수록 생장도 왕성하고 세력도 강하다.

③ 신초 新梢 new shoot 새가지 의 발아

ㄱ 일반적으로 가지의 끝 頂端 정단 에 있는 눈이 가장 왕성하게 생장하고 끝에서 멀수록 생장력이 떨어지며 기부 基部 기초가 되는 부분 에 있는 눈은 숨은 눈이 된다.

ㄴ 가지는 수평상태 또는 그 이하로 휘었을 때 높은 위치에 있는 눈, 특히 가지 윗면의 눈이 강하게 자라며 가지 밑면에 있는 눈은 발아하지 못한다. 이와 같은 성질을 '정아 頂芽 줄기나 가지 끝에 생기는 눈 우세성'이라 한다.

④ 결과습성 結果習性 bearing(fruiting) habit(s) 열매가 달리는 습성

ㄱ 지난해에 발생한 봄가지와 여름가지가 결과모지가 되어 꽃을 피우는데 15 ～ 20cm의 충실한 발육지의 정부 쪽의 눈은 잎과 꽃이 함께 분화되어 유엽화가 되고, 그 아래쪽의 눈이나 세력이 약한 발육지에서는 꽃만 피는 직화 발생이 많다.

> ○ 유엽화 有葉花 : 결과모지와 봄 순이 충실하여 신초의 엽액에 '잎이 발생'하며 피는 꽃이다.
> ○ 직화 直花 leafless inflorescence, old wood bloom : 결과모지가 충실하지 않고 신초의 엽액에 '신엽이 없이' 피는 꽃이다.

ㄴ 충실한 발육지를 많이 만드는 것이 다음에 좋은 결실을 보게 되므로 적당한 수세를 유지하기 위해서는 전정으로 균형을 유지해 주어야 한다.

ㄷ 전년에 결실한 '과경지' 果梗枝 와 과다 착과로 세력이 약한 '단과지' 짧은 열매가지란 뜻으로 길이 5cm 내외의 과실이 달리는 가지, 도장지 徒 무리 도 長 나아갈 장 枝 지나치게 자란 가지 등은 다음해 꽃을 피우지 않거나 부실한 꽃을 피우게 된다.

(5) 정지 · 전정의 기본원리

① 전정이 나무의 생리에 미치는 영향

㉠ 새가지의 왕성한 신장과 전체 생장의 감소 : 전정 후 남겨진 가지에 양분과 수분의 공급이 많아져 새가지의 신장이 왕성해지나 전체적으로 보면 전정하지 않은 경우에 비해서 새가지 수는 감소해 신초의 총 신장량과 엽면적은 감소되고, 이로 인해 주간 비대량과 뿌리의 생장도 감소되어 결과적으로 나무 전체의 생장은 감소한다.

㉡ 새가지 수 감소에 따른 꽃눈 수 감소 : 강전정을 하면 마치 부분적으로 나무에 질소질비료를 공급하는 것처럼 C/N율을 저하시켜(광합성의 저하로 탄소↓/질소 비율을 나타내 탄소 비중보다 질소비중이 높아짐) 유목의 결과연령 結果年齡 이 지연되고 성목에서도 새가지 수가 감소되어 꽃눈 수도 감소된다. 그러나 전정이 없으면 수관이 복잡해져 꽃눈이 형성되지 않고 나무가 빨리 노쇠하여 경제수령이 단축될 수 있다.

> ◦ 결과연령 結果年齡 fruit bearing age : 열매가 달리기까지 걸리는 기간으로 묘목을 심어 처음으로 개화 결실되는 수령이다.

㉢ 과실의 크기와 수량의 증가 : 전정은 일반적으로 과실의 수를 감소시켜 크기를 증가시키며 수량을 증가시키는 경우도 많다. 그러나 지나친 전정은 오히려 가지의 신장을 조장해 과실이 작고 균일하지 못하게 되는 결과를 초래할 수 있다.

㉣ 내한성의 약화 : 정지와 전정은 수체의 내한성 耐寒性 을 약화시키는 경향이 있다. 특히 강전정의 경우 가지의 생장이 지속되면서 동해를 받을 우려가 있다.

② 전정의 기본원칙

㉠ 나무의 지상부와 지하부의 관계 고려 : 정지와 전정으로 가지를 잘라내면 그만큼 뿌리도 소실되므로 지상부와 지하부의 상호관계를 염두에 둔 정지와 전정이 이루어져야 한다.

㉡ 생장작용과 생식작용의 상충관계 고려 : 생장이 왕성하면 개화의 결실이 불량해지고 개화의 결실이 과해지면 생장이 적어지는 상반되는 작용을 재배 목적에 맞게 조화를 이루도록 해야 한다.

㉢ 절단전정과 솎음전정의 비율 고려

ⓐ 절단전정 : 새로운 가지가 많아지고 투광이 불량해지며 질소 축적량이 증대되어 생장작용이 왕성해진다.

ⓑ 솎음전정 : 가지 사이 틈이 넓어져 투광량이 많아지므로 화아형성과 결실량도 많아진다.

ⓒ 목적에 따른 비율

가. 수세회복이 목적인 경우 : 절단전정과 솎음전정의 비율을 7 : 3으로 전정하는 것이 바람직하다.

나. 결실유도가 목적인 경우 : 그 반대의 비율로 전정하고 수세와 결실이 좋은 나무는 비슷한 비율로 전정하는 것이 바람직하다.

ⓡ 강전정과 약전정의 비율 고려

ⓐ 강전정 強剪定 : 나무 전체의 엽면적이 감소되므로 광합성이 저하되어 수체 내의 탄소함량은 줄고 질소함량이 높아지게 되어 '생장작용'이 왕성해지고 '생식생장'은 둔화된다.

ⓑ 약전정 弱剪定 : 엽수가 증대되어 탄수화물 축적이 많아지므로 '생식생장'이 촉진된다.

(6) 수형 구성

① 입목형 정지(주간형, 변칙주간형, 개심자연형, 배상형)

㉠ 주간형 主幹型 central leader type : 원줄기를 수관 상부까지 존속시키고 원가지를 그 주변에 배치하는 수형으로서 자연상태로 방임하면 주간형으로 자라기 쉽다.

ⓐ 과수의 생장특성에 가장 가까운 수형으로서 수형 구성이 쉽다.

ⓑ 수관 확대가 빠르며 초기 수량이 많다.

ⓒ 수령이 증가함에 따라 수고가 너무 높아져서 관리하기 불편하다.

ⓓ 위쪽 가지의 세력이 강해지는 반면에 아래쪽 가지는 쇠약해진다.

ⓔ 수관 내부에 햇볕의 투과가 불량하여 과실의 품질저하·착과불량이 생긴다.

㉡ 변칙주간형 變則主幹型 modified leader form(type) : 주간형의 단점인 높은 수고와 수관 내부의 광부족을 시정한 수형이다.

ⓐ 주간형에서 수관머리부, 즉 주간연장부를 제거하여 수관 내부에까지 햇볕의 투과를 좋게 하고, 수고가 낮아지므로 각종 관리가 주간형보다 편리하다.

ⓑ 상하단지의 세력균형을 쉽게 유지할 수 있다.

ⓒ 적당한 수의 원가지가 형성된 후 원줄기 선단부 세력을 서서히 억제하여 원가지의 발달을 촉진시켜 수폭을 넓힌 다음 최상단의 원가지가 거의 완성되었을 때 주간연장부를 제거하여 수형을 완성시킨다.

㉢ 개심자연형 開心自然型 open-center-natural form : 배상형의 단점을 개선한 수형으로서 원줄기가 수직방향으로 자라지 않고 개장성인 과수에 적합한 수형이다.

ⓐ 짧은 원줄기에 2 ~ 4개의 원가지를 배치하되 원가지 간에 15cm 정도의 간격을 두어 바퀴살가지 원줄기나 원가지의 거의 같은 위치에서 세 개 이상 나온 가지 가 되는 것을 피한다.

ⓑ 원가지는 곧게 키우되 비스듬하게 세워 배상형보다 결과부위가 입체적으로 구성된다.

ⓒ 수관 내부가 완전히 열려 있으므로 햇볕의 투과가 양호하고, 과실 품질이 좋으며, 높이가 낮아 관리하는 데 편리하다.

㉣ 배상형(기본개심형) 盃狀形 vase shape 꽃병, 술잔모양 : 짧은 원줄기 상에 3 ~ 4개의 원가지를 거의 동일한 위치에서 발생시켜 외관이 술잔모양으로 되는 수형이며 근래에는 별로 이용되지 않는다.

ⓐ 수관 내부에 햇볕의 투과가 좋고 수고가 낮아 관리하는 데 편리하다.

ⓑ 수령이 증가함에 따라 과실의 무게로 원가지가 늘어져서 결과부위가 평면적으로 나타나며 수량이 적다.

ⓒ 기계작업이 곤란하며 원가지가 바퀴살가지를 이루고 있어 찢어지기 쉽다.

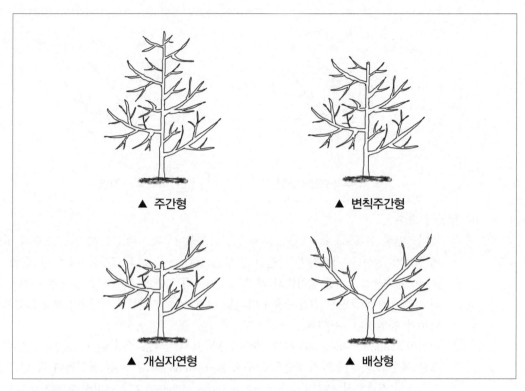

▲ 주간형　　　　　▲ 변칙주간형

▲ 개심자연형　　　　　▲ 배상형

② 울타리형 정지

　㉠ 교목성 과수(타투라 트렐리스형과 Y자형)

> ◦ 교목 喬木 tree : 키가 8m 이상으로 크게 자라는 나무를 교목이라고 하며, 키가 작은 관목과 구분하여 부른다.
> ◦ 관목 灌木 shrub : 높이가 2m 이내이고 중간 크기 이하의 나무를 관목이라고 한다. 관목은 다 커도 5~6m 이상으로 자라지 않는다.

　　ⓐ 타투라 트렐리스형 : 타투라 트렐리스 Tatura 호주의 도시 trellis 격자 구조물 형은 1970년대 말에 오스트레일리아(호주)에서 복숭아나무의 수형으로 개발되었으며 열간거리를 6m, 주간거리를 0.9m로 하고, 원가지를 열간방향으로 지상 30cm 부위에서 나무당 2개씩 구성하여 수평방향과의 각도를 60~70°로 키우고 수고는 약 3.5m로 하고, 옆줄 나무와의 가지 끝의 간격은 약 2m가 된다.

　　ⓑ Y자형 : 근래 우리나라에서 배나무에 많이 보급되고 있는 Y자형은 원가지의 각도를 45° 정도로 하고, 수고는 약 2.5m, 가지의 끝은 옆줄 나무와 닿을 정도로 키우는 것 등 정지방법에 있어서 타투라 트렐리스형과 다소 차이가 있으나 본질적으로는 동일한 수형으로 이 수형은 Y자형 지주를 세워주어야 한다.

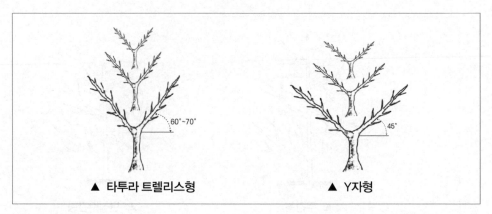

▲ 타투라 트렐리스형   ▲ Y자형

ⓛ 덩굴성 과수

   ⓐ 웨이크만식 수형 wakeman's training system : 포도나무의 수형으로서 먼저 상단과 하단에 2단의 철선을 가설하며 상단의 철선은 150cm 높이의 T자형 지주 양 끝에 약 90cm 간격으로 2개를 설치하고 약 25cm 아래쪽 하단에 추가로 철선을 설치한다. 그리고 하단에서 유인된 원가지에서 자라는 결과지(열매가지)를 상단의 2개의 철선으로 나누어 유인하는 수형이다.

   ⓑ 니핀식 Kniffin's training system 과 개량니핀식 : 니핀식은 주간 主幹 trunk 원줄기 을 수직으로 세우고 좌우에 각각 2단으로 주지 主枝 main branch 원가지 를 유인하여 각 단의 원가지에서 결과모지 結果母枝 bearing mother branch 열매어미가지 와 예비지 豫備枝 노쇠한 가지를 바꾸기 위하여 예비로 남겨 두는 새가지 를 좌우 양 쪽에 한 개씩 남겨 수평으로 유인하고 여기에 신초 新梢 새가지, 열매가지 를 아래로 늘어뜨려 키우는 방법으로 예비지에서 2 ~ 3개의 충실한 새가지를 받아 이듬해의 결과모지(열매어미가지)와 예비지로 활용한다. 개량니핀식은 영구 원가지를 두고 그 위에 결과모지(열매어미가지)를 두고 매년 단초전정을 실시하여 열매가지를 얻는 방식이다.

> ∘ 단초전정 短梢剪定 short pruning : 1년생 가지를 결과모지로 할 때, 마디만 짧게 남기고 절단하는 포도 등의 전정방법이다.

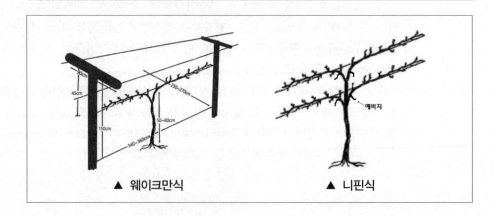

▲ 웨이크만식   ▲ 니핀식

ⓒ 평덕형 : 생육기간 중 비가 많이 오거나 바람의 피해가 심한 곳에서 과습過濕과 다우多雨
조건하에서의 병해발생을 줄이기 위한 방법이다. 덕柵shelf 선반. 나뭇가지 사이 등에 물건들을
얹어 놓기 위하여 걸쳐 맨 긴 형태의 것을 만들고 원줄기를 덕 밑까지 키운 후 원가지, 결과모지
(열매어미가지) 등을 여러 형태로 배열시켜 열매가 높은 곳에 달리게 하는 유형이다.

ⓐ 일자형 수형 : 평덕형 정지 중 가장 간단한 수형이다. 웨이크만 수형에서 원줄기의
높이를 높게 한 수형으로 원줄기를 1.5 ~ 1.8m 높이로 하고 여기에 원가지를 앞뒤로
직선으로 키워 영구주지를 만든 다음 단초전정을 하는 방법으로 평덕에 새가지를 유
인하는 방법이다. 최근에는 개량일자형을 많이 사용하고 있다.

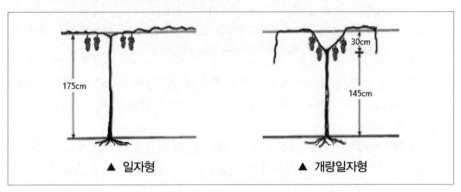

▲ 일자형　　　　　　▲ 개량일자형

ⓑ H자와 WH자형(양방향 4주지형) : H자와 WH자형(양방향 4주지형)은 주지主枝main
branch 원가지를 앞 뒤 각각 2개 또는 4개 배치하는 방법으로 단초전정短梢剪定 가지의 길이
를 짧게 자르는 전정을 하며, 원가지 간의 거리는 200 ~ 220cm 정도로 하고 결과모지結果
母枝bearing mother branch 열매어미가지의 간격은 20 ~ 25cm 정도로 하는 것이 좋다.

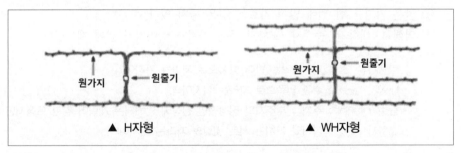

▲ H자형　　　　　　▲ WH자형

ⓒ 올백all back 식 수형 : 경사를 이룬 포도원에서 기본적으로 일자형, H자형, WH자형
을 유지하며 원가지를 경사의 위쪽 방향으로 키우는 정지법이다.

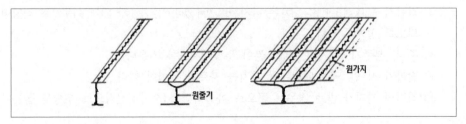

(7) 정지 · 전정의 시기와 정도

① 시기

㉠ 봄 전정 : 일반적인 경우로서 굵은 가지를 자르거나 수형에 지장을 주는 가지, 불필요한 가지 그리고 죽은 가지 등을 전정한다. 대개 월동 후부터 발아 전까지 실시하며 적기는 3월 중순 · 하순경이고 겨울이 추웠던 곳은 약간 늦게 실시한다.

㉡ 5월 전정 : 꽃이 너무 많이 맺힌 경우 발육지 발생을 유도하는 예비지를 선정하는 것이 목적이다. 꽃망울이 터지기 전 5월 상순 · 중순경이 적당하다.

> ◦ 발육지 發育枝 vegetative branch : 과수의 신초 new shoot 당년에 자라난 가지. 새가지 를 꽃이나 과실의 착생유무에 따라서 그것들을 '결과지'와 '발육지'로 분류한다. 충실하게 자란 발육지는 이 듬해 결과모지로 이용되거나 부주지로 이용된다.

㉢ 가을 전정 : 하추지 夏秋枝 가 과다하게 발생한 경우 솎아주는 전정이며 예비지 豫備枝 노쇠한 가지를 바꾸기 위하여 예비로 남겨 두는 새가지 선정을 같이 하며 10월 하순경에 주로 실시한다.

② 전정의 정도

풍작이 예상되는 경우 전정을 할 때 절단전정의 비율을 다소 많이 하고, 흉작이 예상되면 꽃망울이 나오는 것을 확인하면서 4월 상순경쯤 불필요한 가지의 솎음전정 위주로 약전정한다.

(8) 정지 · 전정상의 유의점

① 일정한 거리를 두고 수관을 고루 살핀 후에 전정을 한다.
② 분지 각도가 좁은 가지는 찢어지기 쉽다.
③ 한 곳에 너무 많은 상처를 남기지 않도록 한다.
④ 굵은 가지를 한 번에 많이 자르는 것은 좋지 않다.
⑤ 역행지, 내향지, 중수지, 교차지 등은 가지가 굵어지기 전에 제거한다.

> ◦ 역행지 逆行枝 : 키워가려는 반대 방향으로 자라는 가지이다.
> ◦ 내향지 內向枝 : 수관 안쪽으로 자라는 가지이다.
> ◦ 중수지 重垂枝 : 주지나 부주지의 정상적인 신장에 방해되는 세력이 강한 도장지인 가지이다.
> ◦ 교차지 交叉枝 : 가지와 가지가 서로 엇갈려 자라는 가지이다.

⑥ 지나치게 신장된 가지는 적당한 길이로 단축해 준다.
⑦ 연장되어야 할 가지 끝부분의 밀집된 가지는 연장부 바로 밑을 정리한다.
⑧ 직립지 直立枝 위로만 뻗는 가지 는 나지 裸枝 잎이 없이 벗은 가지 가 되기 쉬우므로 적당한 엽수가 확보되도록 힘써야 한다.
⑨ 주지, 부주지, 측지의 선단부분이 뚜렷해지도록 키운다.
⑩ 발아가 잘 안 되는 위치에서 가지를 자르지 말아야 한다.
⑪ 직립성 가지가 많은 경우는 끈으로 유인하면서 전지 · 전정으로 수형을 잡는다.

4 과수의 전정

(1) 의의
① 과수 등은 정지를 위해서나 생육과 결실의 조절·조장하기 위해 전정을 한다.
② 좋은 과실을 생산하기 위해서 결과습성 結果習性 bearing(fruiting) habit(s) 열매가 달리는 습성 을 잘 파악해야 한다.

> ✎ 더 알아보기 **과수별 결과습성**
>
> ▌1 1년생 가지 : 포도, 감귤, 감 등
> ▌2 2년생 가지 : 복숭아, 매실, 자두 등
> ▌3 3년생 가지 : 사과, 배 등

(2) 전정의 효과
① 원하는 수형 樹形 type of trees 수목의 뿌리·줄기·가지·잎 등의 외형 을 만들 수 있다.
② 노쇠한 가지, 죽은 가지, 병충해 입은 가지 등을 제거해서 새가지로 갱신하면 결과 結果 bearing 과실의 형성 를 좋게 할 수 있다.
③ 수광, 통풍을 좋게 한다.
④ 결과부위 結果部位 bearing part 열매가 맺는 위치 의 상승을 막아 공간을 확보하고 보호·관리하기가 편리해진다.
⑤ 결과지 結果枝 bearing branch 열매가 열리는 가지 를 적절히 절단하여 결과를 효율적으로 조절함으로써 격년결과 隔年結果 를 예방하면서 적과 摘果 의 수고를 덜어준다.

> ◦ 격년결과 隔年結果 biennial bearing, alternate year bearing : 과일이 한 해는 많이 열리고 한 해는 적게 열려서 해마다 결실이 고르지 않은 현상을 의미한다. 해거리라고도 하며 전자를 성년 成年, 후자를 휴년 休年 이라고 한다.
> ◦ 적과 摘果 fruit thinning : 해거리를 방지하고 크고 올바른 모양의 과실을 수확하기 위하여 알맞은 양의 과실만 남기고 따버리는 것이다. 과실의 착생수가 과다할 때에 여분의 것을 어릴 때에 적제하는 것이다.

5 결실의 관리

(1) 생리적 낙과 落果 fruit drop 과수에서 개화한 것 모두가 결실·성숙되지 않고 발육 도중에 떨어짐
① 낙과의 종류
㉠ 기계적 낙과 機械的 落果 : 폭풍우나 병충해에 따른 낙과를 의미한다.
㉡ 생리적 낙과 生理的 落果 : 이층 離層 이 발달하여 낙과하는 경우를 의미한다.

> ∘ 이층 離層 absciss layer : 잎, 과실, 꽃잎 등이 식물의 몸에서 떨어져 나갈 때, 연결되었던 부분에 생기는 특별한 세포층이며 '탈리층' 또는 '떨켜'라고도 한다.

② 생리적 낙과의 원인

　㉠ 수분, 질소, 탄수화물 등의 과부족

　㉡ 유과기 幼果期에 −1 ~ −2℃ 정도의 저온으로 인한 동해 凍害 freezing injury

　㉢ 불완전한 생식기관의 발육

　㉣ 배 발육의 중지

　㉤ 단위결과성이 약한 품종

> ∘ 단위결과성 單爲結果性 : 속씨식물에서, 수정이 되지 아니하였는데도 단순히 어떤 자극에 의하여 씨방이 발달하여 열매가 생기는 현상(자연 상태 – 밀감 · 파인애플 등, 인공적 – 포도 등)이다.

③ 생리적 낙과의 대비

　㉠ 꽃눈이 충실하도록 키운다.

　㉡ 질소비료의 과부족을 막으면서 영양공급을 적절히 조절한다.

　㉢ NAA(나프타린초산) Naphthalene acetic Acid 및 IAA(인돌초산) Indole acetic acid 등의 옥신류 생장호르몬 처리를 한다.

　㉣ 건조시기에 멀칭, 관수 및 중경 등을 실시한다.

(2) 결실의 조절

① **적심** 摘心 pinching

생육 중인 작물의 주경 主莖 main stem 제일 먼저 나오거나 중심이 되는 줄기 이나 주지 主枝 main branch 원가지. 나무에서 주간으로부터 분지된 주가 되는 가장 굵은 가지 의 선단의 생장점을 잘라서 그 생장을 억제하고 측지 側枝 lateral branch 곁가지. 주지(主枝)에서 옆으로 뻗어 나온 가지 의 발생만을 많게 하여 개화 開花, 착과 着果, 착립 着粒 grain setting, seed setting 알달림 등을 촉진하는 것이다.

② **적뢰** 摘蕾 flower bud pinching 꽃봉오리 따기

꽃봉오리가 너무 많이 달린 경우 이것을 솎아내어 조절하는 것이다. 결실을 좋게 하며 가지가 부러지는 것을 예방할 수 있다.

③ **적아** 摘芽 bud picking

'액아' 腋芽 를 일부 또는 전부 제거하는 것으로서 식물체의 영양과 호르몬의 균형을 변화시켜 주축, 특정한 가지, 꽃, 잎 혹은 과실 또는 지하부, 덩이뿌리 등의 발생과 발육을 조절할 수가 있다.

> ∘ 액아 腋芽 auxiliary bud, lateral bud : 가지의 선단에 생기는 눈을 '정아'라고 하는데, 정아보다 아래쪽에 생기는 눈을 '액아'라고 한다.

④ **적엽** 摘葉 defoliation

잎이 과도하게 무성하거나 하부의 낡은 잎 때문에 통풍 通風, 통광 通光 이 나빠질 때 일부의 잎을 제거하는 것이다.

⑤ **환상박피** 環狀剝皮 girdling

㉠ 화아분화나 숙기를 촉진시킬 목적으로 줄기나 가지의 껍질을 3 ～ 6cm 정도 둥글게 도려내는 것이다.

㉡ 과수재배에서 환상박피를 하는 경우 박피된 그 윗부분에 탄수화물의 축적을 유도, 촉진하게 되며 개화와 결실이 조장되게 된다.

⑥ **절상** 切傷 notching 윤절 輪截

눈이나 어린 가지의 바로 위에 가로로 깊은 칼금 칼날에 스쳐서 생긴 가는 금 을 넣는 경우 그 눈이나 가지의 발육이 촉진된다.

⑦ **적화** 摘花 flower thinning, deblossoming, defloration, flower removal

㉠ 적화란 과수 등에서 개화수 開花數 가 너무 많을 때 꽃망울이나 꽃을 솎아서 따주는 것을 말한다.

㉡ 조기에 적화를 해주면 과실의 발육이 좋아지고 시비량도 줄일 수 있다. 근래에는 식물생장조절제 植物生長調節劑 를 많이 이용하는 추세이다.

⑧ **적과** 摘果 fruit thinning

㉠ 착과수 着果數 가 너무 많을 때 여분의 것을 어릴 때에 솎아내어 따주는 것이다.

㉡ 해거리를 방지하면서 양질의 과실을 수확하기 위해 알맞은 정도의 과실만 남기고 따는 형태이다. 감자의 경우 덩이줄기의 발육이 조장된다.

⑨ **인공수분** 人工受粉 artificial(= hand) pollination

㉠ 과수의 꽃에 꽃가루를 암술의 머리에 묻혀주어 인공으로 수분시키는 법이다.

㉡ 자가불화합성을 해결하는 수단이 된다.

> ◦ **자가불화합성** 自家不和合性 self-incompatibility : 유전적으로 동일한 식물체의 꽃가루를 암술에서 인식·분해하여 '자가수정'을 막고 '타가수정'을 유발시킴으로써 유전적 다양성을 증대시키는 현상을 의미한다.

⑩ **단위결과(씨 없는 과실)의 유도**

㉠ 씨가 없는 과실은 상품가치를 높일 수 있으며, 포도·수박 등에서는 단위결과를 유도하여 씨 없는 과실을 생산하고 있다.

㉡ 수박에서는 3배체나 상호전좌(방사선처리로 염색체가 자리를 바꿈)를 이용해서 씨 없는 수박을 만들고 있으며, 포도에서는 지베렐린 gibberellin 처리에 의해서 단위결과를 유도하고 있다.

> ◦ 단위결과單爲結果 : 속씨식물에서, 수정이 되지 아니하였는데도 단순히 어떤 자극에 의하여 씨
> 방이 발달하여 열매가 생기는 현상을 말한다. 자연상태에서는 밀감, 파인애플 따위에 나타나며,
> 인공적으로는 포도 따위에 나타나게 할 수 있다.

⑪ 유인

덩굴성 식물의 경우 지주를 세우고 덩굴을 유인하는 것으로 자재비와 노력이 많이 들므로 생
력화(기계화)가 필요하다.

  ㉠ 유인의 장점
    ⓐ 토지를 입체적으로 이용하여 밀식, 다수재배를 할 수 있다.
    ⓑ 수광태세를 향상시켜 병해발생과 과실의 부패를 방지한다.
    ⓒ 수확의 편리를 돕는다.
  ㉡ 방법
    ⓐ 지주와 그물을 이용하되 지면에 수직인 울타리를 쳐서 유인하는 방법
      예 스위트피, 덩굴장미, 부겐빌레아 등
    ⓑ 지면에 수평으로 그물을 쳐서 유인하는 방법
      예 카네이션, 국화, 금어초, 스토크 등
    ⓒ 지주막대기 또는 끈만으로 유인하는 방법
      예 노지함박꽃, 달리아 등

(3) 착과제 처리

① 착과제의 처리 목적은 수분 및 수정이 불확실할 때 단위결과를 유도시키는 것이다.
② 대부분의 과실은 수정의 결과 이루어지는 종자의 형성과 더불어 발육하지만 때로는 수정이
   되지 않고도 자방이 발육하여 과실을 형성하는 단위결과가 발생하기도 한다.
③ 씨가 없는 과실은 상품가치를 높일 수 있으며, 포도, 수박 등에서는 단위결과를 유도하여 씨
   없는 과실을 생산하고 있다. 「포도」에서는 '지베렐린산(GA)' Gibberellic acid 처리, 「수박」에서
   는 '콜히친'을 이용하여 3배체를 생산한다.

> ◦ 콜히친 colchicine : 식물인 콜키쿰 Colchicum autumnale 의 씨앗이나 구근에 포함되어 있는 알칼로
> 이드(= 식물 독성) 성분이다. 식물에서는 염색체 분리를 저해하므로 씨 없는 수박을 만드는 데에도
> 사용된다.

🖋 더 알아보기 **씨 없는 수박**

수박은 원래 2배체(2n)인데, 이것을 '콜히친' 처리를 통하여 4배체(4n)로 만든다. 그리
고 4배체의 암술이 정상적인 2배체의 꽃가루를 수분하여 3배체(3n)의 씨가 나오는데,
이것을 심으면 종자가 제대로 발전하지 않아 씨 없는 수박이 자란다.

④ 토마토의 재배에는 착과제 토마토톤 Tomatotone 식물생장 촉진제 의 처리가 실용화되어 있으나 공동과 空洞果 의 발생이 증가하는 폐단이 있다.

> ○ 공동과 空洞果 puffy fruit : 토마토와 가지의 과실에서 종자를 싸고 있는 태좌부의 발달이 과피부의 발달에 비해 나쁘게 되어 공간이 생긴 과실을 말한다.
> ○ 태좌 胎座 placenta : 씨방(자방)에서 밑씨가 달리는 부위를 말한다.
> ○ 과피 果皮 pericarp : 열매의 씨를 둘러싸고 있는 부분으로 씨방 벽이 발달하여 이루어졌으며, 외과피·중과피·내과피로 나누어진다.

(4) 클라이맥터릭 climacteric

① 개념

과채가 성숙이나 노화 과정에서 일시적으로 호흡이 증가하는 현상을 '클라이맥터릭'이라고 한다.

② 클라이맥터릭의 단계

과채는 호흡을 하는데, 수확기가 가까워지면 최소치인 '클라이맥터릭 미니멈'(최소치)에 달했다가 완숙 직전에 다시 증가되는데 이때를 '클라이맥터릭 라이즈'(증가)라고 한다. 그리고 호흡량이 계속 증가하여 최고치인 '클라이맥터릭 맥시멈'(최대치)에 이르게 된다.

③ 과채의 수확 적기

과채의 수확 적기는 호흡량이 최저에 달했을 때부터 약간 증가되는 초기단계인 클라이맥터릭 라이즈에 이르는 시기이고, 이때 수확하는 과채는 저장력이 강하고 품질도 우수하다. 그러나 클라이맥터릭 라이즈가 지나면 과채는 급속히 물러지므로 적어도 이 기간 동안에는 수확해야 한다.

④ 호흡급등형과실과 호흡비급등형과실

㉠ 호흡급등형과실

ⓐ 성숙과 숙성과정에서는 호흡이 급격하게 증가하는 과실이다.

ⓑ 성숙단계에서 수확하면 수확 후 숙성이 진행되어 풍미가 더욱 좋아진다.

> 예 사과, 배, 감, 복숭아, 살구, 멜론, 키위, 수박, 무화과, 바나나, 토마토, 파파야, 망고, 아보카도

㉡ 호흡비급등형과실

ⓐ 성숙과 숙성과정에서는 호흡의 변화가 없는 과실이다.

ⓑ 수확 후 숙성이 진행되지 않으므로 풍미가 제대로 발현될 때 수확하여 저장하여야 과실 특유의 풍미를 즐길 수 있다.

> 예 가지, 오렌지, 고추, 오이, 딸기, 포도, 밀감, 양앵두, 올리브, 레몬, 파인애플

> ※ 클라이맥터릭과 에틸렌은 클라이맥터릭 과정에서 '에틸렌'이 분비되며, 에틸렌은 과실의 '색과 성숙'을 촉진하지만 '노화'도 촉진시켜 저장수명을 단축시킨다.

> ✎ 더 알아보기 **과실의 수확 적기를 판정하는 항목**
>
> ① 착색 정도에 의한 판정
> ② 만개 후 일수
> ③ 당산비(= 당도와 산도의 비율)
> ④ 전분의 요오드 반응 판정

6 복대(覆袋 : 봉지 씌우기)

(1) 의의

사과·복숭아·배 등의 과수재배에서는 적과摘果를 끝마친 다음에 과실에 봉지를 씌우는 일을 복대라고 한다. '당도'가 '감소'하는 단점이 있다.

(2) 목적

① 열과裂果 성숙기에 과피가 터지면서 과실이 갈라지는 현상를 방지하고 병해충으로부터 보호하는 기능이 있다.
② 엽록소 형성이 억제되면서 대신 안토시안anthocyan 화청소의 발달이 촉진되어 착색이 잘된다.
③ 바람, 서리, 강우나 냉해 등으로 인한 동록을 방지하기 위해 복대를 한다.

> ◦ 동록銅綠 : 사과나 배 따위의 과피가 매끈하지 않고 쇠에 녹이 긴 것처럼 거칠어지는 현상을 말한다. 사과는 골든딜리셔스, 홍옥, 쓰가루 등의 품종에, 배는 황금배와 이십세기 등의 품종에 많이 생긴다.

④ 봉지를 씌우면 숙기가 지연될 수 있으므로 출하기를 어느 정도 조절할 수 있다.

> ※ 무대재배 無垈栽培 nonbagging culture : 과실의 착색, 숙기조절, 병충해 방제 등의 목적으로 실시하던 '봉지 씌우기'를 '생략'하여 재배하는 방법이다. 노력과 비용은 크게 절감되지만 품질이 떨어질 우려가 크므로 품종의 선택, 재배기술 등으로 무대재배의 결점을 보완해야 된다.

제3절 화훼재배 및 관리

1 화훼의 분류

(1) 1년초 一年草 annual plant

① 1년 안에 발아, 생장, 개화, 결실의 생육단계를 거쳐서 일생을 마치는 화초이다.

② 특징 및 종류

ㄱ 춘파 1년초 : 봄에 파종하여 여름이나 가을에 피는 한해살이 화초이다.

예 봉선화, 코스모스, 해바라기, 천일홍, 나팔꽃, 샐비어, 백일홍 등

ㄴ 추파 1년초 : 가을에 파종하여 월동 후에 꽃이 피며 서늘한 기후에서 잘 자라고 저온 감응을 받아야 개화된다.

예 안개꽃, 물망초, 양귀비, 금잔화, 시네라리아, 팬지, 데이지, 피튜니아, 금어초, 버베나 등

(2) 2년초(두해살이 화초)

그해에 싹이 터서 그 이듬해 자라서 꽃이 피고 열매를 맺은 뒤 죽는 화초이다. 즉, 싹이 나서 죽을 때까지의 생활기간이 두해살이인 화초이다.

예 접시꽃, 종꽃(캄파눌라), 석죽 등

(3) 숙근초 宿 잠잘 숙 根草 **(여러해살이 화초)**

여러 해 동안 살아가는 화초이다. 겨울에 땅 위의 지상부 기관은 죽어도 땅 속의 뿌리기관은 살아서 이듬해 봄에 다시 새싹이 돋는다.

① 노지 숙근초

내한성이 강한 유형으로서 노지 露이슬 로(노) 地 지붕 따위로 덮거나 가리지 않은 땅 에서도 자라고 여러 해를 사는 화초이다.

예 접시꽃, 달맞이꽃, 꽃창포, 원추리, 옥잠화, 작약, 금낭화 등

② 반노지 숙근초

내한성이 약한 유형으로서 겨울 동안 나뭇잎이나 짚으로 덮어줄 필요가 있다.

예 국화, 카네이션 등

③ 온실 숙근초

내한성이 약한 유형 중에서 온실에서 생육하는 것이 바람직한 화초이다.

예 칸나, 베고니아, 일일초, 군자란, 델피늄, 제라늄, 아나나스, 마란타 등

(4) 구근류 球根類 bulbous plant

① 의의

땅 속에 알뿌리의 저장기관을 형성하는 작물이다. 건조기가 장기에 걸쳐 나타나는 지역에 주로 자생한다.

② 구근의 분류

　　㉠ 형태별 분류

　　　　ⓐ 인경 鱗비늘 린(인) 莖 – 비늘줄기 : 짧은 줄기에 잎이 비대한 인편이 모여 구를 이루는 유형이다.

　　　　　　예 백합, 수선화, 튤립, 히야신스 등

　　　　ⓑ 구경 球구슬 구 莖 – 구슬줄기 : 줄기 부분에 양분을 저장하는 형태로 줄기의 밑 부분이 비대한 유형이다.

　　　　　　예 프리지아, 글라디올러스, 크로커스 등

　　　　ⓒ 괴경 塊덩어리 괴 莖 – 덩이줄기 : 줄기의 밑 부분이 덩어리 형태로 비대해진 유형이다.

　　　　　　예 아네모네, 칼라, 시클라멘, 칼라디움 등

　　　　ⓓ 근경 根뿌리 근 莖 – 뿌리줄기 : 땅 속에서 수평으로 얕게 뻗는 줄기에 양분을 저장하여 비대해진 유형이다.

　　　　　　예 칸나, 아이리스 등

　　　　ⓔ 괴근 塊덩어리 괴 根뿌리 근 – 덩이뿌리 : 뿌리에 양분을 저장하여 덩어리 형태로 비대해진 유형이다.

　　　　　　예 작약, 다알리아, 라넌큘러스 등

　　㉡ 심는 시기에 따른 분류

　　　　ⓐ 춘식 구근 : 노지월동이 불가능한 유형으로서 가을에 캐내어 겨울 동안 10 ~ 15℃에서 저장하였다가 다음 해 봄에 심는 화초이다. 건조에 강하여 척박한 토양에서도 잘 자란다.

　　　　　　예 칸나, 다알리아, 글라디올러스 등

　　　　ⓑ 추식 구근 : 가을에 노지에 심고 월동시키면 다음 해 봄에 개화하는 화초이다. 서늘한 조건에서 잘 자라지만 춘식 구근에 비해 토양이 비옥해야 하고 건조에도 약한 편이다.

　　　　　　예 백합, 튤립, 아이리스, 수선화, 크로커스, 무스카리 등

　　　　ⓒ 온실 구근 : 내한성이 약한 유형으로 겨울에 얼 수 있기 때문에 온실 안에서 재배하는 화초로서 주로 화분을 이용한 장식용으로 실내에서 재배한다.

　　　　　　예 프리지아, 히야신스, 구근베고니아, 글록시니아, 아마릴리스 등

2 종자의 발아 및 파종

(1) 발아단계

종자의 발아를 보다 상세하게 구분하면 수분흡수기, 생리적 변화기, 발아후성장기의 단계로 나눌 수 있다.

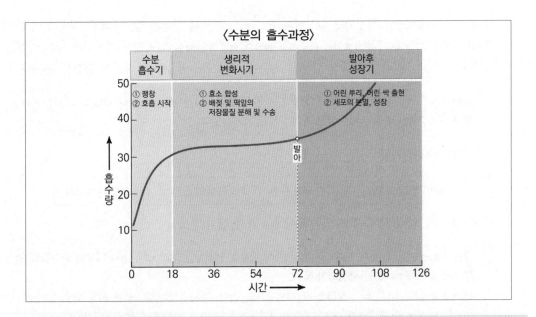

PART 03

- 종자種子 seed 씨 또는 씨앗 : 종자식물인 겉씨식물과 속씨식물의 '번식'에 필요한 기본 물질 가운데 하나 이다. 밑씨胚珠 ovule 배주 가 발달하여 만들어지며, 성숙하면 보통 안쪽에 배胚 embryo 와 배젖胚乳 endosperm 배유 이 자리 잡고, 바깥쪽에서 씨껍질種皮 seed coat 종피 이 싸고 있다.
- 발아發芽 germination : 보통 종자 씨앗 속에 들어있는 식물이 성장을 시작하는 시점을 뜻하며, 속씨식물이나 겉씨식물의 종자로부터 '유묘' seedling 가 '자라나오는 것'이다.

① 1단계(수분흡수기)

수분흡수 ⇨ 종피(껍질)연화, 원형질 수화현상 ⇨ 단백질 등이 물 흡수 ⇨ 호흡 시작

건조 종자가 물을 흡수하여 세포의 구성 성분들이 다시 수화水和 되면서 종자가 부풀어 오르게 된다. 이는 주로 세포벽과 저장 단백질 및 저장 다당류가 물을 흡수하면서 진행된다. 씨앗이 물을 흡수하면 종자에서 대사작용이 다시 시작되며 동시에 종자의 호흡이 시작된다.

- 수화水和 hydration : 물속에 분산된 입자, 용질 또는 이온이 용매인 물분자와 상호작용을 나타내 어 자유수로서의 성질을 잃고 그 일부가 결합하여 용질입자와 집단을 만드는 현상이다.

② 2단계(생리적 변화기)

저장양분 분해효소의 생성 및 활성화 ⇨ 배유(배젖) 혹은 떡잎에 저장된 양분 분해 ⇨ 씨눈에 에너지 공급 ⇨ 씨눈의 생장 개시

저장양분 분해효소가 생성되고 활성화된다. 그리고 씨앗에 있는 녹말, 단백질, 지방 등이 분해되어 외떡잎식물의 배유胚乳albumen 배젖, 씨젖 에, 쌍떡잎식물의 떡잎에 저장되어 있는 양분을 분해하게 된다. 이러한 분해된 양분은 씨눈에 에너지로 공급되어 씨눈의 생장을 돕는다.

> ○ 씨눈embryo : 식물의 씨앗 조직 내에 있는 발생 초기의 어린 식물로 장차 차세대 식물체가 되는 부분이다. 자엽, 배축, 유아, 유근의 네 가지로 되어 있다.

③ 3단계(발아후성장기)

> 종피(껍질)의 열림 ⇨ 유근, 유아 출현 ⇨ 저장양분의 소진 ⇨ 독립영양시기(광합성)

종피(껍질)가 열리고 '유근'幼根 과 '유아'幼芽 가 출현한다.

> ○ 유근幼根radicle 어린뿌리 : 종자가 발아한 후 최초로 생성되는 뿌리이다. 종자 내부의 배조직의 일부로서 발아 전에 이미 형성되어 있다.
> ○ 유아幼芽plumule 어린싹 : 상배축 끝 부위에 해당한다. 종자가 발아할 때 맨 처음 위로 올라오는 싹으로 배에 이미 분화되어 있다. 떡잎이 있는 식물은 떡잎 사이에서 돋아나는 싹이다.

▲ 콩 종자의 발아

〈출처 : 농촌진흥청〉

(2) 특수 종자의 파종 방법

① 경실종자硬實種子 껍질이 딱딱한 종자
수분이나 공기가 잘 투과되지 않고 기계적 저항이 있어 휴면이 깊고 발아력이 떨어진다.
㉠ 25℃ 미지근한 물에 2 ~ 3일 침지浸漬soaking, immersion 물속에 담가 적심 후 파종한다.
  예 나팔꽃, 시클라멘 등
㉡ 기계적 상처 모래와 섞어서 문지른 후에 파종한다.
  예 소철, 칸나, 꽃생강, 장미, 찔레꽃, 해당화 등

② 종피에 털이 있는 종자

종피의 솜털을 제거 농황산에 1분 전후로 침지·세척 후에 파종한다.

예 천일홍, 스타티스, 로단테, 목화 등

③ 배유(배젖)가 없어서 자연 상태에서 발아가 불가능한 종자

㉠ 배는 배유(배젖)를 먹고 발아하는데 난에는 일반적으로 배젖이 없어, 배젖 역할을 하는 배지를 만들어 주어야 한다.

㉡ 배지에 필요한 양분을 넣어주고 용기 내에 종자를 파종하여 발아시킨다.

예 난류

3 화훼와 생장점 배양

(1) 생장점 배양의 목적

① 다른 식물과 달리 화훼는 씨로 대를 이어 가기가 어렵다. 따라서 조직배양이라는 방법(영양번식)으로 대를 이어간다.

② 영양번식으로 증식하는 화훼식물의 경우 바이러스가 문제된다. 바이러스는 직접 방제가 불가능하기 때문에 바이러스 무병주無病株 virus-free 바이러스병이 없는 그루 생산으로 이를 극복한다.

③ '무병주'는 일반적으로 조직배양 즉, 생장점 배양을 통해서 얻을 수 있는 영양번식체로서 조직, 특히 도관vessel 식물의 뿌리에서 흡수한 물이 이동하는 통로 내에 존재하는 바이러스 등의 병이 제거된 묘苗를 말하며 '메리클론'mericlone이라고도 한다.

> ○ 묘苗 nursery plant, seedling : 이식용으로 못자리에서 키운 어린나무를 말한다. 묘목 또는 모라고도 한다.

(2) 방법

절취하는 생장점의 크기는 보통 0.2 ~ 0.5mm의 크기로 하는데, 이보다 작을 경우 생존율이 낮아지고, 이보다 크면 바이러스에 감염될 가능성이 높아진다.

4 절화 切花 cut flower

(1) 절화의 의의

꽃자루, 꽃대(또는 화경) 또는 가지를 잘라서 꽃꽂이, 꽃다발, 꽃바구니, 화환 등에 이용되는 꽃을 말한다. 절화는 대부분 비닐하우스에서 재배되어 생산할 때 살충제 및 살균제 등이 많이 사용되므로 여전히 남아 있는 이러한 유해물질에 소비자는 주의할 필요가 있다.

> ○ 적심 摘芯 topping, pinching : 생육 중인 작물의 줄기 또는 가지의 선단, 즉 생장점을 전제하는 것을 말한다.

※ 재절화 재배 : 11 ~ 2월에 걸쳐 절화한 모주를 이용해서 3 ~ 6월 2회 절화(재절화)를 하는 경우 노동력이 절감되고 재절화의 단가가 비교적 높고 안정되는 점이 있지만 상대적으로 난방비가 많이 들고 가지의 발생이 고르지 않아서 품질이 저하되는 문제가 있을 수 있다. 1회 절화는 일반재배와 동일하지만 2회 절화(재절화)를 고려해서 무적심 재배를 하는 것이 바람직하며 1회 채화 시에는 수확기간 중간부터 건조되지 않도록 관수를 하고 절화가 끝나고 모주정리를 한다.

(2) 에틸렌과 절화작물

① 에틸렌 ethylene

과일이나 채소가 숙성하는 동안 생산하는 소량의 가스이다. 에틸렌은 식물의 여러 기관에서 생성되고, 대부분의 조직에서 소량으로 존재하면서 과일의 숙성 촉진, 꽃눈 유도에 따른 개화, 낙엽(잎의 탈리) 등을 유도하거나 조절한다.

- 탈리 脫離 abscission : 식물의 잎, 꽃, 과일 등의 기관이 그 기부 基部 뿌리와 만나는 줄기의 아랫부분에 이층 離層 의 형성으로 인하여 떨어지는 현상을 의미한다.
- 이층 離層 absciss layer : 잎이나 꽃잎, 과실 등이 식물의 몸에서 떨어져 나갈 때, 연결되었던 부분에 생기는 특별한 세포층으로서 식물에 있는 수분이 빠져나가는 것과 미생물이 침입하는 것을 막는다.

② 에틸렌에 대한 반응

㉠ 에틸렌에 둔감한 작물 : 장미, 국화, 거베라 등

㉡ 에틸렌에 민감한 작물 : 카네이션, 난초과 식물 등

③ 절화에 많이 사용되는 꽃

장미, 국화, 백합, 수국, 후리지아, 카네이션, 작약, 글라디올러스, 나리 등 다양한 꽃이 절화로 사용되고 있다.

(3) 절화보존재의 구성성분과 기능

① 당의 공급

절화는 뿌리로부터 양분과 수분의 공급이 중단되어 꽃의 색상, 수명이나 크기에 큰 영향을 받을 수밖에 없으므로 여기에 필요한 당을 공급하여 절화의 품질이 유지되도록 한다.

② 살균제 첨가

절화가 담겨지는 화기, 화병 등이나 절화의 줄기 등에 세균이 증식되는 것을 억제하기 위하여 살균제를 첨가한다.

③ 산성물에 침지

낮은 pH는 미생물 증식을 억제하고, 줄기의 도관 내의 수분흡수를 촉진시켜 절화의 수명을 연장하는 데 도움이 된다. 절화를 보존하는 용액의 pH를 3.2 ~ 3.5 수준으로 낮게 유지하여 침지하는 방법을 사용한다.

④ 에틸렌 생성 및 작용 억제제

에틸렌의 생성과 작용은 절화의 수명을 단축시키는 원인이 된다. 이를 억제할 수 있는 에틸렌 합성 억제제(AOA) Amino Oxyacetic Acid 와 에틸렌 작용 억제제(STS) Silver thiosulfate 를 첨가한다.

⑤ 식물생장조절 물질

절화의 노화를 억제하고, 꽃봉오리의 개화를 유도하는 역할을 하는 6-BA 6-벤질아미노퓨린, GA 지베렐린산, ABA 앱시스산 등의 물질을 사용한다.

⑥ 열탕처리

㉠ 절화줄기 기부 基部 의 10cm 정도를 80 ~ 100℃의 물에 담그는 경우 식물체 내의 수분은 증기상태로 팽창하게 되는데 이를 꺼내 찬물에 넣어 그 장력 당기는 힘 으로 수분을 끌어 올리게 하는 방법이다.

㉡ 국화, 라일락 등의 절화는 열탕처리가 수분의 흡수를 촉진하여 수명연장에 효과가 있지만 작물의 종류에 따라서는 오히려 노화가 촉진되는 결과를 초래할 수도 있다.

㉢ 잎이나 꽃이 열탕처리 과정에서 뜨거워진 증기에 닿지 않도록 주의할 필요가 있다.

농업시설

제1절 | 시설구조 및 설계

1 시설구조의 종류 및 특징

(1) 유리온실

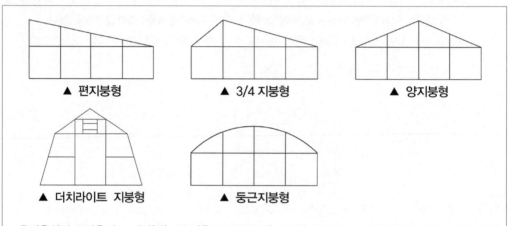

▲ 편지붕형   ▲ 3/4 지붕형   ▲ 양지붕형

▲ 더치라이트 지붕형   ▲ 둥근지붕형

• 유리온실의 규격용어 : 너비(폭), 간고(측고, 처마높이), 동고(지붕높이 : 지면에서 용마루까지의 길이)

① 외지붕형(편지붕형) 온실
    ㉠ 지붕이 한쪽만 있는 온실이다.
    ㉡ 동서방향(남쪽은 낮게 북쪽은 높게)으로 짓는 것이 일반적이며, 북쪽 담벼락의 반사열로 온도상승에 유리하고 겨울에 채광과 보온이 잘된다.
    ㉢ 가정에서 소규모의 취미원예에 이용된다.

② 3/4 지붕형 온실(쓰리쿼터형 온실)
    ㉠ 동서 방향으로 설치하며 남쪽 지붕의 길이가 지붕 전체 길이의 3/4 정도로 설치된다.
    ㉡ 남쪽 지붕의 면적이 전체의 60 ~ 64%를 차지하며 채광과 보온성이 뛰어나고 교육용, 멜론재배용 등으로 사용된다.

③ 양지붕형 온실(한국형 온실)
    ㉠ 길이가 같은 좌우 양쪽 지붕형태의 온실이다.
    ㉡ 남북 방향의 광선이 균일하게 입사되고 통풍이 좋고 보편적인 형태이다.
    ㉢ 재배관리가 편리해 열매채소와 카네이션, 국화 등의 화훼류 재배에 이용된다.

④ **더치라이트** Dutch light **지붕형 온실**

　ⓐ 양지붕형 온실의 일종이며 그 측벽이 바깥쪽으로 경사진 형태로 되어 있다.

　ⓑ 온실 전체의 구조강도를 높여서 측면으로부터 풍압을 줄이는 효과가 있다.

⑤ **둥근지붕형 온실**

　ⓐ 곡선유리를 사용하여 지붕의 곡면이 크고 밝다.

　ⓑ 내부에 그늘이 적고 밝아서 식물원의 전시용으로 많이 이용된다.

　ⓒ 대형 식물, 식물전시용, 열대성 관상식물의 재배에 알맞다.

⑥ **연동형 온실**

　ⓐ 양지붕형 온실을 2 ~ 3동 연결하여 칸막이를 없앤 온실이다.

　ⓑ 단위면적당 건설비가 싸고, 토지이용률이 높고 난방비가 절약되며, 면적이 넓고 재배관리를 능률적으로 할 수 있어서 대규모 시설재배용으로 적당하다.

　ⓒ 광분포가 균일하지 못하고, 환기가 잘 안 되며, 적설피해를 입기 쉽다.

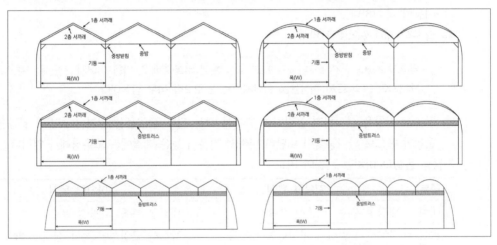

⑦ **벤로** Venlo **형 온실(유럽형 온실)**

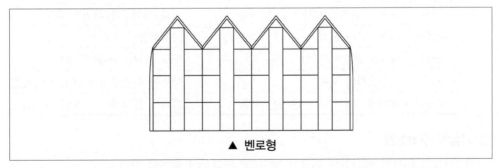

▲ 벤로형

　ⓐ 처마가 높고 너비가 좁은 양지붕형 온실을 여러 개를 연결한 것으로서 종래의 연동형 온실의 결점을 보완한 것이다.

　ⓑ 토마토, 오이, 피망 등 키가 큰 호온성 열매채소류를 재배하는 데에 적합하다.

(2) 플라스틱필름 하우스(비닐하우스)

① 터널형 하우스

㉠ 반원형으로 우리나라의 대표적인 시설이다. 초기에는 골격으로 대나무를 많이 사용하였으나 지금은 파이프를 주로 사용한다.

㉡ 보온성이 크고 바람에 강하며 광이 고르게 입사되는 장점이 있으나 환기능률이 떨어지고 적설에 약하다.

② 지붕형 하우스

양지붕형 유리온실과 같은 모양의 하우스이다. 바람이 세거나 적설량이 많은 지대에 적합하다. 천창天窓 채광 또는 환기를 목적으로 지붕에 설치한 창 이나 측창側窓 측면에 설치한 환기창 을 설치하기 쉽고 천창개폐장치도 간편하게 설치할 수 있으며 천창을 좌우로 동시에 개폐할 수 있다.

③ 아치형 하우스

㉠ 지붕이 곡면형태로서 자재비가 적게 들고, 간단하게 지을 수 있으며, 조립 및 해체가 쉬워 이동이 용이하다.

㉡ 답후작 재배용으로 알맞다.

> ◦ 답후작 畓後作cropping aftr rice harvest : 논에 벼를 재배한 다음 이어서 겨울에 다른 작물을 재배하여 논의 토지 이용률을 향상시키는 논 2모작 작부 양식이다.

㉢ 구조상 천창을 설치하기 곤란하여 환기를 하는 경우 출입문을 열거나 측면의 필름을 걷어 올려야 하므로 환기능률이 대단히 나빠서 기온이 높은 계절에는 고온장해가 일어나기 쉽다.

④ 지붕형 온실과 아치형 온실의 비교

구분	지붕형 온실	아치형 온실
내성	내적설 우수, 내풍성 부족	내적설 부족, 내풍성 우수
광선	광투사 균일성이 아치형보다 낮음	광투사 균일성이 높아 실내가 밝음
환기	천창, 측창을 통해 환기에 유리	주로 측창을 적용하여 환기에 불리
골재	주로 각관이나 C형강 골조 사용	주로 아연도금 파이프 골조
재료비	비용부담이 많음	비용부담이 적음
규모	대규모 온실에 적합	주로 소규모 온실에 적용
습도	이슬맺힘이 적음	상부에 이슬맺힘이 많고 다습해짐
보온성	환기에 유리하나 보온성은 약함	환기에 불리하나 보온에 유리함

(3) 시설의 구비조건

① 시설의 골격이 차지하는 비율이 낮고 광 투과율이 높아야 한다.

② 하우스 보온비가 높고 방열비는 낮아야 한다.

> ◦ 보온비 保溫比 floor/surface area ratio : 온실의 표면적에 대한 보온면적의 비율로 방열비의 역수이다.

③ 보온이 우수한 피복자재를 사용하여야 한다.

④ 온도, 차광, 관수 등 환경조절이 가능해야 한다.

⑤ 바람의 피해와 적설피해에 대한 안전성을 고려해야 한다.

2 식물공장

외부와 차단된 시설 내에서 빛, 온도, 습도, CO_2, 배양액(양액재배) 등의 재배환경조건을 인공으로 제어하여 계절에 관계없이 작물의 계획적, 연속적 생산이 가능한 시스템을 말한다(출처 : 식물공장대전 닛케이BP사 편집부).

> ○ 양액재배 養液栽培, nutriculture : 작물의 생육에 필요한 양분을 수용액으로 만들어 재배하는 방법으로서 용액재배 solution culture 라고도 한다. 무토양재배를 원칙으로 하며, NFT nutrient film technique 나 담액수경 湛液水耕, 분무경 噴霧耕, 모관수경 毛管水耕 등과 같은 수경재배가 여기에 포함된다. 그리고 작물의 생육에 필요한 양분을 공급하는 것과 별개로 피트모스, 펄라이트, 버미큘라이트, 암면, 경석, 훈탄 燻炭, 톱밥, 자갈, 모래 등으로 만든 고형배지 固形培地를 이용하여 작물이 생육하는 환경을 인위적으로 조성하기 때문에 탱크농법 tank farming, 베드농법 bed farming 이라고도 한다.
> ○ 박막양액재배 薄膜養液栽培 NFT(nutrient film culture) : 재배상에 1/100 정도의 경사를 두어 얇은 막 상태로 양액을 흘러 내리게 하여 작물을 재배하는 방법이다.

(1) 식물공장의 종류

식물공장은 기존 재배처럼 태양광을 적절히 이용하는 태양광이용형 식물공장과 폐쇄된 공간, 완전히 제어된 환경에서 생산을 하는 완전제어형 식물공장이 있다.

① 태양광이용형 식물공장

과채류(가지과, 박과, 콩과 등의 채소) 생산에는 필수적이지만 기후에 크게 좌우되고, 특히 여름에는 무농약 재배가 사실상 어렵다.

② 완전제어형 식물공장

비용 때문에 과채류에는 적합하지 않으며 상추류나 허브를 중심으로 하는 엽채류 및 각종 모종 생산에 적용될 가능성이 높다. 완전제어형 식물공장의 최대 장점은 건물을 용이하게 사용한 식물공장의 형태가 되기 때문에 좁은 땅이나 어떤 빈 공간에도 설치할 수 있다는 점이다. 이외에도 환경 조건을 알맞게 제어하고 있기 때문에 비타민이나 무기질의 함량이 높다.

▲ 식물공장의 백색광에서 수경 재배되고 있는 채소 사진

〈출처 : 한국식물학회, 윤서아〉

(2) 광원

① 고압나트륨램프

식물의 광합성에 필요한 적색과 청색의 비율이 낮으며 대량 열선을 방사하기 때문에 식물과의 거리를 충분히 유지할 필요가 있다. 따라서 근접 조명을 통한 다단재배가 어렵다는 단점이 있다. 그러나 발광효율이 높고 수명이 길며 단위광출력당 비용이 저렴하다.

② 형광등

발광에 열을 그다지 동반하지 않아 근접 조명이 가능하고, 조명 효율을 상당히 높일 수 있어 다단재배가 가능해진다.

③ LED

LED light emitting diode 발광다이오드 는 형광등과 비슷하지만 몇 가지 특징이 있다. 적색광(660nm)과 청색광(470nm 근처)의 LED 발광 스펙트럼은 엽록소의 흡수 정점에 거의 일치한다. 따라서 식물에 의한 빛의 흡수효율이 높아지고 비교적 약한 빛에서도 건전하게 생육시킬 수 있다. 또한 열방사가 적으며 수명이 길고 광합성에 유리한 펄스 pulse 파동 조사 照射 가 가능하다는 이점이 있다.

제2절 │ 자재특성 및 시설관리

❶ 자재의 특성

(1) 골격자재

① 죽재(대나무)

과거에는 주로 터널형 하우스 건립에 많이 이용하였으며 값은 싸지만 내구성이 떨어져 최근에는 거의 사용되지 않는다.

② 목재

구입이 용이하고 가공이 편리하지만 골격률이 커서 투광률이 적고, 강도와 내구성이 떨어져 최근에는 거의 사용되지 않는다.

③ 철골재

ⓐ 시설의 안정성과 내구성이 크고 광투과율도 높다.

ⓑ 플라스틱(비닐) 하우스에는 주로 아연을 용융 도금한 펜타이트 파이프 pentite pipe 를 많이 사용하고 유리온실은 형강(H형강, L형강)을 많이 사용한다.

ⓒ 다습한 조건에 노출되는 경우 토대나 기둥의 기초에 접하는 부분이 녹슬기 쉽고 시설 내의 고온다습한 환경에 부식되기 쉽다.

④ 경합금제

　　㉠ 알루미늄을 주성분으로 하는 여러 가지 합금을 말하며 가벼우면서도 녹이 잘 슬지 않는다.

　　㉡ 성형이 쉽고 복잡한 단면가공이 가능하지만 강도가 철재의 1/2 정도에 그치고 값이 비싼 것도 단점이다.

(2) 피복자재의 조건

① 투명하여 광투과율이 높아야 한다.

② 보온성이 높아야 한다.

③ 강도를 유지하고, 변색 및 착색이 적어야 한다.

④ 충격 및 인장에 강하고 팽창, 수축이 적어야 한다.

⑤ 가격이 저렴해야 한다.

⑥ 열전도율이 낮아야 한다.

2 피복자재의 종류

고정시설에 피복하여 계속해서 사용하는 기초피복재와 보온, 차광 등을 목적으로 사용하는 추가 피복재로 나눌 수 있다.

(1) 기초피복재

기본골격구조 위에 피복하는 유리나 플라스틱 자재 등을 말한다.

① 유리

투과성, 내구성, 보온성이 우수하다. 광선투과율이 가장 높은 투명유리와 광분포를 고르게 하는 산광유리가 있다.

② 플라스틱

　　㉠ 연질필름 : 0.05 ~ 0.1mm의 필름이다. 폴리에틸렌필름(PE), 에틸렌아세트산비닐필름 (EVA : 초산비닐필름), 염화비닐(PVC) 등이 있다.

　　　　┌──┐
　　　　│　　가시광선 투과율 크기 : PE > EVA(초산비닐필름) > PVC　　│
　　　　└──┘

　　㉡ 경질필름 : 0.1 ~ 0.2mm의 필름이다. 폴리에스테르필름, 불소필름 등이 있다.

　　　◦ 연질필름·경질필름 : '염화비닐'에 가소제 可塑劑 화학 합성수지나 합성 고무 따위의 고체에 첨가하여 가공성을 향상시키거나 유연성을 높이기 위하여 쓰는 물질를 첨가하면 '연질필름', 그렇지 않으면 '경질필름'이 된다.

　　㉢ 경질판 : 두께 0.2mm 이상의 플라스틱판이다. FRP판(유리섬유강화 폴리에스테르판), FRA판(유리섬유강화 아크릴판), MMA판(아크릴 수지판), PC판(폴리카보네이트 수지판) 등이 있다.

(2) 기능성 필름

① 의의

㉠ 기존 연질필름에 특별한 기능을 부여한 것을 말한다.

㉡ 무적필름, 방무필름, 광파장변환필름, 자외선차단필름, 내후성강화필름, 광차단필름, 적외선흡수필름, 해충기피필름, 반사필름, 산광필름 등이 있다.

② 종류

㉠ 무적無滴 필름

> ◦ 무적無滴 : 물방울이 맺히지 않는다는 뜻이다.

ⓐ 유리는 친수성으로 표면에 물방울이 맺히지 않고 깨끗한 유리 표면에 수증기가 응결되면 수막을 형성하거나 흘러내리지만 플라스틱 필름은 소수성으로 수증기가 응결되면 그대로 붙어 있게 되고 커지면서 물방울이 되어 바닥에 떨어지게 된다.

ⓑ 결로가 형성되면 광투과율이 낮아지고 바닥이나 작물체에 떨어지면 병해발생의 원인이 되기도 하여 무적필름의 사용이 권장되고 있다.

ⓒ 무적필름은 계면활성제를 무적제로 사용하여 소수성 필름을 친수성 필름으로 변환시킨 것이다.

ⓓ 계면활성제를 폴리에틸렌 수지에 일정량 배합하여 만들면 필름 표면의 미세한 구멍 사이로 서서히 스며 나와 피막을 형성하여 무적성을 띠게 되는데 시간이 지나면 계면활성제가 씻겨 내려가 무적성이 없어진다.

㉡ 광파장변환필름 : 피복자재에 형광물질을 혼입시켜 식물생육이 낮은 파장을 광합성효율이 높은 파장으로 변환시킨 필름이다.

㉢ 내후성강화필름

ⓐ 일반 연질필름은 1년 정도 내구성을 가지나 방진처리를 한 필름은 2 ~ 3년 사용할 수 있다.

ⓑ 최근 장기사용 필름으로 이용되는 폴리올레핀(PO)계 필름은 3 ~ 5년 정도 내후성을 가진다.

ⓒ 불소계 수지를 사용한 불소필름은 내후성이 뛰어나 10 ~ 15년 사용할 수 있고, 투광성과 방진성이 우수하다.

㉣ 해충기피필름

ⓐ 광파장을 변환시킨 자재와 해충기피제를 첨가한 필름 등이 있다.

ⓑ 근자외선을 흡수하거나 반사하는 자재는 광변환필름으로 응애, 진드기, 바퀴벌레 등을 억제하는 효과가 있다.

ⓒ 해충기피제로 살충제를 첨가하거나 코팅하여 해충을 기피하는 필름으로 주로 피레드로이드계 약제가 이용되고 있다.

(3) 추가피복재

기초피복 이외에 보온, 차광, 반사 등을 목적으로 하는 피복재를 말한다.

① 보온피복

    ㉠ 커튼

        ⓐ 연질필름 : 두께 0.05mm ~ 0.1mm의 필름을 커튼으로 이용한다. 염화비닐(PVC)이 보온성이 높다.

        ⓑ 부직포 : 폴리에스테르의 긴 섬유로 짠 천모양의 시트를 말한다.

        ⓒ 반사필름 : 알루미늄을 반사면으로 가공한 필름이다.

    ㉡ 외면피복

        ⓐ 거적 : 짚으로 만든 피복재, 단열효과는 크지만 덮고 걷는 데 노력이 많이 든다.

        ⓑ 매트 : 소형터널의 보온피복에 많이 사용한다.

② 차광피복

    ㉠ 한랭사 : 비닐론, 폴리에스테르, 아크릴 등 실모양의 섬유로 짠 것이다.

    ㉡ 네트 : 폴리에틸렌, 폴리프로필렌을 원료로 노끈 모양의 섬유로 짠 것이다.

    ㉢ 부직포 : 커튼이나 차광피복재로도 이용된다.

③ 멀칭용 필름(지표면에 사용)

    지온을 조절하며 수분함량을 높이고, 잡초를 방제할 목적으로 지표에 덮어주는 필름이다.

3 시설관리

(1) 시설의 난방

① 난방방식의 종류와 특성

    ㉠ 난로난방 : 시설 내에 난로를 설치하는 방법이며 소규모시설이나 보조난방으로 이용된다. 가장 단순하고 설치비가 저렴하지만 난로의 고열로 건조장해를 받기 쉽고 난로에서 멀어진 부분은 온도가 낮아 전체적으로 온도 분포가 불균일하다.

    ㉡ 전열난방 : 전열선의 발열로 난방하는 방법이며 소형온실, 육묘시설에 이용된다. 예열되는 시간이 짧아 온도조절과 관리가 쉽지만 보온성이 떨어진다.

    ㉢ 온풍난방 : 난방기의 가열로 더워진 공기를 시설 내로 송풍하는 방법이며 우리나라의 경우 대부분 경유를 이용한 온풍난방이 채택되고 있다. 배관을 따로 하지 않아 작업이 용이하며 설비비가 저렴하고 예열시간이 짧고 열효율이 높은 편이다. 그러나 실내가 건조하기 쉽고 보온 능력이 떨어지며 큰 면적의 경우 실내 온도가 불균일하다.

    ㉣ 온수난방 : 보일러로 데워진 물을 파이프를 통하여 순환시켜 난방하는 방법이다. 보온성이 높고 열을 고르고 안정되게 공급할 수 있을 뿐만 아니라 온도의 상하분포가 균일하다.

    ㉤ 증기난방 : 온수 대신 증기를 방열기(라디에이터)를 통해 실내로 열을 방출하는 방법으로 쉽게 가열되고 증기를 멀리까지 보낼 수 있어 큰 규모의 온실에 적합하나 쉽게 식는다.

② 난방비 절감대책
ⓐ 재배지역과 작형의 선택
ⓑ 시설의 남향 설치
ⓒ 난방 공간의 축소
ⓓ 적절한 난방방법의 선택
ⓔ 자연열의 적극 활용

(2) 시설의 냉방

① 기화 냉방법(간이 냉방법)
물이 증발할 때 기화열이 필요하다. 이때 열을 빼앗긴 주변의 냉각된 공기를 시설 내에 투입하여 냉방하는 방법이다.
ⓐ 팬 앤드 패드 fan and pad : 한 쪽 벽에 물이 흐르는 패드를 설치한 후 외부 공기를 그 사이로 통과시켜 시설 내로 유입시키면서 반대편 벽에 환기팬을 설치하여 시설 밖으로 공기를 빼내는 방법이다. 이때 패드를 통과한 냉각된 공기가 시설에 유입되면서 냉방이 이루어진다.
ⓑ 팬 앤드 포그 fan and fog : 시설 내에 '포그노즐'을 사용하여 포그 fog 안개 상태의 물입자를 뿌리면서 시설 상부에 설치된 환기팬으로 공기를 뽑아내어 시설 내의 온도를 낮추는 방법이다.
ⓒ 팬 앤드 미스트 fan and mist : 포그 대신에 미스트 mist 미세한 크기의 수분 입자. 기체 속에 부유하는 액체 입자의 총칭 '분무실'을 설치하고 반대쪽에서 환기팬을 가동하여 외부 공기가 미스트 분무실을 통과하는 동안 냉각되어 유입하게 하는 냉방 방식이다. 미스트가 시설 내로 유입하지 않도록 하는 제적 장치가 필요하다.

② 기타 보조 냉방법
ⓐ 지붕 분무 냉방법
ⓑ 작물체 분무 냉방법
ⓒ 옥상 유수
ⓓ 열선 흡수 유리 설치

(3) 시설의 환기

① 환기의 목적
시설 내의 습도, 온도, 이산화탄소, 유해가스 등을 동시에 조절한다. 시설 내 이산화탄소의 양이 부족하면 광합성 효율 및 생산량은 급격히 떨어진다. 이때 환기를 통해 이산화탄소 농도가 올라가면 광합성률은 증가한다.

② 자연 환기방식
ㄱ 천창이나 측창을 개방해 환기하는 방식이다.
ㄴ 외부 바람의 풍압력과 내외 온도차에 따른 부력 등에 의해 이루어진다.
ㄷ 환기창은 천창, 측창(옆창)을 설치하며, 측창(옆창)은 30cm 내외로 설치하고, 천창은 하우스에서 제일 높은 곳에 설치하는 것이 바람직하다.
③ 강제 환기방식
ㄱ 프로펠러형 환풍기 : 많은 환기량이 요구되는 넓은 면적의 환기에 사용된다.
ㄴ 튜브형 환풍기 : 덕트 duct 공기나 기타 유체가 흐르는 통로 및 구조물 환기 등에서 사용하며, 프로펠러형 환풍기보다 환기 용량은 적으나, 압력차가 큰 경우에도 압력 손실이 적다.